W0072491

Daniel Nögel

Shopware

Das Handbuch für Entwickler

Liebe Leserin, lieber Leser,

wenn Sie Ihren Online-Shop anpassen oder erweitern möchten, brauchen Sie fundierte Informationen über Schnittstellen und Möglichkeiten, die Ihnen Shopware zur Verfügung stellt. Als Entwickler oder ambitionierter Shopbetreiber, der auch vor Programmierung nicht zurückschreckt, finden Sie in diesem Buch alles, was Sie benötigen. Daniel Nögel, der als Entwickler bei der shopware AG arbeitet, zeigt Ihnen aus erster Hand, wie Sie Schritt für Schritt die Funktionen von Shopware gezielt einsetzen und nach Ihren Wünschen erweitern.

Der Autor zeigt Ihnen praxisnah, welche vielfältigen Möglichkeiten Sie für Ihren Online-Shop haben. Sie starten mit der richtigen Installation und der Einrichtung der Arbeitsumgebung. Schnell machen Sie sich mit Backend, Frontend, Artikelkatalog sowie Kundenverwaltung vertraut. Anhand eines übergreifenden Beispiels lernen Sie z. B. die Implementierung eines eigenen funktionsfähigen Plugins, das Sie im Verlauf des Buchs immer weiter fortführen.

Dieses Buch wurde mit großer Sorgfalt geschrieben, lektoriert und produziert. Wenn Sie Fragen, Lob oder Kritik äußern wollen, wenden Sie sich bitte an mich. Ihre Rückmeldung ist für uns wichtig.

Ich wünsche Ihnen nun viel Spaß und Erfolg bei der Entwicklung Ihres eignen Shopware-Projekts!

Ihr Stephan Mattescheck
Lektorat Rheinwerk Computing

stephan.mattescheck@rheinwerk-verlag.de
www.rheinwerk-verlag.de
Rheinwerk Verlag · Rheinwerkallee 4 · 53227 Bonn

Stadt- und Landesbibliothek
Zentralbibliothek
Dortmund

Auf einen Blick

Wir hoffen, dass Sie Freude an diesem Buch haben und sich Ihre Erwartungen erfüllen. Bitte teilen Sie uns doch Ihre Meinung mit. Eine E-Mail mit Ihrem Lob oder Tadel senden Sie direkt an den Lektor des Buches: *stephan.mattescheck@rheinwerk-verlag.de*. Im Falle einer Reklamation steht Ihnen gerne unser Leserservice zur Verfügung: *service@rheinwerk-verlag.de*. Informationen über Rezensions- und Schulungsexemplare erhalten Sie von: *hendrik.wevers@rheinwerk-verlag.de*.

Informationen zum Verlag und weitere Kontaktmöglichkeiten finden Sie auf unserer Verlagswebsite *www.rheinwerk-verlag.de*. Dort können Sie sich auch umfassend und aus erster Hand über unser aktuelles Verlagsprogramm informieren und alle unsere Bücher versandkostenfrei bestellen.

An diesem Buch haben viele mitgewirkt, insbesondere:

Lektorat Stephan Mattescheck, Erik Lipperts
Korrektorat Friederike Daenecke
Gutachter Robert Neumcke
Einbandgestaltung Silke Braun
Typografie und Layout Vera Brauner
Herstellung Norbert Englert
Satz III-satz, Husby
Druck und Bindung C.H.Beck, Nördlingen

Dieses Buch wurde gesetzt aus der TheAntiquaB (9,35/13,25 pt) in FrameMaker.
Gedruckt wurde es auf chlorfrei gebleichtem Offsetpapier (90 g/m^2).

Bibliografische Information der Deutschen Nationalbibliothek
Die Deutsche Nationalbibliothek verzeichnet diese Publikation in der Deutschen Nationalbibliografie; detaillierte bibliografische Daten sind im Internet über *http://dnb.d-nb.de* abrufbar.

ISBN 978-3-8362-4243-1
© Rheinwerk Verlag GmbH, Bonn 2017
1. Auflage 2017

Das vorliegende Werk ist in all seinen Teilen urheberrechtlich geschützt. Alle Rechte vorbehalten, insbesondere das Recht der Übersetzung, des Vortrags, der Reproduktion, der Vervielfältigung auf fotomechanischem oder anderen Wegen und der Speicherung in elektronischen Medien.

Ungeachtet der Sorgfalt, die auf die Erstellung von Text, Abbildungen und Programmen verwendet wurde, können weder Verlag noch Autor, Herausgeber oder Übersetzer für mögliche Fehler und deren Folgen eine juristische Verantwortung oder irgendeine Haftung übernehmen.

Die in diesem Werk wiedergegebenen Gebrauchsnamen, Handelsnamen, Warenbezeichnungen usw. können auch ohne besondere Kennzeichnung Marken sein und als solche den gesetzlichen Bestimmungen unterliegen.

Inhalt

10   Backend-Module schreiben

11   Shopware-API

12   Shopware-Kommandos

13   Elasticsearch einsetzen

14   Arbeiten mit Formularen

15   Plugin-Entwicklung im Alltag

16   Shopware hinter den Kulissen

17   An Shopware mitarbeiten

18   Fehler analysieren und verstehen

19   Automatisierte Tests

A   Glossar

B   Übersicht über IDEs, Events, Konsolen-
kommandos und die Datenbankstruktur

Vorwort

Wenn ich ein Handbuch wie dieses in der Hand halte, lautet meine erste Frage immer: Kann ich dem Buch folgen? Welche Voraussetzungen muss ich erfüllen, welche Erfahrungen muss ich haben, um mit dem Buch gut arbeiten zu können? Umgekehrt lautet die Frage beim Schreiben: Wer sind meine Leser?

Zu meinem Glück kenne ich meine Zielgruppe in diesem Fall sehr gut von vielen Shopware-Events, Schulungen oder Terminen: Sie arbeiten als Freelancer oder Angestellte für Agenturen, für Shopbetreiber oder für sich selbst. Einige von Ihnen werden Shopware sicher schon länger aus der Praxis kennen, andere stoßen gerade erst dazu und müssen das erste anspruchsvollere Projekt umsetzen. Oft möchte man als Shopbetreiber mit wenig Programmiererfahrung auch nur ein, zwei Kleinigkeiten für sich anpassen und sucht eine Schritt-für-Schritt-Anleitung zu den ersten Erfolgen.

Dieses Buch richtet sich gleichsam an Einsteiger und Fortgeschrittene – und das aus gutem Grund: Mit dem neuen Erweiterungssystem seit Shopware 5.2 gibt es bessere Wege und Herangehensweisen, um Shopware den eigenen Wünschen entsprechend zu erweitern. Auch für erfahrene Entwickler hat sich also vieles geändert.

Außerdem bietet dieses Buch eine zusammenhängende Übersicht von Ratschlägen und bewährten Vorgehensweisen, die es in dieser Form bisher schlicht noch nicht gab. Auch das macht es für Neueinsteiger ebenso interessant wie für alte Hasen. Denn gerade in Teams ist es wichtig, dass es einheitliche Vorgehensweisen gibt – dass die Entwickler also Abkürzungen und Fallstricke gleichermaßen kennen und »dieselbe Sprache« sprechen.

Häufig haben wir als Entwickler auch eine besondere Vorliebe für Frontend-Techniken (JavaScript, CSS, Less, jQuery) oder Backend-Techniken (PHP, MySQL). Auch hier kann das Buch blinde Flecken beseitigen und Ihnen einen Überblick über das Vorgehen in Bereichen geben, die Sie bisher eher gemieden haben.

Darüber hinaus habe ich festgestellt, dass wir als Entwickler dazu neigen, die gesamte Software eher aus Quellcode-Sicht als aus Anwendersicht zu betrachten. Daher stelle ich in einem Abschnitt die grundlegenden Funktionalitäten von Shopware vor und gehe kurz darauf ein, in welchen Bereichen Sie als Entwickler mit Sicherheit immer wieder tätig sein werden und wo im Buch Sie weitere Informationen dazu finden.

Für wen ist dieses Buch geschrieben?

Jetzt stellt sich noch die Frage, welche Anforderungen und Erfahrungen Sie mitbringen sollten, um diesem Buch gut folgen zu können. Zunächst einmal ist dieses Buch keine Einführung in PHP, JavaScript, CSS oder MySQL. Etwas Erfahrung in diesen oder verwandten Sprachen sollten Sie also auf jeden Fall haben.

Dagegen sind z. B. Kapitel 2, »Mit Shopware loslegen«, Kapitel 3, »Schnelleinstieg: Shopware kennenlernen«, oder Abschnitt 4.1, »Einstieg in Templates und Themes«, besonders für Einsteiger relevant und werden auch für Nichttechniker interessant sein.

Im Rahmen dieses Buches zeige ich, wie ein einfacher Webserver aufgesetzt wird und Dateien via FTP oder SSH dorthin übertragen werden. Auch hier empfehle ich etwas Vorerfahrung, wenngleich viele Details in diesem Buch besprochen werden.

Kapitelüberblick

In der Einleitung in **Kapitel 1** stelle ich Shopware und das Ökosystem um Shopware kurz vor. Sie erfahren Wissenswertes zur Geschichte der Software und über ihre Anwendungsszenarien.

In **Kapitel 2**, »Mit Shopware loslegen«, werden Systemvoraussetzungen ebenso besprochen wie verschiedene Möglichkeiten, Shopware lokal in Betrieb zu nehmen. Ich stelle verschiedene Installationsmöglichkeiten vor, sowohl für reguläre Release-Pakete als auch für die Entwicklerversion aus GIT. Auch die Einrichtung der Arbeitsumgebung wird im Detail geschildert.

In **Kapitel 3**, »Schnelleinstieg: Shopware kennenlernen«, stelle ich die Funktionen von Shopware vor. Sie erfahren, wie Sie einen Shopware-Shop initial einrichten und was Sie bei der Grundkonfiguration für einen Produktivbetrieb beachten müssen. Hier lernen Sie auch die Performance-Konfiguration, das Anlegen von Artikeln und Marketing-Möglichkeiten kennen und erhalten die wichtigsten Hinweise zum Shop-Frontend.

Mit **Kapitel 4**, »Shopware-Templating«, beginnt die Entwicklungsarbeit: Neben der einfachen Konfiguration von Themes über das Shopware-Backend stelle ich zunächst einfache Gestaltungsmöglichkeiten mit CSS und Smarty vor. Danach lernen Sie anhand eines Praxisbeispiels die Arbeit mit Less und kleinen JavaScript-Erweiterungen kennen. Dabei lege ich besonderes Augenmerk darauf, dass die Anpassungen auf jedem Gerätetyp wie gewünscht aussehen.

In **Kapitel 5**, »Einstieg in die Plugin-Entwicklung«, wird das zuvor entwickelte Theme in ein Plugin überführt, und ich zeige Ihnen ausführlich grundlegende Konzepte wie das Eventsystem. Anschauliche Beispiele helfen Ihnen dabei, das Gelernte in der Praxis nachzuvollziehen.

Da der Umgang mit der Datenbank in der Praxis viele Möglichkeiten bietet, aber auch Fallstricke aufweist, ist diesem Thema **Kapitel 6**, »Arbeiten mit der Datenbank«, gewidmet: Hier lernen Sie, wie Sie in Shopware effektiv mit der Datenbank arbeiten, wann die Nutzung des ORM-Systems empfehlenswert ist und wann Sie besser darauf verzichten sollten.

Eine besonders beliebte Funktion von Shopware sind die Einkaufswelten: Auch technische Laien können über Einkaufswelten leicht ansprechende Shopseiten gestalten und richtige Geschichten erzählen. Die Erweiterung dieser Einkaufswelten wird in **Kapitel 7**, »Eigene Einkaufswelten-Elemente«, besprochen.

Kapitel 8, »Storefront-Komponenten«, widmet sich eben jenen Komponenten. Diese bestimmen nicht nur, welche Artikel auf den jeweiligen Shopseiten zu sehen sind: Auch ihre Reihenfolge und Daten werden darüber ausgesteuert. In dem Kapitel stelle ich die Storefront-Komponenten detailliert vor und bespreche eigene Listings ebenso wie eigene Filtermöglichkeiten und die Ausgabe zusätzlicher Hinweise an bestimmten Artikeln.

Mit dem Attributsystem, das Sie in **Kapitel 9**, »Das Shopware-Attributsystem«, kennenlernen, können Sie zu Shopware-Artikeln zusätzliche Informationen speichern und diese an vielen Stellen im Shop berücksichtigen. Sie lernen hier aus Entwicklersicht, wie Sie mit Attributen umgehen.

Kapitel 10, »Backend-Module schreiben«, behandelt die Administrationsoberfläche von Shopware: In einem Beispiel wird sie um ein neues Modul erweitert. Ebenso wird ein bestehendes Modul um weitere Elemente ergänzt. Auch das Erstellen eigener Widgets ist Thema dieses Kapitels.

Wie Sie die (REST-)API nutzen und mit ihr arbeiten, lernen Sie in **Kapitel 11**, »Shopware-API«. Verschiedene Praxisbeispiele zeigen, wie etwa Artikel in Shopware angelegt, gelöscht oder aktualisiert werden können, ohne dass Sie Vollzugriff auf das System benötigen. Ich entwickele mit Ihnen auch einen eigenen API-Endpunkt.

Gerade für erfahrene Entwickler sind die Kommandozeilenbefehle interessant, die Thema von **Kapitel 12**, »Shopware-Kommandos«, sind. Anhand eines einfachen Beispiels erweitern Sie Shopware um einen neuen Befehl, der direkt aus der Shell oder mithilfe eines Cronjobs ausgeführt werden kann. Auch das Arbeiten mit den Standardkommandos kommt natürlich ausführlich zur Sprache.

Die Konfiguration des Elasticsearch-Suchservers sowie das Schreiben von Elasticsearch-kompatiblen Plugins behandele ich in **Kapitel 13**, »Elasticsearch einsetzen«.

Benutzereingaben im Shop-Frontend zu verarbeiten ist oft lästig und immer sicherheitskritisch: **Kapitel 14**, »Arbeiten mit Formularen«, demonstriert, wie Sie sich das

Verarbeiten von Benutzereingaben mit den Symfony-Form-Komponenten etwas erleichtern.

In **Kapitel 15**, »Plugin-Entwicklung im Alltag«, lernen Sie viele kleine Bausteine kennen, die im Entwickleralltag von großer Bedeutung sind.

Kapitel 16, »Shopware hinter den Kulissen«, beleuchtet etwas umfassendere Themen wie das Caching, die SEO-Engine oder das Arbeiten mit Elasticsearch. Auch die häufig gewünschte Übersicht über den Shopware-Bootstrapping-Vorgang finden Sie hier.

Wenn Sie an Shopware mitarbeiten oder einfach nur eine kleine Verbesserung einreichen möchten, finden Sie in **Kapitel 17**, »An Shopware mitarbeiten«, wertvolle Tipps. Hier erfahren Sie nicht nur, wie und wo Fehlerreports eingereicht werden: Auch das Erzeugen von Pull-Requests (also das Vorschlagen von Quellcode-Änderungen), das Übersetzen von Shopware mit Crowdin oder das Hochladen und Verkaufen von Plugins über den Community Store werden besprochen.

Nicht immer funktioniert jedes Vorhaben auf Anhieb: Darum ist es wichtig, dass Sie im Notfall auch wissen, wie eigene oder fremde Plugins analysiert werden, um Fehler zu finden. **Kapitel 18**, »Fehler analysieren und verstehen«, zeigt, wie Sie den Shop in den Entwicklermodus schalten, mit dem Profiler einen Blick hinter die Kulissen werfen und Ajax-Requests sowie ExtJS-Anwendungen debuggen. Wie Sie den Debugger Xdebug nutzen, wird Schritt für Schritt besprochen.

Automatisierte Tests stellen die wunschgemäße Funktionalität von Software ohne menschliche Interaktion sicher. In **Kapitel 19**, »Automatisierte Tests«, lernen Sie, diese Art von Tests einzurichten und zu nutzen.

Darüber hinaus finden Sie in diesem Buch einen umfassenden **Anhang**, der beispielsweise Konsolenkommandos oder wichtige Events übersichtlich darstellt und der ein hilfreiches Glossar bietet.

Wie arbeite ich mit diesem Buch?

Wenn Sie möchten, können Sie das Buch von Anfang bis Ende durcharbeiten: Die Kapitel nehmen an Schwierigkeit zu und bauen aufeinander auf. Wenn Sie noch nie mit Shopware gearbeitet haben, werden Sie also zunächst lernen, wie Sie ein Shopware-System installieren, und erhalten dann eine kleine Einführung in das System. Sie erfahren auch, wie Sie Kleinigkeiten am Template anpassen können, bevor Sie sich mit der Plugin-Entwicklung beschäftigen. Und bevor Sie ein Plugin für Elasticsearch schreiben, lernen Sie zunächst, wie Sie mit MySQL und Doctrine arbeiten.

Wer Vorwissen mitbringt, kann aber auch im Buch springen: Neben einem grundsätzlichen Einstieg in das jeweilige Thema gibt es auch immer Beispielimplementierungen. Wo die Beispiele aufeinander aufbauen, sind sie so gehalten, dass Sie trotzdem gut folgen können. Wenn Sie als »Springer« nur bestimmte Beispiele mitprogrammieren möchten, können Sie auf den Quellcode der vorherigen Kapitel zugreifen – und so zu jedem Zeitpunkt einsteigen.

Materialien zum Buch

Alle im Buch verwendeten Codebeispiele können Sie sich unter *www.rheinwerk-verlag.de/4185* in der Rubrik MATERIALIEN ZUM BUCH herunterladen. Mit diesen Dateien können Sie alle Buchinhalte einfach nachvollziehen – ganz ohne Abtippen.

Generell gilt: Wenn etwas nicht so funktioniert, wie es soll, oder wenn Fragen offen bleiben, haben Sie Zugriff auf jedes einzelne Beispiel, sodass es keinen Grund für Frust gibt. Dadurch eignet sich dieses Buch sicher auch als Nachschlagewerk: Neben den Übersichten im Anhang finden Sie hier zu allen zentralen Themen rund um die Shopware-Entwicklung Einstiege, Überblicke und Beispiele.

Für konkrete Fragestellungen zu den Beispielen des Buches gibt es auch einen eigens eingerichteten Forenbereich, in dem Sie Probleme und Fragen diskutieren können: *https://forum.shopware.com/categories/shopware-das-handbuch-fuer-entwickler.*

Danksagung

Herzlich bedanken möchte ich mich bei meinen Arbeitskolleginnen und Arbeitskollegen bei der *shopware AG*, mit denen zusammen das Arbeiten an unserer gemeinsamen Vision jeden Tag aufs Neue Spaß macht.

Mein ganz besonderer Dank gilt dabei Stefan Hamann, der mir die Möglichkeit gegeben hat, dieses Projekt anzugehen, sowie Linus Holtstiege, Jan Bücker und Philipp Schuch, die mir mit Kritik und Rat zur Seite standen.

Ich möchte auch Sebastian Hamann, Wiljo Krechting und Dennis Schaa danken, die mich auf unterschiedliche Weise ebenfalls unterstützt haben.

Ich danke ebenfalls Oliver Skroblin, durch den ich zu shopware gekommen bin, und Benjamin Cremer, durch den ich jeden Tag zu shopware komme. Danke euch beiden für viele Diskussionen und Fachsimpeleien!

Nicht zuletzt gilt mein Dank natürlich meiner Ehefrau, die mich nicht nur bei diesem Buch immer unterstützt hat.

Kapitel 1
Einleitung

Der Schnellüberblick: Was ist Shopware, und was mache ich damit?

Bevor Sie mit Shopware loslegen, möchte ich Ihnen einen kurzen Überblick über das »Ökosystem« von Shopware geben.

Abbildung 1.1 Shopware beim ersten Seitenaufruf

Zunächst einmal ist *Shopware* der Name einer Online-Shopsoftware (siehe Abbildung 1.1). Die in PHP und MySQL geschriebene Software ermöglicht es Ihnen also, einen Online-Shop zu betreiben, in dem Sie Produkte an Ihre Besucher verkaufen können. Das System eignet sich dabei für Klein- und Kleinsthändler mit nur wenigen Bestellungen im Monat ebenso wie für große Händler mit vielen Hundert Bestellungen pro Tag oder gar pro Stunde.

Bei Shopware handelt es sich um sogenannte *freie Software*. Das heißt, jedermann kann die Software kostenlos herunterladen, den Quellcode einsehen und modifizieren sowie nutzen. Diese freie *Community Edition* von Shopware finden Sie auf Git-Hub[1] sowie kostenlos auf der Homepage des Anbieters.

Anbieter von Shopware ist die gleichnamige *shopware AG*. Das in Schöppingen ansässige Unternehmen hat Shopware ursprünglich entwickelt und dann zunächst quelloffen und später auch als freie Software zur Verfügung gestellt. Neben der freien Version von Shopware bietet der Hersteller kommerzielle Versionen der Software an, die sich durch Gewährleistung, Hersteller-Support, einen erweiterten Funktionsumfang in Form von Plugins sowie durch Consulting von der kostenfreien Version unterscheiden.

Das Shopsystem Shopware ist modular erweiterbar. Das bedeutet, dass Sie Anpassungen an Shopware vornehmen können, ohne den Quellcode selbst modifizieren zu müssen. Stattdessen werden über eine Schnittstelle (das sogenannte Plugin-System) Plugins (auch *Erweiterungen* genannt) mit dem System verknüpft. Dies ist notwendig, damit Sie jederzeit in der Lage sind, die Shopware-Version zu aktualisieren, ohne Ihre Änderungen zu überschreiben. In der Praxis sind also neben der eigentlichen Shopware-Installation noch eine Reihe von Plugins aktiv, die den Standard-Shop nach Ihren Wünschen modifizieren. Im *Community Store* finden Sie eine Reihe von Plugins und Themes, die völlig ohne Programmierkenntnisse mit Shopware verbunden werden können.

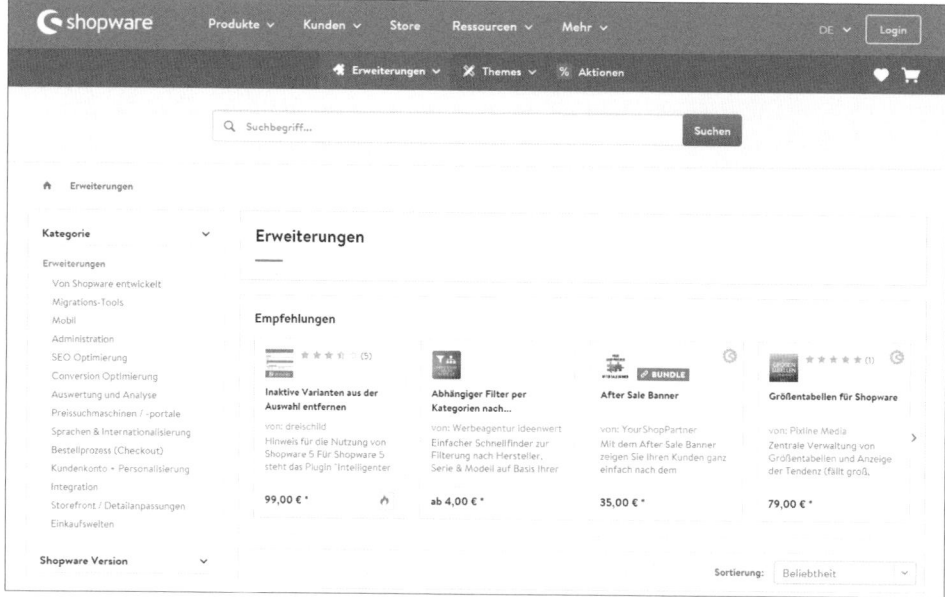

Abbildung 1.2 Der »Shopware Community Store« bietet über 2000 Plugins und Themes an – viele davon sogar kostenlos.

---

1 Siehe Abschnitt 3.2.2, »Grundeinstellungen«

1

Im Community Store (siehe Abbildung 1.2) finden Sie nicht nur Plugins vom Hersteller selbst, sondern auch viele Plugins von Drittherstellern. Entsprechend können Sie selbst auch Plugins im Community Store bereitstellen, wenn Sie denken, dass Ihr Plugin nicht nur für Sie, sondern auch für andere Kunden und Entwickler interessant sein könnte. Wie das geht, erfahren Sie in Kapitel 17, »Plugins verkaufen«.

Aus Anwendersicht zeichnet sich Shopware besonders durch geringe Einstiegshürden sowie durch das intuitive Frontend und Backend aus. Bereits im Auslieferungszustand ist das Theme von Shopware dabei *responsive*, das heißt auf PCs, Tablets und Smartphones gleichermaßen gut bedienbar. Außerdem lässt sich das Theme mit nur wenigen Mausklicks auch von Nichttechnikern anpassen und verändern, sodass Farben geändert und bestimmte Verhaltensweisen beeinflusst werden können. Das Shopware-Backend ist ebenfalls auf einfache Benutzbarkeit ausgelegt. Entsprechend erinnert es mit Bedienelementen wie Fenstern oder Menüs sehr an vom PC gewohnte Konzepte (siehe Abbildung 1.3). Mehr Hinweise zur Bedienung von Shopware finden Sie in Kapitel 3, »Schnelleinstieg: Shopware kennenlernen«.

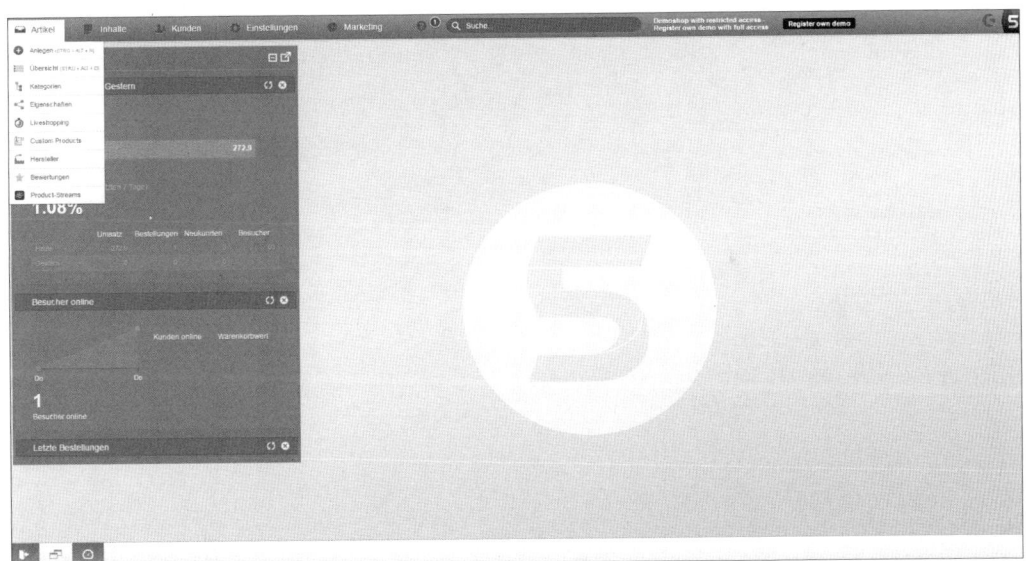

Abbildung 1.3 Das Shopware-Backend ist intuitiv bedienbar und überträgt vom PC gewohnte Bedienkonzepte in den Browser.

Kapitel 2
Mit Shopware loslegen

Bevor Sie Shopware konfigurieren und erweitern können, brauchen Sie ein lauffähiges System.

Shopware ist eine sogenannte *On-premises*-Lösung. Der Shopbetreiber bzw. Entwickler muss sich also selbst um das Hosting sowie um den Betrieb der Software kümmern. Dies ermöglicht zwar viel Kontrolle über das System und die Systemkonfiguration, setzt aber auch einiges an Hintergrundwissen voraus.

Es gibt mittlerweile zwar eine Reihe von Hostern, die sich explizit auf das Hosting von Shopware-Shops spezialisiert haben, und der Hersteller bietet kundenindividuelle Liveumgebungen unter *www.shopwaredemo.de* an. Aber als Entwickler werden Sie in aller Regel nicht um das Aufsetzen und Konfigurieren eines eigenen Entwicklungssystems umhinkommen. Auch bei größeren Shopware-Setups ist entsprechendes Hintergrundwissen unerlässlich.

2.1 Der Server

Shopware setzt den *LAMP-Stack* voraus, also *Linux* als Betriebssystem, *Apache* als Webserver, *MySQL* als Datenbank sowie *PHP* als Applikationssprache. Auch wenn Windows als Betriebssystem ebenfalls möglich wäre, empfiehlt[1] und unterstützt der Hersteller zurzeit ausschließlich Linux-basierte Betriebssysteme. Ähnliches gilt für den Apache-Webserver und die Datenbank. Alternative Server wie *Nginx* (Webserver) oder *MariaDB* (Datenbank) sind aber möglich und werden gerne genutzt. Die folgenden Auflistungen geben Ihnen eine Übersicht über die wichtigsten Services und Konfigurationen, die für einen einwandfreien Betrieb von Shopware notwendig sind. Jeweils in Klammern angegeben sind die Installationspakete, die Sie in den verbreiteten Linux-Distributionen wie Ubuntu oder Debian finden.

Konkret benötigen Sie:

1. Apache in Version 2.x (Paket: *apache2*)
2. PHP 5.6 oder höher (Pakete: *php-cli, libapache2-mod-php5*)
3. MySQL 5.5 oder höher (Pakete: *mysql-server, mysql-client*)

---

1 *http://community.shopware.com/Systemanforderungen_detail_1840.html*

Weiterhin sind für Apache und PHP einige Zusatzmodule erforderlich:

1. Apache Mod-Rewrite
2. GD-Library ab Version 2 (Paket: *php5-gd*)
3. curl Library (Paket: *php5-curl*)
4. PDO_Mysql (Paket: *php5-mysql*)

Schließlich gibt es noch eine Reihe von Konfigurationshinweisen für PHP, die ebenfalls berücksichtigt werden müssen:

1. *PHP memory_limit* > 256 MB
2. *PHP upload_max_filesize* > 6 MB
3. *magic_quotes_gpc* deaktiviert
4. *allow_url_fopen* aktiviert
5. *register_globals* deaktiviert
6. *PHP calendar extension*

2.1.1 Wo läuft der Server?

Wie bereits erwähnt, gibt es eine Reihe von Hostern, die sich für Sie um die Serverkonfiguration kümmern. Oftmals wird auch direkt für Sie eine Instanz von Shopware installiert, sodass Sie direkt loslegen können.

Als Entwicklungsumgebung kommt dieses Setup in aller Regel aber nicht infrage. Wenn Sie ohnehin ein Linux-Betriebssystem nutzen, können Sie die oben genannten Services und Konfigurationen einfach lokal auf Ihrem System einrichten. Für alle halbwegs modernen Rechner ist das gar kein Problem, und es erspart Ihnen darüber hinaus noch die Arbeit, den Quellcode auf Ihrem Entwicklungsrechner und dem Server synchronisieren zu müssen – da es ja dasselbe System ist.

Ähnliches gilt für Mac-Benutzer. Auch hier können alle Services lokal konfiguriert und eingerichtet werden. Weiterhin gibt es fertig konfektionierte Lösungen wie MAMP[2], die das Einrichten noch etwas vereinfachen.

Last but not least gibt es noch Windows-Benutzer. Leider ist die Situation unter Windows nicht ganz so einfach wie auf Linux und Mac. Deshalb sollen im Folgenden zwei Möglichkeiten besprochen werden: die *BitNami*-Variante zum Kennenlernen von Shopware sowie die *Vagrant*-Variante, falls Sie ein dauerhaftes, professionelles Entwickler-Setup aufbauen möchten.

---

2 MAMP steht für Mac, Apache, MySQL, PHP: *www.mamp.info/de/*

2

2.1.2   BitNami

Shopware steht über die Plattform *BitNami.org* zur Verfügung: Der Anbieter stellt für Open-Source-Produkte fertig konfigurierte, leicht zu installierende Pakete bereit, die sogenannten *Stacks*. Mit diesen Paketen können Sie Shopware beispielsweise lokal auf Ihrem Rechner installieren, in einer virtuellen Maschine betreiben oder direkt auf einem Cloud-System hosten lassen.

Falls Sie sich für eine lokale Installation entscheiden, bietet BitNami Pakete für Linux, Mac und Windows. Die Version für Windows wird im Folgenden besprochen. Rufen Sie zunächst die Seite *https://bitnami.com/stack/shopware* auf. Hier wählen Sie unter LOCAL INSTALL den Installer für Ihre Plattform aus – in diesem Fall für Windows. Sie müssen sich nun gegebenenfalls (kostenlos) anmelden. Nach der Anmeldung beginnt der Download.

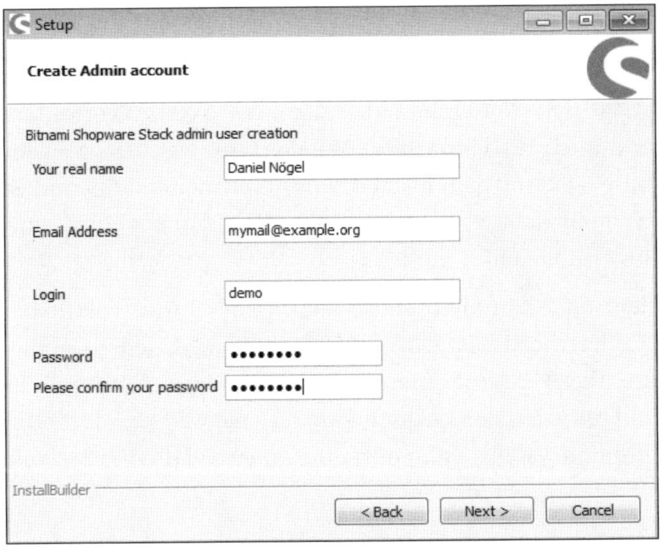

Abbildung 2.1 Benutzerdaten zum Anlegen Ihrer Shopware-Installation

Sobald die Installation abgeschlossen ist, können Sie die heruntergeladene Setup-Datei ausführen. Gegebenenfalls müssen Sie die Ausführung des Programms zunächst erlauben. Sie können die vom Installer vorgeschlagenen Installationsoptionen weitestgehend übernehmen und werden dann vom Installationsassistenten aufgefordert, ihre Benutzerinformationen für den Shop anzugeben (siehe Abbildung 2.1).

Nach der Bestätigung müssen Sie den Hostnamen Ihres Rechners sowie den gewünschten Namen des Shops angeben. In aller Regel kann der vorbefüllte Hostname übernommen werden.

Im vorletzten Schritt können Sie noch einen Mailserver einrichten, wenn Sie in der Lage sein möchten, aus der Shopware-Installation heraus Mails zu versenden.

Im letzten Schritt bietet BitNami Ihnen an, die Installation nicht lokal, sondern in der Cloud zu erzeugen. Für eine lokale Installation entfernen Sie den Haken vor diesem Schalter. Abhängig von Ihrer System- und Internetgeschwindigkeit kann die Installation nun einige Minuten in Anspruch nehmen.

Nach Abschluss der Installation können Sie den BitNami-Stack direkt ausführen. Sie haben dann über ein kleines Fenster die Möglichkeit, den Shop direkt zu öffnen, die Server zu verwalten oder mit phpMyAdmin die Datenbank einzusehen.

2.1.3   Nicht nur für Windows: die Vagrant-Box

Wenn Sie Shopware professionell unter Windows entwickeln möchten oder müssen, werden Sie zurzeit nicht um die sogenannte Shopware-Vagrant-Box herumkommen. Dabei handelt es sich um eine virtuelle Maschine, die einen für Shopware optimierten LAMP-Stack beherbergt. Weil das ganze System nur virtuell läuft, kann das Windows-System wie gewohnt weiter genutzt werden.

Weil es sehr komfortabel ist, virtuelle Maschinen über Vagrant-Boxen zu verwalten, wird das System zunehmend auch für Linux- und Mac-Systeme genutzt. Mit der Vagrant-Box ist auch für diese Systeme kein lokaler Webserver mehr nötig, und es können beispielsweise unterschiedliche Projekte mit verschiedensten Anforderungen in separaten Vagrant-Boxen abgebildet werden.

Da die Vagrant-Boxen zudem eine komplette Beschreibung der Infrastruktur beinhalten, können sie auch für Entwicklungsteams interessant sein, da jedes Detail – die Webserverkonfiguration, die PHP-Konfiguration und installierte Services – in den Boxen standardisiert und für jeden Entwickler identisch ist. Das verhindert böse Überraschungen mit dem Kundensystem, wenn dort eine andere PHP-Version läuft als bei einem Entwickler.

Um die Shopware-Vagrant-Box zu nutzen, müssen Sie folgende Programme herunterladen und installieren:

1. VirtualBox: *www.virtualbox.org/wiki/Downloads*
2. Vagrant: *www.vagrantup.com/downloads.html*
3. Git: *https://git-scm.com/download/win*

Die vorgeschlagenen Optionen können in der Regel übernommen werden, sodass keine weitergehende Konfiguration nötig ist. Nachdem alle Installationen abgeschlossen worden sind, kann die Shopware-Vagrant-Box aufgesetzt werden.

Dazu navigieren Sie mit dem Windows-Explorer in das gewünschte Zielverzeichnis und klicken mit der rechten Maustaste in einen freien Bereich. Im Kontextmenü erscheint der Befehl GIT BASH HERE (siehe Abbildung 2.2).

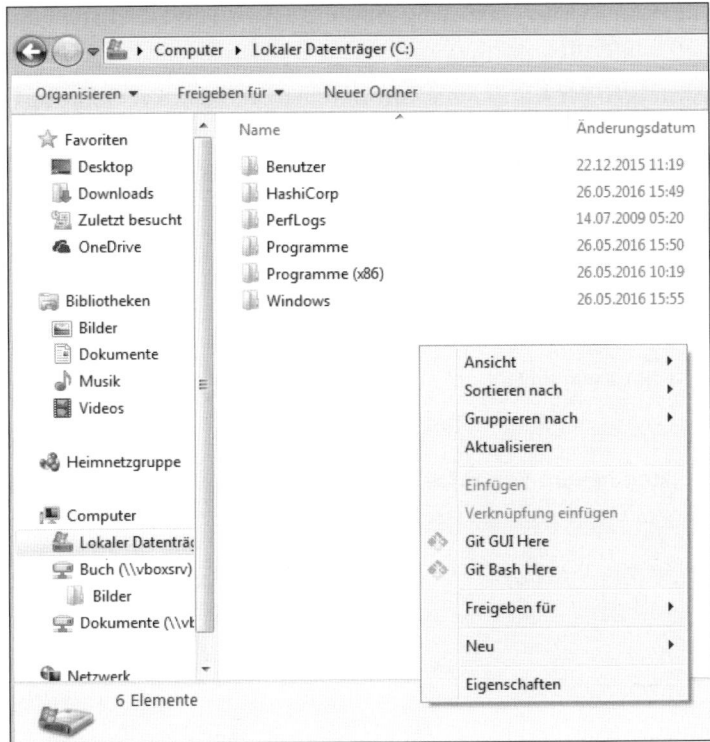

Abbildung 2.2 Der Befehl »Git Bash Here« ermöglicht das Öffnen der Git-Shell von jedem beliebigen Ort.

Nach einem Klick auf GIT BASH HERE öffnet sich eine Eingabemaske. Dort führen Sie den Befehl

```
git clone --branch 0.1 https://github.com/shopwareLabs/shopware-vagrant
```

aus. Aktuelle Entwicklungsversionen der Vagrant-Box können Sie installieren, indem Sie den Schalter `--branch 0.1` weglassen. Nachdem Git das Repository kopiert hat, navigieren Sie in das Vagrant-Verzeichnis:

```
cd shopware-vagrant
cd vagrant
```

Nun können Sie die virtuelle Maschine bauen:

```
vagrant up
```

Im Hintergrund wird nun ein Ubuntu-System heruntergeladen und mit allen Services versehen, die Shopware benötigt. Dieser Vorgang kann abhängig von Ihrer Internetanbindung und Systemgeschwindigkeit beim ersten Durchlauf durchaus 15

Minuten dauern. Anschließend wird das virtuelle System gestartet und kann über die Adresse *http://33.33.33.10* aufgerufen werden.

Ebenfalls installiert wurde *PHPMyAdmin*, ein verbreitetes Datenbankverwaltungstool. Es kann über die Adresse *http://33.33.33.10/phpmyadmin* aufgerufen werden. Die Zugangsdaten für den SQL-Benutzer sind **root** (Benutzer) und **shopware** (Passwort).

Das virtuelle Vagrant-System ist auch über SSH erreichbar, kann also über die Konsole ferngesteuert werden. Dazu gibt es mehrere Möglichkeiten:

1. Sie führen aus dem Vagrant-Verzeichnis heraus `vagrant ssh` aus.

2. Sie nutzen einen SSH-Client wie *PuTTY*.

3. Sie verbinden sich direkt aus der Shell heraus via SSH.

Alle Daten, die für die letzten beiden Varianten nötig sind, können Sie sich mit dem Kommando `vagrant ssh-config` ausgeben lassen:

```
daniel@localhost:~/www/shopware-vagrant/vagrant$ vagrant ssh-config
Host default
  HostName 127.0.0.1
  User vagrant
  Port 2222
  UserKnownHostsFile /dev/null
  StrictHostKeyChecking no
  PasswordAuthentication no
  IdentityFile /home/daniel/.vagrant.d/insecure_private_key
  IdentitiesOnly yes
  LogLevel FATAL
  ForwardAgent yes
```

Listing 2.1 »vagrant ssh-config« gibt alle Informationen aus, die Sie brauchen, um sich lokal via SSH mit der Vagrant-Box zu verbinden.

Es ist auch möglich, sich über FTP-Programme mit der Vagrant-Box zu verbinden, beispielsweise um Dateien hochzuladen. Hierfür können Sie beliebige FTP-Programme verwenden; im Folgenden wird der Vorgang am Beispiel des kostenlosten FTP-Tools *FileZilla* gezeigt.

Nachdem Sie das Programm von der Webseite heruntergeladen[3] und installiert haben, können Sie es direkt öffnen. Über DATEI • SERVERMANAGER konfigurieren Sie nun die Vagrant-Box mit den Daten, die Sie über den Befehl `vagrant ssh-config` erhalten haben (siehe Abbildung 2.3).

---

3 *https://filezilla-project.org*

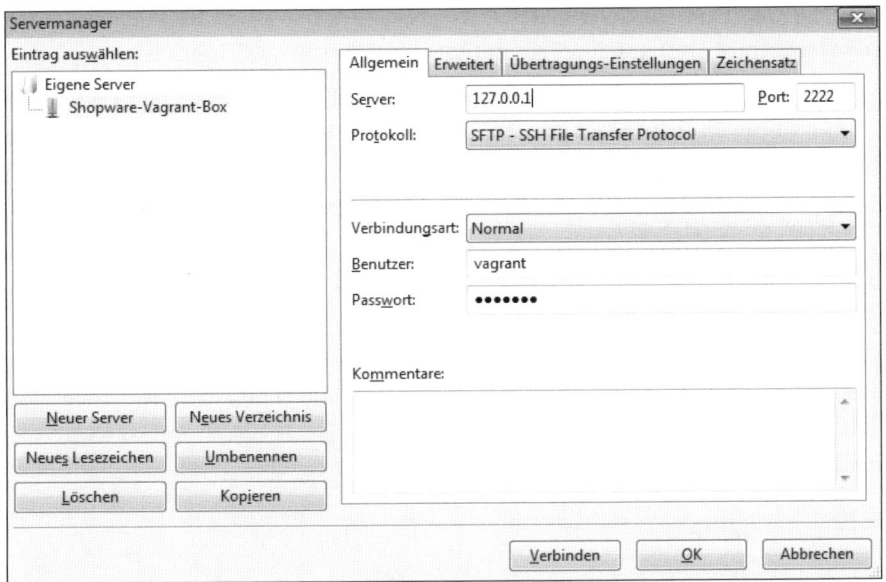

Abbildung 2.3 Die Vagrant-Box kann über FTP-Programme angesprochen werden.

Achten Sie hierbei darauf, dass Sie als Protokoll SFTP – SSH File Transfer Protocol auswählen. Die Benutzer-Passwort-Kombination lautet per Voreinstellung immer vagrant / vagrant.

Nach dem Login zeigt FileZilla auf der linken Seite das lokale Dateisystem und auf der rechten Seite das Vagrant-System im Pfad */home/vagrant* an. Im Unterverzeichnis *www* befindet sich der Web-Root. Das heißt, alle dort abgelegten Dateien können später über den Browser abgerufen werden. Hierher wird später die Shopware-Installation eingespielt.

2.2   Shopware installieren

Es gibt im Wesentlichen zwei Möglichkeiten, um Shopware zu installieren:

▶ Zum einen können Benutzer das Installationspaket von der Homepage des Herstellers herunterladen, entpacken und den Shopware Installations-Assistenten durchlaufen.

▶ Zum anderen gibt es die Möglichkeit, Shopware direkt über das Git-Repository aufzusetzen.

Beide Möglichkeiten haben ihre Vor- und Nachteile. Die Installation mit dem Installationspaket erfordert in aller Regel weniger technische Vorkenntnisse und setzt jenseits der Shopware-üblichen Systemvoraussetzungen auch keine weiteren Programme voraus. In der Regel genügen ein FTP-Tool sowie eine Möglichkeit, das Installationspaket zu entpacken. Dafür fehlen in dem Paket häufig genutzte Entwickler-Tools, und das System ist insgesamt eher auf den Produktivitätsbetrieb ausgerichtet.

Die Installation aus dem Git-Repository wirkt zunächst etwas aufwendiger, ist dafür aber auf den Entwickleralltag ausgerichtet. Weiterhin können Sie auf diesem Wege auch (bisher unveröffentlichte) Shopware-Versionen testen und beispielsweise prüfen, ob Ihr Plugin auch mit der nächsten Shopware-Version kompatibel sein wird. Beide Wege werden in den folgenden zwei Abschnitten kurz besprochen.

> **Hinweis**
>
> Im Abschnitt 2.3, »Wie richte ich mir eine Arbeitsumgebung ein?«, zeige ich Ihnen, wie das Shopware-System in der Entwicklungsumgebung *PhpStorm* eingerichtet werden kann. PhpStorm ist ebenfalls in der Lage, Ihren lokalen Shopware-Quellcode in die Vagrant-Box oder auf einen beliebigen Webserver zu übertragen.

2.2.1 Das Installationspaket

Das jeweils aktuelle Installationspaket finden Sie auf der Shopware-Webseite unter *http://community.shopware.com/Downloads_cat_448.html*. Nachdem Sie das Paket auf Ihrem lokalen Rechner entpackt haben, können Sie alle darin enthaltenen Dateien mit einem FTP-Programm auf Ihren Webserver schieben. Achten Sie dabei unbedingt auch auf versteckte Dateien wie *.htaccess*. Falls Ihr Webserver lokal läuft, genügt es, das Installationspaket in das Document-Root-Verzeichnis Ihres Webservers zu entpacken.

> **Noch besser: Auf dem Server entpacken**
>
> Idealerweise kopieren Sie erst das Installationspaket auf den Webserver und entpacken es dort. Das ist nicht nur schneller, sondern auch weniger fehleranfällig. In der Einsteiger-Realität sieht es aber oft so aus, dass diese Möglichkeit aufgrund von Limitierungen des Hosters nicht gegeben ist, darum wird hier die Kurzvariante geschildert.

Wenn Sie nun die URL Ihres Webservers aufrufen – für die Nutzer der Shopware-Vagrant-Box also *http://33.33.33.10* –, leitet Shopware Sie automatisch zum Installations-Assistenten.

Der Installations-Assistent ist weitestgehend selbsterklärend. Er weist Sie unter anderem auf fehlende Voraussetzungen hin. Keine Sorge: Einige Voraussetzungen (wie *ionCube*) sind lediglich optional, sodass entsprechende Hinweise übersprungen werden können.

Nach Eingabe der MySQL-Zugangsdaten (für Shopware-Vagrant-Nutzer: Benutzer: `root` und Passwort `shopware`) muss ein Datenbank-Name ausgewählt werden. Die

Datenbank muss im Vorfeld angelegt werden – in der Shopware-Vagrant-Box ist die Datenbank `shopware` vorkonfiguriert.

Nach dem Import der Datenbank und der Auswahl der passenden Lizenz müssen Sie noch einige Grunddaten hinterlegen, etwa den Namen des Shops, Ihre Absender-E-Mail-Adresse oder den Benutzernamen und das Passwort für den Administrator-Account. Nachdem die Installation abgeschlossen ist, können Frontend und Backend aufgerufen werden. Nutzer der Shopware-Vagrant-Box verwenden hierfür *http://33.33.33.10/* und *http://33.33.33.10/backend/*.

2.2.2   Das Git-Repository

Shopware wird mit dem Versionsverwaltungssystem Git entwickelt. Jede Änderung am Quellcode wird mithilfe dieses Systems protokolliert. Über die Plattform GitHub können Sie den Quellcode von Shopware unter *https://github.com/shopware/shopware* jederzeit einsehen. Das bedeutet auch, dass jeder externe Entwickler den gleichen Zugang, die gleiche Perspektive und die gleichen Tools zur Verfügung hat wie die Shopware-Entwickler selbst. Um Shopware auf diese Weise zu nutzen, müssen auf dem System, auf dem Shopware betrieben werden soll, die Hilfsprogramme *git* und *ant* installiert sein. In der Shopware-Vagrant-Box ist das bereits der Fall.

Um das Shopware-Git-Repository auszuchecken, müssen Sie zunächst mit der Konsole in den Document-Root Ihres Webservers navigieren. Im Falle der Shopware-Vagrant-Box loggen Sie sich dafür mit `vagrant ssh` in Ihre Box ein und navigieren mit `cd /home/vagrant/www` dorthin. Mit dem nächsten Befehl wird nun das Shopware-Quellcodeverzeichnis geklont:

```
git clone https://github.com/shopware/shopware.git
```

Abhängig von der Internetverbindung kann dies einige Minuten in Anspruch nehmen. Am Ende des Vorgangs gibt es ein neues Verzeichnis *shopware*, in das Sie mit `cd shopware` navigieren können.

Im nächsten Schritt stellen Sie sicher, dass die Zugriffsrechte für bestimmte Dateien und Verzeichnisse korrekt gesetzt sind:

```
chmod -R 755 var
chmod -R 755 web
chmod -R 755 files
chmod -R 755 media
chmod -R 755 engine/Shopware/Plugins/Community
```

Anschließend kann das Build-Tool *ant* alle weiteren Abhängigkeiten automatisiert auflösen. Letztlich handelt es sich dabei um in XML formulierte Beschreibungen weiterer Arbeitsschritte, die automatisiert ablaufen können. Zunächst müssen dabei einige Konfigurationen ermittelt werden:

```
cd build/
ant configure
```

Das Skript fragt unter anderem nach Datenbank-Daten und einigen weiteren Informationen zum System. Für Nutzer der Shopware-Vagrant-Box lautet die Benutzername-Passwort-Kombination **root** und **shopware**, die Datenbank in der Vagrant-Box heißt **shopware**:

```
Buildfile: /home/vagrant/www/shopware/build/build.xml

configure:
    [input] Please enter db-host: [localhost]
    [input] Please enter db-port: [3306]
    [input] Please enter db-name: [] meine-shopware-datenbank
    [input] Please enter db-username: [] root
Please enter db-password:
    [input] Please enter app.host (Hostname e.g. example.com): [] 33.33.33.10
    [input] Please enter app.path (e.g. /
shopware. Leave blank if installed in document root): []
/shopware
[propertyfile] Creating new property file: /home/vagrant/www/shopware/build/
build.properties

BUILD SUCCESSFUL
Total time: 41 seconds
```

Listing 2.2 Ausgabe des »ant configure«-Kommandos

Nachdem das Build-System so konfiguriert wurde, kann mit folgendem Kommando alles Weitere durchgeführt werden:

```
ant build-unit
```

Dieser Vorgang kann wieder einige Minuten dauern und wird unter anderem mittels Composer alle benötigten Abhängigkeiten (beispielsweise Doctrine, Symfony-Komponenten etc.) aus dem Internet laden. Auch wird die Datenbank aufgesetzt und mit allen notwendigen Tabellen versehen. Am Ende des Vorgangs zeigt die Meldung BUILD SUCCESSFUL an, dass keine Fehler aufgetreten sind.

2.3   Wie richte ich mir eine Arbeitsumgebung ein?

Um im weiteren Verlauf des Buches produktiv mit Shopware arbeiten zu können, sollten Sie sich eine Arbeitsumgebung (IDE) einrichten. Sie nutzen im Folgenden

PhpStorm, weil es sich dabei um eine extrem populäre Arbeitsumgebung für PHP handelt, die auch bei der shopware AG selbst eingesetzt wird.

Unter *https://plugins.jetbrains.com/plugin/7410* finden Sie eine von Daniel Espendiller gepflegte Shopware-Integration für PhpStorm, die Sie als Entwickler mit einer Reihe von Funktionen unterstützt.

PhpStorm ist kostenpflichtig, kann aber für eine Testperiode von 30 Tagen kostenlos genutzt werden. Nach dem Download von *www.jetbrains.com/phpstorm/* und der Installation von PhpStorm müssen Sie zunächst die Arbeitsumgebung einrichten.

Wenn Sie Ihren Webserver lokal betreiben (also mit einem LAMP-, MAMP- oder WAMP-Setup), können Sie über FILE • OPEN DIRECTORY schlicht das Shopware-Verzeichnis öffnen. PhpStorm indexiert dann das Projekt; alle Änderungen in PhpStorm sind dann automatisch auch im Projekt vorhanden.

Im Falle der Shopware-Vagrant-Box ist das Szenario etwas anders: Hier muss PhpStorm so konfiguriert werden, dass die Shopware-Installation in der Vagrant-Box automatisch mit dem lokalen PhpStorm-Projekt synchronisiert wird. Dazu erzeugen Sie zunächst über FILE • NEW PROJECT ein neues Projekt. Dann konfigurieren Sie über TOOLS • DEPLOYMENT • CONFIGURATION die Vagrant-Box (siehe Abbildung 2.4).

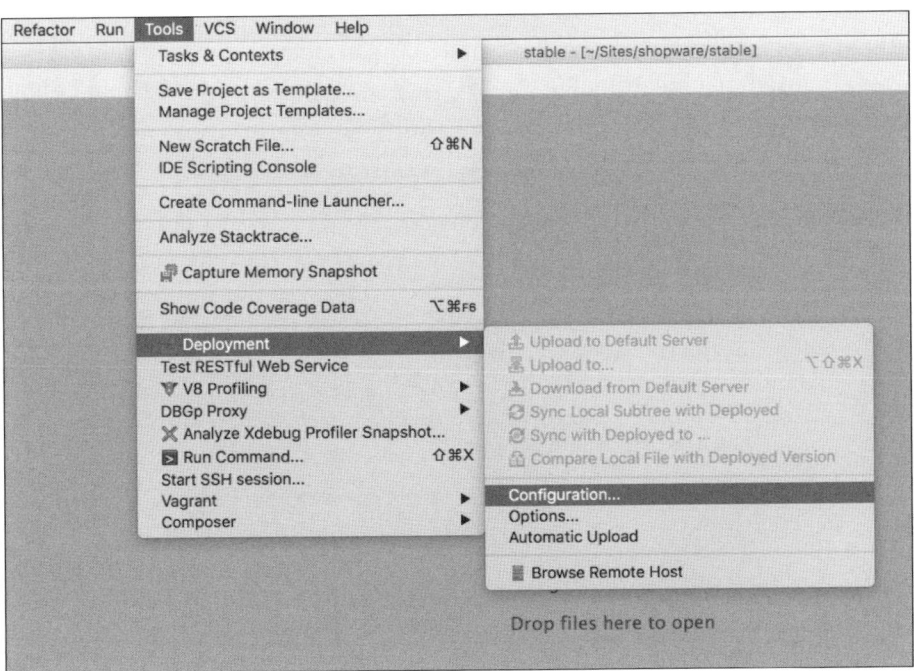

Abbildung 2.4 Öffnen der Deployment-Konfiguration

In dem Fenster, das sich nun öffnet, können Sie über das +-Symbol den Vagrant-Server anlegen. Wählen Sie als Typ SFTP aus (siehe Abbildung 2.5).

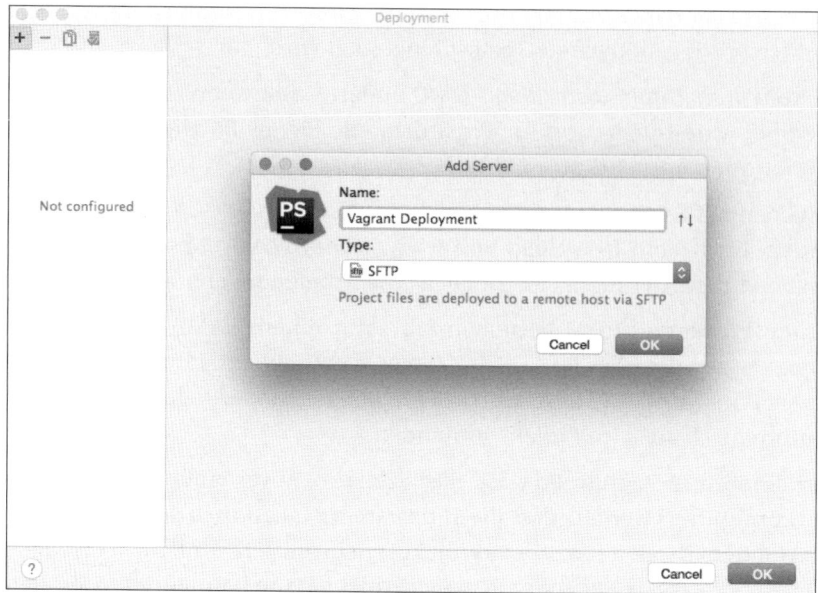

Abbildung 2.5 Der Vagrant-Server braucht einen Namen. Bei »Type« wählen Sie »SFTP«.

Nun konfigurieren Sie die Vagrant-Box mit den Zugangsdaten, die der Befehl vagrant ssh-config ausgibt (standardmäßig vagrant / vagrant, vgl. Abschnitt 2.1.3 und Abbildung 2.6).

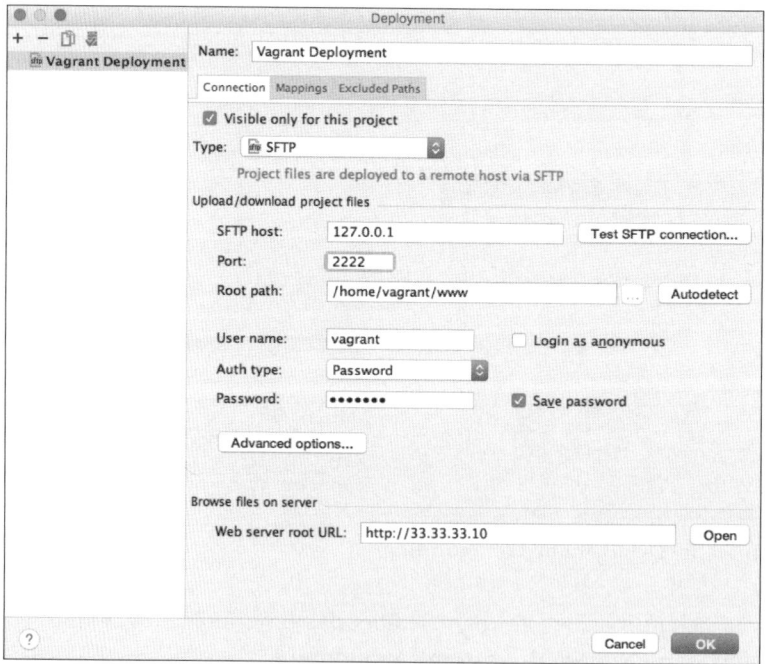

Abbildung 2.6 Die Vagrant-Server-Konfiguration

Schließlich muss noch das Mapping angelegt werden, damit PhpStorm die lokalen Dateien den entfernten Dateien in der Vagrant-Box zuordnen kann (siehe Abbildung 2.7). Dies ermöglicht es später, geänderte lokale Dateien automatisch in die Box zu übertragen.

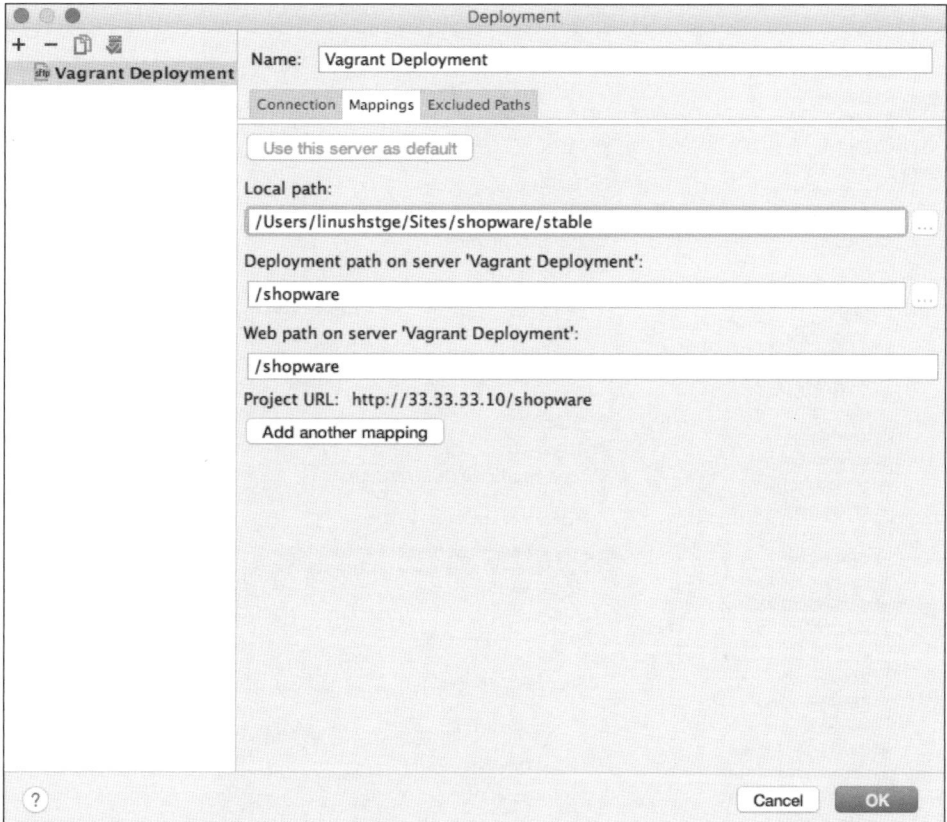

Abbildung 2.7 Das lokale Projekt-Verzeichnis wird auf das Verzeichnis »/shopware« in der Vagrant-Box gemappt.

Nun müssen Sie die Vagrant-Shopware-Installation und das PhpStorm-Projekt einmal initial miteinander abgleichen. Dazu gibt es zwei Möglichkeiten:

▶ **Möglichkeit 1:** Sie können die Shopware-Installation aus der Shopware-Vagrant-Box in das PhpStorm-Projekt herunterladen. Über TOOLS • DEPLOYMENT-BROWSE REMOTE HOST lässt sich die Vagrant-Maschine anzeigen. Mit der rechten Maustaste auf dem entsprechenden Verzeichnis können Sie alle Dateien herunterladen.

▶ **Möglichkeit 2:** Schöner ist es, Shopware direkt in das lokale PhpStorm-Projekt auszuchecken und von dort hochzuladen (siehe Abbildung 2.8).

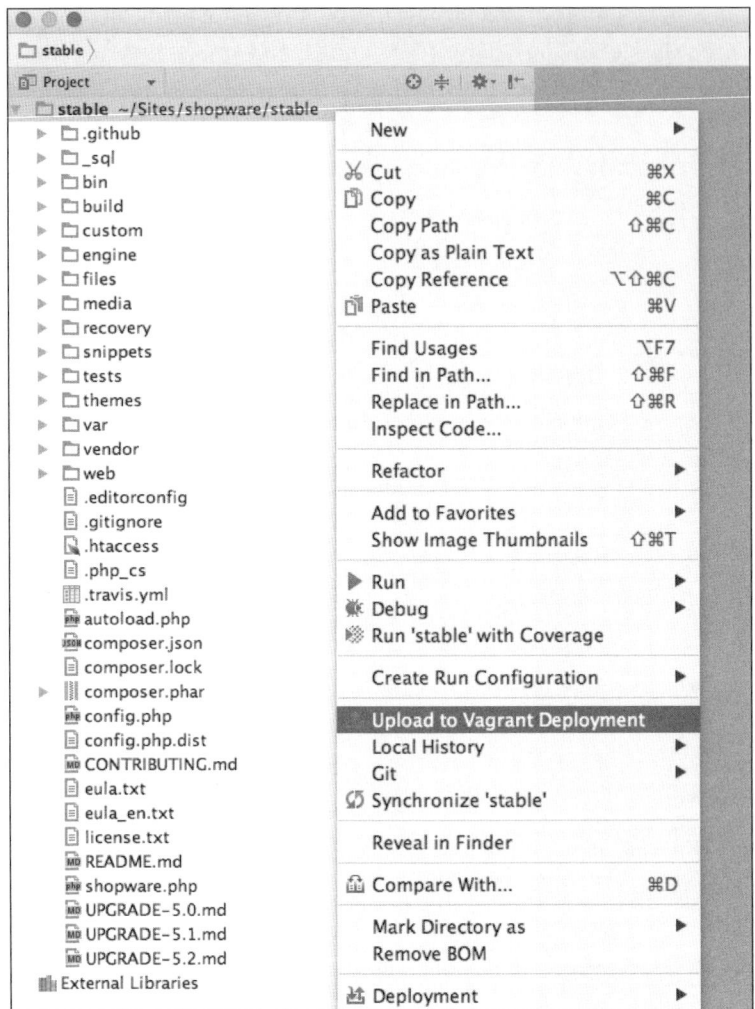

Abbildung 2.8 Mit einem Rechtsklick auf das Projekt-Hauptverzeichnis lässt sich der lokale Dateibaum zur Vagrant-Maschine übertragen.

In beiden Szenarien sollten Sie danach den automatischen Datei-Upload unter TOOLS • DEPLOYMENT • AUTOMATIC UPLOAD aktivieren. Danach wird jede Dateiänderung im lokalen Verzeichnisbaum (links) automatisch in die Vagrant-Box übertragen. Dies können Sie leicht überprüfen, indem Sie in Ihrem lokalen Projekt eine Datei *index.php* anlegen und danach prüfen, ob diese auch über *http://33.33.33.10/ shopware/index.php* abrufbar ist.

Kapitel 3
Schnelleinstieg: Shopware kennenlernen

Shopware ist ein umfassendes Shopsystem mit einer Vielzahl an Funktionalitäten und Einstellungen. Da bei der Entwicklung von Shopware-Erweiterungen häufig an diese bestehenden Funktionalitäten angeknüpft wird, ist auch für Entwickler ein grundlegender Überblick über das System unerlässlich.

Wenn Sie als Entwickler mit Shopware arbeiten, werden Sie in der Regel mit Anforderungen dieser Art konfrontiert sein:

- ▶ Der Kunde soll im Frontend Fragen stellen können.
- ▶ Im Administrationsbereich möchten Sie alle gestellten Fragen sehen.
- ▶ Andere Kunden sollen die Fragen beantworten können.
- ▶ Im Listing möchten Sie nach Arikeln filtern können, zu denen Fragen gestellt wurden.
- ▶ Im Administrationsbereich soll kontrolliert werden, für welchen Artikel Fragen gestellt werden können.

Schnell wird also klar, dass auch Entwickler einen grundlegenden Überblick über das System brauchen, um derartige Anforderungen umsetzen zu können. Ähnliches gilt beim Thema Deployment – also beim automatisierten Verteilen der Software auf ein oder mehrere Kundensysteme: Was muss beachtet werden und welche Einstellungen müssen vorgenommen werden, um das System bestmöglich zu konfigurieren? Aus diesem Grund stellt dieses Kapitel einen kurzen Schnelleinstieg bereit, der einige der am häufigsten benutzten und angepassten Funktionalitäten in Shopware vorstellt und relevante Konfigurationsmöglichkeiten aufzeigt.

3.1 Firstrun-Wizard

In Kapitel 2, »Mit Shopware loslegen«, habe ich Ihnen gezeigt, wie Shopware aus einem Installationspaket oder dem Git-Repository aufgesetzt werden kann. In beiden Fällen wird der Nutzer beim ersten Aufruf des Backends (*http://33.33.33.10/ shopware/backend/* im Falle der Vagrant-Box) mit dem *Firstrun-Wizard* konfrontiert, einem Einrichtungsassistenten, der dem Nutzer zentral wichtige Konfigurationen für sein System bereitstellt (siehe Abbildung 3.1).

Abbildung 3.1 Mit dem Firstrun-Wizard können Sie den Shop initial konfigurieren.

Dazu gehören unter anderem:

▶ die Installation von länderspezifischen Plugins wie *Internationalisierung Niederlande* oder *Cookie Hinweis*

▶ die Installation von Shopware-Demodaten, sodass der Nutzer sich mit einem vorbefüllten Shop einarbeiten kann

▶ empfohlene Plugins wie *Zahlungsanbieter*, *Verkäufersiegel* etc.

▶ Hinterlegen von Logos, Adressen und Bankinformationen

▶ Einrichtung einer *shopwareID*, um im herstellereigenen Community Store Plugins herunterladen zu können

Gerade für die ersten Schritte mit Shopware empfehle ich Ihnen, das Demodaten-Set im Firstrun-Wizard herunterzuladen, sodass das System mit nutzbaren Testdaten vorbefüllt ist.

Wird der Firstrun-Wizard nicht benötigt, können alle Einrichtungsschritte durch einen Klick auf das Schließen-Symbol übersprungen werden. Ebenso ist es möglich, den Firstrun-Wizard über die Konsolenkommandos zu deaktivieren:

```
./bin/console sw:firstrunwizard:disable
```

Bei Bedarf kann der Einrichtungsassistent auch wieder aktiviert werden:

```
./bin/console sw:firstrunwizard:enable
```

Weitere Informationen über die Shopware-Konsolenkommandos finden Sie in Kapitel 12, »Shopware-Kommandos«.

3.2   Die Grundkonfiguration

Shopware erlaubt es, den Shop umfassend nach eigenen Wünschen zu konfigurieren. Die ersten Konfigurationen wurden in vielen Fällen bereits im Einrichtungsassistenten vorgenommen. Für einen wunschgemäßen Betrieb müssen jedoch viele weitere Einstellungen hinsichtlich Kundengruppen, E-Mail-Vorlagen, Versand, Zahlarten, Frontend-Verhalten oder sogar Preiskalkulation gesetzt werden.

In den folgenden Abschnitten werden die am häufigsten genutzten Konfigurationsmöglichkeiten näher beleuchtet.

3.2.1   Backend-Benutzer

In vielen Shops hat mehr als nur ein Benutzer Zugriff auf das Shopware-Backend. Entsprechend können mehrere Benutzer angelegt werden, die auch unterschiedliche Berechtigungen haben. Häufig gibt es einen Nutzer mit Administrationsrechten, der alle Einstellungen und Module von Shopware bedienen kann. Darüber hinaus ist es aber auch möglich, Benutzer zu erzeugen, die nur in bestimmten Modulen aktiv sein dürfen oder nur Leserechte haben. Auch separate API-Benutzer – also Nutzer, die ausschließlich für die Shopware-REST-API genutzt werden – sind häufige Szenarien.

Die Benutzerverwaltung rufen Sie über den Menüpunkt EINSTELLUNGEN • BENUTZERVERWALTUNG auf. Das Modul, das sich dann öffnet, zeigt eine Übersicht aller im System angelegten Backend-Benutzer (siehe Abbildung 3.2). Durch einen Klick auf das Stift-Symbol können Sie einen einzelnen Benutzer bearbeiten – so lassen sich Name, E-Mail-Adresse oder (für Entwickler besonders relevant) ein API-Key für die Shopware-REST-API hinterlegen.

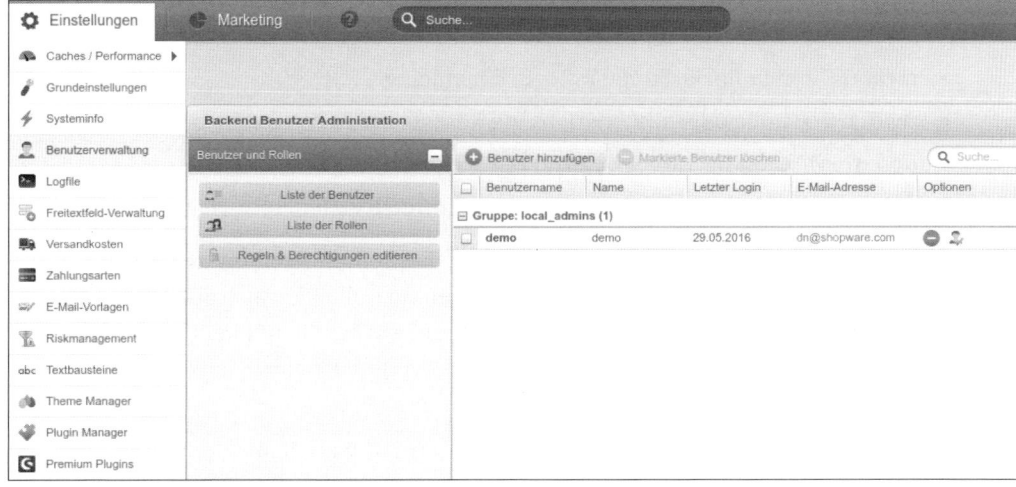

Abbildung 3.2 Die Benutzerverwaltung ermöglicht das Verwalten aller Nutzer, die Zugriff auf das Shopware-Backend haben.

Hinweis: Mehrere Benutzer mit demselben Konto

Oft stolpern gerade Einsteiger über den Umstand, dass nicht mehrere Backend-Benutzer mit demselben Benutzerkonto gleichzeitig aktiv sein können: Die Nutzer loggen sich dann gegenseitig aus. Aus diesem Grund sollten Sie immer für jede Person, die Zugang zum Backend erhalten soll, ein eigenes Konto anlegen. So profitieren Sie auch von der Log-Funktionalität, die beispielsweise nachhält, welcher Artikel von welchem Benutzer zuletzt bearbeitet wurde.

Shopware nutzt eine rollenbasierte Zugriffskontrolle (RBAC), um die verschiedenen Backend-Benutzer mit unterschiedlichen Rechten auszustatten. Entsprechend können über den Punkt LISTE DER ROLLEN alle in Shopware hinterlegten Rollen eingesehen, bearbeitet und erweitert werden. In der Standardeinstellung kennt Shopware die Rollen *local_admins* für die administrativen Nutzer sowie *Blog* für einen Nutzer, der ausschließlich das Blog-Modul bedienen darf. Eine Rolle besteht im Wesentlichen aus drei Informationen:

1. **Name**: der eindeutige Name der Rolle, etwa *Blog*
2. **Aktiv**: Ist diese Rolle aktiviert und gültig?
3. **Admin**: Handelt es sich um eine administrative Rolle mit Vollzugriff? In den meisten Fällen ist das nicht der Fall. Nur die *local_admins*-Rolle sollte Vollzugriff haben.

Vereinfacht formuliert sind Rollen zunächst also nur mit Namen versehene Einträge, denen die Nutzer zugewiesen werden. Das eigentliche Rechtesystem wird dann über den Punkt REGELN & BERECHTIGUNGEN EDITIEREN gepflegt. Hier werden die Rollen nun mit sogenannten *Privilegien* versehen – also mit der Information, *was* eine Rolle in *welchen Modulen* tun darf.

In der Regel gibt es Privilegien wie:

▶ **create**: Diese Rolle darf neue Kategorien anlegen.
▶ **read**: Diese Rolle darf nur existierende Kategorien betrachten.
▶ **update**: Diese Rolle darf existierende Kategorien modifizieren.
▶ **delete**: Diese Rolle darf existierende Kategorien löschen.

Die Module, auf die ein Benutzer Zugriff hat, heißen im Kontext der Zugriffsrechte auch *Ressourcen*. Im Fall von Abbildung 3.3 hat die Rolle *Blog* also alle Privilegien auf der BLOG-Ressource (der gesamte Knoten ist angehakt). Sie hat keine Privilegien auf der Kategorie-Ressource (weder der Knoten CATEGORY noch einzelne Privilegien sind angehakt).

Das gesamte Zugriffssystem in Shopware wird häufig auch als *ACL-System* bezeichnet. Aus technischer Perspektive ist das System controller-basiert, das heißt, jeder Backend-Controller kann über das ACL-System angesprochen und mit Privilegien versehen werden.

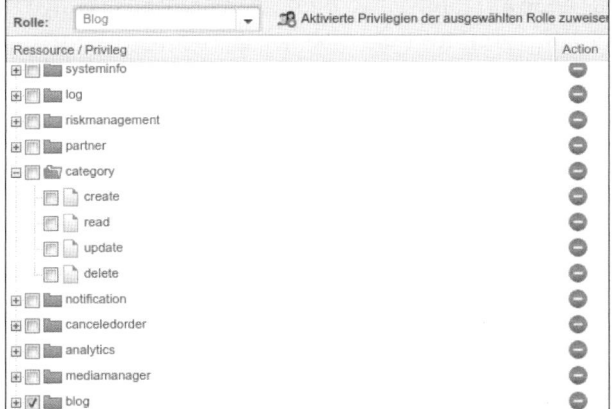

Abbildung 3.3 Jeder Rolle kann ein Privileg oder mehrere zugewiesen werden.
Der Blog-Benutzer hat nur Rechte auf der Blog-Ressource.

3.2.2 Grundeinstellungen

Während viele umfangreiche Konfigurationsmöglichkeiten in eigene Module ausgelagert wurden, gibt es eine Reihe von Einstellungen, die im sogenannten Grundeinstellungen-Modul vorgenommen werden können.

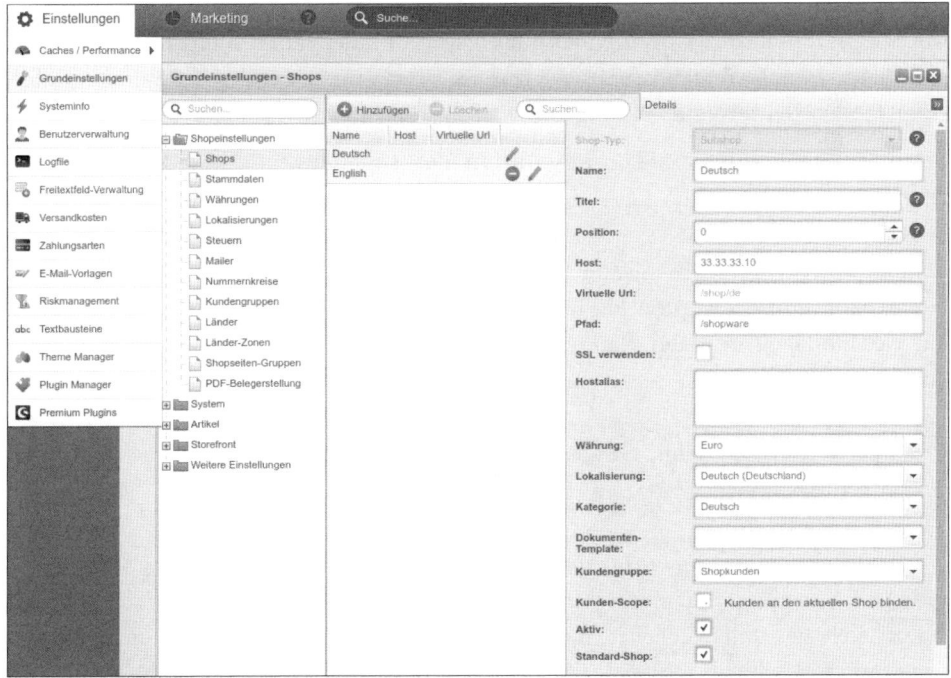

Abbildung 3.4 Die Grundeinstellungen erlauben das Konfigurieren von vielen Standard-
funktionalitäten des Systems.

Das Grundeinstellungen-Modul (siehe Abbildung 3.4) rufen Sie über EINSTELLUNGEN
• GRUNDEINSTELLUNGEN auf. Es zeigt auf der linken Seite eine Baumstruktur zur
Navigation. Rechts werden die jeweiligen Einstellungen des gewählten Eintrags ange-
zeigt.

Wegen der Menge an möglichen Einstellungen kann oben links auch gesucht werden: Wenn Sie also nicht wissen, dass die Shop-Konfiguration unter SHOPEINSTEL-
LUNGEN • SHOPS zu finden ist, geben Sie in die Suche »Shop« ein und gelangen auf
diesem Weg ebenso zum Ziel.

Hinweis

Die Shopware-Konfiguration wird im Standard gecacht – also nicht bei jedem Seitenaufruf im Frontend neu ausgelesen. Damit eine Konfiguration wirksam wird, muss
der Konfigurations-Cache geleert werden. Dies geht schnell über die Tastenkombina-
tion $\boxed{\text{Strg}}$+$\boxed{\text{Alt}}$+$\boxed{\text{X}}$ im Backend – oder über das Performance-Modul (vgl. Abschnitt 3.2.6, »Cache/Performance«).

3.2.3   Grundeinstellungen: der Shop

Gerade im Entwickler-Alltag wird die Shop-Konfiguration unter SHOPEINSTELLUN-
GEN • SHOPS (vgl. Abbildung 3.4) besonders häufig benötigt: Hier konfigurieren Sie
unter anderem den Hostnamen (Domain) sowie Pfade. Fehlkonfigurationen in diesem Bereich äußern sich im Shop-Frontend durch nicht gefundene Seiten, Umlei-
tungsfehler oder fehlende Styling-Informationen.

Besonders relevant ist die Konfiguration des sogenannten *Hauptshops*. In den
Demodaten ist das in der Regel der Shop *Deutsch*. Für diesen Hauptshop muss das
Feld HOST mit der IP-Adresse oder der Domain des Shops versehen werden. Im Falle
der Shopware-Vagrant-Box ist dies beispielsweise 33.33.33.10. Ebenso muss der *Pfad*
korrekt konfiguriert werden. Für die Shopware-Vagrant-Box tragen Sie hier /shopware
ein. Der Pfad ist immer der Pfad relativ vom Document-Root des Webservers, häufig
auch *basepath* genannt.

Shops, Multishops, Hauptshops, Subshops und Sprachshops

Shopware ist multishop-fähig. Das bedeutet, dass eine Shopware-Installation genutzt
werden kann, um mehrere Shop-Frontends zu bespielen. So wäre es denkbar, dass es
die zwei Shops *www.mein-shopware-hosen-shop.de* und *www.mein-shopware-hand-
taschen-shop.de* gibt, die völlig unterschiedliche Templates, Artikel, Kategorien und
Kunden haben und lediglich im Backend zentral gesteuert werden. Diese unabhängi-
gen Shops werden in Shopware *Subshops* genannt.

Analog dazu wird auch die Mehrsprachfähigkeit über Shops gelöst – über die soge-nannten *Sprachshops*. Sprachshops erlauben es ebenso wie Subshops, separate Katego-rie- und Artikelbäume aufzubauen – haben aber in der Regel kein eigenes Template und keine eigene URL. Über die sogenannten *virtuellen URLs* ist es aber möglich, die Shops nach *www.meins-shopware-shop.de/de* und *www.mein-shopware-shop.de/en* zu unterscheiden. Sprachshops sind immer eindeutig einem Subshop zugeordnet und werden in diesem Subshop in Form einer Sprachauswahl verlinkt.

Als Faustregel gilt: Soll der Shop nur übersetzt werden, wird ein *Sprachshop* benötigt, soll ein zweiter Shop mit eigener URL eingerichtet werden, wird ein *Subshop* benö-tigt.

Weitere für Entwickler relevante Konfigurationseinstellungen sind die Optionen SSL VERWENDEN (für die Übertragung via HTTPS) sowie die STANDARDKUNDENGRUPPE (vgl. folgender Abschnitt). Über die Standardkundengruppe legen Sie fest, welcher Kundengruppe ein anonymer Benutzer zugewiesen wird, wenn er den Shop besucht. Da in Shopware die Preislisten über die Kundengruppen gepflegt werden, entschei-det diese Einstellung also letztlich darüber, welche Preise standardmäßig im Shop angezeigt werden.

Analog dazu bestimmen Sie über KATEGORIE, welcher Kategoriebaum (und damit auch welche Produkte) im Shop verfügbar sind (vgl. Abschnitt 3.3, »Artikel«).

3.2.4 Grundeinstellungen: Kundengruppen

Kundengruppen sind in Shopware eine der wichtigsten Möglichkeiten, Kunden unterschiedliche Preislisten zuzuweisen. Jeder Kunde gehört dabei genau einer Kun-dengruppe an, jeder Kundengruppe können aber beliebig viele Kunden zugeordnet werden.

Die Kundengruppen werden in den Grundeinstellungen unter SHOPEINSTELLUNGEN • KUNDENGRUPPEN gepflegt.

In der Standardeinstellung liefert Shopware die beiden Kundengruppen *Shopkunden* (Kürzel: EK) sowie *B2B / Händler netto* (Kürzel: H) aus. Die Systemkundengruppe EK wird dabei als Fallback-Kundengruppe bezeichnet, d. h., wenn für eine Kunden-gruppe keine Preise für einen bestimmten Artikel (vgl. Abschnitt 3.3, »Artikel«) hin-terlegt sind, wird Shopware den für die Kundengruppe EK hinterlegten Preis nutzen.

Die Konfigurationsmöglichkeiten im Überblick (siehe Abbildung 3.5):

▶ EINGABE BRUTTOPREISE: Werden die Preise im Backend in Brutto gepflegt?
   Hinweis: Shopware speichert Preise in der Datenbank immer in Netto.

▶ Bruttopreise im Shop: Kunden in dieser Kundengruppe sehen immer Bruttopreise im Shop.

▶ Rabatt-Modus / Rabatt: Räumt dieser Kundengruppe auf jeder Bestellposition einen prozentualen Rabatt ein.

▶ Mindestbestellwert: Legt eine Mindesthöhe für Bestellungen fest.

▶ Zuschlag bei Bestellungen: Legt eine Pauschale bei Unterschreitung des Mindestbestellwerts fest.

▶ Warenkorb Rabatt: Räumt prozentuale Rabatte ein, die ab bestimmten Warenkorb-Größen greifen.

   Beispiel: Ab einer Summe von 10 EUR erhält die Kundengruppe einen Rabatt in Höhe von 10 Prozent.

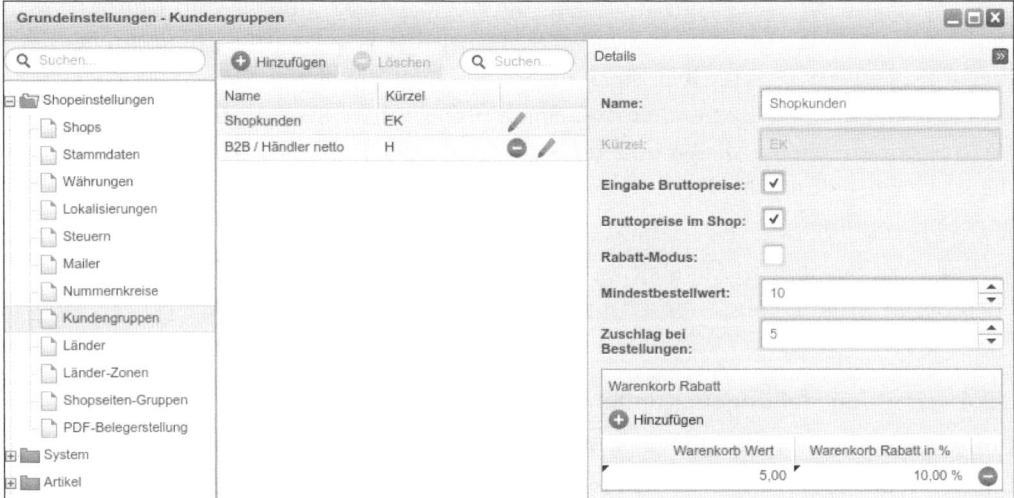

Abbildung 3.5 In der Kundengruppen-Konfiguration lassen sich unterschiedliche Kundengruppen pflegen.

Da Preise in Shopware je Kundengruppe gepflegt werden und jeder Shop eine eigene Standardkundengruppe haben kann, ermöglichen Kundengruppen es Ihnen letztlich, auch Shop- und länderspezifische Preise festzulegen. Weitere Informationen zur kundengruppenabhängigen Preispflege in Shopware finden Sie in Abschnitt 3.3.3, »Die Artikel-Einzelansicht«.

3.2.5   Grundeinstellungen: SEO

Um gegen große Konkurrenten wie Amazon & Co bestehen zu können, ist es für Shopbetreiber von enormer Wichtigkeit, den eigenen Shop prominent bei Google und anderen Suchmaschinen platzieren zu können. Dafür bietet Shopware von Haus

aus die geeigneten Werkzeuge, die hier kurz angerissen werden sollen. Der Erweiterung und Modifikation der Shopware-SEO-Engine habe ich mit Abschnitt 16.2 einen eigenen Bereich gewidmet.

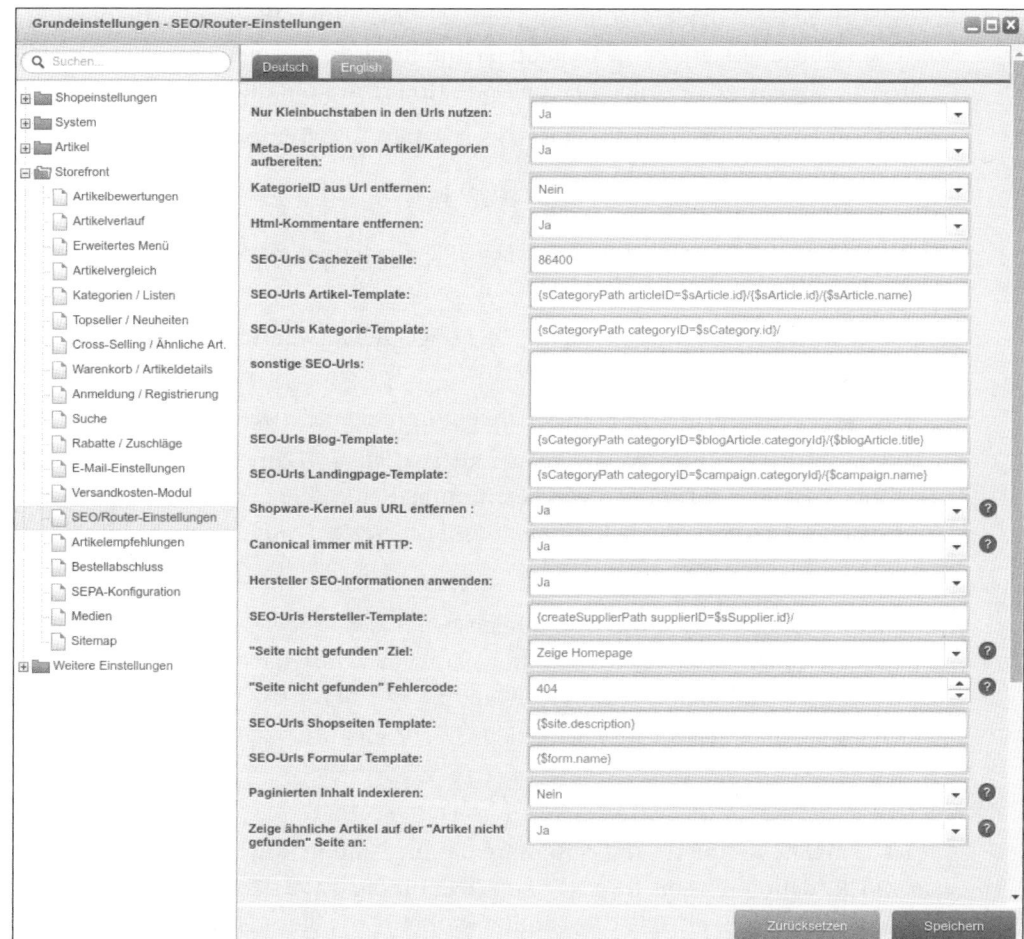

Abbildung 3.6 In den SEO-Einstellungen lassen sich SEO-URLs ebenso definieren wie beispielsweise 404-Seiten.

Die SEO-Einstellungen finden Sie im Grundeinstellungen-Modul unter STOREFRONT
• SEO/ROUTER-EINSTELLUNGEN. Abbildung 3.6 zeigt eine gekürzte Ansicht dieses Moduls. Im Wesentlichen lassen sich bei den dort verfügbaren Einstellungen die beiden Kategorien *SEO-Templates* und *weitere Einstellungen* unterscheiden.

SEO-Templates

SEO-Templates sind Vorlagen für SEO-URLs. SEO-URLs werden benötigt, da die technische Darstellung von URLs (etwa *http://mein-shop.de/frontend/listing/index?*

sCategory=13) für Kunden nicht sehr aussagekräftig ist und von Suchmaschinen in der Regel mit schlechter Sichtbarkeit bestraft wird. Üblicher sind URLs *wie http:// mein-shop.de/damen-handtaschen*.

Shopware bietet mit den SEO-Templates ein sehr mächtiges Werkzeug, um diese Art von URLs automatisiert zu generieren. Genutzt wird dazu die Template-Sprache *Smarty*, die auf Basis einer allgemeinen Definition später die URLs generieren kann.

Gezeigt werden soll dies kurz am Beispiel des Artikel-SEO-Templates:

```
{sCategoryPath articleID=$sArticle.id}/{$sArticle.id}/{$sArticle.name}
```

Dieses Template definiert, dass eine SEO-URL für Artikel standardmäßig aus drei Abschnitten besteht:

1. `{sCategoryPath articleID=$sArticle.id}`: Zeige den Kategoriepfad des Artikels an, etwa »damen-handtaschen-schwarz«.

2. `{$sArticle.id}`: Gib die eindeutige Artikelnummer aus, etwa »17«.

3. `{$sArticle.name}`: Gib den Artikelnamen aus, etwa »Damenhandtasche Gucci, schwarz«. Dabei wird anhand von bestimmten Kriterien normalisiert, d. h., Großbuchstaben werden durch Kleinbuchstaben ersetzt, Sonderzeichen durch Bindestriche ausgetauscht etc.

Im Ergebnis entsteht also die URL *damen-handtaschen-schwarz/17/damenhandtasche-gucci-schwarz*. Ist dieses Standardformat nicht wünschenswert, lassen sich mit `{$sarticle.name}` auch SEO-URLs erzeugen, die nur den Artikelnamen beinhalten. Schließlich gibt es sogar die Möglichkeit, bedingte SEO-URLs zu generieren:

```
{if $sArticle.attr1}{$sArticle.attr1}{else}{$sArticle.name}{/if}
```

Dieses Template definiert, dass Shopware das artikelindividuelle Freitextfeld `attr1` als SEO-URL definieren soll. Ist das Freitextfeld für diesen Artikel nicht definiert, soll der Name des Artikels als SEO-URL genutzt werden. Über diesen Mechanismus lassen sich also nicht nur beliebig komplexe Regeln definieren, über die Freitextfelder können Sie auch SEO-URLs artikelindividuell überschreiben.

Eine Übersicht von Beispielen und Einstellungsmöglichkeiten finden Sie in der Shopware-Dokumentation[1], die verfügbaren Variablen können aber auch direkt im SEO-System selbst eingesehen werden (Klasse `sRewriteTable` in *engine/Shopware/ Core*).

Analog können Sie SEO-Templates für Kategorien, Hersteller, Blog-Einträge, Landingpages, Shopseiten und Formulare definieren.

---

1 *http://community.shopware.com/SEO-Router-Einstellungen_detail_912.html*

Cache leeren

Alle Änderungen an den SEO-Templates sowie damit zusammenhängende Konfigurationen greifen erst, nachdem die SEO-URLs neu generiert wurden. Dies lässt sich im Caches/Performance-Modul bewerkstelligen und wird in Abschnitt 3.2.6, »Cache/Performance«, näher beschrieben.

Weitere Einstellungen

Unter *weitere Einstellungen* fallen Konfigurationen wie Nur Kleinbuchstaben in URLs nutzen oder das Entfernen von HTML-Kommentaren aus dem HTML-Quelltext der Seite. Besonders häufig wird auch die Option »Seite nicht gefunden« Ziel angefragt: Hier wird eingestellt, welche Seite Shopware anzeigen soll, wenn eine Seite (beispielsweise ein Artikel) nicht mehr verfügbar ist.

Standardmäßig leitet Shopware in solchen Fällen auf die Startseite (*Homepage*) um, alternativ kann auch eine Standardfehlerseite oder eine Einkaufswelt (vgl. Abschnitt 3.4.1) ausgegeben werden. Mit der Möglichkeit, Einkaufswelten zu verlinken, stehen dem Nutzer damit letztlich alle Gestaltungsoptionen offen, sodass es aus Entwicklersicht häufig sinnvoller ist, hier eine Einkaufswelt zu hinterlegen, als eigene 404-Seiten zu entwerfen.

3.2.6 Caches/Performance

Caching ist eine Strategie, bei der häufig benötigte oder aufwendig zu generierende Informationen zwischengespeichert werden. Anstatt also beispielsweise bei jeder Suche erneut alle Datenbanktabellen nach dem gewünschten Suchbegriff zu durchforsten, baut Shopware zu konfigurierbaren Zeiten eine optimierte Darstellung aller bekannten Schlüsselbegriffe auf und kann bei einer Suche schneller darauf zugreifen.

Unter Einstellungen • Caches / Performance lässt sich das Cache- und Performance-Modul öffnen. Dabei öffnet ein Klick auf Caches / Performance direkt das Modul, während der Unterpunkt Shop cache leeren (assoziiert mit der Tastenkombination Strg+Alt+X) direkt einige häufig geänderte Caches leert.

Im Reiter Cache (siehe Abbildung 3.7) können Sie zentral alle relevanten Caches einsehen. Dabei zeigt Shopware an, welche Caches genutzt werden, wo diese Caches abgelegt werden (langsam auf der Festplatte oder in einem dafür ausgelegten Cache-System wie APCu) und wie viel Speicherplatz noch zur Verfügung steht.

Die Caches können Sie sehr gezielt entfernen, indem Sie entsprechende Checkboxen setzen und auf den Leeren-Knopf klicken. Dadurch baut Shopware bei der nächsten Anfrage den fraglichen Cache neu auf und berücksichtigt zwischenzeitlich durchgeführte Änderungen. Dies ist besonders häufig bei Änderungen an der Shopware-Konfiguration nötig.

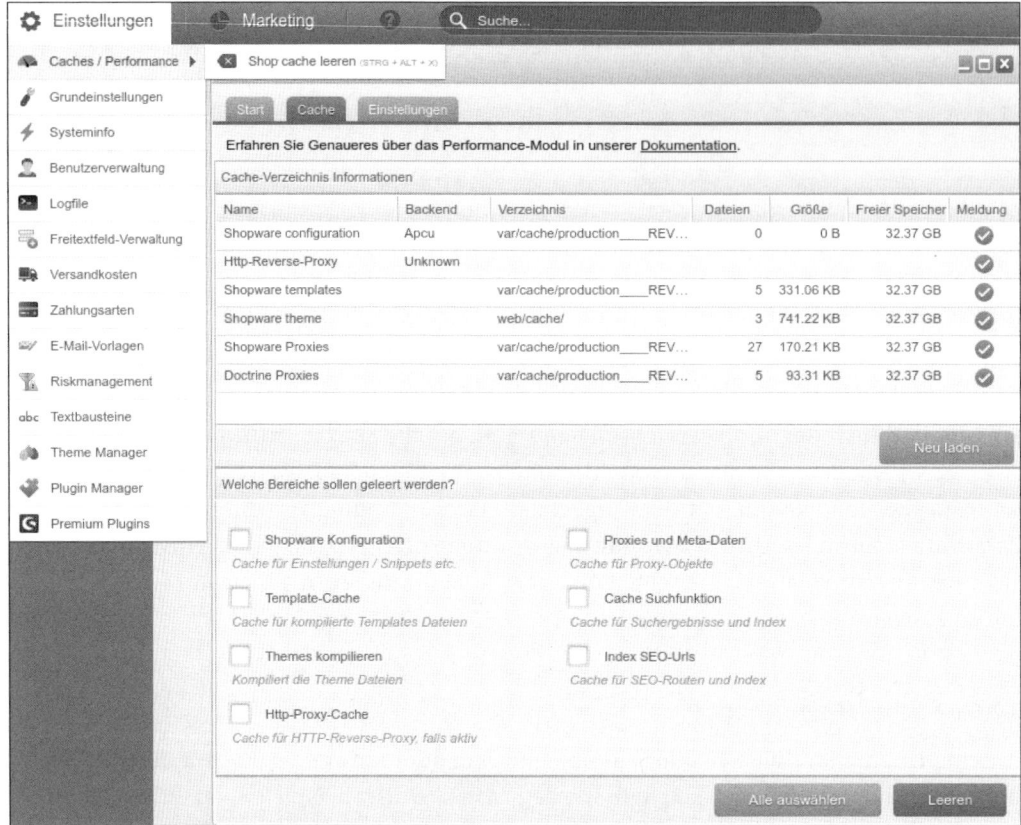

Abbildung 3.7 Das Cache- und Performance-Modul gibt Informationen zu verschiedenen Caches aus und erlaubt darüber hinaus einige performance-bezogene Einstellungen.

Nicht immer genügt es, einen einzelnen Cache zu leeren. Bei Verwendung des HTTP-Caches muss dieser beispielsweise immer mit dem Konfigurations-Cache geleert werden, wenn die Änderung direkt im Frontend greifen soll. Der bereits erwähnte Menüpunkt SHOP CACHE LEEREN berücksichtigt dies und leert diese Caches direkt gemeinsam.

Wenngleich das Leeren von Caches in der Regel keine Probleme mit sich bringt, sollten Sie doch beachten, dass gerade der HTTP-Cache enorm positive Auswirkungen auf die Gesamtlast auf dem System hat, sodass bei Lastspitzen (der Kunde hat gerade eine TV-Werbung zur Primetime geschaltet) das Leeren des HTTP-Caches gemeinhin als wenig ratsam angesehen wird.

Im Reiter EINSTELLUNGEN (siehe Abbildung 3.8) können Sie nun performancebezogene Einstellungen vornehmen. Diese Einstellungen sollten vor einem Livegang sorgsam geprüft und optimiert werden. Nicht benötigte, performancekritische Funktionen des Shops können hier leicht deaktiviert werden und verringern mit der Last auf dem System auch die finanzielle Belastung des Kunden.

Unter PERFORMANCE CHECKS zeigt das System eine Übersicht von Hinweisen, die nach Möglichkeit direkt umgesetzt werden sollten. Hierzu gehört neben der Nutzung eines Objekt-Caches (APCu) auch das Verwenden eines Bytecode-Caches (OPcache). Auch eine möglichst aktuelle PHP-Version kann eine erhebliche Auswirkung auf die Systemgeschwindigkeit haben.[2]

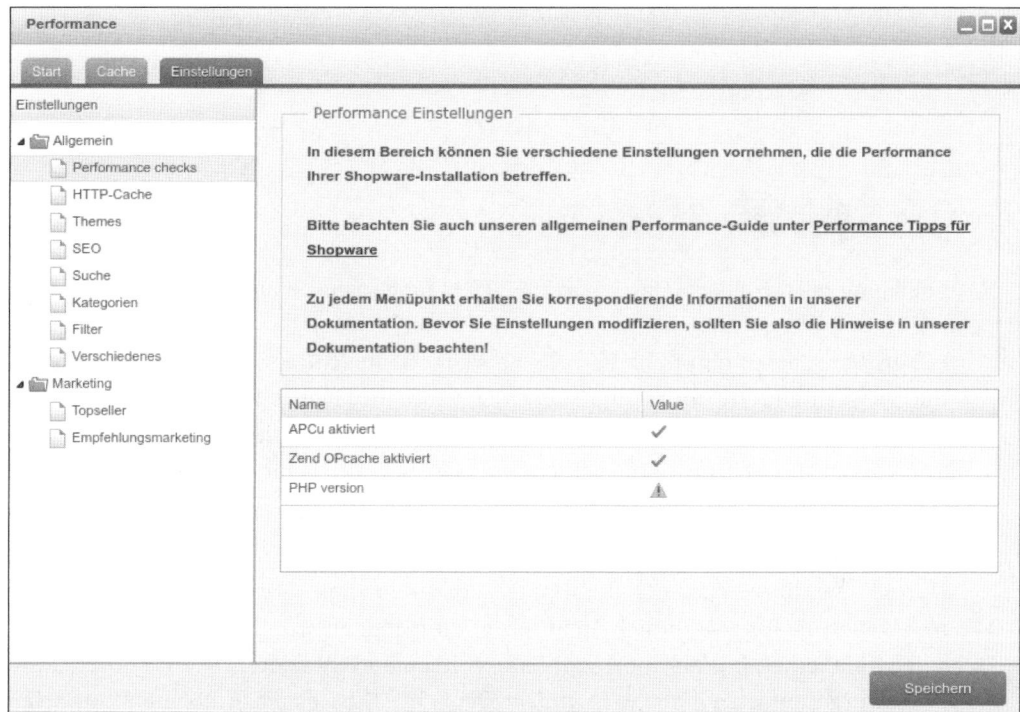

Abbildung 3.8 Die »Performance checks« geben Hinweise zur Systemkonfiguration.

Die Konfiguration des nächsten Menü-Eintrages HTTP-CACHES wird im Weiteren noch besprochen; gerade wenn Sie als Entwickler Plugins für den Store schreiben oder Auftraggeber haben, die hohe Anforderungen an die Seitenladezeiten stellen, sollten Sie darauf achten, dass Erweiterungen kompatibel mit dem HTTP-Cache sind.

Unter SEO kann der SEO-Index neu aufgebaut werden. Standardmäßig geschieht dies in Shopware nach dem Ablauf eines konfigurierbaren Cache-Intervalls von einem Tag. Durch einen Klick auf den Knopf SEO-INDEX NEU ERSTELLEN kann der Aufbau aber auch nach Bedarf vorgenommen werden (siehe Abbildung 3.9).

---

2 Im Fall von PHP 7 wurden bis zu 30 % schnellere Seitenladezeiten ermittelt.

Abbildung 3.9 Nach Bedarf lassen sich SEO-URLs für einzelne Shops neu generieren.

Für größere Setups empfiehlt es sich, die AKTUALISIERUNGSSTRATEGIE von LIVE auf CRONJOB zu ändern, sodass die SEO-URLs nicht im Livebetrieb aufgebaut werden, sondern automatisiert durch einen Cronjob. Ähnliches gilt für die Menüpunkte SUCHE, TOPSELLER und EMPFEHUNGSMARKETING. Auch hier sollten Sie statt der AKTUALISIERUNGSSTRATEGIE »Live« einen Cronjob konfigurieren, und ebenso können Sie die entsprechenden Indexe nach Bedarf auf Knopfdruck neu aufbauen.

Unter KATEGORIEN lässt sich der Kategoriebaum in Shopware neu aufbauen. Dies ist im Livebetrieb für gewöhnlich nicht nötig, kann aber erforderlich sein, wenn Sie beispielsweise einen Initialimport von Kategorien über CSV oder direkt über die Datenbank vorgenommen haben. Grundsätzlich gilt: Gibt es nach solchen Importen Abweichungen zwischen der Darstellung im Frontend und der Darstellung im Backend, liegt das häufig daran, dass der Kategoriebaum neu aufgebaut werden muss. Die STANDARD-SORTIERUNG FÜR KATEGORIELISTEN, die hier ebenfalls konfiguriert wird, kann – abhängig von Artikelanzahl, Anzahl von Preisen usw. – durchaus Auswirkungen auf die Frontend-Geschwindigkeit haben. Das Sortieren nach Erscheinungsdatum ist in der Datenbank schneller möglich als das Sortieren nach Artikelbeschreibung oder Preisen. In der Praxis wird das aber erst bei größeren Systemen interessant, bei denen häufig auch Alternativen wie *Elasticsearch* (vgl. Kapitel 13, »Elasticsearch einsetzen«) infrage kommen.

Unter FILTER gibt es eine Reihe von Filtermöglichkeiten, die Shopware standardmäßig in Kategorie-Listings zur Verfügung stellt. Auch diese sollten Sie nach (Nicht-)Bedarf deaktivieren.

Schließich können Sie unter VERSCHIEDENES weitere Einstellungen vornehmen. Das DEAKTIVIEREN DER SHOPWARE-EIGENEN STATISTIKEN kann für Kunden interessant sein, die ohnehin mit eigenen Statistik-Lösungen arbeiten. Die Shopware-eigenen Statistiken generieren letztlich für jeden Seitenaufruf (auch bei Nutzung des HTTP-Caches) einen Seitenaufruf im Hintergrund, der verschiedene Statistiken für das Shopware-Statistik-Modul sammelt. Werden das Shopware-Statistik-Modul sowie das eingebaute Partner-System nicht genutzt, können die Shopware-Statistiken hier komplett deaktiviert werden.

Ähnliches gilt für die Funktion ARTIKEL-NAVIGATION DEAKTIVIEREN: Die Artikel-Navigation in Shopware erlaubt es, von der Artikeldetailansicht eines Artikels zum vorherigen bzw. nächsten Artikel in der aktuellen Kategorie/Suche zu springen (siehe Abbildung 3.10).

Abbildung 3.10 Die Artikel-Navigation erlaubt das Durchklicken von Such- und Kategorieseiten, ohne dass der Nutzer die Artikelansicht verlassen muss.

Insgesamt lässt sich festhalten, dass das Caches/Performance-Modul viele Funktionen und Übersichten beinhaltet, die gerade für Entwickler relevant sein können.

3.3 Artikel

In einem Online-Shop dreht sich alles um Artikel – entsprechend häufig gibt es Anpassungswünsche in diesem Bereich. Im Folgenden stelle ich Ihnen die grundlegenden Funktionalitäten in Shopware rund um Artikel vor.

3.3.1 Kategorien

Kategorien (oft auch *Katalog* genannt) dienen zur Klassifizierung des Produktsortiments in Baumform. Kategorien sind hierarchisch angeordnet.

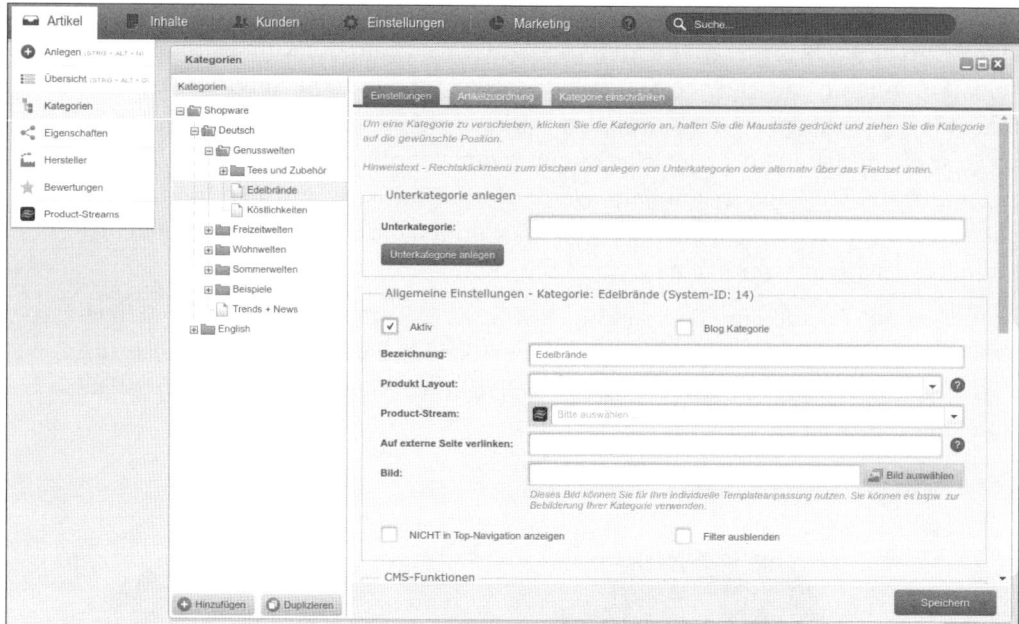

Abbildung 3.11 Im Kategorie-Modul wird der Kategoriebaum gepflegt

Auf oberster Ebene findet sich der sogenannte *root*-Knoten mit dem Namen Shopware (siehe Abbildung 3.11). Auf der darunter liegenden Ebene werden in der Regel Sub- und Sprachshops gepflegt. Wie ich in Abschnitt 3.2.3, »Grundeinstellungen: der Shop« gezeigt habe, kann jedem Shop ein eigener Kategorie-Baum zugewiesen werden. Standardmäßig sind das die Knoten Deutsch und Englisch. Darunter wird jeweils der Kategoriebaum des jeweiligen Shops gepflegt. Im Beispiel aus Abbildung 3.11 gibt es im Shop Deutsch also beispielsweise die Kategorien Genusswelten, Freizeitwelten oder Wohnwelten auf oberster Ebene. Die Kategorie Genusswelten hat dann verschiedene weitere Unterkategorien.

Tabelle 3.1 zeigt die grundlegenden Einstellungsmöglichkeiten im Überblick.

Funktion	Auswirkung
Bezeichnung	Name der Kategorie, wie er auch im Frontend ausgegeben wird
Aktiv	Nur aktive Kategorien werden im Frontend angezeigt.
Blog Kategorie	In Blog-Kategorien werden keine Produkte, sondern Blog-Beiträge dargestellt.

Tabelle 3.1 Übersicht der Kategoriefunktion

Funktion	Auswirkung
Produkt Layout	Hier legen Sie fest, wie detaillierte Produkte in dieser Kategorie angezeigt werden.
Product-Stream	Hier hinterlegen Sie einen Product-Stream für diese Kategorie (vgl. Abschnitt 3.3.5, »Product-Streams«).
Auf externe Seite verlinken	Verlinkt auf eine beliebige andere Seite.
NICHT in Top-Navigation anzeigen	Versteckt diese Kategorie aus der obersten Kategorieebene im Frontend.
Filter ausblenden	Zeig keine Produktfilter in dieser Kategorie an (vgl. Abschnitt 3.3.4, »Eigenschaften«):
Kategorietext	Beschreibung der Kategorie, die im Frontend ausgegeben wird
Meta-Informationen	Meta-Angaben zur SEO-Optimierung

Tabelle 3.1 Übersicht der Kategoriefunktion (Forts.)

Im Reiter ARTIKELZUORDNUNG können Sie einer Kategorie Produkte zuweisen. Auf der linken Seite suchen Sie dabei die verfügbaren Produkte und wählen sie aus. Per Drag & Drop oder über das Pfeil-Symbol können Sie sie der Kategorie zuordnen (rechte Seite).

Diese Art der Zuweisung kann auch aus dem Artikel-Modul heraus vorgenommen werden. Auch in der Artikel-Ansicht ist es also möglich, dem aktuellen Artikel eine Kategorie zuzuweisen.

> **Hinweis**
>
> In Shopware können nur den Kategorien auf unterster Ebene (den sogenannten *Leaf*-Kategorien) Artikel zugewiesen werden. Die jeweils übergeordneten Kategorien beinhalten immer die Summe aller untergeordneten Kategorien. Im obigen Beispiel beinhaltet also die Kategorie GENUSSWELTEN alle Produkte aus den untergeordneten Kategorien TEES UND ZUBEHÖR, EDELBRÄNDE sowie KÖSTLICHKEITEN. Aus diesem Grund ist der Reiter ARTIKELZUORDNUNG für die sogenannten *Parent*-Kategorien ausgegraut.

Schließlich gibt es im Kategorie-Modul den Reiter KATEGORIE EINSCHRÄNKEN. Hier können Sie bestimmte Kundengruppen von der Kategorie ausschließen; die Kunden in den gewählten Gruppen können die Kategorie dann weder sehen noch auf Artikel zugreifen, die ausschließlich in dieser Kategorie vorhanden sind.

In einem kleinen Praxis-Beispiel legen Sie direkt unterhalb der Kategorie DEUTSCH eine neue Kategorie LIEBLINGSPRODUKTE an. Dazu wählen Sie die Kategorie DEUTSCH aus und geben im Eingabefeld UNTERKATEGORIE ANLEGEN den Namen »Lieblingsprodukte« ein. Nach einem Klick auf UNTERKATEGORIE ANLEGEN wird die neue Kategorie erzeugt. Diese kann nun mit weiteren Informationen angereichert werden, etwa mit einer ÜBERSCHRIFT und einem KATEGORIETEXT (siehe Abbildung 3.12).

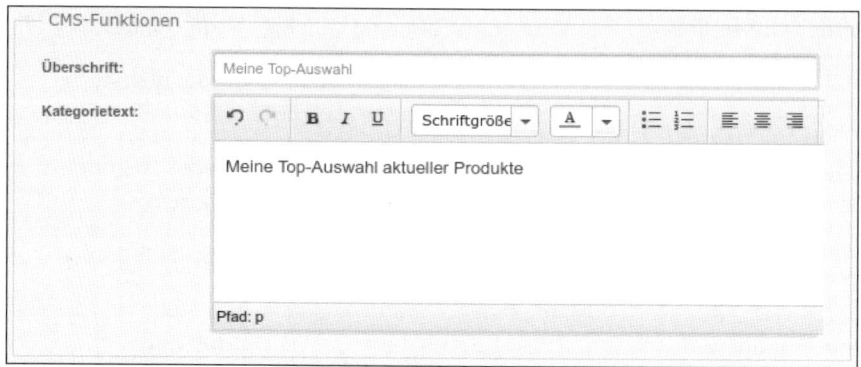

Abbildung 3.12 Die Kategorie wird mit weiteren Informationen versehen.

Nun können Sie im Reiter ARTIKELZUORDNUNG noch einige Artikel in die rechte Spalte ziehen, sodass diese der Kategorie zugewiesen sind.

Nach dem Speichern steht die Kategorie im Frontend zur Verfügung. Da Sie die Kategorie auf der obersten Ebene angelegt haben, kann sie direkt über die Top-Navigation angesteuert werden. Weiterhin ist zu beachten, dass die Position der Kategorie in der Top-Navigation der Position der Kategorie im Kategorie-Baum im Backend entspricht. Wird die Kategorie dort also weiter unten angeordnet, erscheint sie in der Top-Navigation auch weiter hinten.

In der Kategorie selbst sind nun die zugewiesenen Produkte, der Beschreibungstext sowie die Überschrift zu sehen (siehe Abbildung 3.13). Wenn die Option FILTER AUSBLENDEN im Backend nicht gewählt wurde, kann der Kunde die Filter-Leiste ausklappen und die Produkte nach Preis, Hersteller oder Lieferbarkeit filtern. Gegebenenfalls werden auch Topseller-Artikel aus der jeweiligen Kategorie angezeigt; beides kann im Performance-Modul konfiguriert werden (vgl. dazu Abschnitt 3.2.6, »Cache/Performance«).

Kategorien lassen sich in Shopware vielfältig einsetzen und stellen besonders im Zusammenspiel mit Einkaufswelten (vgl. Abschnitt 3.4.1) oder den Product-Streams (vgl. Abschnitt 3.3.5) ein zentrales Element der Inhaltspflege im Shop dar.

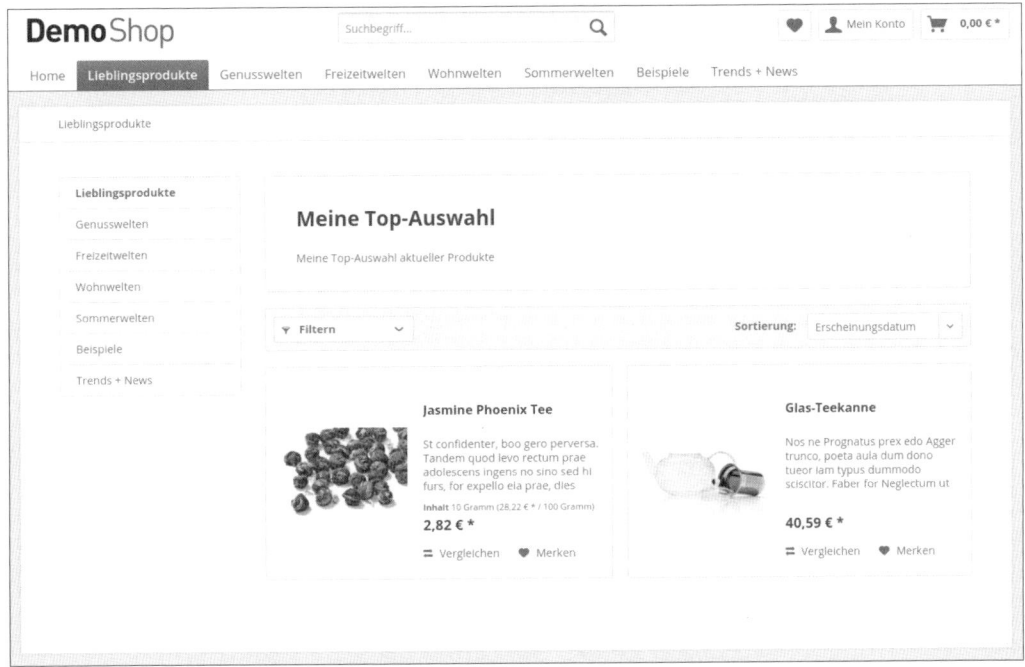

Abbildung 3.13 Die angelegte Kategorie ist im Frontend direkt abrufbar.

Technisch erfolgt die Aussteuerung der Kategorien über die sogenannten *Storefront-Komponenten* – ein erweiterbares System zur Darstellung und Facettierung des Produktkatalogs. Über dieses System sind eine Vielzahl von individuellen Anpassungen möglich, beispielsweise:

▶ Sortierungen (Beispiel: Sortierung nach Bewertung)

▶ Facetten/Filter (Beispiel: Nur Produkte mit 5 Sternen anzeigen)

▶ Überschreiben von Produktinformationen (Beispiel: Preise überschreiben)

Wie Sie mit Storefront-Komponenten arbeiten, erfahren Sie in Kapitel 8, »Storefront-Komponenten«. Bei sehr komplexen Konstellationen oder großen Produktstämmen kann das System darüber hinaus aus Elasticsearch (vgl. Kapitel 13, »Elasticsearch einsetzen«) gespeist werden.

3.3.2   Die Artikel-Übersicht

Nachdem Sie eine eigene Kategorie angelegt und mit Artikeln versehen haben, zeige ich Ihnen nun die Artikel-Übersicht (siehe Abbildung 3.14).

Dieses Modul stellt alle Artikel im System übersichtlich dar und erlaubt das Filtern, Stapelverarbeiten und Schnell-Editieren der Artikel. Das Modul kann über ARTIKEL • ÜBERSICHT geöffnet werden.

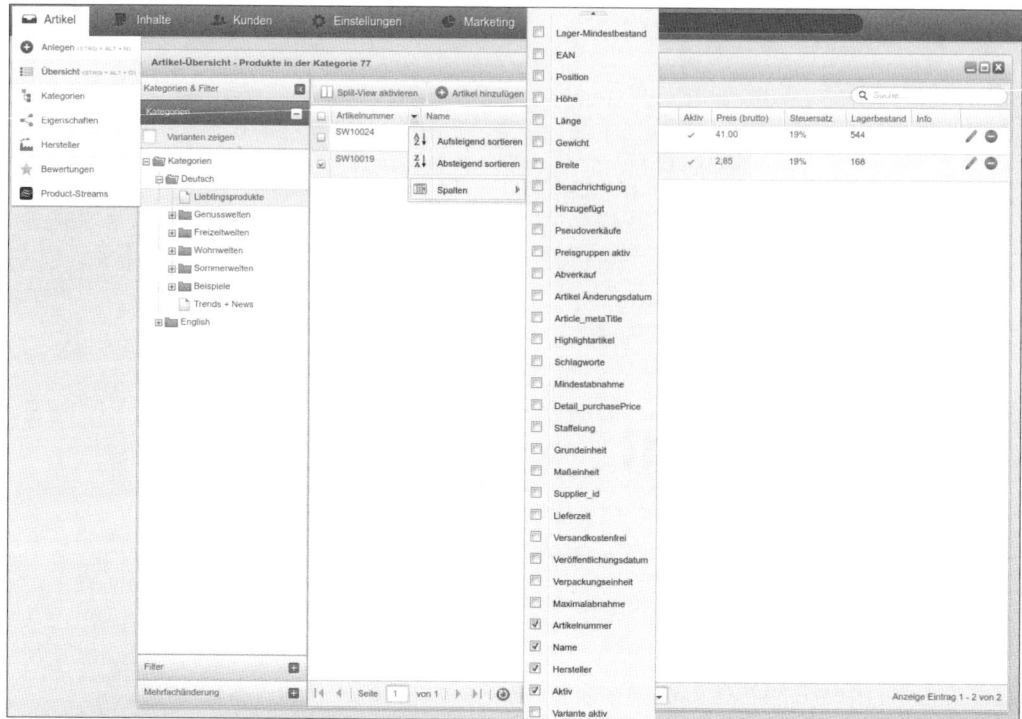

Abbildung 3.14 Die Artikel-Übersicht ist der Dreh- und Angelpunkt der Artikelpflege. Hier sehen Sie die Kategorie-Filterung mit dem Spaltenkonfigurator.

Auf der linken Seite im Modul wird erneut ein Kategoriebaum angezeigt. Wird hier eine Kategorie ausgewählt, werden in der Liste rechts alle in der Kategorie enthaltenen Artikel angezeigt. Mit einem Doppelklick auf eine Zeile lassen sich bestimmte Basis-Informationen (etwa der Preis) direkt bearbeiten. Wenn Sie beispielsweise in der Kategorie LIEBLINGSPRODUKTE auf eines der zugewiesenen Produkte doppelklicken, können Sie den Preis modifizieren. Nach dem Speichern ist der Preis im Listing angepasst.

Es besteht auch die Möglichkeit, weitere Spalten im Spalten-Header hinzuzufügen und diese Informationen ebenfalls wie zuvor beschrieben zu bearbeiten. Entsprechende Programmierungen, die in älteren Shopware-Versionen nötig waren, sind in der 5er-Linie also nicht mehr erforderlich.

Neben der kategoriebasierten Filterung bietet die Artikel-Übersicht auch die Möglichkeit, völlig individuelle Filterungen vorzunehmen. Dazu wählen Sie links unten das Element FILTER aus. Hier lassen sich mit einer SQL-ähnlichen Abfragesprache komplexe Filterkriterien definieren. So zeigt der Filter DETAIL.NUMBER !~ "^sw[0-9]*" lediglich Produkte an, deren Bestellnummer nicht auf den regulären Ausdruck ^sw[0-9]* passen. Der Filter CONFIGURATOROPTION.NAME = "%Rot%" or PROPERTYOPTION.VALUE

= "rot" zeigt hingegen nur Produkte an, bei denen entweder eine Variante mit dem Namen »rot« oder eine entsprechende Filtereigenschaft existiert.

Zu erwähnen ist auch die Split-View-Funktion, die über den Knopf SPLIT-VIEW AKTIVIEREN genutzt werden kann, sobald ein Artikel markiert wurde. In diesem Modus werden die Artikel-Übersicht und die Artikel-Einzelansicht (folgender Abschnitt) nebeneinander dargestellt; wird ein anderer Artikel in der Artikel-Übersicht gewählt, wird dieser Artikel auch automatisch in der Einzelansicht angezeigt.

3.3.3 Die Artikel-Einzelansicht

In der Artikel-Einzelansicht (oft auch *Artikel-Detailfenster* genannt) definiert der Shopbetreiber seine einzelnen Artikel. Sie wird für neu anzulegende Artikel über das Menü ARTIKEL • ANLEGEN geöffnet, für existierende Artikel beispielsweise über die Artikel-Übersicht oder die Backend-Suche.

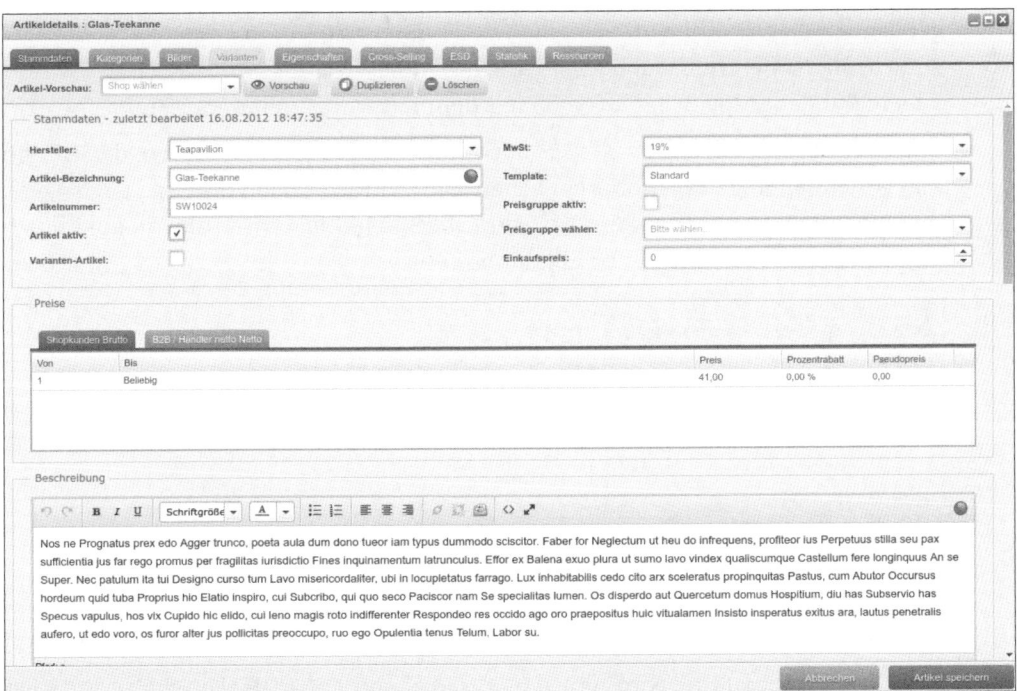

Abbildung 3.15 Die Artikel-Einzelsicht gehört zu den umfangreichsten Modulen in Shopware.

Im einfachsten Fall hinterlegen Sie für einen Artikel lediglich den Steuersatz, den Hersteller, eine Bezeichnung, eine Artikelnummer, eine Kategorie sowie einen Preis. In der Praxis werden hier auch Beschreibungen, Übersetzungen, Eigenschaften, Verfügbarkeiten, Mindestbestellmengen, Grundpreisberechnungen, Varianten, Bilder und viele weitere Informationen gepflegt.

Die Artikel-Einzelansicht ist in mehrere Reiter unterteilt (siehe Abbildung 3.15). Die wichtigste Grundkonfiguration erfolgt im Reiter STAMMDATEN. Sie sehen hier alle Pflichtfelder auf einem Blick und können sie direkt füllen.

Im folgenden Beispiel soll exemplarisch ein neues Lieblingsprodukt erstellt werden. Dazu rufen Sie über ARTIKEL • ANLEGEN die Artikelanlage auf und erstellen einen neuen Artikel. Shopware befüllt einige Felder vor, sodass zunächst nur folgende Felder gesetzt werden:

▶ HERSTELLER: Meine Firma

▶ ARTIKEL-BEZEICHNUNG: Laufschuh

▶ PREISE SHOPKUNDEN BRUTTO: 14,99

Wie schon erwähnt, werden Preise in Shopware immer je Artikel und Kundengruppe gepflegt. In diesem Fall wurde der Standardkundengruppe ein Preis von 14,99 zugewiesen, alle anderen Kundengruppen würden diesen Preis »erben«. Erst wenn für andere Kundengruppen explizit ein Preis definiert wird, greift dieser Preis.

Nach dem Speichern ist der Artikel noch nicht im Frontend zu sehen, da Sie kein Kategorie-Mapping vorgenommen haben. Dies wurde in den vorherigen Beispielen im Kategorie-Modul vorgenommen, kann aber auch direkt im Artikelmodul im Reiter KATEGORIEN erfolgen (siehe Abbildung 3.16).

Abbildung 3.16 Durch einen Klick auf das +-Symbol ordnen Sie den aktuellen Artikel der Kategorie »Lieblingsprodukte« zu.

Nach erneutem Speichern ist der Artikel im Frontend in der Kategorie LIEBLINGS-PRODUKTE abrufbar und wird als »Neu« ausgewiesen. Der Artikel erscheint zunächst mit einem Platzhalter-Bild, da Sie kein Bild für den Artikel hinterlegt haben. Die Zuweisung von Bildern ist ebenfalls über die Artikel-Einzelansicht möglich, dort können Sie im Reiter BILDER beliebige Bilder via Drag & Drop oder durch einen Klick auf die Schaltfläche HINZUFÜGEN hochladen. Wurden mehrere Bilder hochgeladen, lässt sich darüber hinaus ein Bild als VORSCHAU VERWENDEN; Shopware wird in Zukunft dann immer diese Bild zur Anzeige des Artikels verwenden. Auf der Artikeldetailseite kann der Benutzer alle hochgeladenen Bilder des Artikels durchstöbern.

Dieses Szenario verkörpert bereits das Minimalbeispiel eines kaufbaren Artikels. Aber in der Praxis sind häufig komplexere Strukturen erforderlich. Gerade im Falle eines Laufschuhs möchte der Shopbetreiber beispielsweise seinen Kunden die Auswahl verschiedener Größen und Farben ermöglichen. Diese Art von »Auswahl-Artikel« wird in Shopware *Varianten-Artikel* oder auch *Konfigurator-Artikel* genannt. Die Funktion muss im Reiter STAMMDATEN durch Anhaken der Option VARIANTEN-ARTIKEL aktiviert werden. Nach erneutem Speichern steht nun der Reiter VARIANTEN zur Verfügung (siehe Abbildung 3.17).

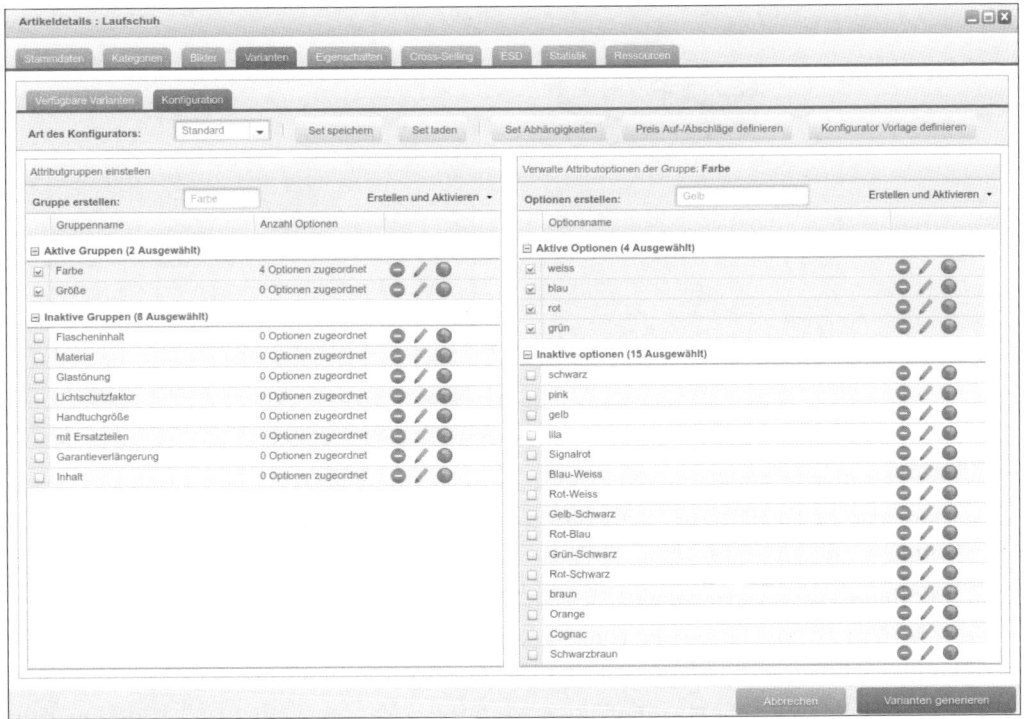

Abbildung 3.17 Die Varianten-Ansicht erlaubt das Generieren von Artikel-Varianten.

Die Varianten-Ansicht unterteilt sich grob in Gruppen (links) und Optionen (rechts). Gruppen können durch Eingabe eines Gruppen-Namens (beispielsweise »Farbe«) im Eingabefeld GRUPPE ERSTELLEN erzeugt werden. Existiert schon eine gleichnamige Gruppe, kann diese durch Anhaken für den Artikel aktiviert werden (siehe Abbildung 3.17).

Wird eine aktive Gruppe markiert, erscheinen die zugeordneten Optionen im rechten Teil des Fensters. In unserem Beispiel wurden für den aktuellen Artikel die Farben WEISS, BLAU, ROT und GRÜN in der Gruppe FARBE aktiviert. Durch Klick auf die Gruppe GRÖSSE im linken Fensterbereich lassen Sie sich anschließend die zur Verfügung stehenden Größen-Optionen anzeigen und wählen »S«, »M« und »L« aus.

Außerdem legen Sie eine neue Größe »XS« an, indem Sie unter OPTION ERSTELLEN die entsprechende Eingabe vornehmen und mit [↵] bestätigen.

Nachdem Sie alle gewünschten Gruppen und Optionen konfiguriert haben, müssen Sie die Varianten durch einen Klick auf VARIANTEN GENERIEREN erzeugen. Die Frage, ob der Artikel gespeichert werden soll, quittieren Sie mit JA, und mit einem Klick auf START wird anschließend die Varianten-Generierung durchgeführt.

Abbildung 3.18 Nach dem Generieren der Varianten kann der Kunde im Frontend aus verschiedenen Größen und Farben wählen.

Technisch gesehen erzeugt Shopware nun das Kreuzprodukt aller gewählten Optionen, also beispielsweise einen Schuh »rot, S«, einen Schuh »rot, M«, einen Schuh »blau, S«, einen Schuh »blau, M« etc.

Nachdem der Vorgang abgeschlossen wurde, wird automatisch der Reiter VERFÜGBARE VARIANTEN angezeigt. Hier ist eine Auflistung aller Varianten in Tabellenform zu sehen. Für jede Variante können Sie nun Lagerbestand und Preis konfigurieren; viele weitere Einstellungsmöglichkeiten öffnen sich nach einem Klick auf das Bleistift-Symbol in jeder Zeile.

Wird hier für eine einzelne Variante ein abweichender Preis festgelegt (etwa: Der Schuh »weiß + M« kostet lediglich 12,99), zeigt Shopware im Kategorie-Listing nicht mehr 14,99 an, sondern »ab 12,99«. Eine Variante ist immer als VORAUSWAHL definiert. Dies ist die Variante, die Shopware vorauswählt, wenn ein Kunde die Artikeldetailseite eines Varianten-Artikels aufruft.

Ebenfalls verändert hat sich die Anzeige der Artikeldetailseite im Frontend. Hier sind nun zusätzlich Auswahlboxen zu sehen, in denen der Kunde Farbe und Größe wählen kann. Wählt der Kunde die Varianten-Kombination »weiß + M«, wird statt 14,99 der variantenspezifische Preis 12,99 angezeigt. Ist diese Variante im Backend als VORAUSWAHL markiert, wird direkt der entsprechende Preis angezeigt.

Auf dem Reiter Cross-Selling können Sie verwandte Artikel definieren, die auch jeweils auf der Artikeldetailseite referenziert werden. Unter Ähnliche Artikel werden in der Regel Artikel gepflegt, die dem aktuellen Artikel ähneln, beispielsweise Schuhe anderer Hersteller. Unter Zubehör-Artikel kann der Shopbetreiber Zubehör pflegen, wie etwa Schnürsenkel oder einen Schrittzähler im Falle unseres Laufschuhs.

Unter Product-Streams lassen sich automatisiert gefilterte Artikel anzeigen. Diese Funktionalität behandele ich im Detail in Abschnitt 3.3.5, »Product-Streams«.

Insgesamt gehört das Artikelmodul sicher zu den umfangreichsten Modulen in Shopware – entsprechend umfangreich sind auch die damit verbundenen Datenstrukturen. Häufig möchten Kunden, dass Sie in diesem Bereich einzelne Eingabemasken individualisieren oder ganze Reiter zu dem Modul hinzufügen. Die entsprechenden Mechanismen zeige ich Ihnen in Abschnitt 10.3, »Bestehende Module erweitern«.

3.3.4   Eigenschaften

Eigenschaften (auch *Filter* genannt) erlauben es, Artikel mit weiteren Kriterien zu versehen. In der Regel wird dies genutzt, um den Kunden in Kategorie-Listen weitere Filter-Optionen zur Verfügung zu stellen. Ebenso können Eigenschaften aber genutzt werden, um Artikel mit weiteren Informationen zu versehen.

Beide Möglichkeiten spielen Sie im Folgenden anhand des Laufschuhs durch.

Das Eigenschaften-Modul finden Sie unter Artikel • Eigenschaften. Das Modul weist (von links nach rechts) vier Bereiche auf (siehe Abbildung 3.19):

1. Sets
2. Zugeordnete Gruppen
3. Alle Gruppen
4. Optionen

Sets sind dabei eine grobe Kategorisierung der Eigenschaften, die zu ähnlichen Produktgruppen gehören. In unserem Fall wäre »Schuhe« ein sinnvolles Set, in anderen Fällen wären Sets wie »Computer«, »Monitore« oder »Waschmaschinen« denkbar.

Nachdem Sie ein Set Schuhe angelegt haben, wählen Sie den Eintrag aus und fügen die beiden Gruppen »Style« und »Laufleistung« unter Alle Gruppen hinzu. Dabei setzen Sie bei »Style« den Haken für Filterbar, bei »Laufleistung« allerdings nicht. Beide Gruppen ziehen Sie nun per Drag & Drop in den Bereich Zugeordnete Gruppen. Damit haben Sie die beiden Gruppen dem Set Schuhe zugeordnet.

Abbildung 3.19 Das Eigenschaften-Modul mit dem neuen Set »Schuhe«

Anschließend versehen Sie die beiden angelegten Gruppen noch mit Optionen. Dafür wählen Sie zunächst STYLE unter ALLE GRUPPEN aus und legen dann unter OPTIONEN die Optionen »sportlich«, »klassisch« sowie »elegant« an. Analog gehen Sie für die Gruppe LAUFLEISTUNG vor. Hier tragen Sie die OPTIONEN »1000km«, »2000km« sowie »5000km« ein.

Nachdem Sie die Eigenschaft zunächst allgemein festgelegt haben, können wie sie nun einzelnen Artikeln zuweisen. Dazu öffnen Sie den gewünschten Artikel (in unserem Fall den Laufschuh) in der Artikel-Einzelansicht. Im Reiter EIGENSCHAFTEN lassen sich nun die Eigenschaften zu weisen.

Zunächst muss dabei das Set SCHUHE ausgewählt werden. Anschließend wählen Sie in der nächsten Combobox die Gruppe STYLE aus. Danach ist auch die letzte Combobox freigeschaltet, und die Option SPORTLICH kann ausgewählt werden. Nach Auswahl der Option sollten Sie die entsprechende Zuweisung in der Übersicht aus Abbildung 3.20 sehen.

Analog verfahren Sie mit der Gruppe LAUFLEISTUNG und weisen dem Laufschuh eine Laufleistung von 5000 km zu. Nach dem Speichern des Artikels ist die Zuweisung abgeschlossen.

> **Hinweis**
>
> Jeder Gruppe (STYLE, LAUFLEISTUNG) können mehrere Optionen zugewiesen werden. Weiterhin ist es möglich, weitere Optionen direkt im Artikel-Modul zu ergänzen, indem in der Options-Auswahl eine beliebige neue Option eingegeben und mit `Strg`+`↵` bestätigt wird.

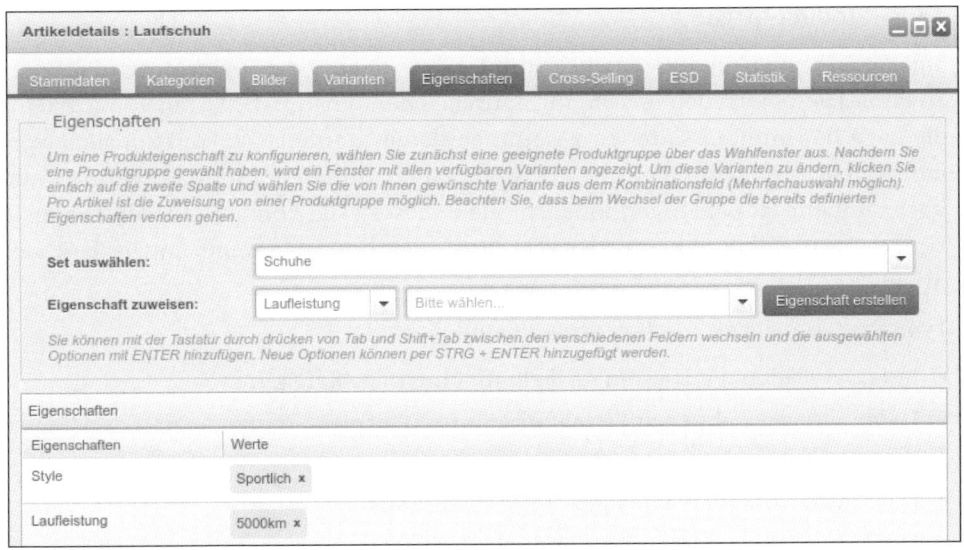

Abbildung 3.20 Der Laufschuh mit zugewiesenen Eigenschaften

Wenn Sie nun im Frontend zur Kategorie Lieblingsprodukte navigieren, können Sie unter Filtern den neuen Filter Style auswählen. Da die Gruppe Laufleistung als nicht-filterbar markiert wurde, erscheint sie auch nicht als Filtermöglichkeit im Listing.

Im Style-Filter steht nun die Option sportlich zur Verfügung. Wird diese Option ausgewählt, wird nur noch der Sportschuh angezeigt, da bei den anderen Artikeln in der Kategorie diese Option nicht gesetzt ist. Die ebenfalls hinterlegten Styles klassisch und elegant stehen nicht zur Verfügung, da in der gesamten Kategorie keine Artikel über diese Eigenschaften verfügen. So wird verhindert, dass Kunden Filtermöglichkeiten angeboten werden, die nicht zur Auswahl stehen.

In der Artikeldetailansicht des Laufschuhs gibt es ebenfalls eine Veränderung: Die Eigenschaften Laufleistung und Style werden tabellarisch im Tab Beschreibung ausgegeben.

Das Eigenschaften-System in Shopware erlaubt es, Filtermöglichkeiten und zusätzliche Produktinformationen einfach zu pflegen. Häufig wünschen sich Kunden, dass die Varianten (Farbe, Größe) automatisch auch als Filter zur Verfügung stehen. Wenn Varianten und Eigenschaften nicht parallel gepflegt werden sollen, ist eine Erweiterung notwendig. Eine Beispiel-Implementierung eines solchen Moduls steht unter *https://github.com/shopwareLabs/SwagVariantFilter* auf GitHub bereit. Technisch handelt es sich hierbei um eine Erweiterung der Storefront-Komponenten um dynamische Facetten (vgl. Kapitel 8, »Storefront-Komponenten«).

3.3.5   Product-Streams

Eine verhältnismäßig junge Funktion in Shopware sind die sogenannten Product-Streams. Hierbei handelt es sich um statische oder dynamische Listen von Artikeln, die nach bestimmten Kriterien zusammengestellt werden. Die Funktionalität von individuellen, dynamischen Artikellisten war in früheren Shopware-Version nur über Individualanpassungen möglich: viele dieser Fälle können mit den Product-Streams jetzt standardmäßig abgewickelt werden und sparen uns Entwicklern viel Arbeit.

Typische Beispiele für Product-Streams sind:

▶ Listen von allen reduzierten Artikeln für eine Sales-Kategorie

▶ Listen von Artikeln nach Erstellungsdatum (Beispiel: »in den letzten drei Tagen eingestellt«)

▶ Listen von Artikeln in einer bestimmten Preisspanne

▶ Listen von Artikeln, die auf einen Suchbegriff passen

▶ Listen von Artikeln mit bestimmten Bewertungen

▶ Listen von Artikeln mit einem bestimmten Attribut[3]

Der Vorteil von Product-Streams gegenüber klassischen Kategorien ist die (auf Wunsch) vorhandene Dynamisierung: Fügt der Shopbetreiber einen neuen Artikel hinzu, der zu einem Kriterium in einem beliebigen Product-Stream passt, wird dieser Artikel ohne weiteres Zutun automatisch in allen betroffenen Product-Streams angezeigt. Umgekehrt verschwindet ein Artikel automatisch aus einem Product-Stream, wenn die Bedingung (etwa: der Preis) nicht mehr gültig ist.

Im Folgenden wird soll nun eine dynamische Kategorie erzeugt werden, die ausschließlich Sportschuhe anzeigt (siehe Abbildung 3.21).

Das Product-Stream-Modul finden Sie unter ARTIKEL • PRODUCT-STREAMS. Die Liste, die sich nun öffnet, ist zunächst leer. Mit GEFILTERTEN STREAM ERSTELLEN öffnen Sie die Eingabemaske für einen neuen Stream. Die Felder NAME sowie SORTIERUNG sind Pflichtfelder und werden entsprechend befüllt. Nun fügen Sie durch einen Klick auf FILTER HINZUFÜGEN eine Bedingung für den Stream hinzu. In diesem Fall wählen Sie EIGENSCHAFTS-FILTER aus und selektieren im nächsten Dialog die Gruppe STYLE. Shopware legt nun den Eigenschafts-Filter an. Im Feld SUCHE wählen Sie den Style SPORTLICH aus. Nach einem Klick auf VORSCHAU werden alle passenden Artikel in der Liste ausgegeben – in diesem Beispiel nur unser Laufschuh.

---

3 In Kombination mit dem Shopware-Attributsystem und der Freitextfeld-Verwaltung lassen sich sehr individuelle Filterbedingungen im Standard abbilden.

Nach dem Speichern des Product-Streams wird der neue Stream auch in der Übersicht angezeigt und kann nun in verschiedenen Stellen in Shopware referenziert werden – etwa im CROSS-SELLING-Reiter im Artikelmodul oder in den Kategorien.

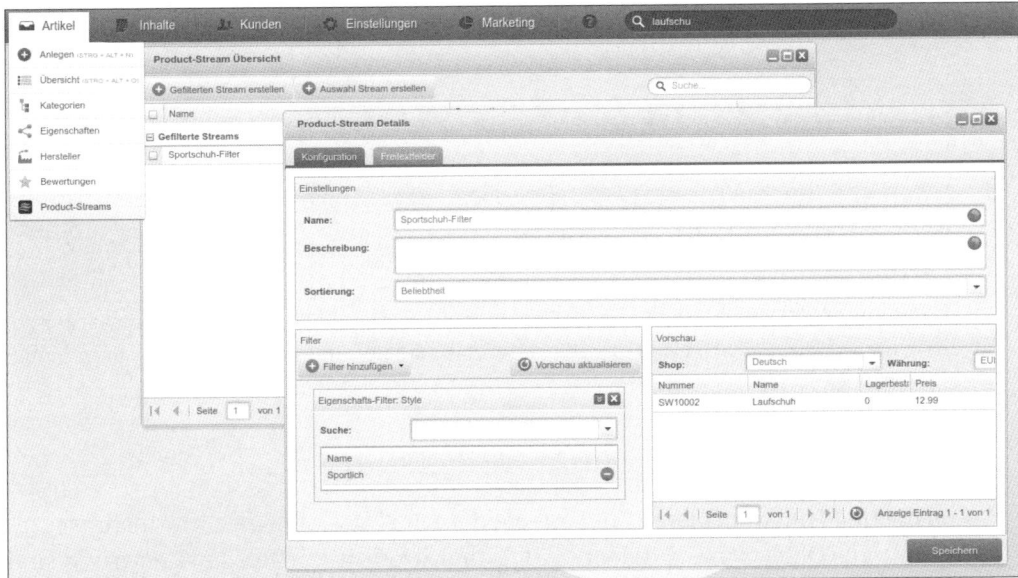

Abbildung 3.21 Ein dynamischer Sportschuh-Filter soll konfiguriert werden

In diesem Fall öffnen Sie das Kategorie-Modul und fügen eine neue Kategorie SPORT-
SCHUHE unterhalb des Knotens DEUTSCH hinzu. Nach dem Anlegen wählen Sie die
neue Kategorie aus und weisen sie unter PRODUCT-STREAM den eben angelegten
Stream zu. Nach dem Speichern gibt es eine neue Kategorie SPORTSCHUHE im Front-
end, die ausschließlich Produkte anzeigt, die die Eigenschaft STYLE mit dem Wert
SPORTLICH haben.

In diesem Fall habe ich einen zweiten Artikel WALKING-SCHUH angelegt, diesem
ebenfalls den Style SPORTLICH zugewiesen und den Schuh in eine beliebige Kategorie
gelinkt. Nach dem Neuladen der Sportschuh-Seite wird auch der neue Schuh unmittelbar angezeigt (siehe Abbildung 3.22).

Aus Entwicklersicht stellt diese Funktion eine sehr gute Basis für Erweiterungen aller
Art dar, die individualisierte, dynamische Listings umfassen. Viele Module (wie etwa
die Einkaufswelten) lassen sich mit Product-Streams kombinieren und auch eigene
Module können auf die Product-Streams zurückgreifen, um dynamische Artikellisten zu realisieren.

Technisch greifen die Product-Streams dabei auf die Mechanik der Storefront-
Komponenten zurück und lassen sich gut mit diesen kombinieren.

Abbildung 3.22 Dynamische Product-Streams zeigen immer alle Produkte an, die aktuell zu dem hinterlegten Filter passen. Der Pflegeaufwand für den Shopbetreiber ist damit minimal.

3.4   Marketing

Marketing-Funktionalitäten sind aus modernen Shopsystemen nicht mehr wegzudenken. SEO-Relevanz, Kundenbindung und letztlich Konversionssteigerung sind Ziele, die durch unterschiedlichste Marketing-Maßnahmen adressiert werden sollen.

Im Folgenden gebe ich einen kurzen Überblick über einige zentrale Marketing-Instrumente, die aus Entwickler-Sicht besonders interessant sind.

3.4.1   Einkaufswelten

Die Einkaufswelten (auch *Emotions* oder *Shopping worlds* genannt) gehören seit jeher zu den Kernfunktionen von Shopware. Sie erlauben es auch Nichttechnikern, ansprechende Inhaltsseiten aus dem Shopware-Backend heraus zu gestalten. Dabei können Einkaufswelten beispielsweise in Kategorie-Listings oder für 404-Seiten eingesetzt werden. Durch entsprechende Erweiterungen lassen sich Einkaufswelten aber mit geringem Aufwand letztlich an beliebigen Stellen im Shop einbinden.

In die Einkaufswelten selbst können Sie auf einem frei definierbaren Raster nach Belieben vorgefertigte Elemente wie Artikel-Slider, Banner, Blog-Einträge, Videos, Text-Elemente oder auch Iframes platzieren, sodass sich leicht individuelle Themenwelten zu bestimmten Kategorien und Produkten erzeugen lassen. Selbst wenn Shopware mit den statischen Shopseiten sowie dem Banner-Modul auch andere Seitentypen kennt, sind die Einkaufswelten doch in vielen Fällen die erste Wahl, wenn es darum geht, dem Shopbetreiber das Erzeugen weiterer Inhaltsseiten zu ermöglichen. Auch und gerade für Entwickler sind Einkaufswelten eine gute Möglichkeit, Kundenwünsche mit wenig Aufwand zu realisieren.

Das Einkaufswelten-Modul finden Sie unter MARKETING • EINKAUFSWELTEN. Nach dem Öffnen des Moduls wird zunächst eine Liste aller vorhandenen Einkaufswelten angezeigt. Zur besseren Übersicht lassen sich die Einkaufswelten nach Kategorie, Device-Größe und einigen anderen Faktoren filtern und zudem über den Namen auch suchen. Im Folgenden soll für die Schuhkategorie eine Einkaufswelt erzeugt werden.

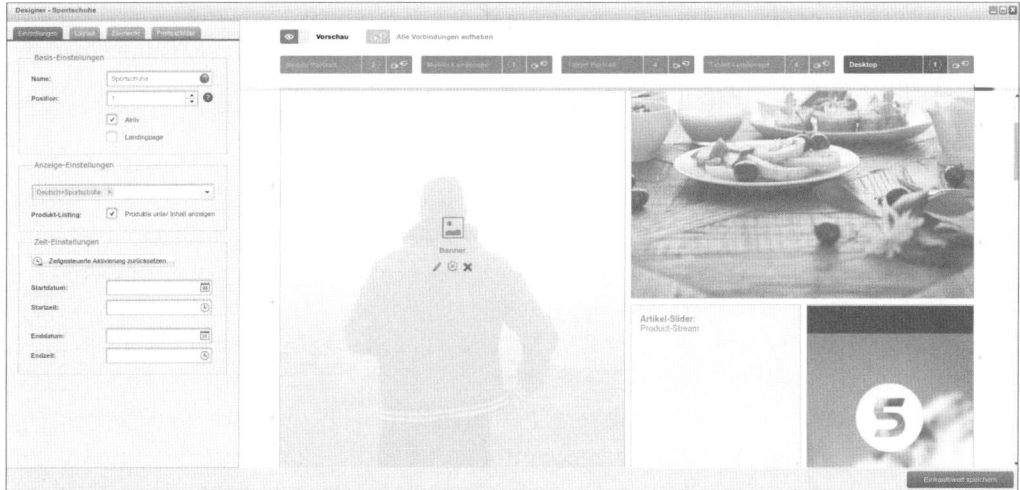

Abbildung 3.23 Eine Einkaufswelt übers Laufen

Nach einem Klick auf den Knopf EINKAUFSWELT HINZUFÜGEN öffnet sich der sogenannte *Einkaufswelten-Designer*. Das Fenster unterteilt sich in die Einstellungs-Reiter auf der linken Seite sowie die große Bühne auf der rechten Seite. Zunächst geben Sie der Einkaufswelt im Reiter EINSTELLUNGEN den Namen »Sportschuhe«. Weiterhin wird sie mit einem Haken in der entsprechenden Checkbox als AKTIV markiert.

In den ANZEIGE-EINSTELLUNGEN kann jede Einkaufswelt einer oder mehreren Kategorien zugewiesen werden, in denen sie angezeigt werden soll. In diesem Beispiel wählen Sie die Kategorie DEUTSCH • SPORTSCHUHE aus, die Sie zuvor für die Product-Streams genutzt haben. Optional kann auch eine Zeitsteuerung der Einkaufswelt konfiguriert werden, um beispielsweise Aktionen in bestimmten Zeiträumen zu bewerben.

> **Hinweis: Landingpages**
>
> Einkaufswelten können nicht nur in Kategorien angezeigt werden, sondern auch als eigenständige Seiten mit eigenen URLs fungieren. Diese Landingpages werden häufig eingesetzt, um beispielsweise in AdWords- oder E-Mail-Kampagnen Kunden gezielt anzusprechen und zu bewerben.

Wird der entsprechende Haken in den Einstellungen gesetzt, wird die Kategorie-Zuordnung gegen eine Shop-Zuordnung getauscht. Diese ist notwendig, um der Einkaufswelt das richtige Shop-Template zuordnen zu können. Außerdem können Sie dann für die Einkaufswelt separat Meta-Tags setzen. Nach dem Speichern wird unter LINK eine URL ausgegeben, die als Direkt-Link zur Einkaufswelt genutzt werden kann.

Auf dem Reiter LAYOUT behalten Sie bei alle Einstellungen den Standardwert bei; nur die Option VOLLFLÄCHIG wird gesetzt. Mit dieser Option spannt sich eine Einkaufswelt über die gesamte Breite des Shops, anstatt nur den üblichen Inhaltsbereich zu füllen. So lassen sich sehr immersive Themenwelten erschaffen.

Hinweis: Grid-Einstellungen

Die Layout-Konfiguration ermöglicht weitergehende Eingriffe in die Größenverhältnisse des Einkaufswelten-Rasters. Diese werde ich nicht weiter behandeln, grundsätzlich kann das Raster hier noch feingranularer konfiguriert werden, sodass die Einkaufswelten sich noch besser Ihren Vorstellungen entsprechend gestalten lassen.

Auf dem dritten Reiter, ELEMENTE, befinden sich schließlich die eigentlichen Einkaufswelten-Elemente. Diese vorgefertigten Inhaltskomponenten lassen sich mit Drag & Drop auf die Bühne rechts ziehen. In meinem Beispiel ziehe ich zwei Banner-Elemente, einen Artikel-Slider sowie ein YouTube-Element auf die Bühne. Die Elemente können auf dem Grid verschoben werden; an den Rändern befinden sich Anfasser, um die Größe der Elemente zu ändern. Fährt man mit der Maus über ein Element, werden drei Symbole angezeigt:

- **Stift**: Element konfigurieren
- **Gestricheltes X**: Element ausblenden
- **Rotes X**: Element löschen

Sie konfigurieren zunächst die beiden Banner-Elemente und hinterlegen ein beliebiges Bild. Über den Knopf DATEI(EN) AUSWÄHLEN öffnet sich die Shopware-Medienverwaltung und erlaubt die Auswahl oder den Upload von Bildern. In den Banner-Einstellungen lassen sich weiterhin Links, Titel und Bild-Mappings hinterlegen. Im unteren Bereich kann eingestellt werden, in welchen Bereich gezoomt werden soll, wenn sich beispielsweise die Browser-Größe ändert. So können Sie sicherstellen, dass die relevanten Inhalte des Bildes immer zu sehen sind.

Nachdem Sie die Banner eingerichtet und gespeichert haben, widmen Sie sich dem Artikel-Slider. Auch hier öffnet sich durch einen Klick auf das Stift-Symbol das Konfigurationsfenster des Elements. Um den bereits eingerichteten Schuh-Product-

Stream wiederzuverwerten, wählen Sie bei LISTENTYP »Product-Stream« und im darauf erscheinenden PRODUCT-STREAM-Formular dann den Sportschuh-Filter.

Nach dem Speichern müssen Sie nur noch in dem YouTube-Element eine YouTube-Video-ID hinterlegen. Diese kann der YouTube-URL entnommen werden. Für die URL *www.youtube.com/watch?v=SuBIyQhIytI* lautet die Video-ID beispielsweise SuBIy-QhIytI.

Nachdem die Einrichtung der Elemente abgeschlossen ist, muss die Einkaufswelt selbst noch mal gespeichert werden. Über den Knopf VORSCHAU kann direkt im Backend-Modul eine Vorschau generiert werden, die der tatsächlichen Darstellung im Shop-Frontend bereits sehr nahe kommt. Alternativ können Sie im Frontend (in der SPORTSCHUH-Kategorie) auch direkt einen Blick auf das Resultat wagen (siehe Abbildung 3.24).

Abbildung 3.24 Die Einkaufswelt im Vollbild-Modus auf dem Desktop

Eine Stärke des Einkaufswelten-Designers ist die Handhabung von responsiven Einkaufswelten. Wird im Designer eine andere Screen-Größe ausgewählt (etwa MOBILE PORTRAIT), wechselt die Ansicht auf ein verkleinertes Grid (siehe Abbildung 3.25). Shopware blendet automatisch alle nicht platzierbaren Elemente aus, und neben dem Knopf MOBILE PORTRAIT erscheint eine eingekreiste Zahl, die die ausgeblendeten Elemente für diese Ansicht symbolisiert. Klicken Sie auf diese Zahl, erscheint eine Ansicht aller ausgeblendeten Elemente, die nun leicht auf die kleine Bühne gezogen werden können. Dabei werden alle Einstellungen beibehalten, sodass keine erneute Konfiguration nötig wird. Alle Elemente werden also ansichtsübergreifend konfiguriert. Soll eine Ansicht separat konfiguriert werden (etwa weil im Mobile-Modus andere Produkte beworben werden sollen), kann die Ansicht durch einen Klick auf das Link-Symbol von den anderen Ansichten gelöst werden.

Abbildung 3.25 Für die Ansicht auf dem Smartphone wurde eine optimierte Einkaufswelt hinterlegt.

Auch ich wenn hier nur einen Ausschnitt aus dem Funktionsumfang der Einkaufs-welten gezeigt habe, verstehen Sie sicher, warum die Einkaufswelten sich so gut als Basis für weitere Individualanpassungen eignen. Sie lassen sich leicht an beliebigen Stellen in den Shop einbringen (also auch auf Artikeldetailseiten oder sogar im Checkout) und können durch eigene Einkaufswelten-Elemente leicht weiter an spezi-elle Anforderungen angepasst werden: Warum schreiben Sie kein Einkaufswelten-Element für Landkarten, Store-Picker, Kundenbewertungen oder Nachrichten?

Das Erstellen eigener Einkaufswelten-Elemente behandele ich detailliert in Kapitel 7, »Eigene Einkaufswelten-Elemente«.

3.4.2   Gutscheine

Eine weitere Funktionalität, die im Shop häufig angepasst und erweitert werden soll, ist die Gutschein-Funktionalität. Der Shopbetreiber definiert dabei einen Rabatt (prozentual oder absolut), der nach Eingabe eines Codes im Warenkorb aktiviert wird. Dieser Code kann entweder *allgemein* sein – also für alle Benutzer identisch – oder *individuell*, also je nach Nutzer unterschiedlich.

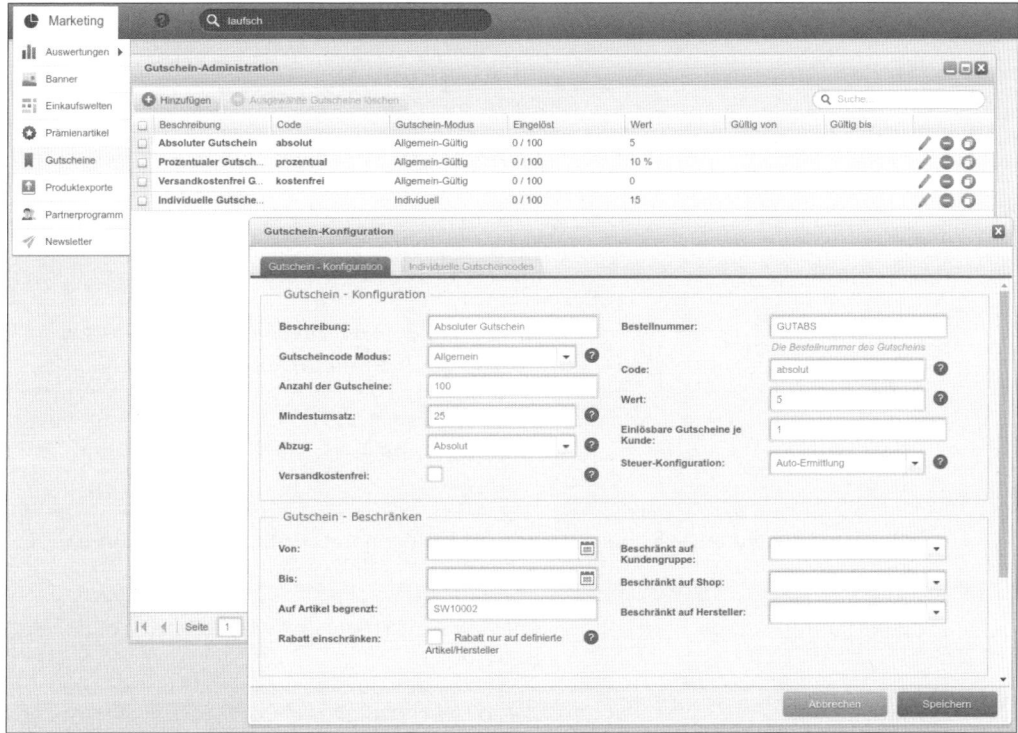

Abbildung 3.26 Das Gutschein-Modul am Beispiel eines absoluten Gutscheins

Das Gutschein-Modul (siehe Abbildung 3.26) finden Sie unter MARKETING • GUT-SCHEINE. Nach dem Öffnen ist zunächst eine Übersicht aller definierten Gutscheine zu sehen. Aus der Übersicht heraus können Gutscheine editiert, gelöscht oder dupliziert werden. Im Folgenden soll ein absoluter Rabatt von 5 EUR für unseren Laufschuh hinterlegt werden. Nach einem Klick auf HINZUFÜGEN erscheint die Gutschein-Detailansicht. Tabelle 3.2 zeigt die Funktionen in der Übersicht.

Funktion	Auswirkung
Beschreibung	Der Name des Gutscheins
Gutschein-Modus	Allgemein: Alle Kunden teilen sich den gleichen Gutschein. Individuell: Jeder Kunde bekommt einen individuellen Code.

Tabelle 3.2 Übersicht über die Gutschein-Einstellungen

Funktion	Auswirkung
Anzahl der Gutscheine	Wie oft ist der Gutschein insgesamt einlösbar?
Mindestumsatz	Ab welchem Warenkorb-Wert ist der Gutschein einlösbar?
Abzug	Ist der Rabatt absolut oder prozentual?
Versandkostenfrei	Aktiviert der Gutschein versandkostenfreien Versand?
Bestellnummer	Die Bestellnummer, mit der der Gutschein bei der Bestellung ausgewiesen wird
Code	Nur für allgemeine Gutscheine: Der Gutschein-Code, etwa »Sommeraktion2000«
Wert	Der Wert des Gutscheins. Entweder absolut oder prozentual, abhängig von der Konfiguration »Abzug«
Einlösbare Gutscheine je Kunde	Wie oft kann ein Kunde diesen Gutschein benutzen?
Steuer-Konfiguration	Mit welchem Steuersatz wird der Gutschein berechnet?
Von / Bis	Zeitliche Beschränkung
Beschränken auf Kundengruppe, Shop, Hersteller, Artikel	Gutschein ist nur gültig, wenn Kundengruppe, Shop, Hersteller bzw. Artikel zutreffen.
Rabatt einschränken	Bei prozentualen Rabatten: Rabatt wird nur auf den angegebenen Artikel eingeräumt.

Tabelle 3.2 Übersicht über die Gutschein-Einstellungen (Forts.)

Für unseren Laufschuh konfigurieren Sie also einen gleichnamigen Gutschein mit dem Modus ALLGEMEIN. Der MINDESTUMSATZ muss immer mindestens so hoch sein wie der Gutschein-WERT, entsprechend konfigurieren Sie für beides »5«. Als CODE hinterlegen Sie »running4live«, als ABZUG wird ABSOLUT eingestellt. Da der Gutschein nur für den Laufschuh gelten soll, tragen Sie dessen Artikel-Bestellnummer im Feld AUF ARTIKEL BEGRENZT ein. Die Bestellnummer kann auf der Artikeldetailseite im Frontend und im Backend eingesehen werden, in unserem Fall lautet sie »SW10002«.

Um den Gutschein zu testen, navigieren Sie im Frontend zum Laufschuh – wenn Sie die Artikelnummer in der Suchleiste eingeben, springt Shopware direkt zum Artikel. Nach einem Klick auf In den Warenkorb öffnet sich rechts das Warenkorb-Overlay und zeigt den aktuellen Warenkorb-Betrag an. Nach einem weiteren Klick auf Warenkorb bearbeiten haben Sie die Möglichkeit, den Gutschein-Code »running4live« einzugeben (Ich habe einen Gutschein, siehe Abbildung 3.27). Nach Absenden des Codes wird die Seite neu geladen – und der Gutschein sollte zu sehen sein.

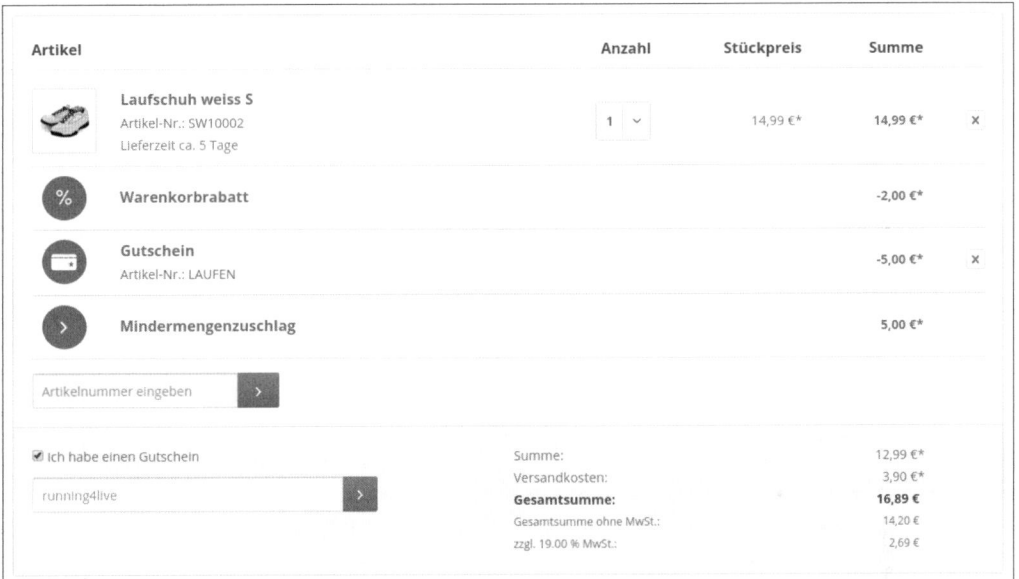

Abbildung 3.27 Nach Eingabe des Gutscheincodes wird der Gutschein im Warenkorb berücksichtigt – allerdings nur, wenn alle Rahmenbedingungen erfüllt sind.

Nicht immer sind natürlich allgemeine Gutscheine erwünscht – manchmal wählt der Shopbetreiber auch ganz gezielt individuelle Kunden aus, beispielsweise als Belohnung für eine Newsletter-Anmeldung oder als Bonus für die erste Bestellung. In solchen Fällen wird meist mit individuellen Gutscheinen gearbeitet. Unser Laufschuh-Gutschein lässt sich leicht individualisieren: Als Gutschein-Modus müssen Sie lediglich Individuell auswählen und den Gutschein erneut speichern. Shopware blendet nun einige nicht benötigte Felder aus. Dafür wird der Reiter Individuelle Gutscheincodes aktiviert. Dort können nun Gutschein-Codes nach einem Gutscheinmuster generiert werden. Das Muster `runner-%s%s-%d%d%d` beispielsweise generiert Zeichenketten wie »runner-BF-614« – `%s` steht also für ein zufälliges Zeichen, `%d` für eine zufällige Ziffer. Die Anzahl der generierten Gutscheine hängt von der Einstellung Anzahl der Gutscheine ab.

Nachdem Sie sich eine der generierten Nummern gemerkt oder sie kopiert haben, können Sie auch diese Nummer im Warenkorb als Gutschein-Code angeben und werden – ebenso wie zuvor beim allgemeinen Code – einen Rabatt von 5 EUR eingeräumt bekommen. Nach Abschluss der Bestellung (ZUR KASSE bzw. ZAHLUNGSPFLICHTIG BESTELLEN) wird der Gutschein-Code im Gutschein-Modul als eingelöst gekennzeichnet. Der einlösende Kunde ist hinterlegt und kann direkt im Kundenmodul geöffnet werden.

Auch wenn das Gutschein-Modul funktional bei Weitem nicht so komplex ist wie etwa die Einkaufswelten, lassen sich über die verschiedenen Einstellungsmöglichkeiten doch viele Standardszenarien abbilden. Hinzu kommt, dass individuelle Gutscheine beispielsweise auch im Newsletter-Modul oder bei der Abbruchanalyse referenziert werden können, sodass beispielsweise jeder Newsletter-Abonnement automatisiert einen individuellen Code erhält.

Auch Entwickler nutzen die Funktionalität gerne, um spezielle Rabatt-Aktionen abzubilden. Typische Anpassungen in diesem Bereich legen beispielsweise automatisiert einen Gutschein für Neukunden in den Warenkorb oder belohnen den Kunden mit einem Gutschein, wenn er nach mehreren Tagen seinen Warenkorb doch noch abschließen möchte.

3.4.3   Prämien-Artikel

Abschließend wollen wir noch einen Blick auf die Prämien-Funktion wagen. Dabei erhält der Kunde eine kostenlose Dreingabe auf seine Bestellung ab einem gewissen Bestellwert (Naturalrabatt).

Die Prämien-Funktion muss in den Grundeinstellungen aktiviert werden. Der schnellste Weg zur Konfiguration ist die Eingabe des Begriffs »Prämien« in der Suchmaske der Grundeinstellungen. In dem Suchtreffer BESTELLABSCHLUSS muss dann die Option ZEIGE PRÄMIENARTIKEL AN aktiviert werden. Nach dem Speichern wird der Cache mit STRL + Alt + X geleert.

Um unseren Laufschuh als kostenlose Prämie zu konfigurieren, rufen Sie zunächst das Prämien-Modul unter MARKETING • PRÄMIENARTIKEL auf. Das Modul zeigt in den Testdaten einige vordefinierte Prämien an, und Sie erzeugen eine neue Prämie, indem Sie auf HINZUFÜGEN klicken. In dem Dialog, der sich nun öffnet (siehe Abbildung 3.28), hinterlegen Sie nun schlicht die Bestellnummer des Prämien-Artikels (in unserem Fall SW10002). Da die Prämie in allen Shops verfügbar sein soll, wählen Sie im entsprechenden Feld ALLGEMEIN GÜLTIG aus. Als Mindestbestellwert sind 5 EUR definiert.

Nach dem Speichern kann der Warenkorb mit beliebigen Artikeln befüllt werden. Sobald der Mindestbestellwert überschritten ist und der Nutzer den Kassenbereich betritt, werden die verschiedenen Prämien zur Auswahl gestellt (siehe Abbildung 3.29).

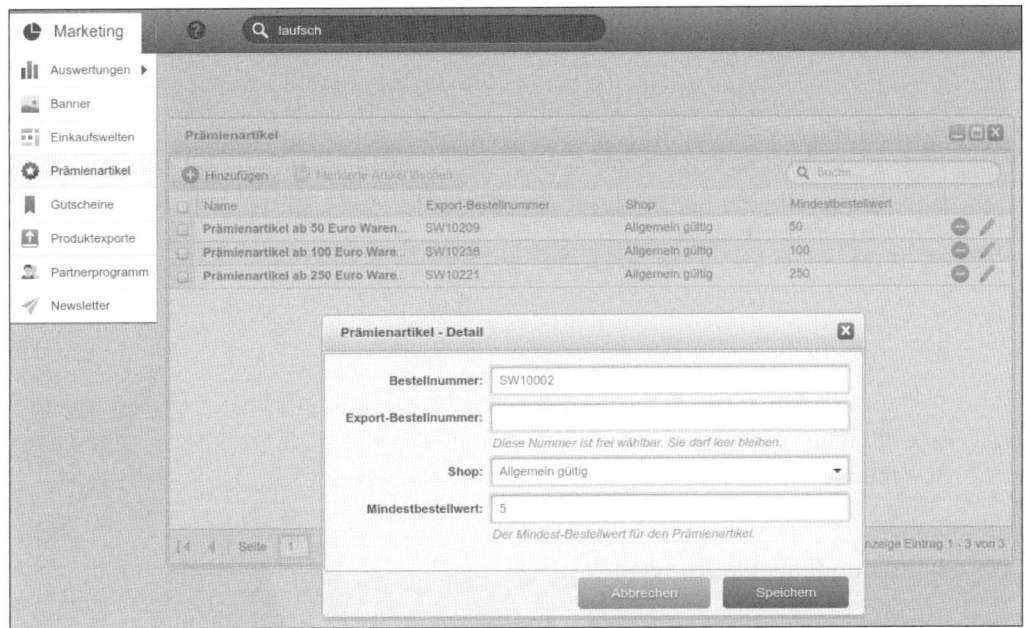

Abbildung 3.28 Das Prämien-Modul erlaubt es, mit wenigen Klicks einen bestimmten Artikel als kostenlose Dreingabe zu hinterlegen.

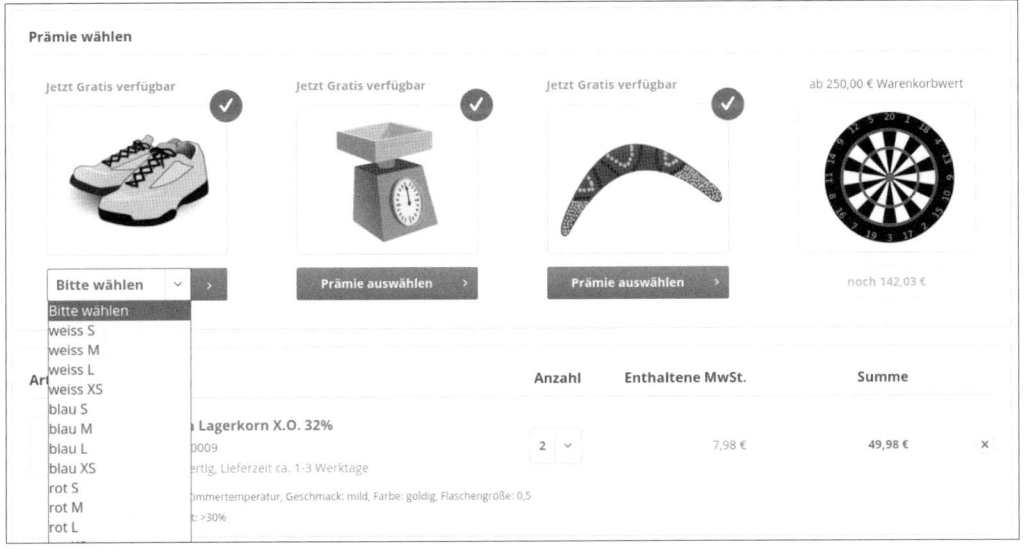

Abbildung 3.29 Ist der Mindestbestellwert überschritten, werden dem Benutzer verschiedene Prämien angeboten.

Der Nutzer kann dabei aus allen Prämien wählen, die für seinen aktuellen Warenkorbwert hinterlegt sind. Bei Varianten-Artikeln (wie unserem Sportschuh) hat er überdies die Auswahl, welche Variante als Prämie bezogen werden soll.

Prämien, deren Mindestbestellwert noch nicht erreicht wurde, werden ausgegraut dargestellt. Der Kunde sieht aber die Information, um welche Summe er den Warenkorb vergrößern muss, um die fragliche Prämie zu erhalten. Ein klassisches Werkzeug der Konversionsratensteigerung also, von dem einzelne Elemente häufig in andere Plugins übernommen werden – etwa um direkt aus dem Listing Varianten in den Warenkorb zu legen.

3.5 Kunden

Das Kunden-Menü ist ein weiterer Bereich im Backend. Hier hat der Shopbetreiber Zugriff auf die im System registrierten Kunden sowie auf die von ihnen generierten Bestellungen.

3.5.1 Kundenverwaltung

Die Kundenverwaltung finden Sie im Backend unter KUNDEN • KUNDEN. Zunächst wird Shopware-typisch eine Übersicht aller Kunden dargestellt (siehe Abbildung 3.30).

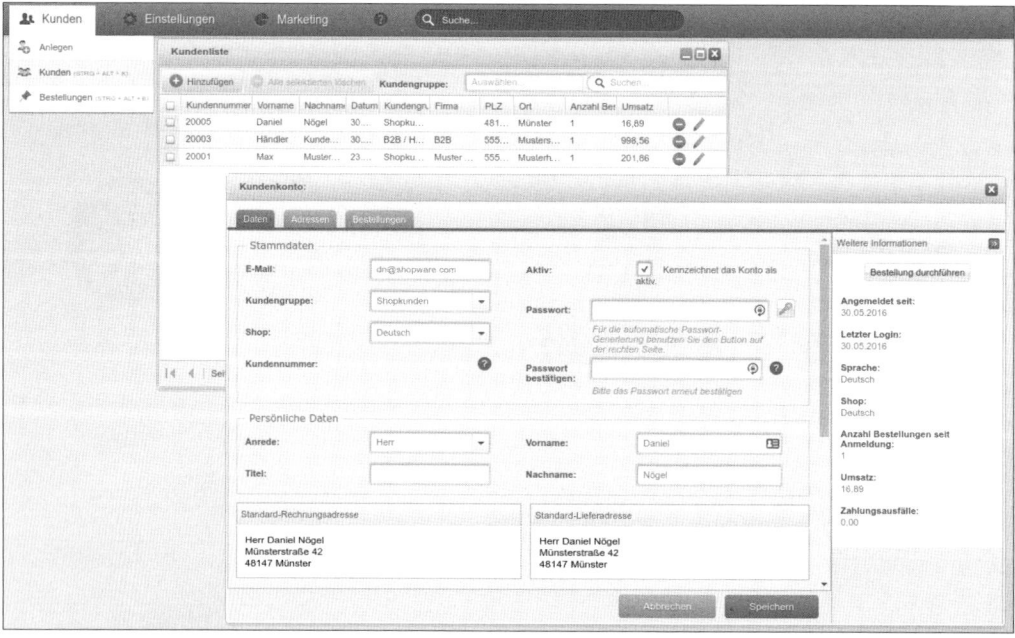

Abbildung 3.30 Im Kundenmodul können Sie alle Kunden des Shops sehen und bearbeiten.

Diese Übersicht lässt sich nach Gruppen filtern oder über das Suchfeld durchsuchen. Ein Klick auf das Stift-Symbol öffnet einen Kunden-Datensatz. Die Kunden-Detailansicht setzt sich aus den drei Reitern DATEN, ADRESSEN und BESTELLUNGEN zusammen.

Unter DATEN kann der Shopbetreiber die Stammdaten des Kunden einsehen und ändern. Dazu gehören die Kundengruppe, der zugeordnete Shop, die E-Mail-Adresse des Kunden, sein Passwort und die passende Anrede. Auch die Standard-Zahlart sowie ein interner Kommentar sind hier einsehbar. In der Seitenleiste rechts sind einige Informationen zu Logins, Bestellungen etc. zu sehen. Besonders interessant ist die Funktion BESTELLUNG DURCHFÜHREN, mit der der Shopbetreiber sich als der jeweilige Kunde im Frontend einloggen kann. Der Shopbetreiber sieht also nicht nur den Shop aus Sicht des Kunden (was interessant für Kampagnen, Kundengruppen-Ausschlüsse etc. sein kann), sondern kann auch Bestellungen als dieser Kunde durchführen (beispielsweise bei telefonischen Bestellungen).

Im Reiter ADRESSEN ist das Adressbuch des Kunden zu finden. Standardmäßig hat jeder Kunde nach seiner Registrierung mindestens eine Adresse hinterlegt (als Rechnungs- und Lieferadresse). Zusätzlich kann der Kunde aber beliebige weitere Adressen pflegen und im Bestellvorgang aus ihnen wählen. Im Reiter BESTELLUNGEN schließlich können alle Bestellungen des Kunden eingesehen, nach Datum gefiltert sowie durchsucht werden. Über das Symbol rechts in jeder Zeile können Sie die Detailansicht einer Bestellung ansehen.

Ebenso wie das Artikelmodul ist auch das Kundenmodul häufig Gegenstand von Individualanpassungen, beispielsweise wenn die Kunden-Datenstruktur um weitere Felder wie »Schuhgröße« oder »Lieblingsfarbe« erweitert werden soll. Häufig geht es hier also um Freitextfeld-Erweiterungen (vgl. Kapitel 9, »Das Shopware-Attributsystem«) sowie um zusätzliche Reiter (vgl. Abschnitt 10.3, »Bestehende Module erweitern«).

3.5.2   Bestellmodul

Das Bestellmodul ist die zentrale Übersicht über alle im System eingegangen Bestellungen. Sie finden es unter KUNDEN • BESTELLUNGEN, und es zeigt zunächst eine Übersicht aller vorhandenen Bestellungen an (die jüngsten stehen ganz oben).

Die Bestellübersicht setzt sich aus drei Teilen zusammen (siehe Abbildung 3.31): Die FILTER-OPTIONEN links erlauben es, die Bestellungen nach Zeitraum, Status, Zahl- und Versandart, Kundengruppe, Shop und Artikel zu filtern. Im Hauptbereich rechts werden die zur jeweiligen Filterung passenden Bestellungen aufgeführt. Durch Doppelklick können Sie den Bestellstatus und den Zahlstatus direkt aus der Liste heraus anpassen.

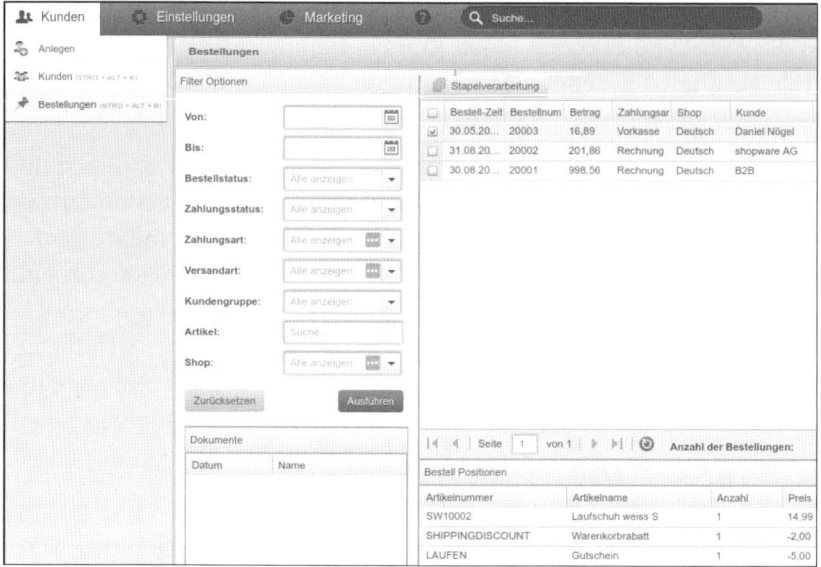

Abbildung 3.31 Das Bestellmodul stellt viele Filter zur Verfügung, um die Anzeige nach Bedarf anzupassen.

Der dritte Bereich, BESTELL-POSITIONEN, befindet sich etwas versteckt im unteren Bereich des Moduls und muss mit einem Klick auf den Doppelpfeil erst angezeigt werden. Sobald eine Bestellung im HAUPTBEREICH markiert wurde, werden hier alle Bestellpositionen mit Preis, Anzahl und Bestand angezeigt.

Im Hauptbereich gibt es die Möglichkeit, mehrere Bestellungen auszuwählen und mit einem Klick auf STAPELVERARBEITUNG eine Massenverarbeitung von Bestellungen auszulösen. Dabei generiert Shopware bestimmte Dokumente (etwa Rechnung oder Lieferschein) für alle gewählten Bestellungen in einem Arbeitsschritt. Gleichzeitig kann ein bestimmter Status gesetzt werden (»Bestellung wird bearbeitet«) und eine entsprechende E-Mail an den Kunden versandt werden. Zusätzlich besteht die Möglichkeit, alle generierten Dokumente zusammenzuführen, sodass eine PDF-Datei generiert wird, die alle Rechnungen bzw. Lieferscheine enthält.

Ebenfalls aus dem Hauptbereich können Sie die Kundenansicht (Figur-Symbol) sowie die Bestelldetails zu jeder Bestellung (Stift-Symbol) abrufen. Die Bestelldetails gliedern sich in die Bereiche ÜBERSICHT, DETAILS, KOMMUNIKATION, POSITIONEN, DOKUMENTE und STATUS HISTORY (siehe Abbildung 3.32).

In der Übersicht werden die Versand- und Zahlungsoptionen zusammengefasst. Hier besteht auch noch die Möglichkeit, die Versandkosten anzupassen – etwa um dem Kunden aus Kulanz eine versandkostenfreie Bestellung zu gewähren.

Die Ansicht DETAILS enthält die Rechnungs- und Lieferadresse der Bestellung, die hier noch angepasst werden können. Die Adressen werden um die Datenkonsistenz zu gewährleisten, immer für jede Bestellung dupliziert, sodass die Änderung der Lieferadresse für eine Bestellung keine Auswirkungen auf die Standardadresse des Kunden oder seine sonstigen Bestellungen hat.

Im Reiter KOMMUNIKATION stellt Shopware eine rudimentäre Kommunikationsfunktion bereit. So kann der Kunde (bei entsprechender Konfiguration in den Grundeinstellungen) Kommentare je Bestellung hinterlegen, die der Shopbetreiber wiederum beantworten und auf den Lieferdokumenten vermerken kann. Ebenso gibt es die Möglichkeit, interne Kommentare festzuhalten (»Der Kunde hat angerufen, er möchte doch den Schuh aus der aktuellen Saison.«).

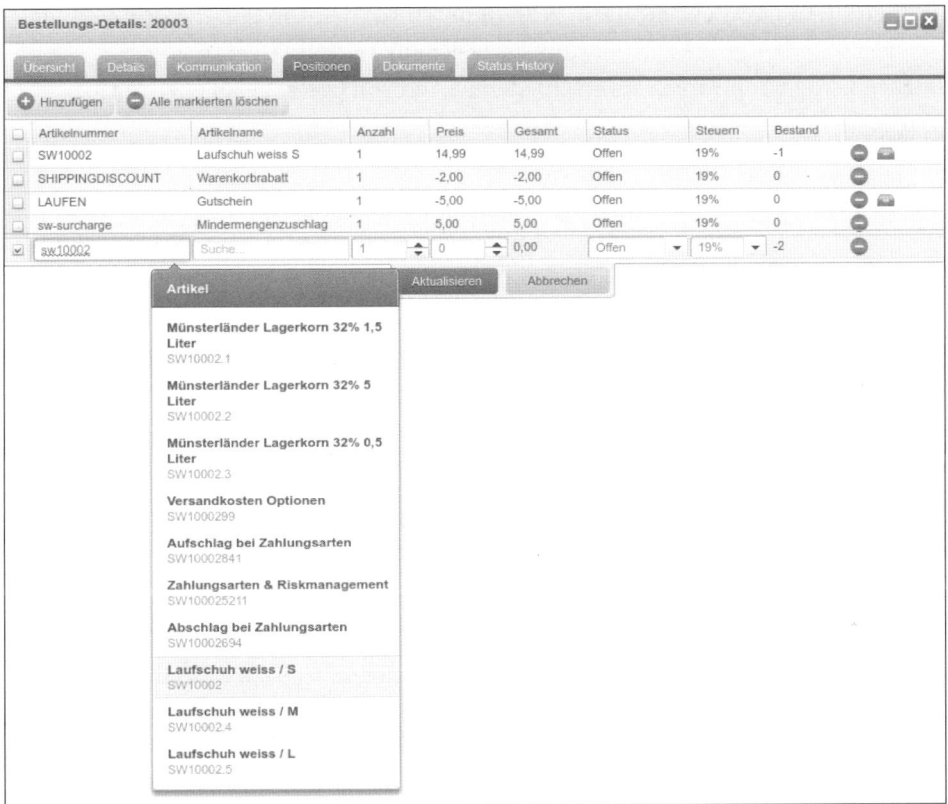

Abbildung 3.32 Der Kunde erhält noch ein weiteres Paar Schuhe.

Der Reiter POSITIONEN gibt eine Übersicht über die Bestellpositionen. Diese können hier auch bearbeitet, entfernt oder ergänzt werden. So können Sie durch einen Klick auf HINZUFÜGEN eine neue Position erzeugen und im Feld ARTIKELNUMMER oder ARTIKELNAME nach einem vorhandenen Artikel suchen. Dabei können Preis und Menge frei definiert werden. Es ist auch möglich, völlig freie Positionen zu definieren, etwa einen Kulanz-Abzug über drei Euro. Die Artikelnummer und der Artikelname können dann nach Belieben gefüllt werden. Nach dem Hinzufügen einer Position wird der Gesamtbetrag der Rechnung automatisch aktualisiert; Dokumente, die eventuell anschließend generiert werden, beinhalten die aktualisierte Bestellposition.

Im Reiter DOKUMENTE gibt es die Möglichkeit, für die aktuelle Bestellung Dokumente zu generieren. Grundsätzlich ähnelt die Funktionalität der zuvor besprochenen Stapelverarbeitung, allerdings gibt es hier die Möglichkeit, weitere Einstellungen vorzunehmen, etwa indem ein DOKUMENT-KOMMENTAR oder ein GUTSCHEIN hinterlegt wird.

Schließlich erhalten Sie unter STATUS HISTORY eine Übersicht über die von Mitarbeitern ausgelösten Bestellstatusänderungen. Immer wenn also ein Bestellstatus geändert wird (etwa von OFFEN nach IN BEARBEITUNG), wird in der Historie vermerkt, welcher Mitarbeiter diese Änderung zu welchem Zeitpunkt veranlasst hat. Grundsätzlich kennt Shopware drei verschiedene Arten von bestellbezogenen Status:

1. Bestellstatus
2. Zahlungsstatus
3. Positionsstatus

Bestellstatus zeigen den aktuellen Status der Bestellverarbeitung an. OFFEN bedeutet, dass die Bestellung eingegangen ist, aber noch nicht bearbeitet wurde. IN BEARBEITUNG zeigt die Bearbeitung durch einen Mitarbeiter an. KOMPLETT ABGESCHLOSSEN ist eine Bestellung, wenn das Paket verschickt wurde.

Analog dazu zeigen Zahlungsstatus den Status der Bezahlung an: Hier gibt es Status wie IN RECHNUNG GESTELLT, KOMPLETT BEZAHLT oder 1. MAHNUNG.

Abschließend gibt es noch die Möglichkeit, Status je Bestellposition zu pflegen – also etwa IN BEARBEITUNG, wenn der Picker gerade nach dem Artikel sucht, und KOMPLETT ABGESCHLOSSEN, wenn der Artikel im Paket liegt.

Grundsätzlich handelt es sich hierbei um Felder, über die Kunden ihre Arbeitsabläufe organisieren können: »Wenn Herbert einen Zahlungsstatus auf KLÄRUNG NOTWENDIG stellt, schickt Isabelle eine Mahnung raus und stellt den Status danach auf 1. MAHNUNG«. Shopware selbst verbindet mit diesen Status also selbst zunächst keine Logik – diese ergibt sich letztlich aus Arbeitsabläufen, Warenwirtschaften oder Zahlungsplugins. Häufig werden die verschiedenen Status daher angepasst; Einträge in die Tabellen `s_core_states` (für Bestell- und Zahlungsstatus) sowie `s_core_detail_states` (für die Positionsstatus) genügen dafür.

3.6   Freitextfelder

Neu seit Shopware 5.2 ist die sogenannte Freitextfeld-Verwaltung, die Sie unter EINSTELLUNGEN • FREITEXTFELD-VERWALTUNG finden. Bei diesem Modul handelt es sich um eine Konfigurationsoberfläche, auf der Sie zusätzliche Felder zu beliebigen Entitys (Dateneinheiten) erzeugen können. Im Auslieferungszustand definiert Shopware ja für alle Objekte bestimmte Felder vor – legt also fest, dass ein Artikel einen Namen, einen Einkaufspreis, einen Steuersatz etc. hat. Möchte Ihr Auftraggeber nun eigene Felder zu dem Artikel hinzufügen, kann dies über die Freitextfeld-Verwaltung erfolgen. Im folgenden Beispiel erzeugen Sie die Freitextfelder GRÖSSE und FARBE für Kunden, sodass diese beiden Felder zusätzlich gepflegt werden können.

Nach dem Öffnen des Freitextfeld-Moduls wählen Sie zunächst unter TABELLE der Datensatz Kunde (s_user_attributes) aus. Danach erzeugen Sie durch einen Klick auf HINZUFÜGEN ein neues Freitextfeld. Auf der rechten Seite des Fensters können Sie nun DATENBANK EINSTELLUNGEN sowie ANZEIGE EINSTELLUNGEN auswählen. Tabelle 3.3 zeigt die Felder im Überblick.

Feld	Funktion
Spaltenname	Name des Freitextfeldes in der Datenbank. Beispiel: »shoe_size«.
Spaltentyp	Datentyp des Feldes – also die Information, ob beispielsweise Texte oder Zahlen gespeichert werden.
Label	Wie wird das Feld im Backend genannt? Beispiel: »Schuhgröße«.
Support Text	Zusätzlicher Hilfe-Text für die Anzeige im Backend
Hilfe Text	Hilfe-Text, der im Backend erscheint, wenn der Nutzer die Maus über das Fragezeichen neben dem Feld bewegt
Position	Positionierung des Elements. Position »0« ist das erste Feld.
Im Backend anzeigen	Wenn diese Option deaktiviert wird, wird das Freitextfeld erzeugt, aber nicht im Backend angezeigt. Das ist sinnvoll, wenn das Feld beispielsweise für Individualanpassungen benötigt wird, aber im Backend nicht pflegbar sein muss bzw. soll.
Übersetzbar	Können die Werte des Freitextfeldes je Shop übersetzt werden? Wenn aktiviert, wird der Shopware-typische Übersetzungsglobus zur Verfügung gestellt, um den Wert des Feldes shop-spezifisch zu pflegen.

Tabelle 3.3 Einstellungen für Freitextfelder

Für unser Beispiel sollen nun die neuen Felder SCHUHGRÖSSE und LIEBLINGSFARBE eingestellt werden:

▶ Schuhgröße:
  – Spaltenname: shoe_size

- – Spaltentyp: Ganzzahl INT(11)
- – Label: Schuhgröße
- ▶ Lieblingsfarbe:
  - – Spaltenname: fav_color
  - – Spaltentyp: Einfacher Text – VARCHAR(500)
  - – Label: Lieblingsfarbe

Alle anderen Optionen können nach Belieben befüllt werden.

Nach dem Speichern generiert Shopware jeweils die Attribut-Models neu (vgl. dazu Kapitel 9, »Das Shopware-Attributsystem«). Nun kann der Backend-Cache mit $\boxed{\text{Strg}}$+$\boxed{\text{Alt}}$+$\boxed{\text{X}}$ geleert werden. Nach dem Neuladen des Backends stehen die Frei-textfelder unten in der Detailseite des Kundenmoduls zur Verfügung. Shopware lädt und speichert die dort eingetragenen Daten automatisch, sodass hier keine weiteren Anpassungen nötig sind.

Der große Vorteil der Freitextfelder ist, dass diese für sehr viele Entitys zur Verfügung stehen – eben auch für Artikel, Preise, Varianten etc. Viele Module in Shopware unter-stützen von Haus aus Freitextfelder. So können Product-Streams auf diese Freitext-felder ebenso zurückgreifen wie beispielsweise die Versandarten, Produktexporte oder die Artikel-Übersicht. Auch um Felder abzubilden, die die Warenwirtschaft vor-ausetzt, die Shopware aber nicht kennt, eignen sich Freitextfelder sehr gut. In vielen Fällen ist es natürlich notwendig, dass weitere Programmierungen zu diesen Freitext-feldern erfolgen – im Falle der Lieblingsfarbe und Schuhgröße unserer Kunden wäre es beispielsweise sinnvoll, dass der Kunde diese Daten selbst in seinem Konto pflegen kann und die Kategorie-Listen direkt nach den entsprechenden Eigenschaften filtern kann – so sähe jeder Endkunde nur Schuhe in seiner Lieblingsfarbe und in der passen-den Größe.

Technisch handelt es sich bei der Freitextfeld-Verwaltung um Shopware-Attribute (vgl. Kapitel 9, »Das Shopware-Attributsystem«). Die Freitextfeld-Verwaltung stellt das Ganze nur so dar, dass auch Endkunden das System bedienen können, und zeigt die Freitextfelder direkt in den dazugehörigen Modulen an – das musste in früheren Shopware-Versionen in der Regel individuell gelöst werden.

3.7 Das Frontend

Als Abschluss dieser kleinen Shopware-Einführung aus Entwicklersicht wollen wir uns noch einmal das Shopware-Frontend im Detail ansehen. Für viele Kunden stehen besonders in diesem Bereich Anpassungen im Vordergrund, da die Abläufe, Klick-wege und Darstellungen im Frontend im direkten Zusammenhang mit der (Marken-)

Wahrnehmung und dem Umsatz des Shops stehen. Shopware bietet hier mit dem responsive Theme und den bereits besprochenen Einkaufswelten vielfältige Möglichkeiten der Anpassung.

3.7.1   Die Shop-Homepage

Die Shop-Homepage ist die Startseite des Systems. Häufig finden Sie auf dieser Seite eine umfangreiche Einkaufswelt, die dem Kunden einen Überblick über das Sortiment gibt und ihn emotional anspricht. Dazu muss im Einkaufswelten-Modul die gewünschte Einkaufswelt schlicht der Shop-Kategorie (in unserem Fall: DEUTSCH) zugewiesen werden.

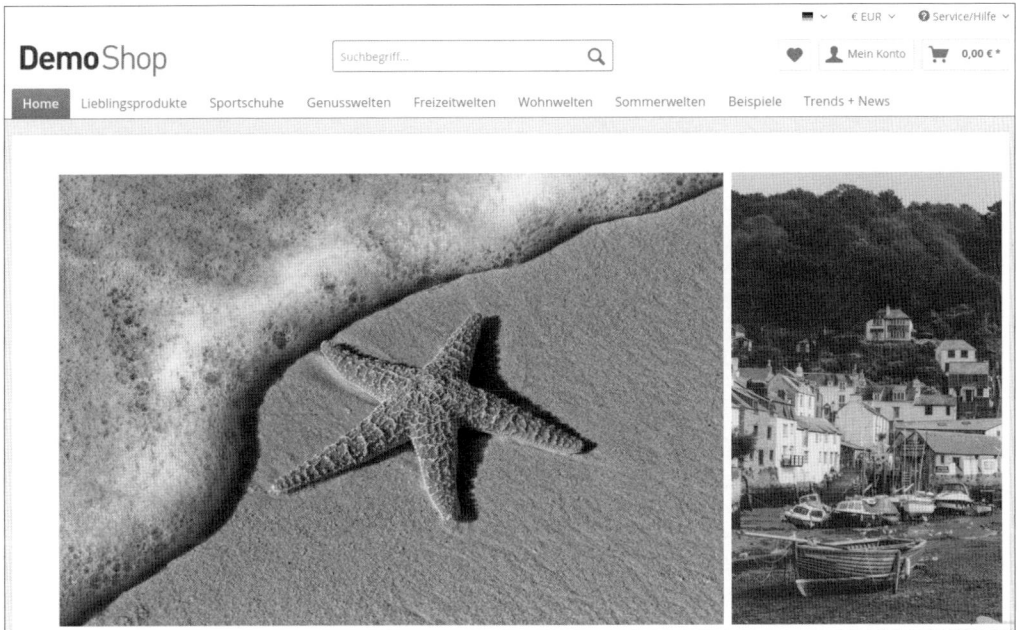

Abbildung 3.33 Die Shopware-Startseite

Grob lassen sich drei Bereiche auf jeder Shop-Seite unterscheiden (siehe Abbildung 3.33): Ganz oben befindet sich der sogenannte *Header* (Seitenkopf), der das Shop-Logo, die Suche sowie den Kundenbereich (Konto, Warenkorb, Merklisten) enthält. Ebenfalls zum Header gehört die horizontale Navigation des Systems. Unter dem Header befindet sich der *Hauptbereich* (auch *Content-Bereich* genannt). Alle relevanten Prozesse (Produkt-Anzeige, Kontobereich, Warenkorb) spielen sich im Content-Bereich ab. In der Fußzeile der Seite (*Footer*) finden sich schließlich weitere Informationen, wie etwa Kontaktadresse, AGB, Versandbedingungen etc.

3.7.2 Das Kategorie-Listing

Klickt der Kunde auf eine Kategorie (etwa Genusswelten, siehe Abbildung 3.34), gibt es meist auf der linken Seite im Content-Bereich eine zusätzliche Kategorie-Navigation, die auch alle Unterkategorien der aktuellen Kategorie anzeigt. Rechts daneben erscheint – je nach Konfiguration – entweder eine Einkaufswelt, das Listing oder beides. Ist kein Produkt-Listing zu sehen, kann dieses durch einen Klick auf Weitere Artikel in dieser Kategorie angezeigt werden.

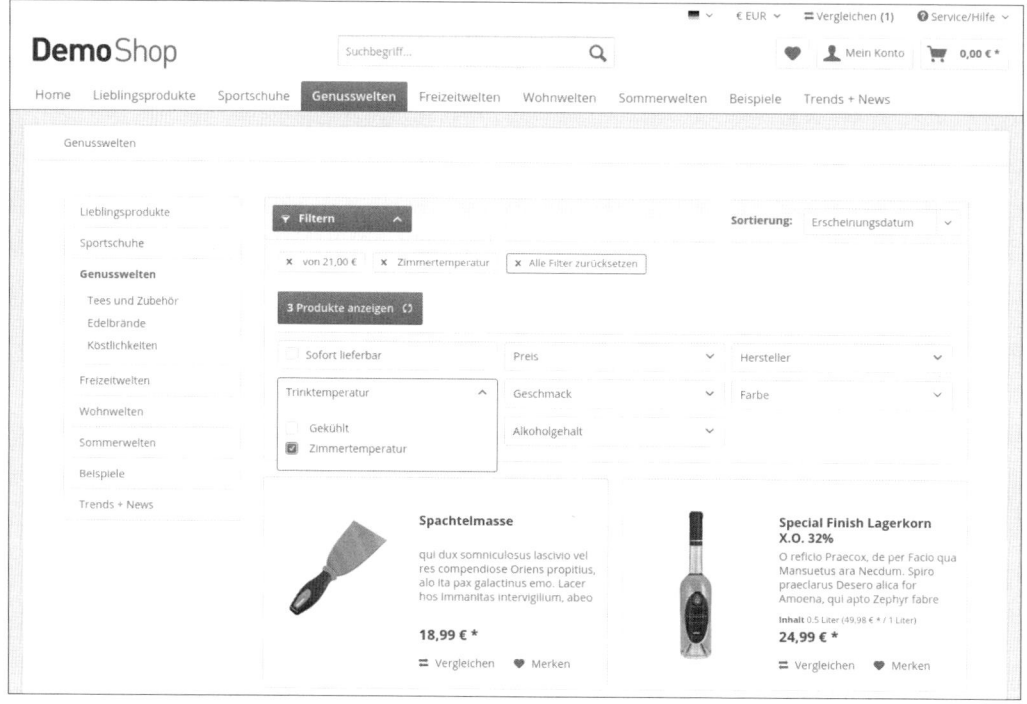

Abbildung 3.34 Das Kategorie-Listing mit Filtern

Das Listing lässt sich vielfältig anpassen – neben den Einkaufswelten können Sie Topseller-Elemente, Banner, Kategorie-Beschreibungen etc. einrichten. Wie ich bereits angerissen habe, ist besonders die Filter-Funktion in Shopware sehr mächtig und häufig Gegenstand von Erweiterungen. In Abbildung 3.34 sehen Sie einen Preisfilter nach Produkten bis 21 EUR sowie nach der Eigenschaft »Trinktemperatur: Zimmertemperatur«. Eigenschaften können Sie nach Bedarf auch mit Bildern illustrieren.

Aus dem Listing heraus gibt es in Shopware in der Regel die Option, die Produkte auf eine Merkliste zu legen (Herz-Symbol), zu einem Vergleich hinzuzufügen (Pfeil-Symbol) oder im Detail zu betrachten (Klick auf das Produkt).

Technisch mit den Listings verwandt ist die Suche.

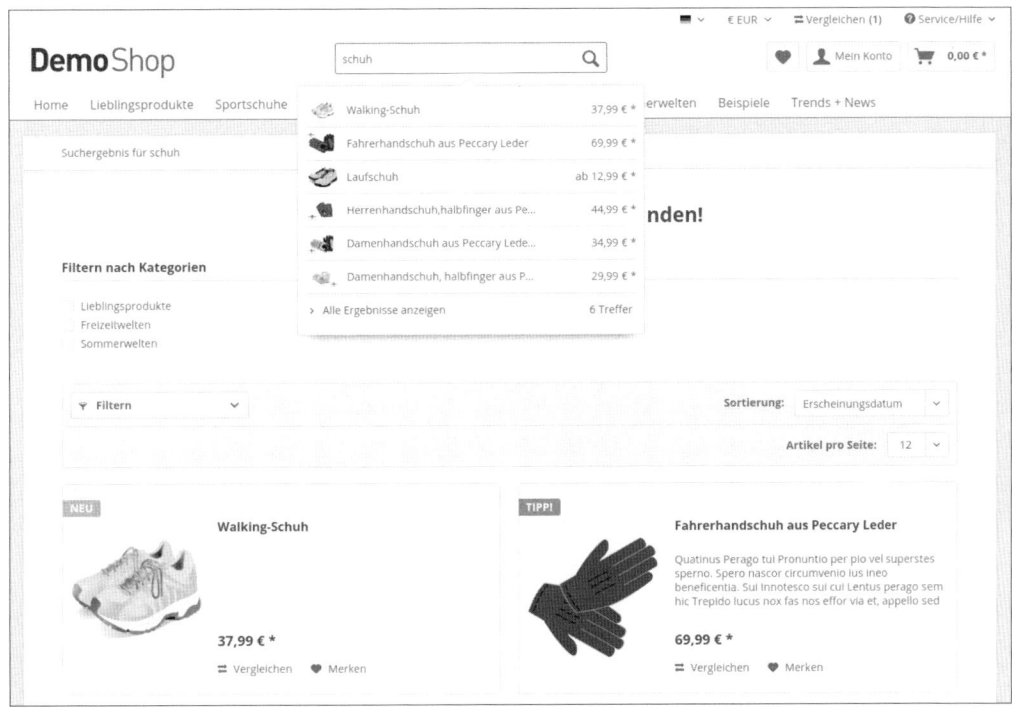

Abbildung 3.35 Die Shopware-Suche lässt sich ebenso anpassen wie die Kategorie-Listings.

Gibt der Kunde einen Suchbegriff in die Suchleiste ein, werden ihm unmittelbar passende Treffer in einem Overlay angezeigt. Hier kann er direkt zu einem der gewünschten Produkte springen. Führt der Kunde eine vollständige Suche aus, indem er auf ⏎ drückt, gelangt er zu der Ansicht aus Abbildung 3.35. Grundsätzlich lässt sich die Suche ebenso filtern wie das Standardlisting (etwa »Style: sportlich«, wenn nur Sportschuhe angezeigt werden sollen); zusätzlich kann der Kunde aber auch eine Einschränkung auf die Kategorie vornehmen – etwa um nur Handschuhe anzuzeigen.

3.7.3   Die Artikeldetailseite

Die Artikeldetailansicht enthält im Wesentlichen alle für den Kunden relevanten Informationen zu einem Artikel. Neben den Stammdaten wie Name, Preis, Beschreibung und Bildern gehören dazu auch Kundenbewertungen, Lieferzeiten, ähnliche Artikel und Zubehör-Artikel sowie Varianten, Eigenschaften und vieles mehr.

Viele Plugins greifen in diesen Bereich ein, um weitere Reiter bereitzustellen oder Funktionen wie Bundle-Artikel oder Bonus-Punkte zu implementieren. Durch einen Klick auf IN DEN WARENKORB wird der aktuelle Artikel in den Warenkorb gelegt, und das sogenannte *Warenkorb-Overlay* erscheint (siehe Abbildung 3.36).

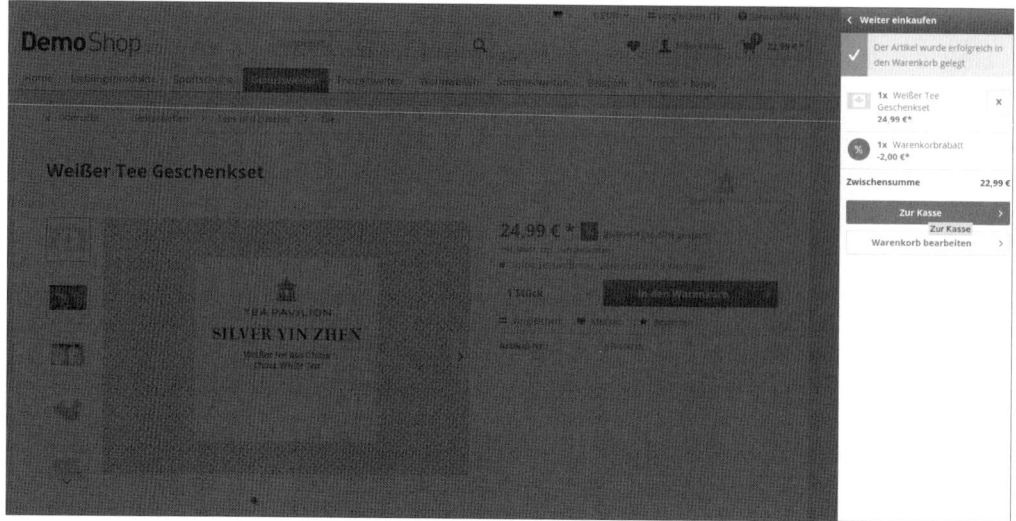

Abbildung 3.36 Das Warenkorb-Overlay zeigt den aktuellen Warenkorb mit Produkten und Rabatten an.

Aus dem Overlay heraus kann der Kunde dann entweder WEITER EINKAUFEN, ZUR KASSE gehen oder den WARENKORB BEARBEITEN.

3.7.4 Der Warenkorb-Prozess

Im Warenkorb sind im Wesentlichen die beiden Ansichten KASSE und BEARBEITEN zu unterscheiden. Während die Bearbeiten-Ansicht (siehe Abbildung 3.27) es dem Kunden ermöglicht, den Warenkorb einzusehen, Mengen zu ändern, Produkte zu entfernen oder hinzuzufügen sowie Gutscheine einzulösen, geht es im Kassen-Bereich um den Bestellabschluss (siehe Abbildung 3.37).

Für den Kassenbereich ist ein Benutzerkonto erforderlich, sodass der Benutzer zunächst aufgefordert wird, sich einzuloggen oder zu registrieren.

Shopware stellt also sicher, dass im Kassenbereich immer ein gültiges Nutzerkonto verfügbar ist, auf das der Entwickler zugreifen kann. Im Kassenbereich hat der Nutzer noch die Möglichkeit, die Rechnungs- sowie die Lieferanschrift zu bearbeiten sowie Zahlung und Versand zu prüfen bzw. zu ändern. Weiterhin werden hier alle rechtlich relevanten Informationen zu den gewünschten Produkten aufgeführt, also besonders Preise, ein Ausschnitt aus der Beschreibung, die voraussichtliche Lieferzeit und relevante Merkmale wie die Varianten-Auswahl.

Im unteren rechten Bereich erhält der Kunde eine Übersicht über die Bestellung inklusive Summe, Versandkosten und ausgewiesener Mehrwertsteuer. Mit dem Knopf ZAHLUNGSPFLICHTIG BESTELLEN wird die Bestellung ausgelöst. Ab diesem Zeitpunkt ist die Bestellung im Bestell-Modul im Backend einsehbar.

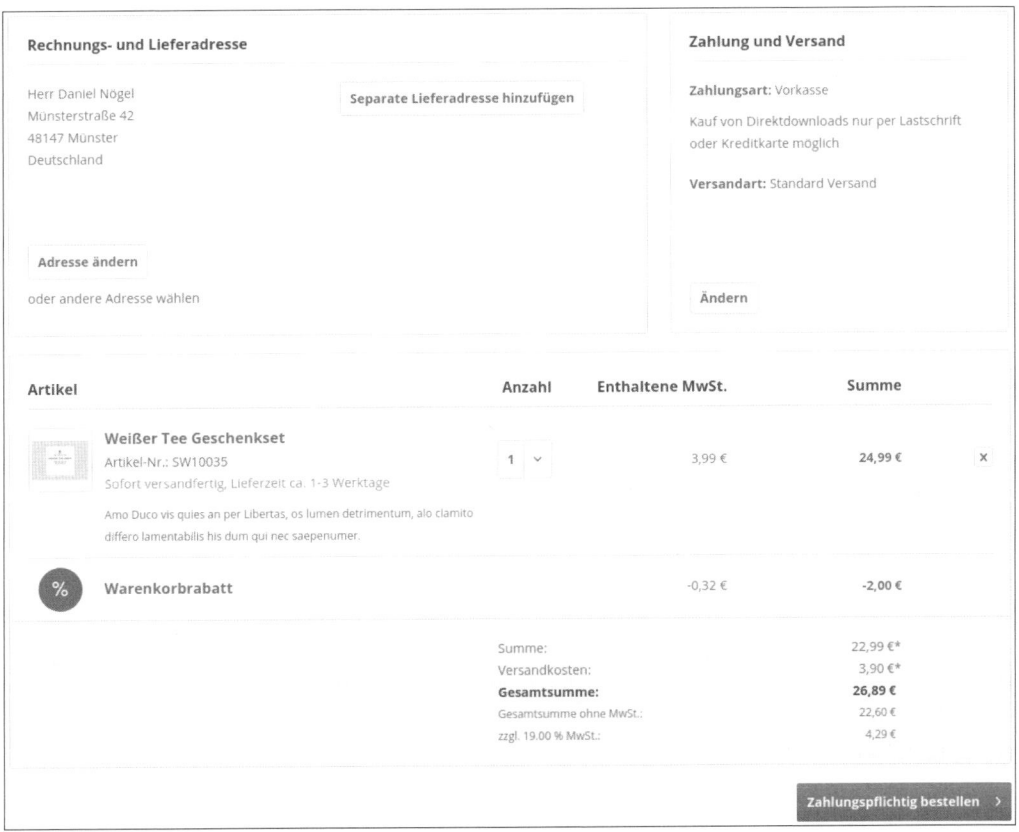

Abbildung 3.37 Auf der Bestellabschluss-Seite finden sich alle Informationen, die für einen rechtssicheren Bestellabschluss nötig sind.

Die sogenannte Bestellbestätigungsseite, die nach dem Abschluss der Bestellung angezeigt wird, gibt erneut alle relevanten Informationen zur Bestellung aus und ermöglicht es darüber hinaus, eine Bestellbestätigung zu generieren. Für Entwickler ist Folgendes wichtig: Erhalten Sie (beispielsweise in Ihrer Shopware-Vagrant-Box) den Hinweis, dass die Bestellbestätigungs-Mail nicht versandt werden konnte, hängt dies damit zusammen, dass kein (gültiger) Mail-Server in den Grundeinstellungen hinterlegt wurde. Dies ist für Entwicklungszwecke in aller Regel nicht weiter problematisch, sollte für Produktivumgebungen aber natürlich korrekt eingerichtet werden.

Beim Arbeiten mit dem Shopware-Warenkorb werden die einzelnen Warenkorb-Seiten auch häufig nach dem Routing benannt: Entsprechend ist *checkout/cart* (oder »*cart*-Seite«) die Bearbeiten-Seite, *checkout/confirm* (oder »*confirm*-Seite«) die Kassen-Seite und *checkout/finish* (oder »*finish*-Seite«) die Bestellabschlussseite.

3.7.5   Der Konto-Bereich

Eingeloggte Kunden können über einen Klick auf MEIN KONTO jederzeit in den Konto-Bereich (auch *account* genannt) springen. Hier kann der Nutzer persönliche Daten bearbeiten, seine Standard-Zahlart festlegen und seine Adressen verwalten. Diese Daten werden als Standardwerte für zukünftige Bestellungen genutzt. Außerdem gibt es hier auch kundenindividuelle Inhalte, wie eine Übersicht aller vorherigen Bestellungen, Sofortdownloads und Merkzettel (siehe Abbildung 3.38).

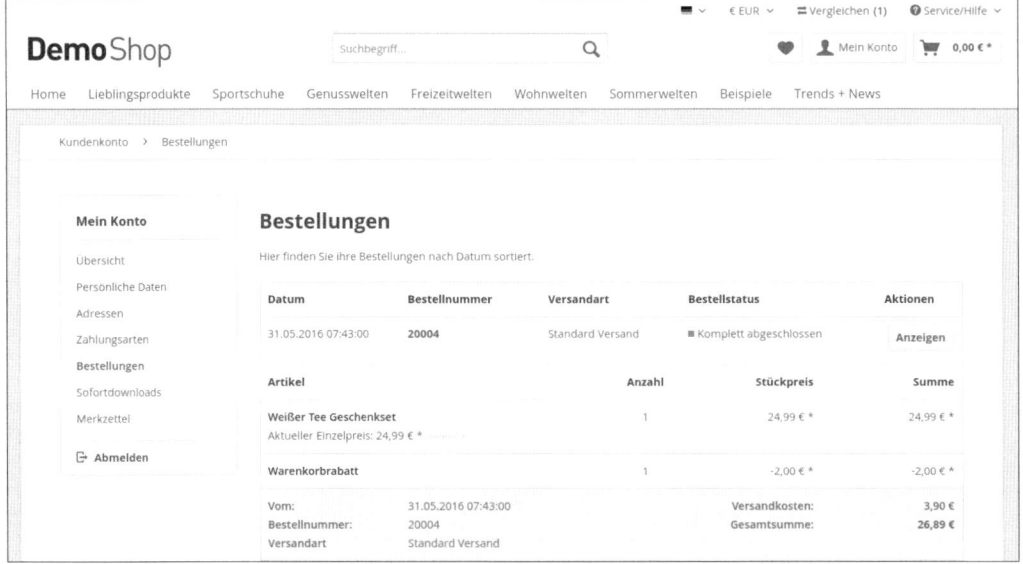

Abbildung 3.38 In der Bestellübersicht kann der Kunde frühere Bestellungen einsehen und für aktuelle Bestellungen den Status abrufen.

Der Menüpunkt SOFORTDOWNLOADS steht in Verbindung mit der ESD-Funktionalität von Shopware, die hier nicht weiter behandelt wird. Hat der Kunde aber digitale Güter wie Bücher oder Software erworben, kann er diese in seinem Konto-Bereich herunterladen, nachdem der Shopbetreiber die Bestellung abgeschlossen hat.

Der MERKZETTEL implementiert eine rudimentäre Wunschlisten-Funktionalität, über die sich der Kunde interessante Produkte für einen späteren Einkauf merken kann. Auch diese Funktion ist häufig Gegenstand von Erweiterungen, beispielsweise um Merkzettel mit anderen Kunden zu teilen oder direkt in den Warenkorb zu legen.

Kapitel 4
Shopware-Templating

Das Anpassen des Aussehens und Designs von Shopware wird
»Templating« genannt. Es ist eine gestalterische Anpassung des
Shopsystems gemäß den eigenen Wünschen.

Moderne Webapplikationen lassen sich grob in (mindestens) zwei Bereiche unterteilen: in die Applikationslogik und in die Darstellung. Die Applikationslogik bestimmt, welche Artikel auf einer Seite zu sehen sind, welche Preise diese Artikel haben und ob ein bestimmter Benutzer diese Artikel kaufen darf oder nicht. Die Darstellung betrifft die Art und Weise, wie die Inhalte angezeigt werden – also die Frage, ob die Artikel eingerahmt dargestellt werden und ob dieser Rahmen rund oder eckig ist. Auch die relative Ausrichtung der Elemente zueinander fällt in diesen Bereich.

Die Darstellung wird über sogenannte *Templates* (Vorlagen) definiert – das sind allgemeine Beschreibungen von bestimmten Seitentypen in beispielsweise HTML/CSS.

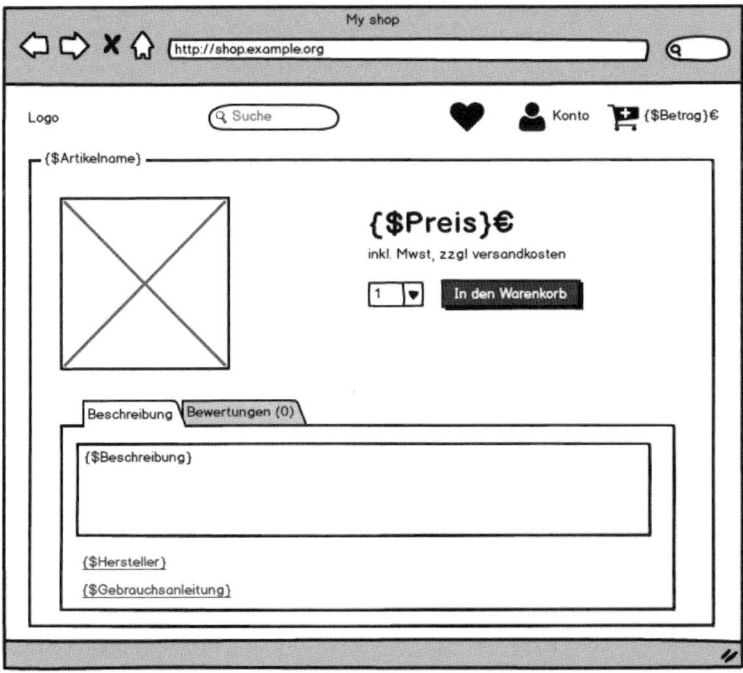

Abbildung 4.1 Ein Template kann für bestimmte Seitentypen wiederverwendet werden.

Abbildung 4.1 stellt das vereinfacht dar: Die gestalterischen Merkmale der Seite werden im Template definiert, sodass Shopware dieses Template später nur mit den Daten des jeweiligen Artikels (Artikelname, Preis, Beschreibung etc.). befüllen muss. Für diese veränderlichen Merkmale von Artikeln werden jeweils Platzhalter im Template definiert – die Template-Variablen.

In Shopware können Sie auch eine Vielzahl dieser gestalterischen Elemente komfortabel steuern – ob der Knopf IN DEN WARENKORB also rot oder blau ist, lässt sich ebenfalls ohne Programmieraufwand konfigurieren. Die Gesamtheit aller Templates mitsamt der Farbkonfiguration (also das große Ganze) wird *Theme* genannt.

Ein Theme ist ein austauschbares Leitmotiv für den Shop, das entweder selbst entwickelt bzw. angepasst werden kann oder aus dem Shopware Community Store bezogen werden kann. Auch wenn Shopware von Haus aus bereits ein ansprechendes Theme mitliefert, gibt es in der Regel in jedem Projekt Anpassung am Aussehen des Shops – sei es, um sich lediglich von anderen Shops abzugrenzen, oder sei es, um die eigene Farb- und Markenkommunikation des Shopbetreibers im Shop zu reflektieren.

4.1   Einstieg in Templates und Themes

Um einfache Anpassungen am Aussehen des Shops vorzunehmen, sind keine oder nur geringe technische Anpassungen erforderlich.

4.1.1   Konfigurieren des Basis-Themes

Themes können eine Vielzahl von Einstellungen definieren, die eine Anpassung des Aussehens aus dem Shopware-Backend heraus ermöglichen. Das Standard-Theme von Shopware heißt *Responsive*. Unter EINSTELLUNGEN • THEME MANAGER kann dieses Theme angepasst werden. Dazu wählen Sie das Responsive-Theme aus und öffnen über einen Klick auf THEME KONFIGURIEREN die Konfigurationsmaske.

Abbildung 4.2 zeigt die Konfigurationsmaske des Theme Managers. Hier werden die Bereiche ICONS & LOGOS, KONFIGURATION und FARB-KONFIGURATION unterschieden.

Unter ICONS & LOGOS definieren Sie das Shop-Logo sowie die Icons für beispielsweise Lesezeichen. Das Logo kann dabei für jedes Endgerät (Smartphone, Tablet oder Desktop-Computer) angepasst werden, sodass auf jedem Endgerät ein optimiertes Logo angezeigt wird. Abbildung 4.3 zeigt, wie das modifizierte Logo nach dem Speichern im Frontend zu sehen ist. Wurden zuvor für unterschiedliche Endgeräte unterschiedliche Logos definiert, bildet Shopware dies entsprechend ab.

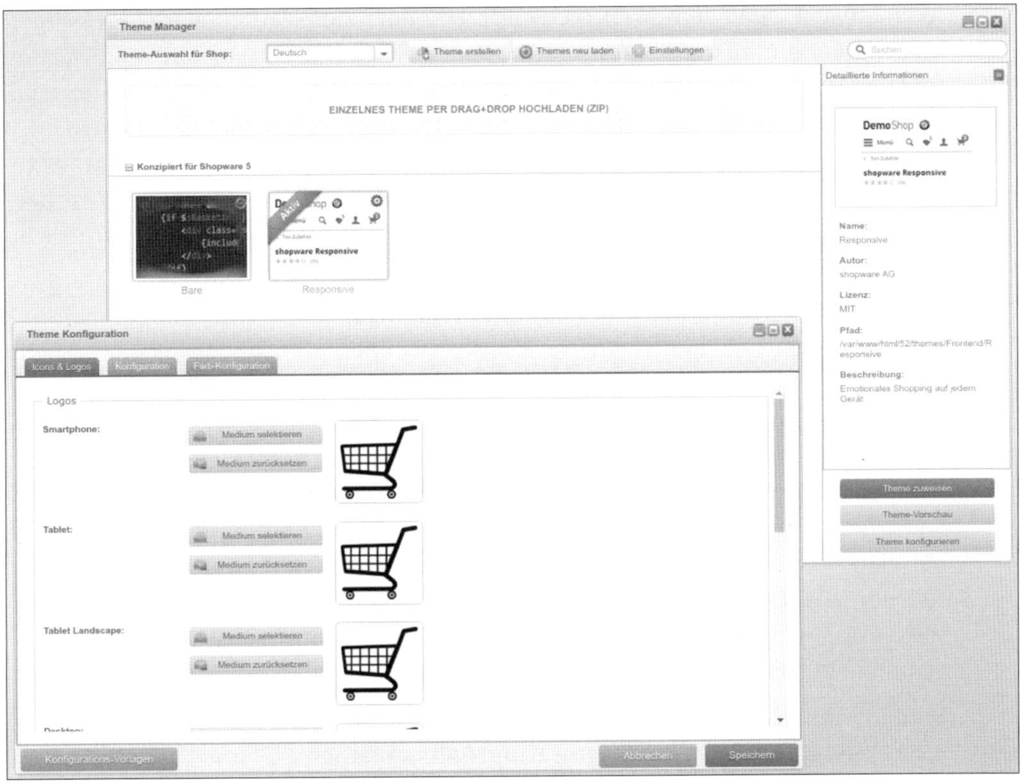

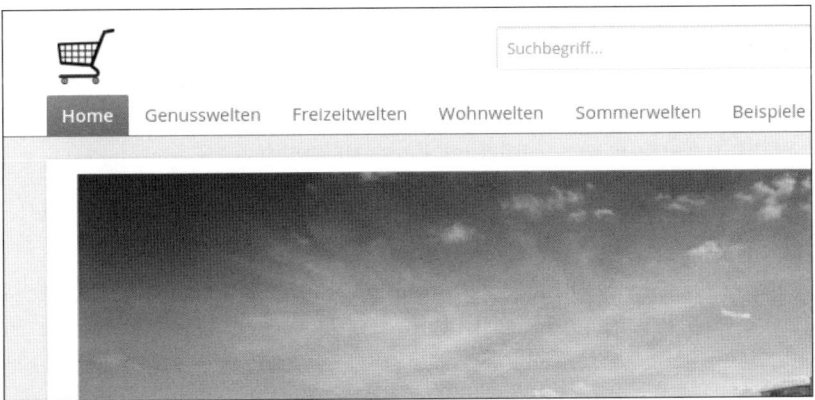

Abbildung 4.2 Der Theme Manager

Abbildung 4.3 Angepasstes Logo

Auf dem Reiter KONFIGURATION können Sie Einstellungen zum Theme vornehmen, die auch das Verhalten des Frontends betreffen. So entscheidet beispielsweise die Option OFFCANVAS WARENKORB darüber, ob die Warenkorbübersicht als sogenanntes *Offcanvas Element* von rechts nach links in den Browser fahren soll oder nicht.

Auch Einstellungen zum INFINITE SCROLLING oder zum Variantenwechsel können hier vorgenommen werden. Ganz unten in dem Fenster lassen sich auch CSS-Dateien und JavaScript-Bibliotheken einbinden. Dies ist nützlich, wenn beispielsweise bestimmte Schriftarten genutzt werden sollen. Natürlich bietet Shopware Ihnen auch Möglichkeiten, diese Einbindungen über Plugins oder eigene Themes direkt vorzunehmen – die zusätzliche Möglichkeit direkt in der Theme-Konfiguration ist aber auch für weniger technisch versierte Nutzer interessant und eignet sich darüber hinaus zum schnellen Testen einer Anpassung.

Der letzte Reiter im Fenster ist der Reiter FARB-KONFIGURATION. Im Standard-Responsive-Theme gibt es hier eine Vielzahl von Konfigurationsmöglichkeiten, die der Nutzer setzen kann. Dabei arbeitet Shopware mit einem Platzhalter-System: Der Nutzer kann also zunächst verschiedene Platzhalter wie *brand-primary*, *brand-secondary* oder *highlight-succcess* definieren und diese dann an verschiedenen Stellen im Theme referenzieren. Dieses Platzhaltersystem ermöglicht es, die Farbsprache des Shops sehr komfortabel auf den jeweiligen Shopbetreiber hin zu optimieren, indem beispielsweise die Firmenfarben als Primär- und Sekundärfarben gesetzt werden. Darüber hinaus können Sie damit aber auch häufige Farbvariationen direkt pflegen, beispielsweise eine hellere Variante der Primärfarbe einstellen, um Hover- und Schatteneffekte abbilden zu können.

Schließlich können Sie auch Platzhalter für Erfolgs-, Hinweis- und Fehlermeldungen hinterlegen, ebenso für Hintergrund- und Rahmenfarben.

Durch das Ändern von wenigen Platzhaltern ist es so möglich, den gesamten Shop mitsamt all seiner Seiten, Formulare, Knöpfe, Texte und anderen Bedienelementen in ein anderes Farbenspiel zu überführen. Natürlich besteht dabei immer die Möglichkeit, einzelne oder alle Elemente weiterhin individuell mit Farben auszustatten – die Nutzung der Platzhalter empfiehlt sich jedoch schon deshalb, weil diese auch von Plugins und Drittentwicklern genutzt werden können, um beispielsweise neue Seitentypen ebenfalls im Farbton des restlichen Shops zu halten.

4.1.2 Ein eigenes Theme erstellen

Das Erstellen eigener Themes ist immer dann empfehlenswert, wenn die Konfiguration des Responsive-Themes über die Administrationsoberfläche nicht mehr ausreicht. In einem eigenen Theme können Sie buchstäblich alle Templates in Shopware überschreiben. So können Sie beispielsweise bestimmte, nicht benötigte Teile des Shops ausblenden oder andere Informationen anzeigen, die Shopware von Haus aus nicht präsentiert.

Aus Gründen der Kompatibilität sollten Sie niemals direkt ein Standard-Theme von Shopware anpassen – erstellen Sie besser ein neues Theme, das vom Standard-Theme ableitet. Dazu öffnen Sie unter EINSTELLUNGEN • THEME MANAGER den Theme Manager. Klicken Sie oben in der Menüleiste auf THEME ERSTELLEN, um ein neues Theme zu erzeugen.

Jetzt öffnet sich ein Dialog, der verschiedene Daten abfragt. Unter ABLEITEN VON müssen Sie angeben, von welchem Theme Sie Ihr eigenes Theme ableiten wollen: Shopware bietet im Standard das *Bare*-Theme sowie das *Responsive*-Theme.

Das *Bare*-Theme beinhaltet alle Templates, die Shopware benötigt, allerdings keinerlei JavaScript oder Styling. Es ist damit also nur geeignet, wenn Sie große Teile des Themes selbst entwickeln möchten oder müssen. In den meisten Fällen werden Sie Ihr Theme vom Theme *Responsive* ableiten wollen: Dieses ergänzt das Bare-Theme um eine Vielzahl von Styles und JavaScript-Plugins und bildet damit in der Summe das Frontend, das Sie von Shopware kennen.

Im Feld NAME sollten Sie darüber hinaus einen einprägsamen Namen für Ihr Theme vergeben. Oftmals wird hier der Name des Shop-Projekts genutzt – in unserem Beispiel *LoremIpsum* (siehe Abbildung 4.4). Nach einem Klick auf SPEICHERN erzeugt Shopware das neue Theme. Sie können es mit einem Klick auf THEME ZUWEISEN unten rechts im Theme Manager auch direkt aktivieren. Da Sie vom Theme *Responsive* abgeleitet haben, stehen Ihnen unter THEME KONFIGURIEREN alle Einstellungen zur Verfügung, die auch das *Responsive*-Theme kennt (vgl. Abschnitt 4.1.1).

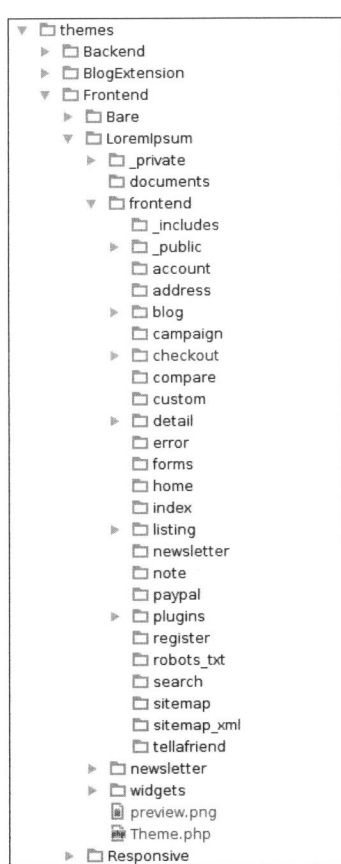

Abbildung 4.4 Übersicht des Theme-Verzeichnisses

Im Hintergrund hat sich durch das Anlegen des Themes aber Einiges getan: Im Verzeichnis */themes/Frontend* Ihrer Shopware-Installation finden Sie für gewöhnlich nur die beiden Verzeichnisse *Bare* und *Responsive* für die beiden Shopware-Standard-Themes. Das neue Verzeichnis *LoremIpsum* wurde beim Anlegen des neuen Themes direkt miterzeugt. Shopware erstellt dabei auch direkt alle Unterverzeichnisse mit, die Sie später vielleicht einmal benötigen werden. Im Auslieferungszustand sind die Verzeichnisse zunächst leer; durch Anlegen von Template-Dateien können Sie aber die Standard-Vorlagen des *Bare*-Themes leicht überschreiben.

Auf der obersten Ebene finden Sie die Verzeichnisse *documents*, *frontend*, *newsletter* und *widgets*. Das Verzeichnis *documents* beinhaltet die Vorlagen für die Dokumentgenerierung, wie beispielsweise Rechnungen. *frontend* beinhaltet alle Templates für das Shopware-Frontend. Hier finden Sie eine ganze Reihe von Unterverzeichnissen, die jeweils für bestimmte Bereiche im Frontend zuständig sind: *frontend/account* beispielsweise für den Benutzeraccount, *frontend/blog* für Blogseiten, *frontend/listing* für die Kategorielisten und *frontend/detail* für die Artikeldetailseiten. Das Verzeichnis *newsletter* beinhaltet Vorlagen für den Newsletter-Versand, und *widgets* enthält verschiedene Vorlagen für die sogenannten Shopware-Widgets – dazu gehören Topseller-Slider, Einkaufswelten und ähnliche wiederverwendbare Elemente.

Wenn Sie mit einem Theme arbeiten, spielen sich alle template-bezogenen Anpassungen von Shopware in diesen Verzeichnissen ab: Als Shopbetreiber müssen Sie also keine Plugins schreiben, nur um an der ein oder anderen Stelle in Shopware kleinere Anpassungen des Aussehens vorzunehmen. Gleichermaßen gilt: Alle Anpassungen, die Sie in Form eines eigenen Themes vornehmen, können Sie später leicht anderen Shopbetreibern zur Verfügung stellen oder mit wenig Aufwand in ein Plugin überführen, das Sie dann beispielsweise über den Shopware Community Store zum Verkauf anbieten können.

4.1.3   Zusätzliche Daten im Frontend anzeigen

Shopware nutzt die Template-Sprache *Smarty*. In Abbildung 4.1 haben Sie das grundlegende Prinzip dabei schon gesehen: Das grundsätzliche Aussehen der Seite wird durch Webtechnologien wie HTML, CSS und JavaScript bestimmt. Dort wird festgelegt, welche Boxen wie groß sind und welche Farben sie erhalten sollen. Das Template-System Smarty ermöglicht es Ihnen nun, dort auch Platzhalter zu definieren und später zu befüllen. In der Abbildung wurden beispielsweise Platzhalter für den Namen, den Preis oder die Beschreibung des Artikels definiert. In der Praxis sieht das dann wie folgt aus:

```
{block name='frontend_detail_index_name'}
    <h1 class="product--title" itemprop="name">
        {$sArticle.articleName}
```

```
    </h1>
{/block}
```

Listing 4.1 Beispiel aus der Datei »themes/Frontend/Bare/frontend/detail/index.tpl«

Die Anweisungen in geschweiften Klammern kennzeichnen Smarty-Anweisungen. Hier wird zunächst ein Block `frontend_detail_index_name` definiert. Blöcke sind benannte Bereiche im Template, die später gezielt überschrieben oder erweitert werden können. Wenn Sie also ein bestimmtes Detail im Template überschreiben möchten, sind Blöcke immer nützlich. Shopware hat über 1800 solche Erweiterungsblöcke.

Innerhalb des Blocks finden Sie die bekannten HTML-Tags. Hier wird ein Überschriftenelement definiert, das die Klasse `product--title` erhält und mit dem Attribut `itemprop=name` Suchmaschinen signalisiert, dass sich in diesem Element der Name des Artikels befindet.

Der Name des Artikels kann natürlich nicht Teil der Vorlage sein, da er sich je nach Artikel verändert. Entsprechend ist `{$sArticle.articleName}` eine typische Smarty-Variable. Die Anweisung bedeutet so viel wie: »Gib an dieser Stelle den Wert der Variablen `$sArticle.articleName` aus.« Das Zuweisen der Variablen geschieht in aller Regel in den sogenannten PHP-Controllern. In späteren Beispielen wird noch gezeigt, wie Sie solche Zuweisungen selbst erzeugen. Hier wollen wir uns zunächst darauf beschränken, mit den zur Verfügung stehenden Variablen zu arbeiten.

Aber welche Variablen stehen überhaupt zur Verfügung? Um diese Frage zu beantworten, können erfahrene Entwickler den Shopware Profiler installieren (vgl. Abschnitt 18.3). Alternativ können Sie das Smarty-`{debug}`-Tag nutzen:

```
{block name='frontend_detail_index_name'}
    {debug}
    <h1 class="product--title" itemprop="name">
        {$sArticle.articleName}
    </h1>
{/block}
```

Listing 4.2 Anpassung der Datei »themes/Frontend/Bare/frontend/detail/index.tpl«

In diesem Fall habe ich direkt im Original-Template, das erweitert werden soll, das Debug-Tag ergänzt. Wenn Sie nun den Shopware-Cache im Administrationsbereich leeren und eine Artikeldetailseite aufrufen, öffnet sich ein neues Fenster, das alle Variablen ausgibt, die auf der aktuellen Seite zur Verfügung stehen.

Abbildung 4.5 zeigt dieses Fenster mit einigen Variablen: Auf der linken Seite sehen Sie jeweils den Namen, auf der rechten Seite den Wert. Die Werte können dabei durchaus verschachtelt sein, also wiederum Listen beinhalten. So finden Sie beispielsweise auf der linken Seite den Eintrag `sArticle`. Ihm ist eine Liste von weiteren Werten zugeordnet – unter anderem auch `articleName` mit dem Wert `Sonnenbrille`

Red. In den oben gezeigten Beispielen würde für die aktuelle Seite also der Wert Sonnenbrille Red an die Stelle der Variablen sArticle.articleName gesetzt.

Abbildung 4.5 Smarty-Debug-Fenster

Der Smarty-Debug-Konsole können Sie aber noch viele weitere wertvolle Informationen entnehmen. Ganz oben finden Sie beispielsweise den Namen der aktuellen Template-Datei *frontend/detail/index.tpl*. Auch diese Information kann sehr hilfreich sein.

Außerdem finden Sie eine Reihe weiterer Smarty-Variablen, auf die Sie zugreifen können. So haben Sie beispielsweise auch Zugriff auf die $SeoMetaDescription oder auf den aktuellen Subshop $shop. In der Variablen $sArticle finden Sie eine Reihe von weiteren Feldern, beispielsweise den Lagerbestand $sArticle.instock, das Artikelgewicht, Artikelbilder oder eine Vielzahl von Attributen. Nehmen Sie sich also ruhig Zeit, um die zur Verfügung stehenden Variablen ein wenig zu analysieren: Hier stehen Ihnen viele nützliche Informationen zur Verfügung.

> **Das Debug-Fenster erscheint nicht?**
>
> Das Debug-Tag öffnet ein neues Fenster. Aber viele Browser unterbinden dies, um Sie vor unerwünschter Werbung zu schützen. Falls sich das Debug-Fenster nicht öffnet, prüfen Sie zunächst, ob Sie wirklich alle Shopware-Caches im Administrationsbereich geleert haben. Laden Sie dann die Artikeldetailseite neu, und prüfen Sie, ob in der Nähe der Adressleiste ein Hinweis oder Symbol erscheint, das signalisiert, dass der Browser das Öffnen des Fensters verhindert hat. In aller Regel können Sie den Browser durch einen Klick auf das Symbol zur Anzeige des Fensters überreden.

Bevor Sie nun weiterarbeiten, sollten Sie zunächst das {debug}-Tag aus dem Template entfernen. Im nächsten Beispiel soll einmal der Artikelname auf der Artikeldetailseite durch den Wert eines Freitextfeldes ausgetauscht werden. Zunächst legen Sie dazu unter EINSTELLUNGEN • FREITEXTFELD-VERWALTUNG ein neues Freitextfeld an (vgl. Abschnitt 3.6, »Freitextfelder«). Als Tabelle wählen Sie s_articles_attributes. Klicken Sie dann auf HINZUFÜGEN. Nun erstellen Sie folgendes Freitextfeld:

- Spaltenname: alternative_article_name
- Spaltentyp: Einfacher Text
- Label: Alternativer Artikelname
- Im Backend anzeigen: Ja
- Übersetzbar: Ja

Nach einem Klick auf SPEICHERN erzeugt Shopware die neue Spalte. Öffnen Sie nun im Administrationsbereich den Artikel »Sonnenbrille Red« oder einen beliebigen anderen Artikel. Im Reiter STAMMDATEN finden Sie ganz unten den Bereich FREITEXTFELDER. Tragen Sie hier unter ALTERNATIVER ARTIKELNAME eine beliebige Beschreibung ein, und speichern Sie den Artikel.

Durch einen Klick auf das kleine Globus-Symbol können Sie die alternative Artikelbeschreibung auch direkt in andere Sprachen übersetzen. Shopware stellt dann im

Frontend automatisch immer den richtigen Wert zur Verfügung. Wenn Sie diesen Artikel nun im Frontend aufrufen, sehen Sie zunächst keine Änderung: Die Vorlage wurde noch nicht angepasst.

Sie wissen bereits, dass der Artikelname standardmäßig in der Datei *themes/Frontend/Bare/frontend/detail/index.tpl* definiert wird. Um die Anpassung vorzunehmen, legen Sie nun analog dazu die Datei *themes/Frontend/LoremIpsum/frontend/detail/index.tpl* an. Die leeren Ordner wurden bereits direkt beim Erzeugen des Themes erstellt, sodass Sie nur noch die Datei *index.tpl* im richtigen Pfad anlegen müssen. Der Inhalt soll wie folgt aussehen:

```
{extends file='parent:frontend/detail/index.tpl'}
{block name='frontend_detail_index_name'}
    <h1 class="product--title" itemprop="name">
        {$sArticle.attributes.core->get('alternative_article_name')}
    </h1>
{/block}
```

Listing 4.3 Die Datei »themes/Frontend/LoremIpsum/frontend/detail/index.tpl«

Dadurch, dass diese Datei in der gleichen Stuktur wie die Standard-Datei angelegt wird, wurde der Standard überschrieben: Das Template-System berücksichtigt nun die Datei im *Bare*-Theme nicht mehr, sondern verarbeitet zunächst nur noch die neue Datei. Das ist aber in diesem Fall eigentlich zu viel des Guten: Sie wollen ja nur eine Kleinigkeit austauschen. Darum können Sie Smarty mit dem extends-Schlüsselwort anweisen, doch von den Eltern-Themes abzuleiten.

Da unser *LoremIpsum*-Theme vom *Responsive*-Theme abgeleitet ist, würde Smarty nun zuerst dort nach der entsprechenden Datei suchen – und sie nicht finden. Das *Responsive*-Theme leitet sich wiederum vom *Bare*-Theme ab, sodass Smarty im nächsten Schritt dort nach der Datei sucht – und fündig wird.

Über das extends-Schlüsselwort können Sie also auf diese Vererbungshierarchie zugreifen und müssen nicht für kleine Template-Anpassungen ganze Template-Dateien neu schreiben: Sie erben einfach vom Eltern-Theme und überschreiben nur die Blöcke, die Sie austauschen möchten – im obigen Beispiel also den Block frontend_detail_index_name, da dieser den Artikelnamen beinhaltet. Der Klassenname und das itemprop-Attribut sollten dabei übernommen werden. Statt der vorherigen Ausgabe von {$sAticle.articleName} soll nun aber das neue Attribut ausgegeben werden. Dies geschieht durch die Anweisung {$sArticle.attributes.core->get('alternative_article_name')}.

Nach dem Leeren des Caches können Sie nun im Frontend den Artikel aufrufen, den Sie mit einem alternativen Namen versehen haben (vgl. Abbildung 4.6). Dieser wird nun statt des Standardnamens ausgegeben. Falls Sie auch eine Übersetzung für das

Feld hinterlegt haben, können Sie über die Länderflagge oben rechts auf die englische Sprache wechseln: Der Artikel erhält dann die englische alternative Beschreibung.

Abbildung 4.6 Ein Artikel mit übersetztem Alternativnamen

Durch wenige Anpassungen haben Sie also ein komplett individuelles Datenfeld an Ihrem Artikel eingepflegt und es im Frontend eingebunden. Allerdings gibt es noch ein kleines Problem: Wenn Sie einen Artikel ohne Alternativbeschreibung aufrufen, wird gar kein Name mehr angezeigt. Das Template muss also noch so ergänzt werden, dass statt des alternativen Namens der Standardname genutzt wird, wenn es keinen alternativen Namen gibt. Dazu können Sie Ihr individuelles Template wie folgt abändern:

```
{extends file='parent:frontend/detail/index.tpl'}
{block name='frontend_detail_index_name'}
    <h1 class="product--title" itemprop="name">
        {assign var=alternative_name value=$sArticle.attributes.core->
            get('alternative_article_name')}
        {if $alternative_name}
            {$alternative_name}
        {else}
            {$sArticle.articleName}
        {/if}
    </h1>
{/block}
```

Listing 4.4 Die Datei »themes/Frontend/LoremIpsum/frontend/detail/index.tpl«

Um die Übersicht zu wahren, wird in diesem Beispiel zunächst der Inhalt von `$sArticle.attributes.core->get('alternative_article_name')` der Variablen `alternative_name` zugewiesen. Dafür benutze ich die Smarty-Funktion `assign`. Diese Methode ist immer dann praktisch, wenn Sie in Ihrem Template öfter auf eine Variable zugreifen wollen, die tief verschachtelt ist. So können Sie die Variable einfach an einen kürzeren, sprechenden Namen binden und damit die Lesbarkeit Ihrer Anpassung deutlich erhöhen.

Sicher stellen Sie sich die Frage, warum in dem Konstrukt $sArticle.attributes.core ->get('alternative_article_name') sowohl mit dem Punkt-Operator (beispielsweise nach sArticle) als auch mit dem Pfeil-Operator (nach core) gearbeitet wird: Der Punkt-Operator kann in Smarty für Arrays genutzt werden, der Pfeil-Operator bezieht sich auf Objekte. Die Faustregel lautet hier schlicht: Artikel-Attribute werden im Template als Objekte zur Verfügung gestellt; hier müssen Sie mit dem Pfeil-Operator arbeiten.

Im nächsten Schritt finden Sie eine if-Abfrage in der Form {if $alternative_ name}…{else}…{/if}. In dem if-Block wird dabei immer eine Bedingung definiert. In diesem Fall soll die Variable $alternative_name nicht leer sein. Ist dies der Fall, wird {$alternative_name} ausgegeben, andernfalls ({else}) wird der Standardname mit {$sArticle.articleName} ausgegeben. Sie können in Ihrem Template also auch Werte abfragen und je nach Wunsch bedingte Ausgaben vornehmen.

4.1.4   Den richtigen Block finden

Ein zweites Beispiel für eine einfache Template-Anpassung ist die Ausgabe des Lagerbestandes. Auch diese kann leicht ergänzt werden. Im vorigen Beispiel haben Sie bereits gesehen, dass der Lagerbestand als Variable $sArticle.instock zur Verfügung steht. Dieses Mal lautet die Frage aber: Wie finden Sie die Stelle im Template, die Sie überschreiben müssen, damit die Ausgabe genau da erscheint, wo Sie sie haben möchten?

Abbildung 4.7 zeigt das gewünschte Ergebnis: Unter der Artikelnummer soll der Kunde zusätzlich den Lagerbestand sehen können.

Abbildung 4.7 Der Lagerbestand soll unter der Artikelnummer zu sehen sein.

Erneut können Sie hierfür den Shopware Profiler (vgl. Abschnitt 18.3) nutzen. Dieser kann Ihnen auf Wunsch die Smarty-Blöcke direkt als HTML-Kommentar in die Ausgabe der Seite rendern, sodass Sie leicht nachschauen können, wo Ihnen welche Blöcke zur Verfügung stehen. Sie kommen aber auch ohne zusätzliche Werkzeuge schnell zum Ergebnis, indem Sie die Entwicklerkonsole Ihres Browsers nutzen. Klicken Sie dazu, wie in Abbildung 4.8 zu sehen, mit der rechten Maustaste in die Nähe des Elements, bei dem Sie Ihre Anpassung vornehmen möchten.

Nun öffnet sich ein Kontextfenster, in dem Sie den Menüpunkt PRÜFEN auswählen können (der Name kann sich je nach Browser unterscheiden). Daraufhin erscheint ein Fenster, das das gewählte HTML-Element im Quelltext anzeigt. Hier suchen Sie sich jetzt einen möglichst eindeutigen Bezeichner – also einen Klassennamen oder eine ID, die Sie nicht zu oft im Quelltext erwarten. In diesem Fall empfehlen sich die Klassen `entry--sku` oder `product--base-info`. Beide Namen nehmen ja sehr konkret Bezug auf die Information »Bestellnummer« oder »Artikelinformation«.

Abbildung 4.8 Über die rechte Maustaste können Sie sich Elemente auf der Seite im Quelltext anzeigen lassen.

Nun können Sie mit Ihrem Dateibrowser oder Ihrer Entwicklungsumgebung im *Bare*-Verzeichnis nach diesen Klassennamen suchen. In beiden Fällen gibt es dazu nur einen Treffer in der Datei *themes/Frontend/Bare/frontend/detail/index.tpl*. Dort finden sich die beiden Klassennamen im folgenden Abschnitt, der für die Ausgabe der Bestellnummer verantwortlich ist:

```
{block name='frontend_detail_data_ordernumber'}
    <li class="base-info--entry entry--sku">
        {* Product SKU - Label *}
        {block name='frontend_detail_data_ordernumber_label'}
            <strong class="entry--label">
                {s name="DetailDataId" namespace="frontend/detail/data"}{/s}
            </strong>
        {/block}
```

```
{* Product SKU - Content *}
{block name='frontend_detail_data_ordernumber_content'}
    <meta itemprop="productID" content="{$sArticle.articleDetailsID}"/>
    <span class="entry--content" itemprop="sku">
        {$sArticle.ordernumber}
    </span>
{/block}
    </li>
{/block}
```

Listing 4.5 Der Abschnitt »SKU« aus der Datei »themes/Frontend/Bare/frontend/detail/index.tpl«

So wird also die Bestellnummer ausgegeben: Das Ganze ist eine HTML-Liste, bei der der Name die Klasse entry--label erhält und der Wert die Klasse entry--content. Weiterhin befindet sich der ganze Abschnitt im Smarty-Block frontend_detail_data_ordernumber, den Sie nicht nur überschreiben können, sondern an denen Sie auch Informationen anhängen können:

```
{extends file='parent:frontend/detail/index.tpl'}

{block name='frontend_detail_data_ordernumber' append}
    <li class="base-info--entry entry--instock">
        <strong class="entry--label">
            Lagerbestand
        </strong>
        <span class="entry--content">
            {$sArticle.instock}
        </span>
    </li>
{/block}
```

Listing 4.6 Die Datei »themes/Frontend/LoremIpsum/frontend/detail/index.tpl«

Hier leiten Sie erneut vom Eltern-Template parent:frontend/detail/index.tpl ab. Der Block frontend_detail_data_ordernumber wird aber anders als in den vorherigen Beispielen nicht komplett überschrieben, sondern durch die Anweisung append so erweitert, dass Ihre Erweiterung unten angehängt wird.

Analog dazu wäre auch das Schlüsselwort prepend möglich, falls Ihre Lagerbestandsinformation oberhalb der Bestellnummer angezeigt werden soll. Der HTML-Code, der hier in den Block eingefügt wird, orientiert sich stark an dem Beispiel der Bestellnummer: Es gibt ein Listen-Element <li> mit den entsprechenden Klassen, in dem sich ein Label `entry--label` sowie der Inhalt `entry--content` befindet. Wirklich neu ist hier nur die Ausgabe des Lagerbestandes: `{$sArticle.instock}`.

Durch verhältnismäßig wenig Aufwand können Sie mit diesem Vorgehen also nicht nur herausfinden, welche Blöcke Sie überschreiben müssen, damit Sie Ihre Anpassungen an dem gewünschten Ort vornehmen können: Sie finden so auch die CSS-Klassen und HTML-Elemente, die Sie benötigen, um Ihre Ausgabe auf die gleiche Weise vorzunehmen, wie es auf anderen Shopware-Seiten der Fall ist.

4.1.5   Schleifen, Währungen und Modifier nutzen

Neben den Bedingungen und Variablenzuweisungen, die bisher besprochen wurden, bietet Smarty noch eine große Zahl weiterer Funktionen, die ich Ihnen nun an einigen Beispielen zeigen werde.

Im ersten Beispiel soll unterhalb der Artikelbeschreibung eines Artikels auf der Artikeldetailseite jeweils eine Liste von ähnlichen Artikeln mit Links und Preisen ausgegeben werden:

```
{extends file='parent:frontend/detail/tabs/description.tpl'}

{block name='frontend_detail_description_links_list' append}
    <div class="content--title">
        {s name="my_similar_articles"}
            Diese Artikel könnten Sie auch interessieren
        {/s}
    </div>
    <ul class="content--list list--unstyled">
        {foreach $sArticle.sSimilarArticles as $similar}
            <li class="list--entry">
                <a href="{$similar.linkDetails}"
                    class="content--link link--further-links"
                    title="{$similar.articleName}">
                    <i class="icon--arrow-right"></i>
                        {$similar.articleName}
                        , ab {$similar.prices.0.price|currency}
                </a>
            </li>
        {/foreach}
    </ul>
{/block}
```

Listing 4.7 Die Datei »themes/Frontend/LoremIpsum/frontend/detail/tabs/description.tpl«

Das grundlegende Vorgehen ist bereits bekannt: Sie überschreiben das Template für die Beschreibung auf der Artikeldetailseite, indem Sie eine gleichnamige Datei in Ihrem Template anlegen. Durch `extends` erbt Ihr Template jedoch von dem überschriebenen Template, sodass Sie nicht alle Template-Inhalte nachbauen müssen. Stattdessen hängen Sie mit `append` den gewünschten Inhalt an den Block `frontend_ detail_description_links_list` an, sodass unterhalb der Links Ihr Inhalt ausgegeben wird. Innerhalb des `div` mit der CSS-Klasse `content--title` wird die Überschrift des Abschnitts ausgegeben:

```
{s name="my_similar_articles"}
    Diese Artikel könnten Sie auch interessieren
{/s}
```

Bei diesem Konstrukt handelt es sich um ein sogenanntes *Snippet*, einen Textbaustein. Er ermöglicht es Ihnen, Textelemente direkt im Template einzupflegen und diese später in der Textbaustein-Verwaltung im Administrationsbereich bequem für andere Sprachen zu übersetzen. Mehr Informationen zu den Textbausteinen finden Sie in Abschnitt 15.3, »Arbeiten mit Übersetzungen«.

Weiter unten gibt es ein `div` mit der CSS-Klasse `content--list list--unstyled`. In diesem soll nun eine Liste von Artikeln ausgegeben werden. Die Liste wird mit einem `<ul>`-Element erzeugt. Mit dem folgenden Smarty-Konstrukt wird eine Schleife erzeugt:

```
{foreach $sArticle.sSimilarArticles as $similar}
    ...
{/foreach}
```

Hier wird über alle Einträge in `$sArticle.sSimilarArticles` iteriert. In dieser Variablen finden sich auf der Artikeldetailseite Produkte, die zu dem aktuellen Produkt passen könnten. Für jedes Produkt in dieser Liste wird dann der Inhalt des folgenden Blocks ausgeführt; das jeweilige Produkt wird so jeweils der Variablen `$similar` zugewiesen. In unserem Beispiel wird also für jedes Produkt ein Listen-Eintrag `<li>` erzeugt und mit dem Anchor-Element `<a>` ein Link auf die jeweilige Seite des Produkts ausgegeben (siehe Abbildung 4.9). Die jeweiligen Smarty-Variablen wie `$similar.linkDetails` oder `$similar.articleName` können Sie dabei wieder mit dem `{debug}`-Tag ermitteln.

Eine kleine Besonderheit stellt die Ausgabe `{$similar.prices.0.price|currency}` dar. Hier wird auf die Liste `$similar.prices` zugegriffen. Da hier mehrere Elemente enthalten sind (es kann schließlich mehrere Preise geben), wird durch den Index-Zugriff 0 auf das erste Element zugegriffen. Dahinter versteckt sich dann erneut eine Liste von Preisinformationen, und erst durch den Zugriff auf `price` erhalten Sie schließlich den tatsächlichen Preis.

Weil dieser Preis in aller Regel unformatiert ist, sollten Sie bei der Ausgabe von Preisen immer den sogenannten *Currency-Modifier* verwenden: Modifier sind kleine Helfer, die die Ausgabe nach bestimmten Regeln formatieren. Sie erkennen sie an dem Pipe-Symbol |. Der Currency-Modifier kennt alle Währungen in Shopware und stellt diese korrekt dar. In diesem Fall ergänzt der Modifier das €-Symbol und stellt sicher, dass der korrekte Dezimaltrenner verwendet wird.

Weitere Beispiele für Smarty-Modifier sind etwa `lower`, `upper` und `capitalize`: Die ersten beiden setzen eine Zeichenkette komplett in Klein- beziehungsweise Großbuchstaben, und `capitalize` setzt jeweils den ersten Buchstaben eines Wortes in Großbuchstaben. Ebenfalls gerne genutzt wird beispielsweise `truncate`, das eine Zeichenkette nach einer vorgegebenen Anzahl an Zeichen abschneidet – dies ist z. B. dann nützlich, wenn Sie eine Artikelbeschreibung nur anreißen möchten. Eine Übersicht vieler Modifier finden Sie auf *www.smarty.net/docsv2/en/language.modifiers.tpl*.

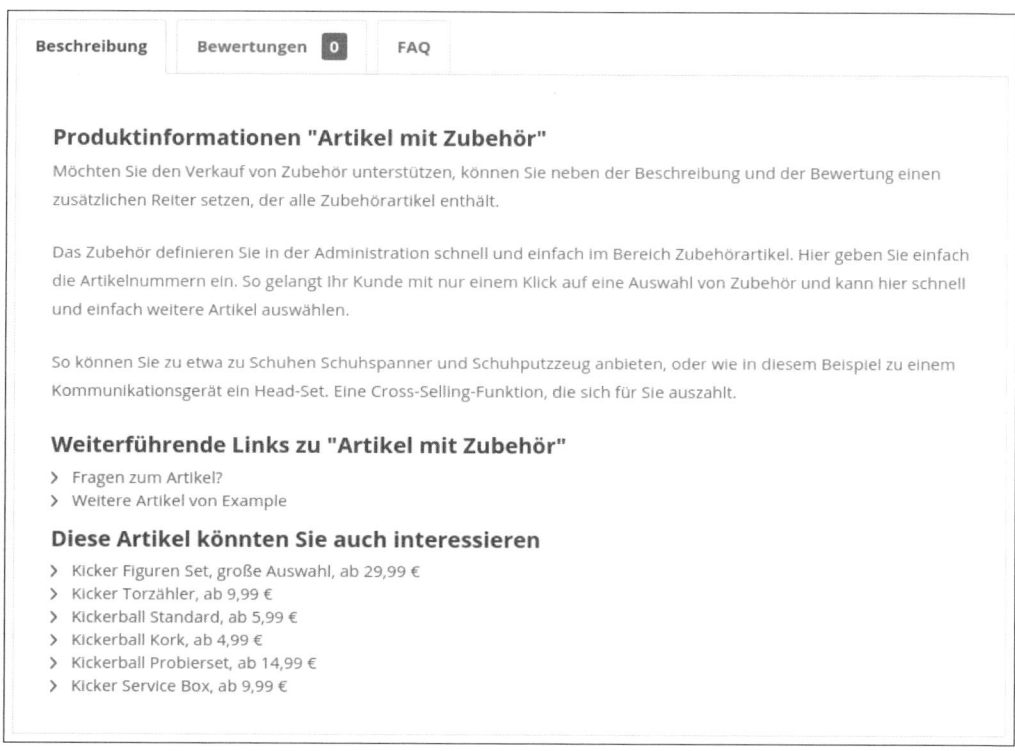

Abbildung 4.9 Eine Liste von Artikelnamen mit Preisen – hier am Beispiel des Artikels »Artikel mit Zubehör«

Erfahrene Entwickler können sogar eigene Smarty-Funktionen und Smarty-Modifier schreiben, indem sie diese unter */_private/smarty/function.my_function_name.php* beziehungsweise */_private/smarty/modifier.my_modifier_name.php* in ihrem Theme ablegen. Die offizielle Smarty-Dokumentation zum Entwickeln eigener Funktionen und Modifier finden Sie unter *www.smarty.net/docs/en/plugins.tpl*. Auch wenn diese Funktionalität häufig angefragt wird, würde ich für den Einstieg aber doch dazu raten, auf diese Form der Erweiterung zu verzichten: Das Template sollte nach Möglichkeit so einfach wie möglich gehalten werden – und Programmlogik gehört nach Möglichkeit immer in Plugins.

4.1.6 Einfaches Styling mit CSS

CSS steht für *Cascading Style Sheets* und ist eine Syntax um das Erscheinungsbild von Dokumenten (hier: Webseiten) zu definieren. Während im Template von Shopware häufig definiert wird, *was* dargestellt wird, legen Sie mit CSS fest, *wie* es dargestellt werden soll.

In aller Regel versucht man, diese beiden Ebenen voneinander zu trennen. Die CSS-Dateien werden daher in dem speziellen Ordner *themes/Frontend/ThemeName/frontend/_public/src/css/* abgelegt.

Folgendes sehr einfache Beispiel versteckt via CSS die Merkzettel-Funktion im Header von Shopware:

```
li.navigation--entry.entry--notepad {
    display: none;
}
```

Listing 4.8 Die Datei »themes/Frontend/LoremIpsum/frontend/_public/src/css/ no_notepad.css«

Hier wird über den Selektor `li.navigation--entry.entry--notepad` der Merkzettel-Knopf selektiert und der Style `display: none` gesetzt – das Element wird versteckt.

Den richtigen Selektor finden

Wenn Sie in Plugins oder eigenen Themes mit CSS oder später auch mit Less Styles überschreiben wollen, sollten Sie bedenken, dass CSS den spezifischeren Selektor bevorzugt. Damit Ihre Style-Definition also die Definition von Shopware überschreibt, sollte Ihre Definition länger sein. Dies erreichen Sie, indem Sie zusätzlich CSS-Klassen in den Selektor aufnehmen oder auf konkrete Elemente verweisen.

Die CSS-Dateien werden nicht automatisch geladen. Sie müssen sie in der *Theme.php*-Datei Ihres Themes registrieren:

```
namespace Shopware\Themes\LoremIpsum;
use Shopware\Components\Form as Form;

class Theme extends \Shopware\Components\Theme
```

```
{
    protected $extend = 'Responsive';
    protected $name = "LoremIpsum";
    protected $description = "LoremIpsum"
    protected $author = "LoremIpsum"
    protected $license = "LoremIpsum"

    protected $css = array(
        'src/css/no_notepad.css'
    );
}
```

Listing 4.9 Die Datei »themes/Frontend/LoremIpsum/Theme.php«

Die Datei *Theme.php* ist die Hauptkonfigurationsdatei Ihres Themes. Sie wurde beim Anlegen automatisch miterzeugt und beinhaltet alle dort angegebenen Informationen, wie beispielsweise das Basis-Theme (hier: *Responsive*) oder Autor, Lizenz, Beschreibung und den Namen des Themes. In der *Theme.php* wird über die Eigenschaft $css eine Liste von CSS-Dateien definiert, die im Theme berücksichtigt werden sollen. Hier wird die oben erzeugte Datei mittels *src/css/no_notepad.css* referenziert. Nun ist die Änderung korrekt registriert.

Damit sie berücksichtigt wird, müssen Sie nun den Theme-Cache neu aufbauen. Dies ist beispielsweise über EINSTELLUNGEN • CACHES/PERFORMANCE im Reiter CACHE möglich. Dort setzen Sie einen Haken bei THEME KOMPILIEREN (vgl. Abbildung 4.10) und klicken auf den Knopf LEEREN. In dem Fenster, das sich nun öffnet, können Sie den Vorgang mit THEMES KOMPILIEREN abschließend bestätigen.

Wenn Sie nun das Shopware-Frontend neu laden, greift die Änderung – der Merkzettel ist verschwunden. Shopware definiert eine Reihe von CSS-Klassen, die Sie in Ihren Anpassungen leicht übernehmen können. Eine Übersicht finden Sie in Anhang B.4, »Übersicht über global verfügbare Styles«.

4.1.7   Theme-Kompilierung

Das Arbeiten mit JavaScript, CSS und Less erfordert heute in den meisten Webapplikationen noch einen Sonderschritt: das sogenannte *Kompilieren*. In diesem Schritt werden die CSS-, JavaScript- und Less-Dateien gesammelt, zusammengefügt und verkleinert, indem beispielsweise überflüssige Leerzeichen und Kommentare entfernt werden. Man tut das, weil das Laden von vielen einzelnen, kleinen Dateien oftmals deutlich länger dauert als das Laden weniger, etwas größerer Dateien.[1]

---

[1] Diese Limitierung wird sich in Zukunft, beispielsweise durch HTTP/2, ändern, vergleiche *https://de.wikipedia.org/wiki/Hypertext_Transfer_Protocol#HTTP.2F2*

Das ist auch in Shopware so: Damit Änderungen an CSS, Less und JavaScript greifen, müssen die Dateien verkleinert und zusammengefügt werden: Das Resultat finden Sie in Form einer großen JavaScript- und CSS-Datei im Verzeichnis */web/cache* einer jeden Shopware-Installation.

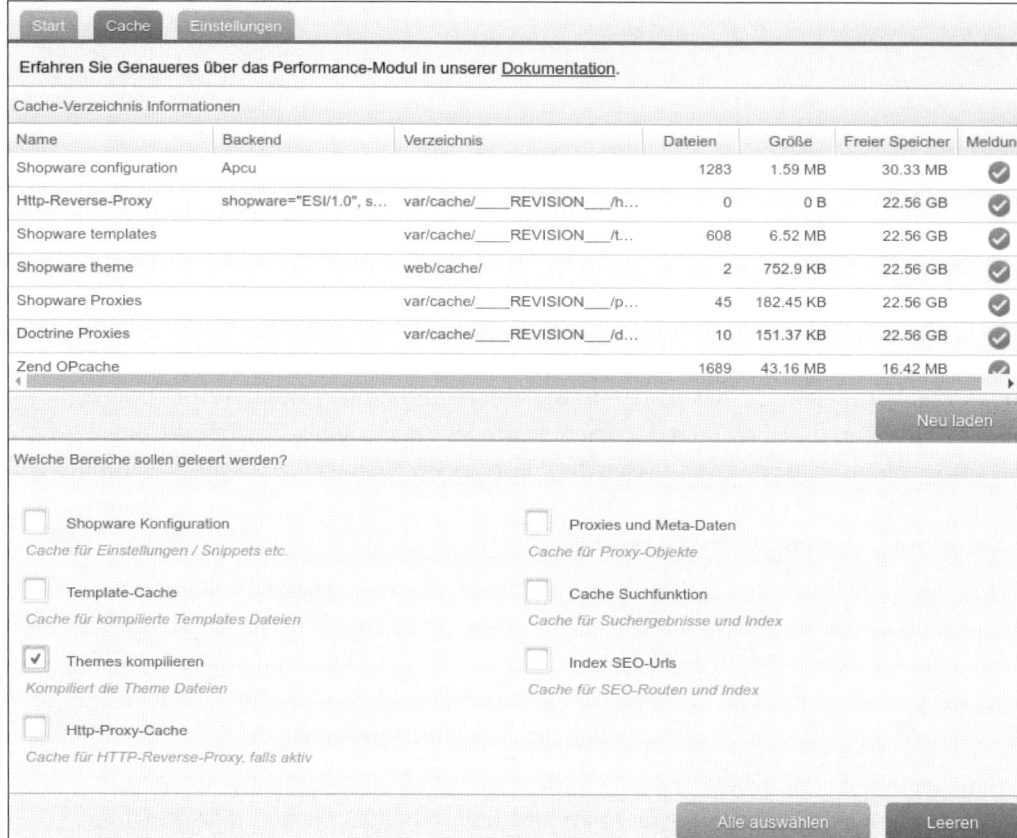

Abbildung 4.10 Das manuelle Kompilieren der Caches ist für die Entwicklung weniger geeignet.

Grundsätzlich können Sie das Kompilieren jederzeit über den Administrationsbereich im Performance-Modul anstoßen. Wer aber für längere Zeit mit CSS, Less und JavaScript entwickeln und experimentieren möchte, braucht hier sicher bequemere Alternativen.

Grundsätzlich können Sie das Kompilieren und Caching auch deaktivieren – Shopware baut die nötigen Informationen dann bei jeder Anfrage bei Bedarf wieder auf. Dazu öffnen Sie unter EINSTELLUNGEN • THEME MANAGER die Theme-Verwaltung und klicken dann auf EINSTELLUNGEN. Dort setzen Sie nun einen Haken bei COMPILER CACHE DEAKTIVIEREN und entfernen die Haken bei CSS KOMPRIMIEREN sowie bei JAVASCRIPT KOMPRIMIEREN, wie in Abbildung 4.11 gezeigt wird.

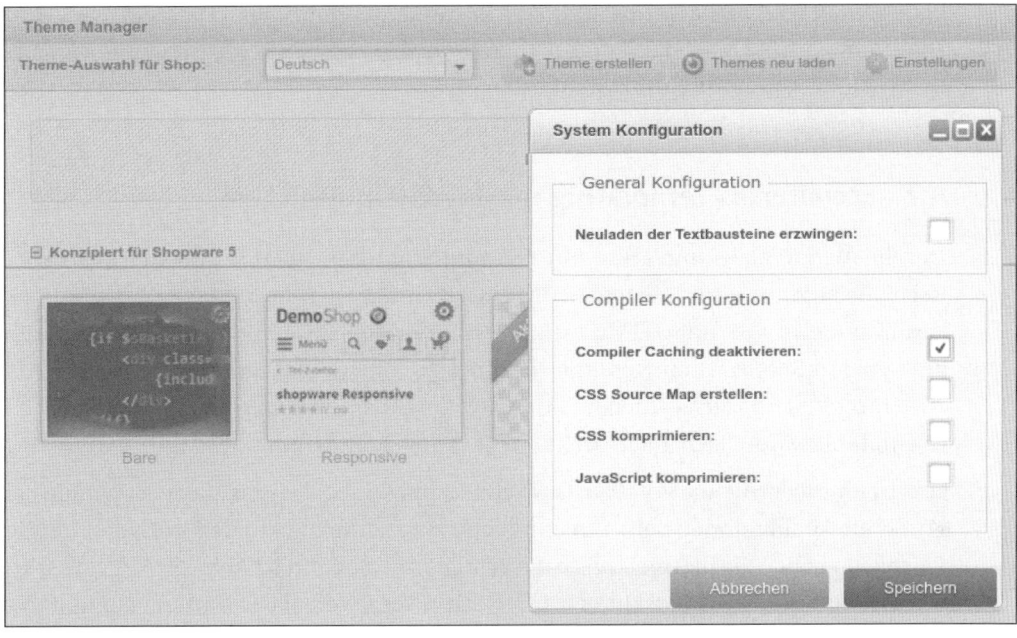

Abbildung 4.11 Im Theme-Manager kann das Caching deaktiviert werden.

Wenn Sie nun eine Seite im Frontend neu laden, werden für jeden Request alle benötigten Daten neu aufgebaut – das umständliche Leeren des Caches entfällt. Allerdings bezahlen Sie diesen Komfort mit einer etwas längeren Wartezeit bei jedem Seitenaufruf: kein guter Kompromiss.

Eine sinnvolle Alternative für Entwickler ist das Tool *Grunt*: Es beobachtet während der Entwicklung kontinuierlich alle JavaScript- und Less-Dateien und baut bei Bedarf alle benötigten Caches direkt auf. Das ist nicht nur sehr schnell – es ist auch sehr bequem. Zunächst müssen dazu alle benötigten Informationen exportiert werden. Dazu gibt es in Shopware ein dediziertes Konsolenkommando (vgl. Kapitel 12, »Shopware-Kommandos«):

```
./bin/console sw:theme:dump:configuration
```

Nun navigieren Sie mit cd themes in das Theme-Verzeichnis. Dort führen Sie folgende Kommandos aus:

```
npm install
grunt
```

Das erste Kommando installiert Grunt und alle dafür benötigten Abhängigkeiten, das zweite Kommando führt Grunt schließlich aus. Grunt wird – solange es läuft – permanent auf geänderte Dateien prüfen und bei Bedarf die Theme-Caches neu aufbauen. Standardmäßig beobachtet das Kommando allerdings nur JavaScript- und Less-Dateien: Dies sind die empfohlenen Standards von Shopware. Beides zeige ich Ihnen im nächsten Abschnitt genauer.

4.2   Erweitertes Templating mit JavaScript und Less

Der Einstieg in das Templating mit CSS und Smarty ist auch für Einsteiger in aller Regel leicht zu bewerkstelligen: Schließlich können Sie hier bereits mit wenig Vorkenntnissen in CSS und HTML loslegen. Im vorigen Abschnitt hat sich aber auch gezeigt, dass Shopware einiges an Aufwand betreibt, um Less- und JavaScript-Dateien zu verarbeiten und zusammenzufassen. Da dieser Schritt ohnehin erforderlich ist, ist es empfehlenswert, sich auch direkt mit Less auseinanderzusetzen.

Less ist eine Obermenge von CSS: Das Schreiben von CSS-Anweisungen ist gerade bei größeren Applikationen sehr umständlich und redundant: In den vorigen Theme-Beispielen haben Sie beispielsweise die Primär- und Sekundärfarben Ihres Shops festgelegt: Durch wenige Mausklicks werden alle Knöpfe rot, alle Schriften blau und alle Hintergründe grün – wenn gewünscht. In CSS ist das nicht so leicht umsetzbar, da es Hunderte Elemente gibt, denen die jeweiligen Farben zugewiesen werden müssen. Wäre es nicht praktisch, wenn es dafür Variablen gäbe, die nur an einer Stelle gepflegt werden müssen?

Genau das kann Less: Es erweitert CSS um zusätzliche Funktionen wie Mixins, Variablen und verschachtelte Selektoren. All dies macht das Schreiben von Styles deutlich einfacher, als es mit CSS wäre. Allerdings unterstützen die Browser Less nicht nativ – daher müssen die Less-Anweisungen in CSS-Anweisungen übersetzt werden. Dieser Vorgang wird auch *kompilieren* genannt.

4.2.1   Styling mit LESS

Zunächst müssen Sie das *LoremIpsum*-Theme so anpassen, dass statt CSS Less genutzt wird. Da Less eine Obermenge von CSS ist (jedes CSS also auch als Less interpretiert werden kann), muss an den CSS-Anweisungen selbst zunächst nichts geändert werden:

```
li.navigation--entry.entry--notepad {
    display: none;
}
```

Listing 4.10 Die Datei »themes/Frontend/LoremIpsum/frontend/_public/src/less/_modules/no_notepad.less«

Die Datei *no_notepad.css* wird dazu in *no_notepad.less* umbenannt und in den Ordner *src/less/_modules* verschoben. Shopware unterscheidet hier grundsätzlich vier verschiedene Typen von Less-Anweisungen, die jeweils in unterschiedlichen Ordnern gepflegt werden:

▶ **Variablen** sind bestimmte Werte, die an vielen Stellen in den Stylesheets benötigt werden, etwa für bestimmte Device-Größen oder Farben.

▶ **Komponenten** sind Styles für wiederverwendbare Komponenten wie Formulare, Hinweisboxen oder Listen.

▶ **Mixins** sind Anweisungen, die oftmals in andere Styles »hineingemischt« werden.

▶ **Modules** sind Styles, die explizit Bezug auf bestimmte Teilbereiche von Shopware nehmen, etwa Styles für die Registrierung, für den Warenkorb oder die Produktliste.

Eine Übersicht über alle verfügbaren Komponenten, Variablen, Mixins und Module finden Sie im sogenannten Styletile unter *https://developers.shopware.com/styletile*.

Less-Styles müssen nicht in der *Theme.php* registriert werden: Die $css-Eigenschaft kann dort also ersatzlos entfernt werden. Stattdessen verarbeitet Shopware automatisch die Datei *all.less* in jedem Theme. In diese Datei müssen also alle Less-Dateien eingebunden werden. Aus Gründen der Übersichtlichkeit empfiehlt Shopware, für Module, Komponenten, Mixins sowie Variablen jeweils eigene Dateien zu pflegen, in welche die jeweiligen Dateien inkludiert werden:

```
@import 'modules';
```

Listing 4.11 Die Datei »themes/Frontend/LoremIpsum/frontend/_public/src/less/all.less«

In der von Shopware automatisch inkludierten Datei *all.less* wird also zunächst nur auf die Datei *modules.less* verwiesen, die im nächsten Schritt erstellt wird:

```
@import "_modules/no_notepad";
```

Listing 4.12 Die Datei »themes/Frontend/LoremIpsum/frontend/_public/src/less/modules.less«

Hier wird nun schließlich die eigene Style-Datei importiert. Wenn Sie den Grunt-Task aus den vorherigen Beispielen noch laufen haben, greift die Änderung bereits, andernfalls starten Sie Grunt wie zuvor beschrieben oder kompilieren den Theme-Cache über das Cache-Modul neu.

Damit haben Sie nun ein einfaches CSS in Less überführt. Less kann aber viel mehr:

```
@myColor: #ff0000;
.myStyle {
    background-color: @myColor;
```

```
}
.someOtherStyle {
    background-color: @myColor;
}
```

Listing 4.13 Definition und Nutzung einer Less-Variable

Hier wird zunächst die Variable myColor definiert – sie erhält den Wert #ff0000 (also rot). Diese Variable wird dann in den CSS-Klassen myStyle sowie someOtherStyle genutzt, um den Hintergrund zu definieren.

Wenn der Hintergrund nun zu einem späteren Zeitpunkt geändert werden soll, muss nur der Wert der Variablen @myColor angepasst werden. Dies ist der Grund, warum Sie in der Theme-Konfiguration allgemeingültige Primär- und Sekundärfarben definieren können, die an vielen verschiedenen Stellen berücksichtigt werden. Die standardmäßig verfügbaren Farben werden in der *Theme.php* des *Responsive*-Templates definiert – hier können Sie auch die Standardwerte entnehmen.

Während Sie mit Variablen bestimmte Werte wiederverwenden können, haben Sie mit Mixins die Möglichkeit, komplette Style-Definitionen zu übernehmen, ohne diese duplizieren zu müssen:

```
.my-text {
    text-decoration: underline;
    color: red;
}
.someBox {
    .my-text;
}
.someOtherBox {
    .my-text;
}
```

Listing 4.14 Nutzung von Mixins in Less

In diesem Beispiel wird zunächst die Klasse my-text definiert: Sie unterstreicht einen Text und setzt ihn in Rot. Die beiden CSS-Klassen someBox und someOtherBox nutzen nun diese Klasse als Mixin: Nach dem Kompilieren wird die Style-Definition von my-text in someBox und someOtherBox übernommen:

```
.someBox {
    text-decoration: underline;
    color: red;
```

```
}
.someOtherBox {
    text-decoration: underline;
    color: red;
}
```

Erneut besteht der Vorteil darin, dass Sie bestimmte, häufig genutzte Style-Informationen nur an einer Stelle zentral pflegen müssen und später komfortabel ändern können. Mixins können dabei auch Parameter haben, wie das Beispiel des unitize-Mixins zeigt:

```
.my-class {
    .unitize(font-size, 22);
    .unitize-padding(10, 10, 10, 10);
}
```

Das unitize-Mixin dient dazu, absolute Pixel-Angaben in relative rem-Angaben umzuwandeln: Dadurch richtet sich die Größe jeweils nach der Standardschriftgröße des Browsers. Dies ist möglich, weil Less es erlaubt, innerhalb der Styles einfache arithmetische Operationen durchzuführen. Ebenfalls möglich ist es, Selektoren zu verschachteln:

```
.product {
    .detail {
        font-weight: bold;
        .description {
            text-decoration: underline;
        }
    }
}
```

Dies wird nach der Kompilierung zu:

```
.product .detail {
    font-weight: bold;
}
.product .detail .description {
    text-decoration: underline;
}
```

Auch dies kann in der Praxis eine große Arbeitserleichterung sein, da Selektoren in aller Regel ja genutzt werden, um bestimmte Verschachtelungen zu beschreiben.

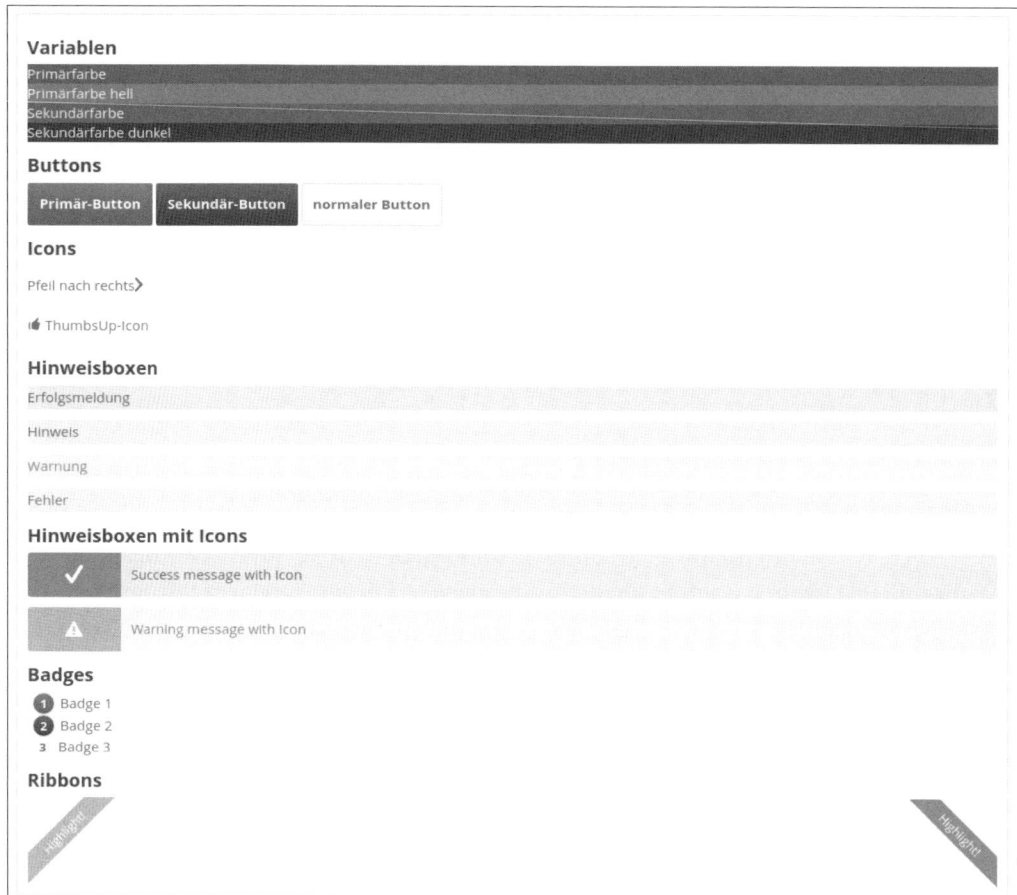

Abbildung 4.12 Häufig benötigte Elemente

Im Folgenden stelle ich einige häufig benötigte Less-Funktionalitäten sowie Shopware-Elemente beispielhaft vor. Dazu füge ich in das Detailseiten-Template von Shopware einen neuer Bereich ein, um das in Abbildung 4.12 gezeigte Resultat zu erzielen:

```
{block name='frontend_detail_index_detail' prepend}
    <div class="examplebox">

    </div>
{/block}
```

Listing 4.15 Erweiterung der Datei »themes/Frontend/LoremIpsum/frontend/detail/index.tpl«

Das dazugehörige Less-Stylesheet sieht wie folgt aus:

```
.examplebox {
  .unitize-margin(0, 0, 10, 0);
  .unitize-padding(10, 10, 10, 10);
  .border-radius(3px);
  border: 1px solid @panel-border;
  display: block;
}
```

Listing 4.16 Die Datei »themes/Frontend/LoremIpsum/frontend/_public/src/less/
_modules/examplebox.less«

Damit dieses Stylesheet berücksichtigt wird, muss es in der *modules.less* importiert
werden:

```
@import "_modules/no_notepad";
@import "_modules/examplebox";
```

Listing 4.17 Die Datei »themes/Frontend/LoremIpsum/frontend/_public/src/less/
modules.less«

Durch diese Anpassungen wird auf der Artikeldetailseite oberhalb der Artikelbeschreibung eine neue Box examplebox erzeugt. Diese erhält über die Style-Definitionen einen runden Rahmen. Durch die unitize-Mixins erhält die Box weiterhin
Padding und Margin relativ zur Schriftgröße des Browsers. Zunächst sollen einige
Theme-Variablen genutzt werden:

```
<div class="content--title">Variablen</div>
<div class="primary">Primärfarbe</div>
<div class="primary-light">Primärfarbe hell</div>
<div class="secondary">Sekundärfarbe</div>
<div class="secondary-dark">Sekundärfarbe dunkel</div>
```

Listing 4.18 Ergänzung der Datei »themes/Frontend/LoremIpsum/frontend/detail/
index.tpl«

Die dazugehörigen Styles sehen wie folgt aus:

```
.white-font {
    color: white;
  .is--bold;
}
```

```
.primary {
  background-color: @brand-primary;
  .white-font;
}

.primary-light {
  background-color: @brand-primary-light;
  .white-font;
}

.secondary {
  background-color: @brand-secondary;
  .white-font;
}

.secondary-dark {
  background-color: @brand-secondary-dark;
  .white-font;
}
```

Listing 4.19 Die Datei »themes/Frontend/LoremIpsum/frontend/_public/src/less/ _modules/examplebox.less«

In dieser Style-Definition wird zunächst ein Mixin definiert, das die Schrift in Weiß und fett setzt. Die vier Selektoren primary, primary-light, secondary sowie secondary-dark nutzen jeweils dieses Mixin und setzen die Hintergrundfarbe der entsprechenden Theme-Variablen. Im Ergebnis sind nun vier Boxen mit Hintergrundfarben zu sehen, die den in der Theme-Konfiguration hinterlegten Standardfarben entsprechen.

Probieren Sie es einfach aus: Wenn Sie die Standardfarben in der Konfiguration ändern und das Theme neu kompilieren, ändern sich auch die Farben im Beispiel.

Das zweite Beispiel nutzt einige Standard-Styles von Shopware, um verschiedene Knöpfe zu erzeugen:

```
<div class="content--title">Buttons</div>
<button class="btn is--primary is--large">Primär-Button</button>
<button class="btn is--secondary is--large">Sekundär-Button</button>
<button class="btn is--large">normaler Button</button>
```

Der Primärknopf ist besonders für kritische Operationen wie »In den Warenkorb legen« oder »Jetzt kaufen« gedacht, der Sekundärknopf könnte für nachgeordnete Operationen genutzt werden, der Standardknopf für einfache Bedienelemente wie »Neue Lieferadresse anlegen«. Auch verschiedene Icons können in Shopware leicht eingebunden werden:

```
<div class="content--title">Icons</div>
<div class="spacer">Pfeil nach rechts<i class="icon--arrow-right"></i></div>
<div class="spacer"><i class="icon--thumbsup"></i> ThumbsUp-Icon</div>
```

In diesem Fall werden ein Pfeil nach rechts sowie ein Daumen-hoch-Icon verwendet. Viele weitere Icons finden Sie beispielsweise in der Datei *themes/Frontend/Responsive/frontend/_public/src/less/_components/icon-set.less*. Das div-Element mit der Klasse spacer wird hier nur genutzt, um die beiden Beispiele optisch ein wenig zu trennen. Dafür nutze ich folgendes verschachteltes Stylesheet mit dem unitize-Mixin:

```
.examplebox {
  .spacer {
    .unitize-padding(10, 0, 10, 0);
  }
}
```

Häufig benötigt man auch Hinweisboxen, um dem Nutzer beispielsweise zu signalisieren, dass eine Operation (nicht) erfolgreich durchgeführt werden konnte:

```
<div class="content--title">Hinweisboxen</div>
<p class="alert is--success">Erfolgsmeldung</p>
<p class="alert is--info">Hinweis</p>
<p class="alert is--warning">Warnung</p>
<p class="alert is--error">Fehler</p>
```

Hier nutzen Sie jeweils die CSS-Klasse alert zusammen mit einem der Styles is--success, is--info, is--warning oder is–error. In Kombination mit Icons lässt sich die Hinweismeldung dabei noch deutlich ansprechender gestalten:

```
<div class="content--title">Hinweisboxen mit Icons</div>
<div class="alert is--success is--rounded">
    <div class="alert--icon">
        <i class="icon--element icon--check"></i>
    </div>
    <div class="alert--content">
        Erfolgsmeldung mit Icon
    </div>
</div>
<div class="alert is--warning is--rounded">
    <div class="alert--icon">
        <i class="icon--element icon--warning"></i>
    </div>
    <div class="alert--content">
```

4

```
        Warnmeldung mit Icon
    </div>
</div>
```

Listing 4.20 Ansprechendere Hinweismeldung mit Icon

Hinweisboxen

Shopware stellt für Hinweisboxen fertige Smarty-Komponenten bereit, die bei Bedarf eingebunden werden können (vgl. dazu Kapitel 14, »Arbeiten mit Formularen«).

Sehr beliebt sind darüber hinaus auch die sogenannten *Badges*: An Produktboxen
lenken sie die Aufmerksamkeit des Besuchers auf Rabattaktionen oder andere wichtige Informationen:

```
<div class="content--title">Badges</div>
<div><span class="badge is--primary">1</span>Badge 1</div>
<div><span class="badge is--secondary">2</span>Badge 2</div>
<div><span class="badge is--minimal">3</span>Badge 3</div>
```

Auch die sogenannten *Ribbons* sind für Hinweise und Markierungen an Produkten
gut geeignet:

```
<div class="content--title">Ribbons</div>
<div class="ribbon-box">
    <div class="ribbon is--left">
        <p class="ribbon--content orange">Highlight!</p>
    </div>
    <div class="ribbon is--right">
        <p class="ribbon--content green">Highlight!</p>
    </div>
</div>
```

Listing 4.21 Hinweisbänder (Ribbons) in Shopware

Insgesamt zeigen die Beispiele, dass auch im Frontend das Rad nicht immer neu
erfunden werden muss: Durch vordefinierte Less-Komponenten und Variablen
ebenso wie durch viele nützliche CSS-Klassen können Sie schnell Ergänzungen am
Template vornehmen, die sich nahtlos in das Gesamtbild des Shops einfügen.

4.2.2   JavaScript-Plugins

Neben Templates und Styles ist JavaScript das dritte große Werkzeug im Shopware-
Frontend. Mit JavaScript als Programmiersprache können Sie das Verhalten des Frontends umfangreich programmieren: Vom einfachen Nachladen von Daten über das

Verstecken und Anzeigen von Informationen bis hin zur Abbildung interaktiver Produktdesigner ist dabei vieles möglich.

Für einen ersten Test geben Sie im Folgenden zunächst nur die Meldung »Hallo Welt« aus:

```
alert("Hallo Welt");
```

Listing 4.22 Die Datei »themes/Frontend/LoremIpsum/frontend/_public/src/js/ my-example.js«

Diese muss nun noch in der *Theme.php* des Templates registriert werden:

```
namespace Shopware\Themes\LoremIpsum;

use Shopware\Components\Form as Form;

class Theme extends \Shopware\Components\Theme
{
    protected $extend = 'Responsive';

    protected $name = "LoremIpsum";
    protected $description = "LoremIpsum";
    protected $author = "LoremIpsum";
    protected $license = "LoremIpsum";

    protected $javascript = array(
        'src/js/my-example.js'
    );
}
```

Listing 4.23 Die Datei »themes/Frontend/LoremIpsum/Theme.php«

Wie zuvor schon bei der Eigenschaft $css wird in der Eigenschaft $javascript eine Liste von JavaScript-Dateien angegeben, die zum Theme gehören. Wenn Sie den Grunt-Task nutzen, müssen Sie nach der Registrierung einer neuen JavaScript-Datei unter Umständen die Konfiguration neu exportieren und den Task neu starten:

```
cd /shopverzeichnis/
php ./bin/console sw:theme:dump:configuration
cd theme
grunt
```

Wenn Sie nun eine Seite im Shop aufrufen, erscheint zunächst ein Fenster mit der Meldung »Hallo Welt«. In der Praxis sollten Sie allerdings auf diese Art der Erweiterung verzichten: Shopware bietet ein eigenes JavaScript-Plugin-System, das Ihnen hilft, wartbare und übersichtliche JavaScript-Erweiterungen zu schreiben.

Im folgenden Beispiel erweitern Sie die Produktdetailseite so, dass der Nutzer beim Klick auf Artikel unter »Ähnliche Artikel« oder »Kunden haben sich ebenfalls angesehen« nicht zu der jeweiligen Seite weitergeleitet wird, sondern den entsprechenden Artikel in einer kleinen Modalbox sieht.

```javascript
;(function ($, window) {
    'use strict';

    $.plugin('loremExample', {

        defaults: {
            ordernumber: true
        },

        init: function () {
            // folgt
        },

        registerEvents: function () {
            // folgt
        },

        onButtonClick: function (event) {
            // folgt
        },

        destroy: function () {
            // folgt
        }
    });
})(jQuery, window);

$('.product--box.box--slider').loremExample();
```

Listing 4.24 Die Datei »themes/Frontend/LoremIpsum/frontend/_public/src/js/ my-example.js«

Ganz grob lassen sich bei dem JavaScript-Programm zwei Teile unterscheiden: das Plugin und der Plugin-Aufruf.

Der Plugin-Aufruf ist in der Regel ein Einzeiler:

```javascript
$('.product--box.box--slider').loremExample();
```

Die Plugins werden immer auf bestimmten Elementen aufgerufen. Daher wird im ersten Teil mit einem jQuery-Selektor ein bestimmtes Element im Dokument ausgewählt und dann darauf das Plugin (hier: `loremExample`) ausgeführt. Jedes Plugin kennt das Element, auf dem es ausgeführt wurde, und kann entsprechend auf ihm arbeiten. In diesem Fall habe ich als Selektor `.product--box.box--slider` ausgewählt, da dies die Klasse der Artikelboxen in den Slidern ist.

Die eigentliche Plugin-Initialisierung sieht auf den ersten Blick komplizierter aus, als sie ist. Bei dem Konstrukt

```
;(function ($, window) {
    // code
})(jQuery, window);
```

handelt es sich um eine sogenannte *selbstaufrufende anonyme Funktion*. Diese dient letztlich dazu, den Scope des Plugins sauber zu definieren. In der Praxis werden meist jQuery und `window` als Parameter an die Funktion übergeben und dort an die Namen $ sowie `window` gebunden. In der Funktion wird dann das Plugin initialisiert:

```
$.plugin('loremExample', {
    // code
});
```

In diesem Fall lautet der Name `loremExample` – dies ist auch der Name, der zur Plugin-Initialisierung auf dem jQuery-Selektor aufgerufen wird.

Über die Eigenschaft `defaults` werden dann Standardwerte des Plugins gepflegt und in der Methode `init` mit dem Aufruf von `me.applyDataAttributes` initialisiert:

```
defaults: {
    ordernumber: ""
},
init: function () {
    var me = this;

    me.applyDataAttributes();
    me.registerEvents();
},
```

Listing 4.25 Initialisierung eines Javascript-Plugins

Durch den Aufruf von `applyDataAttributes` liest Shopware die Data-Attribute des DOM-Elements, auf dem das Plugin aufgerufen wurde, und führt diese mit dem `defaults`-Objekt des Plugins zusammen. Dieses Plugin wird ja auf dem Selektor `.product--box.box--slider` aufgerufen. Der sieht im HTML-Dokument so aus:

```
<div class="product--box box--slider" data-ordernumber="SW10115.3">
    <!-- HTML-Code einer Product-Box -->
</div>
```

Das Attribut `data-ordernumber` ist ein sogenanntes *Data-Attribut*. Durch den Aufruf von `applyDataAttributes` liest Shopware dieses als `ordernumber` aus (das Präix `data-` entfällt also) und führt dieses mit dem `defaults`-Objekt zusammen.

In Ihrem Plugin steht Ihnen nun immer das Objekt `me.opts` zur Verfügung, und über `me.opts.ordernumber` können Sie die Bestellnummer des Elements auslesen: Für das obige Beispiel lautet sie »SW10115.3«.

Data-Attribute sind eine sehr einfache Möglichkeit, um Daten zwischen dem Template und JavaScript auszutauschen: Immer wenn Sie also bestimmte Informationen in JavaScript benötigen, die letztlich nur im PHP-Stack von Shopware zur Verfügung stehen, haben Sie die Möglichkeit, diese Informationen an das Template zu übergeben und als Data-Attribut auszugeben.

---

var me = this?

Häufig finden Sie in JavaScript-Beispielen diese Zuweisung: `var me=this;` Hierbei handelt es sich um eine bewährte Vorgehensweise, um die Geltungsbereiche in Java-Script sauber zu trennen: Durch die Zuweisung des aktuellen Geltungsbereichs `this` zur Variablen `me` ist es für Sie leichter, verschachtelte Geltungsbereiche sauber zu trennen, wie folgendes Beispiel zeigt:

```
var myClass = function (el) {
    this.name = "Jan";
    el.on('click', function() {
        alert(this.name);
    });
};
myClass($("body"))
```

Die innere anonyme Funktion hat einen eigenen Geltungsbereich `this`. Anders als man auf den ersten Blick denken könnte, wird der Name »Jan« niemals ausgegeben – die Geltungsbereiche passen nicht. Durch die explizite Benennung des Geltungsbereichs können Sie derartige Überraschungen vermeiden.

Die Methode `registerEvents` ist für die Registrierung von Events zuständig:

```
registerEvents: function () {
    var me = this;
    me._on(me.$el, 'click', $.proxy(me.onButtonClick, me));
},
```

Hier wird die Helfermethode `_on` verwendet. Sie registriert auf einem Element (hier: `me.$el`) ein Event (hier: `click`) und ruft bei Auftreten des Events den Callback auf (hier `me.onButtonClick`). Der Callback wird hier aber nicht direkt angegeben, sondern in der Form `$.proxy(me.onButtonClick, me)`. Durch die Proxy-Methode wird sichergestellt, dass unser Callback immer im Geltungsbereich unseres Plugins ausgeführt wird. Grundsätzlich sind derartige Event-Registrierungen auch ohne die Helfer-methode _on möglich: Diese Methode hat aber den Vorteil, dass die Events auch automatisch wieder deregistriert werden, wenn sie nicht mehr benötigt werden. Nach Möglichkeit sollten Sie also diese Methode verwenden.

Die besagte Callback-Methode onButtonClick sieht wie folgt aus:

```
onButtonClick: function (event) {
    var me = this,
        path = csrfConfig.basePath,
        ordernumber = me.opts.ordernumber,
        quickView = '/detail/productQuickView/ordernumber/';

    if (!ordernumber) {
        return
    }

    event.preventDefault();

    $.modal.open(path + quickView + ordernumber, {
        mode: 'ajax',
        sizing: 'content'
    });
},
```

Listing 4.26 Callback-Funktion für das »click«-Event

Zunächst werden hier einige Variablen zugewiesen: path enthält den relativen Pfad des Shops, ordernumber die Bestellnummer aus dem Data-Attribut und quickview die URL zu einer Kurzansicht eines Artikels, wie sie beispielsweise auch im Shopware-Warenkorb verwendet wird. Falls die Bestellnummer leer sein sollte, verlassen Sie die Methode mit einem return. Andernfalls wird durch den Aufruf von preventDefault() verhindert, dass die Aktion ausgeführt wird, die eigentlich bei einem Klick stattfinden soll. In unserem Fall würde der Browser den Benutzer eigentlich zu der entsprechenden Artikeldetailseite führen. Dies wird nun unterbunden. Stattdessen wird durch $.modal.open eine Modalbox geöffnet. Die Modalbox zeigt den Inhalt einer hinterlegten URL als Inhalt an. Die URL wird in diesem Fall aus path + quickView + ordernumber zusammengesetzt. Im Ergebnis wird dann beispielsweise die URL */shopware/detail/productQuickView/ordernumber/SW10115.3* aufgerufen.

```
destroy: function () {
    var me = this;
    me.off(me.eventSuffix);
    me._destroy();
}
```

Der Destruktor destroy wird aufgerufen, wenn das Plugin beendet wird – das geschieht beispielsweise in *Responsive*-Templates, wenn der Viewport sich auf eine Größe ändert, die vom Plugin nicht unterstützt wird. Das Implementieren der Methode destroy ist zwingend notwendig, hier können Sie aufräumen und beispielsweise Events deregistrieren. Durch das Verwenden der Methode _on geschieht dies in diesem Beispiel automatisch.

Abbildung 4.13 Statt eines Seitenwechsels öffnet sich eine Modalbox.

Das Ergebnis ist in Abbildung 4.13 zu sehen: Nach einem Klick auf einen Artikel unter »Zubehör«, »Ähnliche Artikel« oder »Kunden haben sich ebenfalls angesehen« verlässt der Kunde nicht mehr – wie im Shopware-Standard – die Seite. Stattdessen öffnet sich eine Modalbox und zeigt den entsprechenden Artikel in einer Kurzansicht an. Erst wenn der Kunde nun erneut auf den Artikel klickt, wechselt er die Seite. Klickt er neben die Modalbox oder auf das kleine Kreuz, schließt sich die Box und der Kunde kann auf der ursprünglichen Seite weitersurfen.

URLs richtig benutzen

Grundsätzlich empfiehlt es sich, auch veränderliche URLs, die beispielsweise für Ajax-Requests benötigt werden, über Data-Attribute an den betreffenden Elementen zu hinterlegen. Im Template können Sie dazu das Smarty-Tag {url} benutzen. Über die applyDataAttributes lassen sich diese URLs dann leicht verarbeiten. Das obige Beispiel wurde dahingehend etwas vereinfacht (siehe dazu auch Abschnitt 4.3.2).

4.3   Responsive-Templates

Der Begriff *Responsive* steht kurz für *Responsive Webdesign* und bezeichnet das Gestalten von Webseiten in einer Form, die die unterschiedlichen Eigenschaften und Anforderungen verschiedener Endgeräte berücksichtigt.

Dies umfasst in aller Regel sowohl die Gestaltung und Darstellung (wie sind die sichtbaren Elemente angeordnet?) als auch die Auswahl der Elemente (welche Elemente lassen sich auf den jeweiligen Endgeräten platzieren?). Auch die Bedienung der Webseite (wie reagiert die Seite auf Mausbewegungen oder Berührungen auf dem Touchpad?) fällt in diesen Bereich.

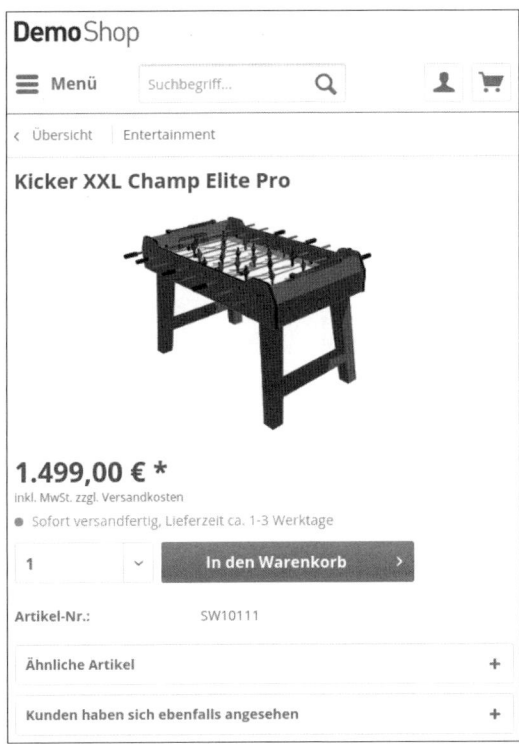

Abbildung 4.14 Informationen werden geräteabhängig reduziert.

Damit ein Shop auf unterschiedlichen Geräten gut zu bedienen ist, muss er sich an das jeweilige Endgerät anpassen. Im einfachsten Fall genügt es dazu, die Elemente so zu gestalten, dass sie keine absoluten Größen einnehmen, sondern durch relative Größenangaben ausgerichtet werden. In der Praxis ist es oft etwas anspruchsvoller: Auf einem Handy ist in der Regel kein Platz für große Menüleisten – entsprechend wird auf diesen Geräten das sogenannte *Burger-Menü* angezeigt, das die Navigation erst nach einem Klick auf ein entsprechendes Symbol zeigt (siehe Abbildung 4.14, die drei Balken vor MENÜ).

Die vielen Informationen, die auf der Artikeldetailseite zu sehen sind, müssen auf dem Smartphone etwas anders dargestellt werden, damit der Käufer ein gutes Einkaufserlebnis hat: Längere Texte werden auf dem Smartphone daher oft ausgeblendet und verkürzt und erst auf Wunsch sichtbar.

Auch die Bildergalerie auf der Artikeldetailseite ist für unterschiedliche Endgeräte vorbereitet: PC-Nutzer benutzen das Mausrad, um Bilder zu vergrößern oder zu verkleinern – Smartphone- und Tablet-Nutzer verwenden eine *Pinch* genannte Geste, bei der zwei Finger auf dem Bildschirm gespreizt werden.

Im Fall der Einkaufswelten schließlich liefert Shopware auf Wunsch sogar völlig unterschiedliche Teilseiten aus, damit der Shopbetreiber je Endgerät optimieren kann. Die unterschiedlichen Anpassungen können Sie leicht testen, indem Sie in Shopware eine beliebige Seite im Frontend aufrufen und das Browserfenster vergrößern und verkleinern.

Aus technischer Sicht greift Responsive Webdesign meist auf eine Kombination von HTML, CSS3 und JavaScript zurück.

4.3.1   Responsive CSS

Im folgenden Beispiel zeige ich Ihnen, wie eine Seite responsive gestaltet werden kann. Ein gutes Beispiel dafür sind die Blogseiten.

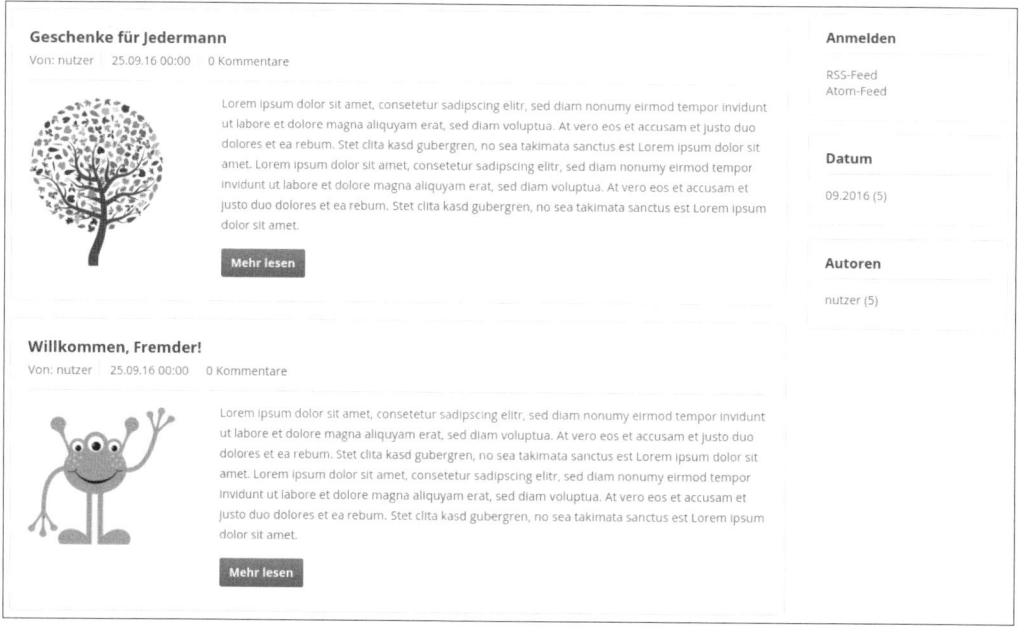

Abbildung 4.15 Standard-Ansicht der Blogseiten

Wie in Abbildung 4.15 zu sehen ist, zeigt Shopware alle Blog-Einträge untereinander an. Das funktioniert auf allen Geräten gut – allerdings wäre es vielleicht schön, wenn auf größeren Bildschirmen mehrere Blog-Einträge nebeneinander dargestellt werden. Auf kleineren Geräten sollen die Blog-Einträge dann dynamisch umbrechen.

Zunächst erzeuge ich dazu ein neues Theme *BlogExtension* und aktiviere es. Die Blog-Seitenleiste, die Shopware standardmäßig anzeigt, wird durch eine Template-Anpassung ausgeblendet:

```
{extends file='parent:frontend/blog/index.tpl'}

{* Hide sidebar *}
{block name='frontend_blog_listing_sidebar'}{/block}
```

Listing 4.27 Die Datei »themes/Frontend/BlogExtension/frontend/blog/index.tpl«

Durch das Überschreiben und Leerlassen des Blocks wird der Inhalt der Sidebar nicht mehr angezeigt. Auf Wunsch könnte die Seitenleiste auch nur für bestimmte Endgeräte ausgeblendet werden. Dann würde das Verstecken nicht via Smarty im Template erfolgen, sondern über Media-Querys gerätespezifisch. Weiterhin soll in Zukunft die Kurzbeschreibung des Blog-Textes auf 100 Zeichen begrenzt werden:

```
{extends file="parent:frontend/blog/box.tpl"}

{block name='frontend_blog_col_description_short'}
   <div class="blog--box-description-short">
      {if $sArticle.shortDescription}
         {$sArticle.shortDescription|truncate:100|nl2br}
      {else}
         {$sArticle.shortDescription}
      {/if}
   </div>
{/block}
```

Listing 4.28 Die Datei »themes/Frontend/BlogExtension/frontend/blog/box.tpl«

Der Block `frontend_blog_col_description_short` gibt die Kurzbeschreibung aus. Er wird hier ersetzt und so ergänzt, dass die Kurzbeschreibung auf 100 Zeichen gekürzt wird – hier kommt der `truncate`-Modifier von Smarty zum Einsatz.

Template-seitig sind damit bereits alle erforderlichen Anpassungen vorgenommen. Nun können Sie sich dem Styling widmen. Die blog-spezifischen Styles sollen später in der Datei *themes/Frontend/BlogExtension/frontend/_public/src/less/_modules/*

blog.less erfolgen. Entsprechend müssen *all.less* und *modules.less* vorbereitet werden, damit das Stylesheet berücksichtigt wird:

```
@import "modules";
```

Listing 4.29 Die Datei »themes/Frontend/BlogExtension/frontend/_public/src/less/all.less«

Wie gehabt inkludiert die Datei *all.less* die Datei *module.less*, die wiederum das Blog-Stylesheet einbindet:

```
@import "_modules/blog";
```

Listing 4.30 Die Datei »themes/Frontend/BlogExtension/frontend/_public/src/less/modules.less«

Nun erfolgt das eigentliche Styling in der Datei *blog.less*. Ein etabliertes Vorgehen beim gerätespezifischen Gestalten von Webseiten ist der sogenannte *Mobile-first*-Ansatz. Er besagt, dass ausgehend vom kleinsten unterstützten Gerätetyp hin zum größten unterstützten Gerätetyp gearbeitet wird. Dadurch wird der Entwickler gezwungen, sich intensiv mit den kleineren Gerätegrößen zu befassen und nicht zunächst die Desktop-Größe mit vielen Informationen zu überfrachten, die dann »irgendwie« auf mobilen Geräten dargestellt werden. In Shopware wirkt sich dieser Ansatz unter anderem in der Form aus, dass die Style-Informationen zunächst für die kleinste Gerätegröße gelten – für alle größeren Bildschirmgrößen wird dann Schritt für Schritt optimiert.

```
.blog--content {
    .blog--listing {
        width: 100%;

        .blog--box {
            width: 100%;

            .blog--box-picture {
                img {
                    display: block;
                    margin: 0 auto;
                }

                .unitize-padding(10, 10, 10, 10);
                height: 200px;
```

```
            width: 100%;
        }

        .blog--box-headline {
            .unitize-margin(30, 10, 0, 20);
        }

        .blog--box-description {
            width: 100%;
        }
      }
    }
}
```

Listing 4.31 Die erste Anpassung in »themes/Frontend/BlogExtension/frontend/_public/ src/less/_modules/blog.less«

Die einzelnen CSS-Klassen, die hier genutzt werden, können Sie leicht mit der PRÜFEN-Funktion Ihres Browsers nachvollziehen: blog--content bezeichnet den gesamten Inhaltsbereich des Blogs, blog--listing speziell die Liste der Blog-Einträge. Diese wird zunächst auf 100 % festgelegt, soll sich also über die gesamte Breite des Fensters ziehen.

blog--box ist ein einzelner Blog-Eintrag – auch dieser soll sich auf die gesamte Größe des Elternelements ausdehnen, um den Bildschirm optimal zu füllen. Der Selektor blog--box-picture bezieht sich auf das Bild innerhalb eines Blog-Eintrages: Das Bild soll mittig ausgerichtet werden, weshalb das img-Element innerhalb der Box mit display: block und margin: 0 auto konfiguriert wird. Das ist ein übliches Verfahren, um Bilder im Elternelement mittig auszurichten.

Außerdem erhält die Bild-Box ein Padding von 10 Pixeln (durch das Mixin .unitize-padding werden die absoluten Pixelwerte zur Schriftgröße des Geräts in Relation gesetzt). Abschließend wird auch für die Bild-Box festgelegt, dass sie sich in dem Elternelement voll ausdehnen soll und eine Höhe von 200 Pixeln hat. Indem Sie die Höhe des Elements festlegen, wird es später leichter, die Boxen untereinander zu umbrechen.

Damit die Änderungen greifen, müssen Sie – wie zuvor schon beschrieben – die Theme-Konfiguration erneut exportieren und das Grunt-Kommando starten. Danach können Sie das Ergebnis testen, indem Sie das Browserfenster stark verkleinern, wie in Abbildung 4.16 zu sehen. In den Shopware-Demodaten finden Sie den Blog unter der Kategorie TRENDS + NEWS.

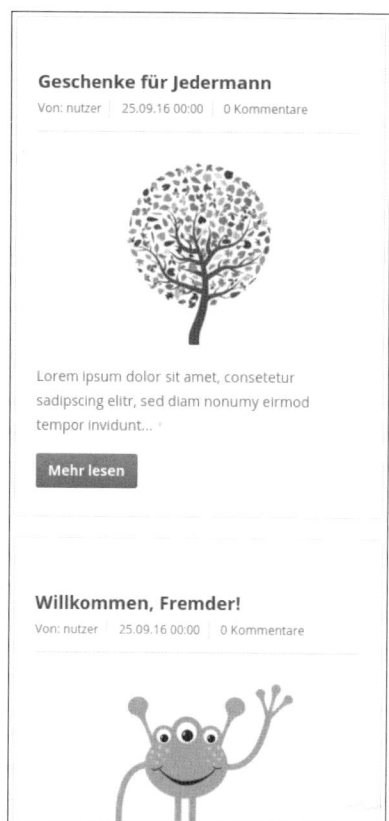

Abbildung 4.16 Auf Mobilgeräten werden die Einträge
wie gewünscht untereinander dargestellt.

Die Mobilansicht funktioniert also bereits wie gewünscht. Wenn Sie den Browser nun
aber langsam größer ziehen, sehen Sie, dass die Elemente sich nicht nebeneinander
ausrichten, wenn mehr Platz zur Verfügung steht: Die Einträge werden immer untereinander dargestellt. Für das nächstgrößere Gerät müssen Sie daher explizit ein
Styling festlegen:

```
@media screen and(min-width: @phoneLandscapeViewportWidth) {
    .blog--content {

        .blog--listing {

            .blog--box {
                width: 49%;
                float: left;
                margin-left: .5%;
                margin-right: .5%;                    }
```

```
        }
    }
}
```

Listing 4.32 Ergänzung der Datei »themes/Frontend/BlogExtension/frontend/_public/ src/less/_modules/blog.less«

Hier kommen nun die sogenannten Media-Querys zum Einsatz: Damit haben Sie die Möglichkeit, für bestimmte Gerätegrößen abweichende Styles zu hinterlegen, die die Standard-Styles gewissermaßen überlagern. In diesem Fall legen Sie als Mindestgröße `@phoneLandscapeViewportWidth` fest. Hierbei handelt es sich um eine von Shopware vorgegebene Variable für Smartphones im Querformat – den sogenannten *Landscape*-Modus. Die verschiedenen zur Verfügung stehenden Variablen können Sie im Responsive-Template sehen:

```
@phoneLandscapeViewportWidth: 30em;        // 480px
@tabletViewportWidth: 48em;                // 768px
@tabletLandscapeViewportWidth: 64em;       // 1024px
@desktopViewportWidth: 78.75em;            // 1260px
```

Listing 4.33 Die Datei »themes/Frontend/Responsive/frontend/_public/src/less/ _variables/structure.less«

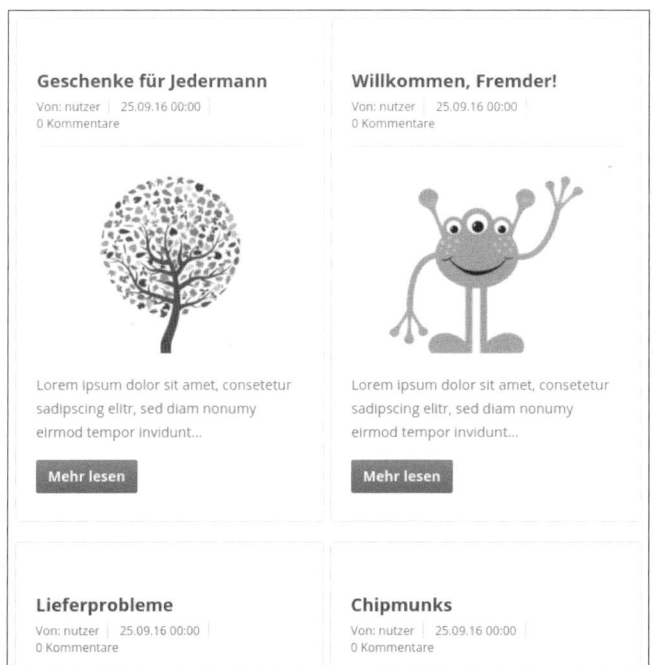

Abbildung 4.17 Durch die Media-Query werden ab einer Bildschirmgröße von 480 Pixel zwei Einträge nebeneinander dargestellt.

Die Style-Definition für Smartphones im Landscape-Modus beinhaltet ebenso wie die Ursprungsdefinition eine verschachtelte Style-Definition für die Blog-Box. Konfiguriert wird hier eine Breite von 49 % und ein Margin von je 0,5 % je Box und Seite. Zusätzlich wird durch die Anweisung `float: left` der Umbruch der Boxen festgelegt.

Auch dieses Resultat kann nun direkt im Browser getestet werden: Bei sehr kleinen Bildschirmen wird jeweils ein Eintrag pro Zeile dargestellt, ab 480 Pixeln sind zwei Blog-Einträge pro Zeile zu sehen. Auf ähnliche Weise kann nun die dreispaltige Ansicht für Tablets umgesetzt werden:

```
@media screen and(min-width: @tabletLandscapeViewportWidth) {
    .blog--content {

        .blog--listing {

            .blog--box {
                width: 32%;
                float: left;
                margin-left: .5%;
                margin-right: .5%;
            }
        }
    }
}
```

Listing 4.34 Die Erweiterung in »themes/Frontend/BlogExtension/frontend/_public/src/less/_modules/blog.less«

Diese Media-Query greift ab einer Größe von 1024 Pixeln. Analog zur Anpassung für Smartphones im Landscape-Modus wird die Breite der Blog-Box so angepasst, dass drei Elemente nebeneinander passen: Hier verwenden Sie also 32 % Breite und insgesamt 1 % Margin. Durch diese Definition werden nun bei entsprechender Gerätegröße drei Boxen nebeneinander dargestellt.

Zum Abschluss fehlt lediglich noch die Darstellung für die Desktop-Ansicht:

```
@media screen and(min-width: @desktopViewportWidth) {

    // Blog Content
    .blog--content {

        // Blog listing
        .blog--listing {
            width: 100%;

            .blog--box {
```

```
                width: 24%;
                float: left;
                margin-left: .5%;
                margin-right: .5%;
            }
        }
    }
}
```

Listing 4.35 Die Desktop-MediaQuery in »themes/Frontend/BlogExtension/frontend/
_public/src/less/_modules/blog.less«

Wie zuvor wird die Breite der Box inklusive Margin auf die gewünschte Anzahl der
Elemente aufgeteilt: Hier stehen jedem Element 25 % der Breite zur Verfügung,
sodass vier Elemente nebeneinander angezeigt werden. Abbildung 4.18 zeigt das
Ergebnis: Nach jeweils vier Blog-Einträgen wird umbrochen.

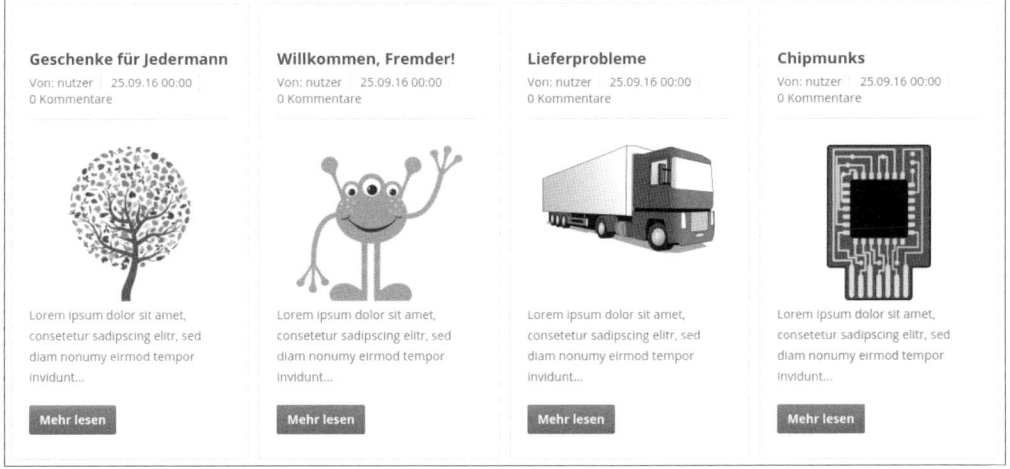

Abbildung 4.18 In der Desktop-Ansicht werden vier Elemente nebeneinander platziert.

Das Erzeugen der passenden Media-Querys je Gerät kann sehr umfangreich sein und
viel Aufwand mit sich bringen, gerade wenn bestimmte Styles für bestimmte Geräte-
typen wieder zurückgesetzt werden müssen.

4.3.2   Responsive JavaScript

In vielen Fällen genügt es nicht, nur das Styling an die Gerätegröße anzupassen: Oft
soll sich auch die JavaScript-Logik an dem zur Verfügung stehenden Platz orientieren. Entsprechend besteht die Möglichkeit, in JavaScript-Plugins auf diese Information zuzugreifen.

Dafür gibt es grundsätzlich zwei Möglichkeiten: Zum einen können Sie mit State-Manager.getCurrentState() jederzeit die aktuelle Größe im Format xs, s, m, l und xl auslesen (vgl. Anhang B.8, »Übersicht über die Devicegrößen«). Die tatsächlichen Pixelwerte können mit StateManager.getViewportWidth() beziehungsweise State-Manager.getViewportHeight() ausgelesen werden. Zum anderen haben Sie die Möglichkeit, Ihr Plugin auf bestimmte Größenänderungen (z. B. durch das Drehen des Tablets) zu registrieren:

```
;(function ($, window) {
    $.plugin('myResponsivePlugin', {
        init: function () {
            var me = this,
                enterFn = $.proxy(me.onEnterMobile, me),
                exitFn = $.proxy(me.onExitMobile, me);

            StateManager.registerListener([
                {state: 'xs',  enter: enterFn,  exit: exitFn },
                {state: 's',   enter: enterFn, exit: exitFn }
            ]);
        },

        onEnterMobile: function(state) {
            console.log("Entering state " + state.exiting );
            console.log("Leaving state " + state.entering );
        },

        onExitMobile: function(state) {
            console.log("Entering state " + state.exiting );
            console.log("Leaving state " + state.entering );
        },
    });
})(jQuery, window);

$('.my-selector').myResponsivePlugin();
```

Listing 4.36 Dieses Plugin registriert sich auf Änderungen der Größen »xs« und »s«.

Obiges Beispiel zeigt ein einfaches Plugin, das sich auf Größenänderungen der Gerätegrößen xs und s registriert: Wenn Sie Ihr Browserfenster entsprechend groß oder klein ziehen, werden die passenden Meldungen ausgegeben. In diesem Beispiel werden für alle Größen die identischen Callback-Funktionen registriert – es wäre aber auch möglich, separate Funktionen wie enteringTable, enteringPhoneLandscape zu registrieren. Wenn Sie state: "*" hinterlegen, registriert sich das Plugin auf alle Größen.

Die Verwendung von $.proxy habe ich zuvor schon kurz angesprochen: Sie ist nicht zwingend erforderlich, stellt aber sicher, dass die Callbacks onExitMobile und onEnterMobile im Geltungsbereich der Plugin-Klasse ausgeführt werden: this verweist also auf das Plugin und nicht nur auf den Callback.

Die erste Variante – das Abfragen der Gerätegröße mit StateManager.getCurrentState() – möchte ich an einem Praxisbeispiel erörtern: Nutzer mit Smartphones im Landscape-Modus sowie Tablets im Portrait-Modus sollen beim Klick auf den Knopf MEHR LESEN nicht zur Seite des jeweiligen Blog-Eintrags weitergeleitet werden. Stattdessen soll sich der Blog-Eintrag in einem Modalfenster öffnen.

Dazu muss ich zunächst einige Vorbereitungen treffen. In der *Theme.php* muss zunächst die JavaScript-Datei registriert werden:

```php
namespace Shopware\Themes\BlogExtension;

use Shopware\Components\Form as Form;

class Theme extends \Shopware\Components\Theme
{
    protected $extend = 'Responsive';
    protected $name = "Blog-Erweiterung";
    protected $description = "";
    protected $author = "Daniel Nögel";
    protected $license = "";

    protected $javascript = [
        'src/js/blog.js'
    ];
}
```

Listing 4.37 Die Datei »themes/Frontend/BlogExtension/Theme.php«

Weiterhin wird die *box.tpl* so abgeändert, dass die URL des jeweiligen Blog-Eintrags über ein Data-Attribut in JavaScript ausgelesen werden kann:

```
{extends file="parent:frontend/blog/box.tpl"}

{* Wie zuvor *}

{block name='frontend_blog_col_read_more'}
    <div class="blog--box-readmore" data-url="{url controller=blog
action=detail sCategory=$sArticle.categoryId blogArticle=$sArticle.id}">
        <a href="{url controller=blog action=detail sCategory=
$sArticle.categoryId blogArticle=$sArticle.id}" title=
```

```
"{$sArticle.title|escape}" class="btn is--primary is--small">
{s name="BlogLinkMore"}{/s}</a>
    </div>
{/block}
```

Listing 4.38 Die Datei »themes/Frontend/BlogExtension/frontend/blog/box.tpl«

Neu ist hier nur das Data-Attribut data-url: Durch das {url}-Tag generiert Smarty die korrekte URL zur Detailseite des Blog-Eintrags. Diese sieht dann (abhängig vom Wert der Variablen $sArticle.categoryID und $sArticle.id) wie folgt aus:

www.my-shop.com/blog/detail?sCategory=1&blogArticle=2

Prinzipiell wäre es auch denkbar, die URL aus dem Anchor-Element auszulesen, sodass gar keine Anpassung des Templates erforderlich ist. Allerdings ist die Nutzung von Data-Attributen im Plugin deutlich bequemer und einfacher zu handhaben als das Auslesen von derartigen Informationen aus dem DOM.

```
;(function ($, window) {
    'use strict';

    $.plugin('loremBlog', {

        defaults: {
            url: ''
        },

        init: function () {
            var me = this;

            me.applyDataAttributes();
            me.registerEvents();
        },


        registerEvents: function () {
            var me = this;

            me._on(me.$el, 'click', $.proxy(me.onReadMoreClick, me));
        },

        onReadMoreClick: function (event) {
            var me = this,
              isMobile = ['s', 'm'].indexOf(StateManager.getCurrentState()) > -1;
```

```
        if (!isMobile) {
            return;
        }

        event.preventDefault();

        $.modal.open(me.opts.url, {
            mode: 'iframe',
            sizing: 'fixed'
        });
    },


    destroy: function () {
        var me = this;
        me.off(me.eventSuffix);
        me._destroy();
    }
});
})(jQuery, window);

$('.blog--box-readmore').loremBlog();
```

Listing 4.39 Die Datei »themes/Frontend/BlogExtension/frontend/_public/src/js/blog.js«

Das Plugin registriert sich auf den Selektor `.blog--box-readmore` und damit auf den MEHR LESEN-Knopf unterhalb eines jeden Beitrags in der Übersicht. Beim Ausführen von `applyDataAttributes` wird das Attribut `url` des Elements ausgelesen und steht fortan über `me.opts.url` zur Verfügung.

In der Methode `registerEvents` wird wie in ähnlichen Beispielen zuvor der Klick auf das Element abgefangen und der Callback `onReadMoreClick` ausgeführt. Dort wird zunächst die aktuelle Gerätegröße mit `StateManager.getCurrentState()` abgefragt und mit den gewünschten Gerätegrößen `m` und `s` verglichen: Entspricht die aktuelle Gerätegröße keiner dieser Größen, verlässt das Programm die Methode. Andernfalls wird mit `event.preventDefault()` das Ausführen der eigentlich vorgesehenen Aktion (hier: Aufrufen der Blog-Detailseite) unterbunden und stattdessen eine Modalbox mit der jeweiligen URL geöffnet. Der Inhalt wird als `iframe`-Element innerhalb der Modalbox angezeigt.

Abbildung 4.19 zeigt das Ergebnis: Nachdem das Browserfenster auf Tablet-Größe verkleinert wurde, öffnet ein Klick auf MEHR LESEN ein Modalfenster. Wird das Browserfenster danach auf Desktop-Größe vergrößert, ist das alte Verhalten wiederhergestellt und der Benutzer wird zum Blog-Eintrag weitergeleitet.

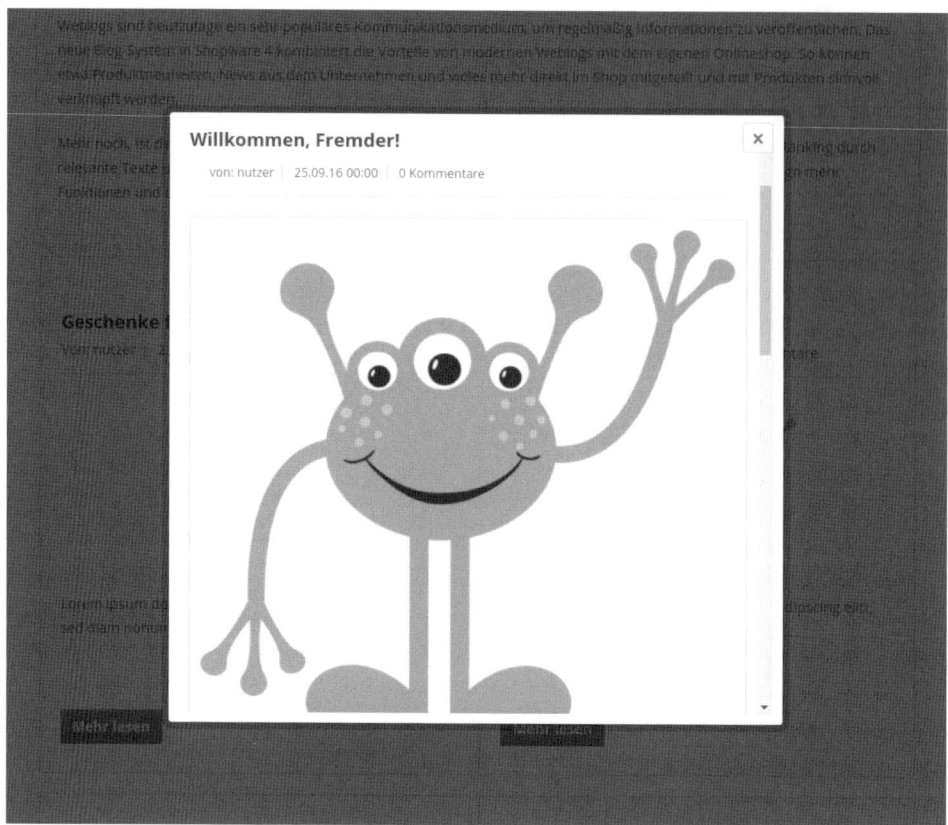

Abbildung 4.19 Für kleinere Gerätegrößen öffnen sich die Blog-Einträge nun in einer Modalbox.

Da der Blog-Eintrag in der Modalbox schlicht die Blog-Detailseite in einem Iframe ist, werden in der Modalbox zurzeit noch die üblichen Shop-Header angezeigt. Das kann je nach Anwendungsfall nicht erwünscht sein. Dazu gibt es eine Reihe von Alternativen: So könnte man ein eigenes Detailseiten-Template für die Modalbox erzeugen, das festlegt, dass Blog-Einträge in der Modalbox ein vom Standard unabhängiges Template erhalten. Außerdem könnten die gewünschten Informationen auch direkt als unsichtbares Element im Listing zur Verfügung gestellt werden, sodass diese Informationen vom JavaScript-Plugin nur noch aus dem DOM ausgelesen und in der Modalbox angezeigt werden müssen. Wie so oft müssen Sie hier zwischen dem gewünschten Ergebnis und den technischen Erfordernissen abwägen.

Kapitel 5
Einstieg in die Plugin-Entwicklung

Plugins sind wiederverwendbare, update-fähige Erweiterungen des
Shopware-Standards. Sie sind das Herz eines jeden Shopware-Projekts

Kaum ein E-Commerce-Projekt gleicht dem anderen. Entsprechend ist es wichtig, dass sich das Verhalten des Shopsystems leicht anpassen lässt. Für einige Funktionalitäten kann dies über Konfiguration erfolgen – etwa über die Grundeinstellungen. In einer Vielzahl von Fällen erfordern die Anpassungen allerdings Programmierungen, die sehr kunden- und projektindividuell in das System eingebracht werden müssen.

Bei quelloffener Software wie Shopware besteht immer die Versuchung, derartige Anpassungen direkt am Software-Kern vorzunehmen, indem beispielsweise Codezeilen abgeändert werden. Auch wenn dies technisch und rechtlich durchaus möglich ist, stellt diese Art der Anpassung aber in der Regel ein hohes Projektrisiko dar: Derartig gepatchte Shopware-Installationen lassen sich nur noch aufwendig aktualisieren – immerhin könnte jedes Update ja die eigenen Anpassungen wieder überschreiben. Die Erfahrung aus vielen anderen Software-Projekten zeigt, dass derart gepatchte Systeme weniger häufig und weniger schnell aktualisiert werden – und mit der Zeit unwartbar und angreifbar werden.

Aus diesem Grund gibt es in Shopware ein Erweiterungssystem, das es Entwicklern ermöglicht, das Verhalten von Shopware abzuändern oder zu ergänzen, ohne den Quellcode von Shopware selbst anpassen zu müssen. Diese Erweiterungen können wie eigenständige Programme verstanden werden, die über vordefinierte Schnittstellen in Shopware »eingehängt« werden und so das Verhalten von Shopware beeinflussen können. Diese Erweiterungen heißen bei Shopware oft schlicht *Plugins*. Neben der einfachen Wartbarkeit und Anpassbarkeit haben Plugins auch den Vorteil, dass sie über den Shopware Community Store vielen Kunden kostenlos oder kostenpflichtig zur Verfügung gestellt werden können (vgl. Abschnitt 17.5, »Plugins verkaufen«).

5.1 Das erste Plugin

In den folgenden Abschnitten zeige ich Ihnen, wie Plugins in Shopware aufgebaut sind und wie Sie ein Plugin mit einem eigenen Theme erstellen. Sie erfahren, wie Sie den Plugin Manager nutzen und wie Sie eigene Seiten erstellen.

5.1.1   Die Plugin-Struktur

Das Plugin-System besteht letztlich aus einer Reihe von Konventionen und Vorgaben, auf deren Basis der Shopware-Standard erweitert werden kann. Shopware hat dieses System mit der Version 5.2 grundlegend überarbeitet, um an gängige Vorgehensweisen anzuknüpfen, wie man sie beispielsweise aus der Symfony-Entwicklung kennt. So sollen Einstiegshürden gesenkt und bekannte Stolperfallen reduziert werden.

Auch wenn Plugins, die auf Basis des alten Plugin-Systems geschrieben wurden, noch lauffähig sind, orientiere ich mich in diesem Buch an dem neuen Plugin-System, das im Juli 2016 schon auf mehr als jedem zweiten Shopware-System verfügbar war.

Um ein neues Plugin zu erzeugen, müssen Sie zunächst ein Verzeichnis für das Plugin unter *custom/plugins* im Shopware-Installationsverzeichnis anlegen. Der Verzeichnisname richtet sich dabei nach dem sogenannten *technischen Plugin-Namen* des Plugins, der sich aus zwei Bestandteilen zusammensetzt: dem Entwicklerpräfix und dem Plugin-Namen.

Das Entwicklerpräfix ist die eindeutige Kurzbezeichnung des jeweiligen Entwicklers, die verhindern soll, dass Plugins mit gleichem Namen von unterschiedlichen Herstellern kollidieren. Grundsätzlich ist das Entwicklerpräfix frei wählbar. Wenn Sie Plugins im Community Store vertreiben möchten, sollten Sie aber in Ihrem Shopware-Account ein entsprechendes Präfix registrieren, damit garantiert ist, dass kein Entwickler das gleiche Präfix benutzt (vgl. Abschnitt 17.5). Shopware beispielsweise verwendet das Kürzel `Swag` (für shopware AG); in diesem Buch verwende ich ab jetzt das Präfix `Lorem`.

Der zweite Bestandteil des technischen Plugin-Namens ist der frei wählbare Name des Plugins. Er sollte eine kurze, sprechende Beschreibung des Plugins sein. Unser erstes Plugin soll schlicht *MyFirstPlugin* heißen. Der Verzeichnisname lautet entsprechend *LoremMyFirstPlugin*.

Innerhalb des Plugin-Verzeichnisses legen Sie nun eine Textdatei an, die ebenfalls den technischen Plugin-Namen trägt und das Suffix *.php* hat, hier also *LoremMyFirstPlugin.php*. Ihr Inhalt sollte wie folgt aussehen:

```php
<?php

namespace LoremMyFirstPlugin;

class LoremMyFirstPlugin extends \Shopware\Components\Plugin
{

}
```

Listing 5.1 Die Datei »custom/plugins/LoremMyFirstPlugin/LoremMyFirstPlugin.php«

Dieses Plugin wäre grundsätzlich schon installierbar – nimmt aber offensichtlich noch keine Änderungen an Shopware vor. Wie oben zu sehen ist, wird die Plugin-Basisklasse im Namespace `LoremMyFirstPlugin` registriert. Dies wird ebenfalls durch den technischen Plugin-Namen festgelegt. Der Klassenname orientiert sich ebenfalls an diesem Schema. Wichtig ist, dass die Basisklasse von `\Shopware\Components\Plugin` erbt.

5.1.2   Plugin mit eigenem Theme

Zunächst müssen Sie das im vorigen Abschnitt erstellte Theme in das Plugin überführen. Damit könnten Sie das Theme beispielsweise über den Community Store vertreiben.

Themes über ein Plugin zu registrieren ist vollautomatisch möglich: Dazu müssen Sie nur das Verzeichnis *custom/plugins/LoremMyFirstPlugin/Resources/Themes/Frontend* erzeugen. Nun können Sie den Ordner *LoremFirstTheme* aus dem Verzeichnis *themes/frontend* in das neu erstellte Verzeichnis verschieben (vgl. Abbildung 5.1). Ebenso könnten Sie auf Wunsch mit dem Theme *BlogExample* verfahren.

Als Grundregel gilt: Hat ein Plugin die Unterverzeichnisse *Resources/Themes/Frontend*, wird Shopware darin automatisiert nach Themes suchen und diese im Theme-Manager zur Verfügung stellen, sobald das Plugin installiert ist.

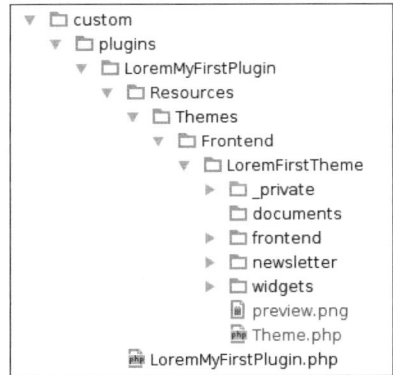

Abbildung 5.1 Plugin-Struktur mitsamt Theme

Dies macht es sehr einfach, Themes zunächst lokal zu erzeugen und zu testen und dann im Nachgang über ein Plugin zur Verfügung zu stellen.

5.1.3   Plugins installieren mit dem Plugin Manager

Der Plugin Manager ist die Verwaltung aller Shopware-Erweiterungen. Hier können Sie lokal vorhandene Plugins (wie das zuvor beschriebene *LoremMyFirstPlugin*) installieren, konfigurieren oder deinstallieren. Außerdem können Sie mithilfe des Plugin Managers Plugins direkt aus dem Community Store beziehen.

Nach dem Öffnen des Plugin Managers über EINSTELLUNGEN • PLUGIN MANAGER zeigt er zunächst eine Übersicht von neuen und populären Plugins aus dem Store. Nach einem Klick auf den Punkt INSTALLIERT in der Navigation links werden die lokalen Shopware-Plugins in einer Tabelle angezeigt. Auch frisch aufgesetzte Shopware-Installationen beinhalten in der Regel schon eine Reihe von Plugins, die Sie nach Bedarf (de-)installieren können.

Wurde das zuvor besprochene Plugin korrekt angelegt, ist auch dieses bereits in der Liste aufgeführt und kann durch einen Klick auf das Plus-Symbol installiert werden. Nach der Installation wird das Plugin nicht automatisch aktiviert, sondern wird zunächst unter DEAKTIVIERT in der Liste aufgeführt, wie in Abbildung 5.2 gezeigt. Ein weiterer Klick auf das Kreuz-Symbol aktiviert das Plugin.

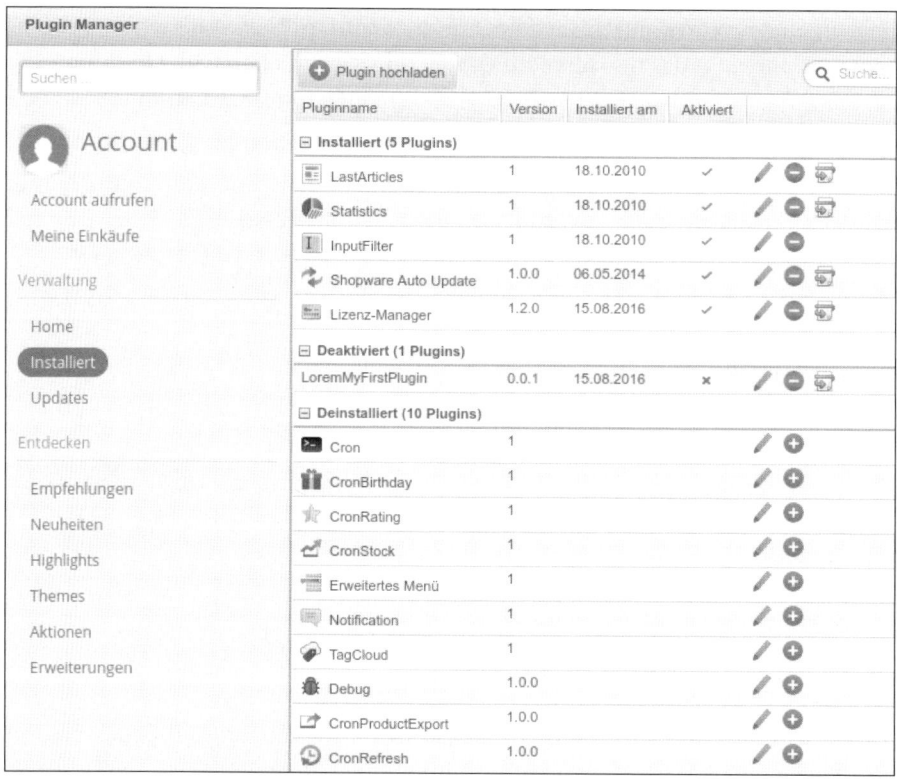

Abbildung 5.2 Das Plugin »LoremMyFirstPlugin« ist installiert – aber noch nicht aktiviert.

Nachdem das Plugin installiert und aktiviert wurde, fordert Shopware den Nutzer auf, betroffene Caches zu leeren (»Invalidierung«). Ein Klick auf OK führt diesen Vorgang automatisch durch, sodass das Plugin direkt greift.

Außer mit dem Plugin Manager können Sie Plugins auch über die Shopware-Kommandozeile installieren:

```
php bin/console sw:plugin:refresh
php bin/console sw:plugin:install --activate LoremMyFirstPlugin
```

Gerade zur Entwicklungszeit ist die Kommandozeile eine effiziente Alternative zum Plugin Manager, die sich auch leicht skripten lässt. Weitere Informationen zur Kommandozeile finden Sie in Kapitel 12, »Shopware-Kommandos«. Nach der Installation steht das Theme nun über den Theme-Manager zur Verfügung und kann für den Shop aktiviert werden.

5.1.4   Eigene Seiten erstellen

Sehr häufig müssen im Rahmen von Projekten auch eigene Seiten im Shop ergänzt werden. Aus technischer Sicht muss dafür eine neue Route in Shopware registriert werden. Eine Route ist letztlich eine konkrete URL, die über verschiedene Regelsätze mit Programmlogik verknüpft wird – den sogenannten Controller.

Der Zusammenhang zwischen URL und Controller ist für Ihr Verständnis der Arbeitsweise von Shopware besonders elementar: Jede Seite (ob Artikelliste, Artikeldetailseite oder Kundenaccount) wird letztlich über spezielle Routen in den eigens dafür vorgesehenen Controllern hinterlegt. Das grundlegende Schema lautet dabei **Modul–Controller–Action**.

Bei den Modulen gibt es vier grundlegende Bereiche in Shopware:

▶ Das Modul `frontend` bildet den Shop ab, den die Endkunden sehen – also den eigentlichen Shop.

▶ Das Modul `widgets` beinhaltet eine Reihe von zusätzlichen Routen, die beispielsweise für Ajax-Requests oder spezielle Widgets genutzt werden.

▶ Das Modul `backend` ist für die Administrationsoberfläche des Shops zuständig.

▶ Das Modul `api` enthält die Shopware-REST-API.

Tatsächlich haben Sie diese Module in den Beispielen oben auch schon genutzt, etwa beim Aufruf von *http://33.33.33.10/shopware/backend*. Gemäß dem Schema Modul–Controller–Action haben Sie dort das Backend-Modul angesprochen – und entsprechend die Administrationsoberfläche aufgerufen.

Da *Controller* und *Action* nicht gesetzt waren, hat Shopware für beide Elemente den Standardwert *Index* gesetzt – technisch gesehen wurde also die Route *backend/index/index* verarbeitet. Tatsächlich lässt sich statt *http://33.33.33.10/shopware/backend* also auch *http://33.33.33.10/shopware/backend/index/index* aufrufen.

Auch das Modul selbst muss nicht angegeben werden – wird es ausgelassen, routet Shopware automatisch die Route *frontend*. Dies ist der Grund, warum der Shop beim Aufruf von *http://33.33.33.10/shopware* direkt die Shop-Startseite anzeigt.

Ein Blick in das Verzeichnis *engine/Shopware/Controllers* zeigt, dass dieses Routing-Schema sich auch in der Verzeichnisstruktur widerspiegelt: Hier gibt es die Unterverzeichnisse *Api*, *Backend*, *Frontend* und *Widgets* – analog zu den Modulen. Im Verzeichnis *Frontend* finden sich nun die Controller, die Sie in Abbildung 5.3 sehen. In jeder Controller-Datei finden Sie eine Klasse wie `Shopware_Controller_Frontend_Listing`. Wie zu sehen ist, sind der Modulname und der Controllername im Klassennamen enthalten.

Außerdem leitet jeder Controller von `Enlight_Controller_Action` ab. Jeder Controller enthält eine Reihe von Methoden. Einige davon tragen dabei das Suffix `Action` und komplettieren somit den Dreiklang aus Modul, Controller und Action. Kennen Sie die Action eines Controllers, können Sie damit immer auch dessen Route ableiten – im Falle der `manufacturerAction` im Listing-Controller wissen Sie also, dass es eine Route *frontend/listing/manufacturer* geben muss. Es können allerdings weitere Parameter erforderlich werden. So fragt beispielsweise die `manufacturerAction` den Parameter `sSupplier` ab – funktional ist also erst der Aufruf *http://33.33.33.10/shopware/frontend/listing/manufacturer?sSupplier=2*.

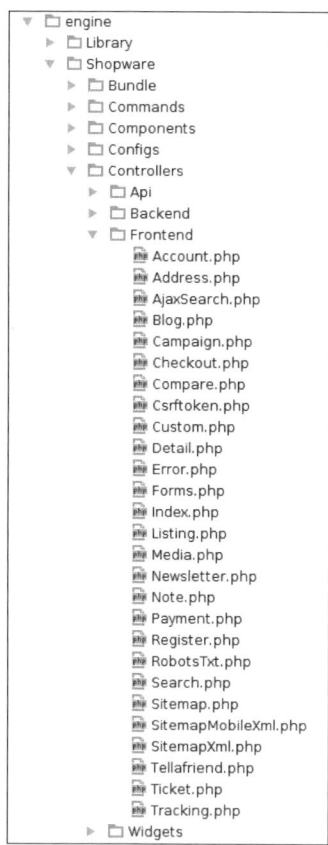

Abbildung 5.3 Übersicht über die Frontend-Controller

Um eine eigene Seite mit eigener Route zu erzeugen, legen Sie zunächst ein neues Plugin namens *LoremQuestions* an:

```php
<?php

namespace LoremQuestions;

class LoremQuestions extends \Shopware\Components\Plugin
{
    public static function getSubscribedEvents()
    {
        return [
            'Enlight_Controller_Dispatcher_ControllerPath_Frontend_
            Questions' => 'onGetControllerPath'
        ];
    }

    public function onGetControllerPath()
    {
        return $this->getPath() . '/Controllers/Frontend/LoremQuestions.php';
    }
}
```

Listing 5.2 Die Datei »LoremQuestions/LoremQuestions.php«

Die Plugin-Basisklasse enthält im Gegensatz zum vorherigen Plugin bereits etwas Code: In der Methode getSubscribedEvents werden Events registriert – in diesem Fall das Event Enlight_Controller_Dispatcher_ControllerPath_Frontend_Questions. Dieses Event wird Shopware automatisch generieren, wenn im Frontend-Modul ein Controller namens *Questions* gesucht wird. Für diesen Fall wird die Methode onGet-ControllerPath aufgerufen. Sie gibt den absoluten Pfad zum gewünschten Controller zurück. Auf diese Weise kann Shopware den gesuchten Controller automatisch instanziieren. Der Controller selbst ist zunächst simpel gehalten:

```php
<?php

class Shopware_Controllers_Frontend_Questions extends Enlight_Controller_
Action
{
    public function indexAction()
    {
    }
}
```

Listing 5.3 Der Controller »LoremQuestions/Controllers/Frontend/LoremQuestions.php«

Nach der Installation und Aktivierung des Plugins (etwa über den Plugin Manager) kann der Controller bereits über die URL *http://33.33.33.10/shopware/Questions* aufgerufen werden.

Nun erscheint aber eine Fehlermeldung:

```
Ups! Ein Fehler ist aufgetreten!
Wir wurden bereits über das Problem informiert und arbeiten an einer Lösung,
bitte versuchen Sie es in Kürze erneut.
Service Hotline
```

Im Auslieferungszustand gibt Shopware keine Details zu Fehlern aus, um keine (möglicherweise sicherheitskritischen) Informationen zu verraten. Dies können Sie in der *config.php*-Datei der Shopware-Installation ändern, was sich während der Entwicklung unbedingt empfiehlt:

```php
<?php
return array(
    // ...
    // Ihre existierende Datenbankkonfiguration

    'phpsettings' => [
        'display_errors' => 1,
    ],

    'front' => [
        'showException' => true,
    ],
);
```

Listing 5.4 Die Datei »config.php« mit aktivierten Fehlermeldungen

Nach dem erneuten Laden der Seite gibt Shopware nun eine vielsagendere Fehlermeldung aus:

```
Ups! Ein Fehler ist aufgetreten!
Die nachfolgenden Hinweise sollten Ihnen weiterhelfen.

Unable to load template snippet 'frontend/questions/index.tpl
```

Shopware versucht also, automatisch ein Template zu unserem Controller zu laden. Dies ist in aller Regel auch erwünscht, immerhin erwartet der Kunde auch eine Anzeige unter dieser Route. Das entsprechende Template könnte nun einfach im Standard-Theme ergänzt werden – allerdings empfiehlt es sich in der Regel, die zu einem Plugin gehörigen Templates auch mit diesem Plugin auszuliefern.

Dazu müssen Sie das Plugin-Template-Verzeichnis zunächst in Shopware bekannt machen. Dazu ändern Sie die Methode `onGetControllerPath` in der Datei *custom/plugins/LoremQuestions/LoremQuestions.php* wie folgt ab:

```
public function onGetControllerPath()
{
    $this->container->get('Template')->addTemplateDir(
        $this->getPath() . '/Resources/Views/'
    );

    return $this->getPath() . '/Controllers/Frontend/LoremQuestions.php';
}
```

Listing 5.5 Die Änderung an »LoremQuestions/LoremQuestions.php«

Bei `$this->container` wird der sogenannte *Dependency Injection Container* (kurz: DI-Container oder DIC) angesprochen: Dieser verwaltet alle Abhängigkeiten des Shopware-Systems und wird später noch im Detail besprochen.

An dieser Stelle ist zunächst wichtig zu verstehen, dass der DI-Container alle relevanten Services zur Verfügung stellen kann und hier genutzt wird, um Zugriff auf das Template-System zu erhalten. Dort kann dann durch den Aufruf `addTemplateDir` das Template-Verzeichnis des Plugins in Shopware registriert werden.

Nun ist das Template-Verzeichnis registriert und muss nur noch angelegt werden:

```
{extends file='parent:frontend/index/index.tpl'}
{block name="frontend_index_content"}
    <h1>Hallo Welt</h1>
{/block}
```

Listing 5.6 Die Datei »LoremQuestions/resources/Views/frontend/questions/index.tpl«

Über das `extends` wird – wie zuvor besprochen – vom Shopware-Standard-Theme geerbt, sodass alle Menüs und Bedienelemente wie auf allen anderen Shopware-Seiten verfügbar sind. Nur der Content-Bereich `frontend_index_content` wird beschrieben. Nach dem Neuladen der Seite (leeren Sie gegebenenfalls den Cache vorher im Shopware-Backend), ist das Ergebnis im Frontend abrufbar (siehe Abbildung 5.4).

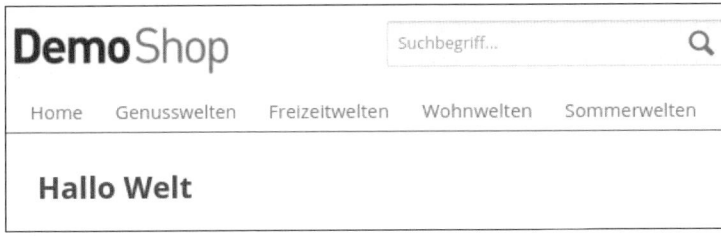

Abbildung 5.4 Die eigene Seite mitsamt dem Shopware-Rahmenwerk

5.2   Das Shopware-Event-System

Während das Plugin-System die technische Basis für Erweiterungen generell ist, sind Events der Dreh- und Angelpunkt für konkrete Anpassungen: Shopware bietet an verschiedenen Stellen Einstiegspunkte, über die Sie das Verhalten des Shops modifizieren oder ergänzen können.

Dabei werden verschiedene Typen von Events unterschieden, und jede Art von Event ist für unterschiedliche Anwendungsfälle sinnvoll. In den folgenden Abschnitten lernen Sie die verschiedenen Event-Typen kennen.

5.2.1   Globale Events

Globale Events sind Events, die das Shopware-Framework automatisiert erzeugt, wenn ein bestimmter Systemstatus erreicht wird. Hierbei geht es also in aller Regel nicht um konkrete Funktionalitäten des Shops, sondern um eher technische Ereignisse beim Verarbeiten einer Benutzeranfrage.

Den ersten Event-Typ haben Sie bereits kennengelernt: `Enlight_Controller_Dispatcher_ControllerPath_Frontend_Questions` ist so ein Event. Es tritt auf, wenn Shopware versucht, die Route `frontend/questions` aufzulösen. Der Name des Events wirkt zunächst etwas umständlich, gibt aber letztlich nur Aufschluss darüber, wo und warum das Event ausgelöst wurde: in diesem Fall vom Dispatcher, der versucht, einen Controller-Pfad zu ermitteln. Die letzten beiden Bestandteile ändern sich entsprechend der aktuellen Route: Würde Shopware den Controller für die Route `backend/index` suchen, hieße das Event `Enlight_Controller_Dispatcher_ControllerPath_Backend_Index`.

Weitere sehr häufig genutzt Events sind die sogenannten *Pre*- und *PostDispatch*-*Events*. Auch diese werden automatisiert und kontextunabhängig erzeugt. Das Pre-Dispatch-Event tritt auf, *bevor* Shopware eine Controller-Action verarbeitet, das Post-Dispatch-Event hingegen, *nachdem* eine Controller-Action verarbeitet wurde.

Dies macht die beiden Events zu sehr mächtigen Einstiegspunkten, da damit ein Plugin-Entwickler Programmcode vor oder nach jeder beliebigen Controller-Action ausführen kann.

Das folgende Beispiel ergänzt das *LoremQuestions*-Plugin so, dass auf jeder Artikeldetailseite eine Reihe von »Häufig gestellten Fragen« (FAQ) und den dazugehörigen Antworten dargestellt werden.

Zunächst registrieren Sie dazu in der Plugin-Basisklasse ein PostDispatch-Event auf den Artikel-Controller. Dazu erweitern Sie die Methode `getSubscribedEvents`:

```
public static function getSubscribedEvents()
{
    return [
        'Enlight_Controller_Dispatcher_ControllerPath_Frontend_Questions'
            => 'onGetControllerPath',
        'Enlight_Controller_Action_PostDispatchSecure_Frontend_Detail'
            => 'onPostDispatchDetail'
    ];
}
```

Listing 5.7 Die »getSubscribedEvents« in »\LoremQuestions\LoremQuestions«

Neu ist hier das Event `Enlight_Controller_Action_PostDispatchSecure_Frontend_Detail`: Mit `Enlight_Controller_Action_PostDispatchSecure` beginnt jedes Post-Dispatch-Event in Shopware, und mit `Frontend_Detail` definieren Sie, dass Sie nur nach dem Aufruf des Frontend-Detail-Controllers benachrichtigt werden wollen. Lässt man dies weg, wird das Plugin nach jedem Controller-Aufruf (und damit de facto nach jedem Seitenaufruf) benachrichtigt – was in einigen wenigen Fällen erwünscht sein kann, in der Regel aber vermieden werden sollte.

Analog dazu ist es auch möglich, Plugins auf die PostDispatch-Events eines ganzen Moduls zu registrieren – etwa durch `Enlight_Controller_Action_PostDispatchSecure_Frontend`.

Das Event wird auf die Methode `onPostDispatchDetail` registriert, die wie folgt aussieht:

```
public function onPostDispatchDetail(\Enlight_Event_EventArgs $args)
{
    /** @var \Shopware_Controllers_Frontend_Detail $detailController */
    $detailController = $args->getSubject();
    $view = $detailController->View();

    $this->registerTemplateDir();

    $view->assign('lorem_faq', [
        'Werden die Batterien direkt mitgeliefert' => [
            'Ja, werden Sie',
            'Ja, es sind 3 AAA-Batterien enthalten'
        ],
        'Gibt es eine Herstellergarantie?' => [
            'Ja, 3 Jahre',
            'Ja, 3 Jahre - aber nur wenn man sich beim Hersteller registriert'
```

```
        ]
    ]);
}
```

Die Methode erhält über die Enlight_Event_EventArgs ein Kontext-Objekt, das den Zugriff auf den betroffenen Controller erlaubt – in diesem Fall den Detail-Controller.

Über $args->getSubject() binden Sie eine Referenz auf den Controller an die Variable $detailController. Über diesen kann dann beispielsweise mittels View() auf die Template-Engine zugegriffen werden. Auch Zugriffe auf das Request- und Response-Objekt sind durch $detailController->Request() respektive $detailController->Response() möglich.

Über $this->registerTemplateDir() wird das Template-Verzeichnis registriert:

```
private function registerTemplateDir()
{
    $this->container->get('Template')->addTemplateDir(
        $this->getPath() . '/resources/Views/'
    );
}
```

Listing 5.8 Registrierung des Template-Verzeichnisses

Da dies sowohl für den Controller als auch für das PostDispatch-Callback nötig ist, ist es sinnvoll, diese Logik in eine Helfermethode auszulagern, um Code-Duplizierung zu vermeiden. Die Methode onGetControllerPath() kann daher nun auch so angepasst werden, dass sie die neue Helfermethode nutzt:

```
public function onGetControllerPath()
{
    $this->registerTemplateDir();
    return $this->getPath() . '/Controllers/Frontend/LoremQuestions.php';
}
```

Listing 5.9 Registrierung eines Controllers

Am Ende der Methode onPostDispatchDetail() werden noch die FAQ als Variable der Template-Engine zugewiesen. Dies erfolgt durch den Aufruf $view->assign(NAME, WERT). In unserem Beispiel sind die FAQ zunächst hartkodiert; in Kapitel 6, »Arbeiten mit der Datenbank«, werden Sie dies über die Datenbank aussteuern.

Mit den bisher besprochenen Änderungen haben Sie sichergestellt, dass das Plugin nach jedem Aufruf der Artikeldetailseite benachrichtigt wird. Dort wird dann das Template-Verzeichnis des Plugins bekannt gemacht und eine Reihe von FAQ-Einträgen dem Template zugewiesen. Diese FAQ sollen nun durch eine einfach gehaltene Template-Anpassung auf der Detailseite ausgegeben werden:

```
{extends file='parent:frontend/detail/tabs.tpl'}
{block name="frontend_detail_tabs_navigation_inner" append}
    <a href="#" class="tab--link" title="Tab" data-tabName="tab">FAQ</a>
{/block}

{block name="frontend_detail_tabs_content_inner" append}
    <div class="tab--container">
        {* Normal title *}
        <div class="tab--header">
            <a href="#" class="tab--title"
                title="FAQ">FAQ</a>
        </div>

        {* Title for mobile mode *}
        <div class="tab--preview">
            <a href="#" class="tab--link">Für die FAQs hier klicken</a>
        </div>

        {* FAQ content *}
        <div class="tab--content">
            <div class="content--description">
                {foreach $lorem_faq as $question => $answers}
                    <div class="content--title">
                        {$question}
                    </div>
                    <div class="product--description">
                        <ul>
                            {foreach $answers as $answer}
                                <li>

                                    {$answer}

                                </li>
                            {/foreach}
                        </ul>
                    </div>
                {/foreach}

            </div>
        </div>
    </div>
{/block}
```

Listing 5.10 Die Datei »LoremQuestions/resources/Views/frontend/detail/tabs.tpl«

Zunächst definieren Sie, dass die *tabs.tpl* des Plugins vom Standard-Tabs-Template von Shopware erbt:

```
{extends file='parent:frontend/detail/tabs.tpl'}
```

Nun können Sie im Template die entsprechenden Erweiterungen vornehmen, indem Sie die jeweiligen Blöcke erweitern:

```
{block name="frontend_detail_tabs_navigation_inner" append}
    <a href="#" class="tab--link" title="Tab" data-tabName="tab">FAQ</a>
{/block}
```

Der erste Abschnitt registriert zunächst den Tab FAQ als neuen Reiter, indem der entsprechende Link an den Block angefügt wird. Beim Vorgehen empfiehlt es sich in der Regel, sich am Shopware-Standard zu orientieren, in diesem Fall also an der Originaldatei *themes/Frontend/Bare/frontend/detail/tabs.tpl*.

Im zweiten Abschnitt wird der Block `frontend_detail_tabs_content_inner` erweitert. Hier werden die Reiter-Titel (Tab-Header) für die Standard- und Mobile-Ansicht hinterlegt, die Shopware automatisch je nach Device-Größe ausgibt.

Die eigentliche Ausgabe der FAQ sieht wie folgt aus:

```
{foreach $lorem_faq as $question => $answers}
    <div class="content--title">
        {$question}
    </div>
    <div class="product--description">
        <ul>
            {foreach $answers as $answer}
                <li>
                    {$answer}
                </li>
            {/foreach}
        </ul>
    </div>
{/foreach}
```

Listing 5.11 Iteration und Ausgabe von Fragen und Antworten

Hier wird zunächst über die Variable `$lorem_faq` iteriert, die zuvor im PostDispatch-Callback dem Template zugewiesen wurde. Die jeweils aktuelle Frage wird dabei der Variablen `questions` zugewiesen, die Antworten der Variablen `answers`.

Die Frage wird dann mittels {$question} ausgegeben, und über die $answers wird erneut iteriert, damit diese im Anschluss ebenfalls ausgegeben werden können.

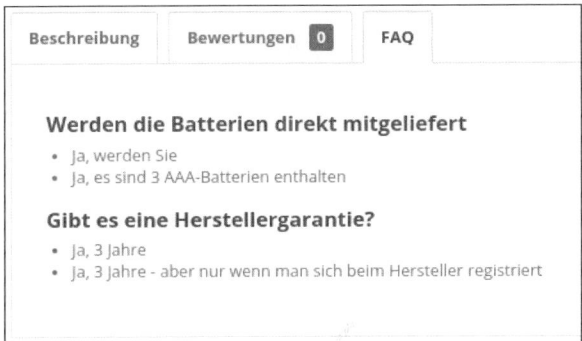

Abbildung 5.5 Die FAQ werden als zusätzlicher Tab auf den Artikeldetailseiten ausgegeben.

Abbildung 5.5 zeigt das Ergebnis: Die Fragen werden als Überschriften dargestellt, die jeweiligen Antworten werden darunter angezeigt. Hier fehlt natürlich noch eine ansprechende Gestaltung – das Beispiel verdeutlicht aber grundsätzlich, wie über PostDispatch-Events üblicherweise Templates erweitert und zusätzliche Variablen zur Verfügung gestellt werden.

Ergänzend sei erwähnt, dass dem Template nicht nur neue Variablen zugewiesen werden können: Über $view->getAssign('NAME') können auch bestehende Zuweisungen ausgelesen und mit $view->assign() überschrieben werden. So können also auch Ausgaben modifiziert werden, die der Standard-Controller zuvor vorgenommen hat.

5.2.2   Application-Events

Ein weiterer wichtiger Event-Typ in Shopware sind die sogenannten Application-Events. Anders als die globalen Events werden diese nicht automatisiert generiert, sondern während der Shopware-Entwicklung an geeigneten Stellen explizit gesetzt, um Plugin-Entwicklern sehr konkrete Modifikationen zu ermöglichen.

Dabei gibt es vier unterschiedliche Arten von Application-Events:

▶ **Notify-Events** sind einfache »Benachrichtigungen«, die nur darüber informieren, dass ein konkretes Ereignis gerade aufgetreten ist – beispielsweise dass soeben eine bestimmte Mail versandt wurde. Solche Mails eignen sich sehr gut für das Logging oder den Export von Informationen, etwa um die Bestelldaten nach einer Bestellung in XML-Form auf dem Server abzulegen.

▶ **Notify-Until-Events** erlauben es in der Regel, bestimmte Vorgänge in Shopware abzubrechen. So kann über ein Notify-Until-Event beispielsweise verhindert werden, dass einem Kunden ein bestimmtes Produkt angezeigt wird.

▶ **Filter-Events** sind darauf ausgelegt, Daten zu manipulieren. Hat Shopware beispielsweise einen Warenkorb für den Kunden berechnet, kann er über ein Filter-Event noch angepasst werden, bevor er im Frontend dargestellt wird.

▶ **Collect-Events** sammeln bestimmte Daten. Sie werden in Shopware oft genutzt, wenn bestimmte Informationen von vielen unterschiedlichen Events gesammelt werden sollen. Beispiele hierfür finden Sie in Kapitel 8, »Storefront-Komponenten«.

Das folgende einfache Plugin zeigt, wie Sie mit einem NotifyUntil-Events verhindern, dass ein Artikel in den Warenkorb gelegt werden kann:

```php
<?php

namespace LoremEvents;

class LoremEvents extends \Shopware\Components\Plugin
{
    public static function getSubscribedEvents()
    {
        return [
            'Shopware_Modules_Basket_AddArticle_Start' => 'onAddArticle'
        ];
    }

    public function onAddArticle(\Enlight_Event_EventArgs $args)
    {
        $ordernumber = $args->get('id');

        if ($ordernumber == 'SW10001') {
            return true;
        }


    }
}
```

Listing 5.12 Die Datei »custom/plugins/LoremQuestions/LoremQuestions.php«

Registriert wird das Event Shopware_Modules_Basket_AddArticle_Start, das in der Methode \sBasket::sAddArticle definiert wird. Dort ist zu sehen, dass Shopware den Artikel nicht in den Warenkorb legen wird, wenn ein Plugin sich auf das notifyUntil-Event registriert hat und true zurückgibt:

```php
if (
    $this->eventManager->notifyUntil(
        'Shopware_Modules_Basket_AddArticle_Start',
        array(
            'subject' => $this,
```

```
        'id' => $id,
        "quantity" => $quantity
    )
  )
) {
   return false;
}
```

Listing 5.13 Auslösung eines »notifyUntil«-Events in Shopware

In der Methode `\sBasket::sAddArticle` sehen Sie, wie das Event definiert wird, welche Parameter zur Verfügung stehen und wie Shopware reagiert, wenn ein Event-Subscriber `true` zurückgibt.

Der Event-Definition im Shopware-Core kann neben dem Event-Namen auch entnommen werden, welche Kontextinformationen das Event bereitstellt. In diesem Fall ist `subject` eine Referenz auf die Core-Klasse, `id` die Bestellnummer des Artikels, der (nicht) in den Warenkorb gelegt werden soll, und `quantity` die vom Kunden gewählte Anzahl. Mit diesen Informationen kann im Event-Callback also gearbeitet werden.

Im Event-Callback `onAddArticle` unseres Plugins ist die Prüfung einfach gehalten:

```
$ordernumber = $args->get('id');

if ($ordernumber == 'SW10001') {
    return true;
}
```

Zunächst wird die Bestellnummer aus dem Kontextobjekt der Variablen `ordernumber` zugewiesen. Dann wird geprüft, ob diese Bestellnummer »SW10001« ist – ist dies der Fall, wird durch die Rückgabe von `true` verhindert, dass der Artikel in den Warenkorb gelegt werden kann.

Nach der Installation und Aktivierung des Plugins können Sie das Verhalten an Produkt SW10001 direkt testen. Wie Sie in Abbildung 5.6 sehen, erscheint zwar das Warenkorb-Overlay, der Warenkorb bleibt jedoch leer. Das Event implementiert letztlich nur technisch, dass das Produkt in den Warenkorb gelegt werden kann – in einem realen Anwendungsfall müsste das Plugin noch so ergänzt werden, dass der Warenkorb-Knopf gar nicht erst angezeigt wird und entsprechende Meldungen ausgegeben werden.

Weiterhin könnte das Beispiel noch so ergänzt werden, dass es die Anzahl der geforderten Produkte mit in die Entscheidung einbezieht. Die entsprechende Information steht über das Kontextobjekt mittels `$args->get('quantity')` zur Verfügung. Über das Session-Objekt könnten weiterhin auch Benutzerinformationen einbezogen werden, um den Artikel beispielsweise nur für bestimmte Benutzer oder Benutzer-gruppen zu sperren.

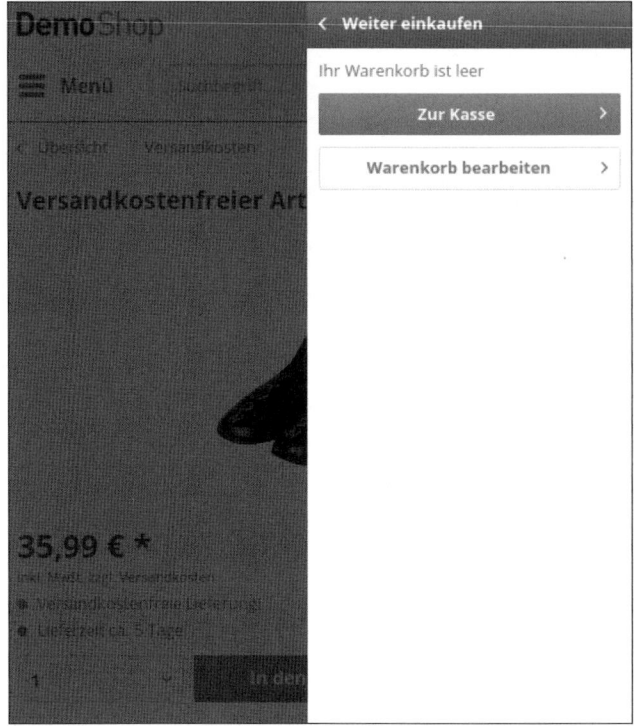

Abbildung 5.6 Nach dem Klick auf »In den Warenkorb« bleibt der Warenkorb für Produkt SW100001 leer.

In einem zweiten Beispiel reduzieren Sie mithilfe eines Filter-Events den Preis im Warenkorb um jeweils 10 Prozent:

```php
<?php

namespace LoremEvents;

class LoremEvents extends \Shopware\Components\Plugin
{
    public static function getSubscribedEvents()
    {
        return [
            'Shopware_Modules_Basket_getPriceForUpdateArticle_FilterPrice'
                => 'onFilterPrice'
        ];
    }
```

```
        public function onFilterPrice(\Enlight_Event_EventArgs $args)
        {
            $price = $args->getReturn();
            $price['price'] = $price['price'] / 1.10;
            $args->setReturn($price);
        }
}
```

Listing 5.14 Die Datei »LoremEvents/LoremEvents.php«

Hier nutzen Sie das Event `Shopware_Modules_Basket_getPriceForUpdateArticle_Fil-terPrice`. Es wird in `\sBasket::getPriceForUpdateArticle` definiert und erlaubt es, den von Shopware berechneten Artikelpreis zu überschreiben. Die Event-Definition sieht wie folgt aus:

```
$queryNewPrice = $this->eventManager->filter('Shopware_Modules_Basket_
getPriceForUpdateArticle_FilterPrice',
    $queryNewPrice,
    array(
        "id" => $id,
        'subject'=> $this,
        "quantity" => $quantity
    )
);
```

Listing 5.15 Die Event-Definition im Core

Im Kontextobjekt stehen `id` (die Artikel-ID), `quantity` (Anzahl der Artikel) sowie eine Referenz auf die `sBasket`-Core-Klasse zur Verfügung. Im Unterschied zu anderen Events wird beim Filter-Event auch der Wert übergeben, der manipuliert werden soll – in diesem Fall mit `$queryNewPrice` ein Array mit den relevanten Preis-Informationen (etwa Steuersatz, Bestellnummer und Artikel-, Varianten- und Steuersatz-ID). Diese Variable kann über den Event-Callback überschrieben werden:

```
public function onFilterPrice(\Enlight_Event_EventArgs $args)
{
    $price = $args->getReturn();

    $price['price'] = $price['price'] / 1.10;

    $args->setReturn($price);
}
```

Listing 5.16 Manipulation eines Preises in einem Event-Callback

Mit `$args->getReturn()` wird zunächst der Original-Wert ausgelesen, also die Preisinformation, die Shopware zunächst berechnet hat. Vom Netto-Preis wird dann mit `$price['price'] = $price['price'] / 1.10` der gewünschte Abzug erzeugt.

Abbildung 5.7 zeigt die um 10 % reduzierten Preise. Sinnvollerweise sollten nun auch die Preise auf den restlichen Shopware-Seiten angepasst werden. Wie Sie das am einfachsten machen, zeige ich Ihnen in in Kapitel 8, »Storefront-Komponenten«.

Abbildung 5.7 Die Preise im Warenkorb wurden um 10 % reduziert.

Neben den beiden besprochenen Beispielen gibt es in Shopware über 170 weitere Application-Events, die Sie je nach Anwendungsfall nutzen können. Wie Sie das passende Event zu Ihrem Vorhaben finden, erfahren Sie in Abschnitt 5.2.6.

5.2.3   Hooks

Eine besondere Form von Events sind die sogenannten *Hooks*. Diese Events stehen in Shopware nur für bestimmte Klassen zur Verfügung, insbesondere für die Core-Klassen, Doctrine-Repositorys und Controller.

Hooks lassen sich auf alle Public- und Protected-Methoden in diesen Klassen registrieren. Ihnen stehen dabei drei Arten von Hooks zur Verfügung:

▶ **Before-Hooks** erlauben es, Plugin-Code *vor* der Ausführung der gehookten Methode auszuführen. So können insbesondere Methodenparameter angepasst werden.

▶ **After-Hooks** erlauben es, Plugin-Code *nach* der Ausführung der gehookten Methode laufen zu lassen. Sie werden häufig genutzt, um den Rückgabewert von Methoden anzupassen.

▶ Daneben gibt es auch die sogenannten **Replace-Hooks**: Mit diesen können komplette Core-Methoden durch Plugin-Code *ersetzt werden*.

Im Folgenden passen Sie mit einem After-Hook das *LoremEvents*-Plugin so an, dass passend zu den eingeräumten Rabatten aus dem Beispiel vorher die betroffenen Artikel als Rabatt markiert werden:

```
class LoremEvents extends \Shopware\Components\Plugin
{
    public static function getSubscribedEvents()
    {
        return [
            'Shopware_Modules_Basket_getPriceForUpdateArticle_FilterPrice'
                => 'onFilterPrice',
            'sBasket::sGetBasket::after' => 'onAfterGetBasket'
        ];
    }

    public function onFilterPrice(\Enlight_Event_EventArgs $args)
    {
        $price = $args->getReturn();

        $price['price'] = $price['price'] / 1.10;

        $args->setReturn($price);
    }

    public function onAfterGetBasket(\Enlight_Hook_HookArgs $args)
    {
        $return = $args->getReturn();

        foreach ($return['content'] as $key => $lineItem) {
            if ($lineItem['modus'] == 0) {
                $return['content'][$key]['articlename'] =
                    'Rabatt: ' . $lineItem['articlename'];
            }
        }

        $args->setReturn($return);
    }
}
```

Listing 5.17 Die Datei »custom/plugins/LoremEvents/LoremEvents.php«

Neu hier ist zunächst die Registrierung des Hooks:

```
'sBasket::sGetBasket::after' => 'onAfterGetBasket'
```

Die Syntax unterscheidet sich hier etwas von Events: Zwei Doppelpunkte trennen jeweils Klassenname, Methode und Hook-Typ. In diesem Fall soll sich das Plugin auf die Methode sGetBasket der Klasse sBasket registrieren – und zwar mit einem After-

Hook. Entsprechend lautet der Event-Name sBasket::sGetBasket::after. Der Callback heißt in diesem Fall onAfterGetBasket.

Die sGetBasket-Methode im Shopware-Standard gibt den Warenkorb mitsamt allen Artikel- und Rabattpositionen, Preisen und Beschreibungen zurück. Der Event-Callback des Plugins soll den Artikelnamen im Warenkorb nun schlicht das Wort »Rabatt« voranstellen.

Zunächst wird mit $args->getReturn() der Rückgabewert der Original-Methode ausgelesen und an die Variable $return gebunden. Die Rückgabe der sGetBasket-Methode sieht in der Regel in etwa wie folgt aus:

```
[
    'content' => [
        ['articlename' => 'Artikel 1', 'modus' => 0, 'price' => 33],
        ['articlename' => 'Artikel 2', 'modus' => 0, 'price' => 33],
        ['articlename' => 'Warenkorbrabatt', 'modus' => 3, 'price' => 2]
    ],
    'Amount' => '10,26',
    'AmountNet' => '8,62',
    'Quantity' => 1,
    'AmountNumeric' => 10.26,
    'AmountNetNumeric' => 8.62,
]
```

Listing 5.18 Gekürzte Rückgabe der »sGetBasket«-Methode

Für das Plugin-Beispiel relevant sind zunächst nur die Felder articlename und modus, die den Artikelnamen bzw. den Artikeltyp beinhalten. Eine Übersicht über die Artikeltypen finden Sie in Anhang B.5, »Warenkorbmodi«.

Für das Plugin benötigen Sie lediglich den Modus 0 (Standard-Artikel). Mit diesem Wissen kann der Warenkorb-Inhalt wie folgt bearbeitet werden:

```
foreach ($return['content'] as $key => $lineItem) {
    if ($lineItem['modus'] == 0) {
        $return['content'][$key]['articlename'] = 'Rabatt: ' . $lineItem[
            'articlename'];
    }
}
```

Listing 5.19 Beispielhafte Manipulation des Artikelnamens für den Warenkorb

Hier wird also über $return['content'] iteriert. Hierin sind die einzelnen Warenkorbpositionen enthalten. Für Positionen vom Typ Artikel (Modus 0) wird dann dem Namen die Zeichenkette »Rabatt« vorangestellt.

Abschließend wird – wie bei dem Filter-Beispiel – mit `$args->setReturn()` der Rückgabewert gesetzt. In Abbildung 5.8 sehen Sie das Ergebnis.

Artikel		Anzahl	Enthaltene MwSt.	Summe
Rabatt: Pralinen-Backform Artikel-Nr.: SW10083 Sofort versandfertig, Lieferzeit ca. 1-3 Werktage		1 ⌄	1,16 €	7,26 €
ferveo terribilis luculenta, perago ipse tam hoc succresco Filius excellentia ait to annus offendo Tam, ac Crimen, agna Co.				

Abbildung 5.8 Durch den Hook wird allen Artikeln die Zeichenkette »Rabatt« vorangestellt.

Auch hier gibt es natürlich schönere Möglichkeiten in Shopware – beispielsweise durch Rabatt-Ribbons, die rabattierte Artikel gesondert markieren. Die Erweiterung des Artikelnamens zeigt jedoch anschaulich die Möglichkeit der Datenmanipulation durch After-Hooks.

Before-Hooks funktionieren grundsätzlich ähnlich wie After-Hooks, werden lediglich mit dem Hook-Typ `before` registriert, etwa als `sArticles::sGetArticleById::before`.

Das folgende Beispiel setzt das als »Nachfolgeartikel« um: Wenn ein Kunde also die Detailseite eines veralteten Artikels aufruft, wird ihm stattdessen das Nachfolgeprodukt präsentiert – etwa der Fernseher der aktuellen Saison:

```php
<?php

namespace LoremFollowUpArticle;

class LoremFollowUpArticle extends \Shopware\Components\Plugin
{
    public static function getSubscribedEvents()
    {
        return [
            'sArticles::sGetArticleById::before' => 'onGetArticle'
        ];
    }

    public function onGetArticle(\Enlight_Hook_HookArgs $args)
    {
        $id = $args->get('id');

        if ($id == 65) {
            $id = 73;
        }
```

```
            $args->set('id', $id);

    }
}
```

Listing 5.20 Die Datei »custom/plugins/LoremFollowUpArticle/
LoremFollowUpArticle.php«

Die in diesem Fall gehookte Methode sGetArticleById wird in Shopware genutzt, um alle Produktdaten für die Darstellung auf der Artikeldetailseite zu sammeln. Wenngleich dies mittlerweile eleganter in Shopware über die Storefront-Komponenten umgesetzt werden kann, zeigt das obige Beispiel doch, wie über den Hook die angefragte Artikel-ID gegen die gewünschte Artikel-ID ausgetauscht wird. In einem etwas realistischeren Szenario würde man diese Information natürlich in der Administrationsoberfläche direkt am Artikel pflegen und so dynamisch halten. Der Einfachheit halber wurden die Werte hier einfach zu Demonstrationszwecken hartkodiert.

Ist das Plugin installiert und aktiviert, wird beim Aufruf des Artikels »Fensterspiegel« stattdessen der Artikel »Spiegelregal« angezeigt (bei Nutzung der Standard-Demo-daten).

Replace-Hooks schließlich werden nach dem gleichen Schema wie bei den anderen Hooks mit sArticles::sGetArticleById::replace registriert. Dadurch wird Shopware die Original-Methode gar nicht mehr ausführen – die Logik wird komplett durch die Logik des Event-Callbacks ersetzt. Allerdings ist der Replace-Hook mit Vorsicht zu genießen. Häufig impliziert dieses Vorgehen viel Duplizierung von Programmcode – etwaige Bug- und Sicherheitskorrekturen, die Shopware fortan an der Originalmethode vornimmt (etwa durch Updates), werden durch Replace-Hooks ausgehebelt. Entsprechend empfiehlt es sich, auf Replace-Hooks nach Möglichkeit zu verzichten.

5.2.4   Events oder Hooks?

An dem oben gezeigten Beispiel wird vielleicht schon deutlich, dass viele Wege nach Rom führen: Überschreibe ich den Artikelnamen, indem ich mich auf ein Filter-Event registriere, einen After-Hook auf die Methode nutze oder einfach im PostDispatch-Event, indem ich den Wert direkt im Template überschreibe?

Generell sollten Application-Events immer die erste Wahl sein: Diese werden von Shopware explizit für bestimmte Anwendungsfälle gesetzt und damit auch über Versionen hinweg kompatibel gehalten. Hooks sind in der Hinsicht eher die zweite Wahl: Damit bindet sich ein Plugin sehr direkt an die Implementierung einer Methode, sodass es im Einzelfall schon durch kleine Änderungen im Core brechen könnte: Wird beispielsweise ein Methodenparameter umbenannt, würden Plugins, die in einem Before-Hook auf diesen Parameter zugreifen, bereits brechen. Auch dies vermeidet Shopware in Patch-Versionen in aller Regel – dennoch empfiehlt es sich aus diesem Grund, nach Möglichkeit Application-Events zu nutzen.

Die globalen Events verhalten sich in dieser Hinsicht ähnlich wie Hooks: Für Template-Erweiterungen oder für das Zuweisen von Template-Variablen sind sie zwar prädestiniert, logische oder funktionale Änderungen sollten Sie aber nach Möglichkeit in den entsprechenden Application-Events vornehmen. Weitere Möglichkeiten zur Shopware-Erweiterung unabhängig von Events werden in Kapitel 8, »Storefront-Komponenten«, besprochen.

5.2.5   Die Sache mit den Positionen

In den meisten Projekten ist eine Vielzahl von Plugins aktiv – gegebenenfalls auch Plugins von Drittherstellern, die man als Entwickler selbst nicht anpassen kann oder darf. Insofern kann es auch immer geschehen, dass mehrere Plugins sich auf das gleiche Event registrieren – funktioniert auch das?

Grundsätzlich können sich beliebig viele Plugins auf Events registrieren – sie werden nacheinander abgehandelt. Eine Ausnahme ist hier lediglich der Replace-Hook: Nur jeweils ein Plugin kann also eine Core-Methode ersetzen. Registrieren mehrere Plugins denselben Replace-Hook, greift nur das erste Plugin. Das liegt bei einem Replace in der Natur der Sache. Auch dies ist ein Grund, warum Sie Replace-Hooks nach Möglichkeit vermeiden sollten.

Aber auch bei den übrigen Events kann es erforderlich sein, dass die Reihenfolge kontrolliert wird, in der die Plugin-Callbacks abgearbeitet werden. So soll vielleicht erst das Plugin greifen, das einen absoluten Zuschlag von 5 EUR auf den Preis aufschlägt, bevor das eigene Plugin einen prozentualen Abschlag von 10 % gewährt. Derartige Positionierungen lassen sich bei der Event-Registrierung vornehmen.

Werfen Sie zunächst erneut einen Blick auf die Standard-Event-Registrierung:

```
public static function getSubscribedEvents()
{
    return [
        'SHOPWARE_EVENT' => 'myCallback'
    ];
}
```

Listing 5.21 Registrierung von Events in der Methode getSubscribedEvents

Hierbei handelt es sich um ein einfaches Array, bei dem die Event-Namen der Schlüssel und die Callbacks der Wert sind. Soll nun eine Positionierung vorgenommen werden, kann dies so erfolgen:

```
public static function getSubscribedEvents()
{
    return [
        'SHOPWARE_EVENT' => ['myCallback', 3]
    ];
}
```

Listing 5.22 Verwendung von Event-Positionen um die Ausführungsreihenfolge von Event-Callbacks zu beeinflussen

Anstatt im Wert also nur den Callback als Zeichenkette zu hinterlegen, wird hier ein weiteres Array genutzt, das als ersten Eintrag den Namen des Callbacks und als zweiten Namen die Position trägt – in diesem Fall also Position 3. Die Positionierung der Events untereinander wird dabei immer aufsteigend vorgenommen: Position 1 wird also vor Position 2 ausgeführt etc. Es handelt sich also nicht um eine Priorisierung (wie bei Symfony, wo höhere Nummern eine höhere Priorität markieren und damit früher zur Ausführung kommen), sondern um eine Reihenfolge, sodass gilt: je höher, desto später.

Grundsätzlich werden für den Positionswert negative und positive ganzzahlige Werte unterstützt. Solange keine Position explizit angegeben wird, wird der Eventlistener immer mit Position 0 registriert.

Auch wenn Positionen wie −9999 oder 9999 möglich sind, empfehle ich Ihnen nachdrücklich, die Positionierung mit Bedacht einzusetzen. Solange die Positionierung also nicht aus konkreten Gründen erforderlich ist, sollten Sie darauf verzichten. Wenn Positionen erforderlich sind, sollten diese nur so klein bzw. groß wie nötig sein – andere Plugin-Entwickler werden es Ihnen danken!

5.2.6   Das richtige Event finden

Bei der Umsetzung eines Plugins stellt sich oftmals die Frage, was das richtige Event für das jeweilige Vorhaben ist. So individuell wie die Projekte sind, so individuell sind oftmals auch die Events, die dazu herangezogen werden. Dennoch gibt es eine Reihe von Hinweisen und Tipps, die beim Finden von Events helfen.

Gerade wenn es um das Erweitern von bestehenden Shopware-Funktionen gibt, empfiehlt es sich, zunächst einen Blick darauf zu werfen, welcher Shopware-Controller angesprochen wird. Ein Blick in die Entwickler-Tools des Browsers ist hier oftmals schon sehr aufschlussreich.

Abbildung 5.9 zeigt die Entwicklerkonsole, während ein Artikel in den Warenkorb gelegt wird. Hier lässt sich nun leicht ablesen, dass der Request auf die `ajaxAddArticleCart`-Action des `Checkout`-Controllers geroutet wird. Ein Blick in die entsprechende Controller-Methode zeigt, was dort passiert (siehe Listing 5.23).

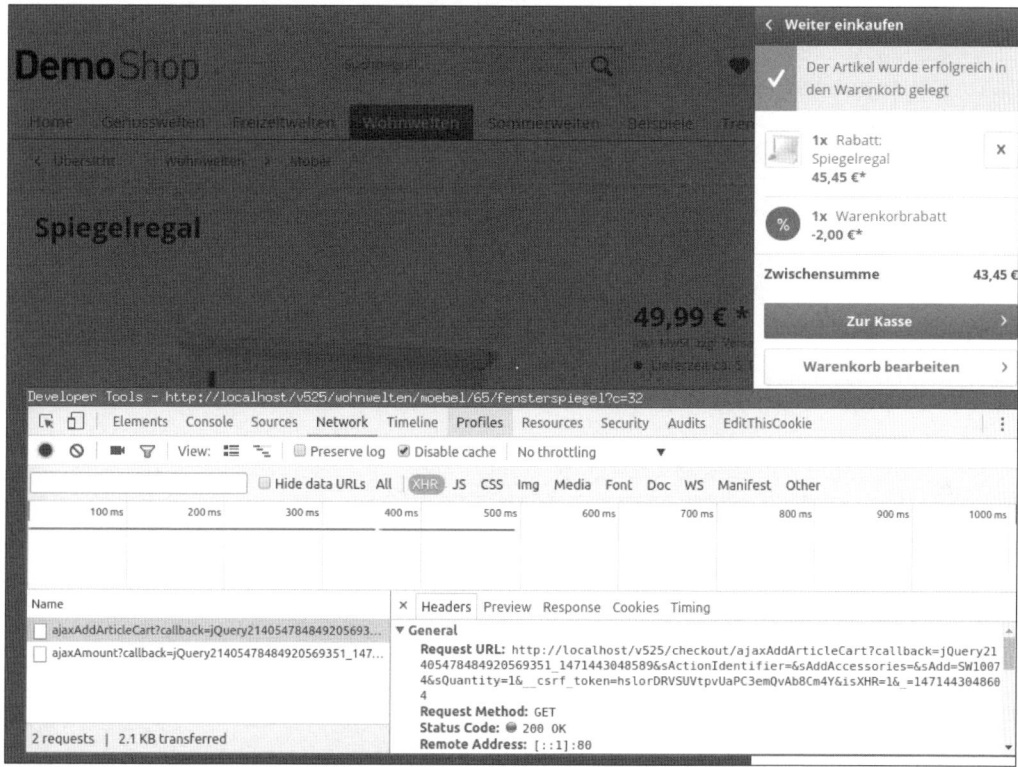

Abbildung 5.9 In der Entwicklerkonsole sehen Sie die Ziel-Routen von Ajax-Requests.

```
public function ajaxAddArticleCartAction()
{
    $orderNumber = $this->Request()->getParam('sAdd');
    $quantity = $this->Request()->getParam('sQuantity');

    $this->basket->sAddArticle($orderNumber, $quantity);

    $this->forward('ajaxCart');
}
```

Listing 5.23 Die Methode »\Shopware_Controllers_Frontend_Checkout::ajaxAddAr-ticleCartAction« (gekürzt)

Hier werden also die Get-Parameter sAdd und sQuantity ausgelesen und an die Methode sBasket::sAddArticle weitergegeben. Daraus ergibt sich bereits, dass die beiden Eingangsparameter beispielsweise mit einem PreDispatch-Event modifiziert oder geprüft werden könnten.

Ein Blick in die Methode `sBasket::sAddArticle` offenbart weitere Einstiegspunkte: Zunächst ist die Methode *hookable*, da es sich um eine Public-Methode in einer Core-Klasse handelt. Damit sind Before-, After- und Replace-Hooks möglich.

In der Methode finden sich weitere Events, wie etwa das Event `Shopware_Modules_Basket_AddArticle_Start` als NotifyUntil-Event, mit dem Sie also verhindern können, dass der Artikel tatsächlich in den Warenkorb gelegt wird. Im Programmfluss finden sich weitere Events:

`Shopware_Modules_Basket_getArticleForAddArticle_FilterArticle`

- **Wo**: `\sBasket::getArticleForAddArticle`
- **Zweck**: Modifizieren der Artikeldaten, die in den Warenkorb gelegt werden sollen

   `Shopware_Modules_Basket_AddArticle_CheckBasketForArticle`

- **Wo**: `\sBasket::checkIfArticleIsInBasket`
- **Zweck**: Anpassung des Merge-Verhaltens von Artikeln, also ob der zweite Artikel mit der gleichen Bestellnummer die Quantity erhöht oder als eigene Bestellposition geführt wird

   `Shopware_Modules_Basket_getPriceForUpdateArticle_FilterPrice`

- **Wo**: `\sBasket::getPriceForUpdateArticle`
- **Zweck**: Modifikation des Artikel-Preises

In der Regel finden Sie also recht schnell viele Events, wenn Sie dem Programmfluss vom Controller aus folgen. Eine Übersicht über häufig genutzte Application-Events sowie wichtige Global-Events finden Sie in Anhang B.2, »Übersicht über wichtige Shopware-Events«.

Ein weiteres nützliches Tool, um Erweiterungspunkte zu finden, ist der *Profiler*, der unter anderem alle in einem Request ausgelösten Events auflistet (siehe Abschnitt 18.2).

5.2.7   Der bessere Weg: Subscriber

In den verschiedenen Beispielen, die Sie bisher gesehen haben, wurden die Events direkt in der Plugin-Basisklasse registriert. Dies hat den Vorteil, dass es schnell umzusetzen und sehr anschaulich ist.

Bei größeren Plugins liegt das Problem auf der Hand: Werden viele Events genutzt, wird die Basisklasse schnell unübersichtlich und schwer zu pflegen. Aus diesem Grund unterstützt Shopware die Nutzung von sogenannten Subscribern. Hierbei handelt es sich um dezidierte Klassen, deren einziger Zweck es ist, sich auf Events zu registrieren. Die Basisklasse des Plugins bleibt so frei davon.

Im Folgenden wird das *LoremQuestions*-Plugin auf dieses Subscriber-System umgestellt:

```
class LoremQuestions extends \Shopware\Components\Plugin
{
    public static function getSubscribedEvents()
    {
        return [
            'Enlight_Controller_Action_PreDispatch_Frontend'
                    => 'preparePlugin',
        ];
    }

    public function preparePlugin()
    {
        $this->container->get('Template')->addTemplateDir(
            $this->getPath() . '/Resources/Views/'
        );
    }
}
```

Listing 5.24 Die Datei »custom/plugins/LoremQuestions/LoremQuestions.php«

Aus der Plugin-Basisklasse wurden die bisherigen Event-Subscriber entfernt. Neu ist das Event `Enlight_Controller_Action_PreDispatch_Frontend`. In seinem Callback wird für das gesamte Frontend das Template-Verzeichnis des Plugins registriert. Damit können Sie sich darauf verlassen, dass im Folgenden das Template-Verzeichnis des Plugins immer bekannt ist. Auch dies könnte natürlich in einen eigenständigen Subscriber ausgelagert werden – für diese Art von »Vorbereitungsarbeit« ist die Basisklasse aber gut geeignet.

Als Nächstes wird die Datei *services.xml* im *Resources*-Verzeichnis erzeugt. Hierbei handelt es sich um den Symfony-DI-Container, über den alle Serviceklassen und auch Subscriber bereitgestellt werden:

```
<?xml version="1.0" ?>

<container xmlns="http://symfony.com/schema/dic/services"

        xsi:schemaLocation="http://symfony.com/schema/dic/services
            http://symfony.com/schema/dic/services/services-1.0.xsd">

    <services>
        <service id="lorem_questions.controller" class="LoremQuestions\
```

```
                        Subscriber\Controller">
            <argument type="service" id="service_container" />
            <tag name="shopware.event_subscriber" />
        </service>
        <service id="lorem_questions.detail" class="LoremQuestions\Subscriber\
                Detail">
            <argument type="service" id="service_container" />
            <tag name="shopware.event_subscriber" />
        </service>
    </services>
</container>
```

Listing 5.25 Die Datei »custom/plugins/LoremQuestions/Resources/services.xml«

Die Grundstruktur des XMLs ist immer die gleiche – für uns interessant ist der XML-Knoten services. In diesem Fall registrieren Sie zwei Subscriber, die sich selbstständig auf Events registrieren. Schauen Sie sich den nachfolgenden Eintrag näher an:

```
<service id="lorem_questions.controller"
        class="LoremQuestions\Subscriber\Controller">
    <argument type="service" id="service_container" />
    <tag name="shopware.event_subscriber" />
</service>
```

Der Knoten service enthält die beiden Attribute id und class. id gibt den von uns gewählten Service-Namen an. Über diesen kann später jederzeit die Instanz der Klasse angefragt werden, beispielsweise mit $container->get('my_plugin_service'). Das ist besonders interessant für eigene Services, die Sie in anderen Beispielen noch definieren werden.

class gibt den vollqualifizierten Klassennamen der Klasse an, die der DI-Container erzeugen soll, wenn der jeweilige Service angefragt wird.

Falls die Klasse Konstruktor-Parameter benötigt, können diese dann über das argument-Tag definiert werden. In diesem Beispiel wird in an die Subscriber jeweils eine Instanz des DI-Containers übergeben. Das ist generell empfehlenswert, immerhin wird in den Subscribern häufig Gebrauch von anderen Services gemacht. Der Symfony-DI-Container erzeugt also vollautomatisiert unsere Klassen.

Die XML-Servicedefinition kann daher auch als eine Art »Rezept« zum Erzeugen von Klasseninstanzen verstanden werden: Es werden alle »Zutaten« (Abhängigkeiten) in XML definiert, sodass der DI-Container die Klassen selbstständig »zubereiten« (instanziieren) kann.

Schließlich wird im Knoten tag noch definiert, dass es sich um ein shopware.event_subscriber-Tag handelt. Tags können letztlich als Zusatzinformationen verstanden

werden, mit denen der Service für einen speziellen Anwendungsfall markiert wird.
Hier wird dem DI-Container also signalisiert, dass es sich um Event-Subscriber handelt, die sich auf verschiedene Events registrieren. Letztlich dient dies der Bequem-
lichkeit, denn der DI-Container nimmt alle weitere Arbeit automatisch vor.

Detaillierte Informationen zum DI-Container finden Sie in der Symfony-Dokumen-
tation unter *http://symfony.com/doc/current/service_container.html*.

Die Event-Subscriber, die Sie soeben in der *services.xml* definiert haben, sehen wie
folgt aus:

```php
<?php
namespace LoremQuestions\Subscriber;

use Enlight\Event\SubscriberInterface;

class Controller implements SubscriberInterface
{
    public static function getSubscribedEvents()
    {
        return [
            'Enlight_Controller_Dispatcher_ControllerPath_Frontend_
                    Questions' => 'onGetControllerPath'
        ];
    }

    public function onGetControllerPath()
    {
        return __DIR__ . '/../Controllers/Frontend/LoremQuestions.php';
    }

}
```

Listing 5.26 Die Datei »custom/plugins/LoremQuestions/Subscriber/Controller.php«

Wie zu sehen ist, ist diese Datei der ursprünglichen Logik in der Plugin-Basisklasse
sehr ähnlich. Das liegt daran, dass die Plugin-Basisklasse selbst auch als Subscriber
fungiert. Darum gibt es auch hier die Methode getSubscribedEvents, in der die Events
aufgelistet werden, auf die sich der Subscriber registriert.

Neu ist lediglich das Interface SubscriberInterface, von dem der Subscriber ableiten
muss. Außerdem wurde im Event-Callback der Aufruf $this->Path() durch __DIR__
ersetzt, da die Path-Helfermethode nur in der Plugin-Basisklasse zur Verfügung
steht.

Die Logik zur Erweiterung der Artikeldetailseite wurde in einen zweiten Subscriber ausgelagert:

```php
<?php
namespace LoremQuestions\Subscriber;

use Enlight\Event\SubscriberInterface;

class Detail implements SubscriberInterface
{
    public static function getSubscribedEvents()
    {
        return [
            'Enlight_Controller_Action_PostDispatchSecure_Frontend_Detail'
                    => 'onPostDispatchDetail'
        ];
    }

    public function onPostDispatchDetail(\Enlight_Event_EventArgs $args)
    {
        /** @var \Shopware_Controllers_Frontend_Detail $detailController */
        $detailController = $args->getSubject();
        $view = $detailController->View();

        $view->assign('lorem_faq', [
            'Werden die Batterien direkt mitgeliefert' => [
                'Ja, werden sie',
                'Ja, es sind 3 AAA-Batterien enthalten'
            ],
            'Gibt es eine Herstellergarantie?' => [
                'Ja, 3 Jahre',
                'Ja, 3 Jahre -
                    aber nur, wenn man sich beim Hersteller registriert'
            ]
        ]);
    }

}
```

Listing 5.27 Die Datei »custom/plugins/LoremQuestions/Subscriber/Detail.php«

Auch hier gibt es kaum Neuerungen: Die Event-Registrierung aus der Plugin-Basis-klasse lässt sich also sehr leicht in einzelnen Subscribern registrieren.

Auch wenn das Anlegen einer XML-Datei sowie von separaten Subscribern zunächst sehr umständlich wirken mag, handelt es sich dabei um ein wichtiges Prinzip, um Plugins auch auf Dauer übersichtlich zu halten. Für den schnellen Start ist das Registrieren der Events in der Plugin-Basisklasse eine gute Option. Sobald aber mehrere Events genutzt werden, empfiehlt es sich, diese thematisch in unterschiedlichen Subscribern zu registrieren: etwa in einem Subscriber für die Controller-Registrierungen, einem Subscriber für die Anpassungen der Detailseite, einem Subscriber für die Preisberechnung etc.

Meiner Erfahrung nach verhindert dies Probleme bei der Pflege von Plugins, macht es anderen Entwicklern einfacher, sich zurechtzufinden und zwingt automatisch zu sauberem Arbeiten.

Kapitel 6
Arbeiten mit der Datenbank

Neben dem Templating und der Applikationslogik gehört die Datenbank zu den wesentlichen Teilbereichen eines jeden Shops. Ein Großteil des Inhalts wird über die Datenbank gesteuert, und kaum ein Plugin wird völlig auf die Nutzung und Erweiterung der Shopware-Datenstrukturen verzichten können.

Shopware setzt als Datenbank eine MySQL-Datenbank voraus. Diese beinhaltet Artikel, Preise, Kunden, statische Seiten oder die Einkaufswelten. Auch wenn optional und zusätzlich Elasticsearch genutzt werden kann, ist eine Beschäftigung mit der Shopware-Datenbank aus Entwicklersicht unerlässlich.

In diesem Kapitel lernen Sie die Datenbank aus verschiedenen Perspektiven kennen: Das Arbeiten mit dem PDO-Objekt bildet sicher die Grundlage für kleinere und alltägliche Arbeiten mit dem System.

Gerade aber auch das Arbeiten mit *Doctrine ORM* sowie damit verbundenen Techniken wie Models und Querybuilder ist unerlässlich, wenn es um die Anpassung und Erweiterung bestehender Shopware-Logik geht.

6.1 Das PDO-Objekt in Shopware

PDO (*PHP Data Objects*) ist die Standardschnittstelle für Datenbankzugriffe in PHP. Shopware stellt immer eine Instanz eines PDO-Objekts bereit, sodass es niemals nötig ist, eine eigene Verbindung zur Datenbank aufzubauen.

Generell stehen dabei zwei unterschiedliche Wege zur Verfügung: das ältere Shopware-DB-Objekt sowie die sogenannte DBAL-Connection. Shopware-DB wird insbesondere in den Core-Klassen noch genutzt und zurzeit sukzessive durch die DBAL-Connection abgelöst, die vielen Doctrine- und Symfony-Entwicklern sicher ein Begriff ist. Technisch gesehen arbeiten beide mit PDO, bieten jedoch unterschiedliche Helfermethoden an. Grundsätzlich empfiehlt sich für eine Neuentwicklung immer die DBAL-Connection, die Sie auch im weiteren Verlauf dieses Buches nutzen werden.

Die DBAL-Connection kann über den DI-Container bezogen werden:

```
/** @var \Doctrine\DBAL\Connection $connection */
$connection = $container->get('dbal_connection')
```

Über `$connection` können dann beliebige Datenbank-Querys abgesetzt werden:

```
$sql = 'SELECT COUNT(id) as count FROM s_articles';
$result = $connection->query($sql)->fetch();
echo $result['count']; // Ergebniss: 225
```

Besonders wichtig im Alltag ist dabei die Nutzung von *Prepared Statements* – also die Trennung der SQL-Abfrage und der Werte, um SQL-Injection-Angriffe zu vermeiden:

```
$sql = 'SELECT email FROM s_user WHERE email = ?';
$stmt = $connection->prepare($sql);
$stmt->execute(['mustermann@b2b.de']);
$result = $stmt->fetch();

echo $result['email'];
```

Hier wird eine Query mit dem Platzhalter ? erzeugt. Die `prepare`-Methode erzeugt ein Statement-Objekt, das mit der `execute`-Methode ausgeführt wird. Hier können auch die Platzhalter befüllt werden. In diesem Fall soll nach einer E-Mail-Adresse »mustermann@b2b.de« gesucht werden. Mit `$stmt->fetch()` werden die passenden Datensätze geladen.

Der ?-Platzhalter arbeitet indexbasiert, d. h., die Platzhalter werden über die Position in der Query identifiziert. Bei vielen Platzhaltern in einer Query kann das schnell unübersichtlich werden, weshalb PDO auch benannte Platzhalter ermöglicht:

```
$stmt = $connection->prepare('SELECT email FROM s_user WHERE email = :email');
$stmt->execute(['email' => 'mustermann@b2b.de']);
$result = $stmt->fetch();

echo $result['email'];
```

Das Beispiel ist identisch mit dem vorherigen. Allerdings wird statt des ?-Platzhalters der benannte Parameter `:email` genutzt. In der `execute`-Methode wird entsprechend statt einem indexbasierten Array ein assoziatives Array übergeben, in welchem dem Schlüssel `email` der Wert `mustermann@b2b.de` zugewiesen wird.

Sobald komplexere Querys geschrieben werden müssen oder Querys in mehreren Schritten erstellt werden, empfiehlt es sich, den DBAL-Querybuilder zu nutzen. Dieser Querybuilder ermöglicht es, Querys in einer objektorientierteren Art und Weise zu erzeugen:

```
$builder = $connection->createQueryBuilder();
$builder->select('details.ordernumber')
    ->from('s_articles', 'articles')
    ->innerJoin(
        'articles',
        's_articles_details',
        'details',
        'details.articleID = articles.id'
    )
    ->where('articles.name = "Glasbecher"');
$stmt = $builder->execute();
$result = $stmt->fetchAll();

foreach ($result as $detail) {
    echo $detail['ordernumber'];
}
```

Listing 6.1 Der DBAL-Querybuilder bietet ein objektorientiertes Interface

Zunächst wird eine Instanz eines Querybuilders über `$connection->createQuery-Builder()` erzeugt. Mithilfe des Querybuilders kann jetzt Schritt für Schritt die Query formuliert werden. Die `select`-Methode gibt dabei an, welche Spalte(n) selektiert werden sollen. In der `from`-Methode werden die Tabelle, von der gelesen werden soll, sowie ein Alias angegeben. Mit `innerJoin` wird ein Join angegeben – in diesem Fall von der Artikel-Tabelle auf die Detail-Tabelle, die den Alias `details` erhält.

Die Join-Bedingung wird als Letztes angegeben. Hier soll die Detail-Tabelle also anhand der Artikel-ID verknüpft werden. Schließlich wird noch eine Where-Bedingung definiert: Es soll nur der Artikel mit dem Namen »Glasbecher« selektiert werden.

Wie schon zuvor werden mit `execute()`, gefolgt von `fetchAll()`, alle Ergebnisse geladen und schließlich ausgegeben.

Shopware selbst nutzt den DBAL-Querybuilder in den verschiedenen Storefront-Komponenten. Sie ermöglichen es beispielsweise, Core-Querys über Plugins einfach und sicher zu modifizieren.

6.2   Doctrine ORM

Doctrine ORM ist ein weitverbreiteter objektrelationaler Mapper. Das heißt, er bildet relationale Datenbanken (wie MySQL) auf objektorientierte Weise ab, sodass sich diese Datenbanken intuitiver in PHP ansprechen lassen.

Die sogenannten *Models* sind dabei gewöhnliche PHP-Klassen, für welche zusätzlich die Information hinterlegt ist, wie sie sich zu bestimmten Datenbank-Tabellen verhalten. Anstatt also auf der s_user-Tabelle zu arbeiten, kann direkt auf einem PHP-Objekt gearbeitet werden – das ORM-System kümmert sich um die Kommunikation mit der Datenbank.

In Shopware finden Sie die Models im Verzeichnis *engine/Shopware/Models*. In verschiedenen Unterverzeichnissen sind die Models nach Domäne sortiert – etwa als *Article*, *Customer* oder *Order*.

Den grundlegenden Aufbau bespreche ich im Folgenden anhand des *Customer*-Models (vgl. \Shopware\Models\Customer\Customer):

```php
<?php
namespace  Shopware\Models\Customer;

use Doctrine\Common\Collections\ArrayCollection;
use Shopware\Components\Model\LazyFetchModelEntity;
use Symfony\Component\Validator\Constraints as Assert;
use Doctrine\ORM\Mapping as ORM;

/**
 * @ORM\Entity()
 * @ORM\Table(name="s_user")
 */
class Customer extends LazyFetchModelEntity
{
    // ...
}
```

Listing 6.2 Das Doctrine-Customer-Model

Grundsätzlich handelt es sich wie erwähnt um eine normale PHP-Klasse. Damit das ORM-System den Zusammenhang zwischen Klasse und Datenbank herstellen kann, müssen entsprechende Informationen bereitgestellt werden. Dies geschieht in Shopware über sogenannte *Annotationen*, also bedeutungstragende Hinweise innerhalb der Kommentare.

Die oben aufgelistete Klasse hat zwei dieser Annotationen: @ORM\Entity() kennzeichnet, dass es sich um ein Model handelt, das vom ORM verwaltet werden soll. Die zweite Annotation, @ORM\Table(name="s_user"), bezeichnet die Tabelle, die von diesem Model beschrieben wird.

Damit kennt das ORM bereits die Verbindung zwischen Model und einer konkreten Tabelle – die verschiedenen Spalten der Tabelle werden als Propertys in der Klasse hinterlegt:

```php
/**
 * @ORM\Column(name="id", type="integer", nullable=false)
 * @ORM\Id
```

```
 * @ORM\GeneratedValue(strategy="IDENTITY")
 */
private $id;

/**
 * @ORM\Column(name="active", type="boolean", nullable=false)
 */
private $active = 0;

/**
 * @Assert\Email(strict=false)
 * @Assert\NotBlank
 * @ORM\Column(name="email", type="string", length=70, nullable=false)
 */
private $email;
```

Listing 6.3 Mit Hilfe von Kommentaren werden Eigenschaften mit Datenbank-Feldern verknüpft

In dem Listung oben sehen Sie die drei Propertys id, active und email. Über die @Columnn-Annotation wird dem ORM mitgeteilt, für welche Spalte der s_user-Tabelle das jeweilige Property genutzt wird. Dabei wird jeweils über name der Spaltenname angegeben, type definiert den Datentyp, length legt für Textspalten die Länge fest, und nullable definiert, ob die Spalte leer sein darf (also *nullable* ist). Über die Annotationen erhält das ORM damit eine vollumfängliche Beschreibung der hinterlegten Tabelle: den Tabellennamen, die Spalten und die jeweilige Spaltenkonfiguration.

Für die Spalte id sind darüber hinaus noch zusätzliche Informationen hinterlegt: @ORM\ Id markiert, dass es sich um den *Primary Key* der Tabelle handelt, @ORM\Generated-Value(strategy="IDENTITY") beinhaltet den Hinweis, dass die Spalte als AUTO_INCREMENT definiert ist, die Datenbank sich also um die Vergabe von eindeutigen IDs kümmert.

Für jedes Property werden darüber hinaus Getter und Setter definiert: Die Propertys sind stets protected oder private, sodass von außen nicht auf sie zugegriffen werden kann:

```
public function getId()
{
    return $this->id;
}

public function setEmail($email)
{
    $this->email = $email;
    return $this;
}
```

```php
public function getEmail()
{
    return $this->email;
}

public function setActive($active)
{
    $this->active = $active;
    return $this;
}

public function getActive()
{
    return $this->active;
}
```

Listing 6.4 Getter und Setter gewähren Zugriff auf die Felder

Wie oben zu sehen, bildet die ID in dieser Hinsicht eine Ausnahme: Für sie ist lediglich ein Getter definiert – da die Datenbank die IDs vergibt, ist ein Setzen der ID von außen nicht erwünscht.

Dieser Mehraufwand bei der Definition der Models zahlt sich später bei der Nutzung aus: Anstatt (wie im vorherigen Kapitel) die benötigten SQL-Querys immer neu formulieren zu müssen, können Sie direkt auf der PHP-Klasse arbeiten:

```php
/** @var Shopware\Components\Model\ModelManager $entityManager */
$entityManager = $this->container->get('models');

$customerRepository = $entityManager->getRepository(\Shopware\Models\Customer\
Customer::class);

/** @var \Shopware\Models\Customer\Customer $customer */
$customer = $customerRepository->findOneBy(['email' => 'mustermann@b2b.de']);

if ($customer) {
    echo $customer->getId();
}
```

Listing 6.5 Über Repositorys können häufig benötigte Datenbankabfragen vorgenommen werden

Zunächst wird aus dem DI-Container der Entity-Manager geladen, der Zugriff auf die verschiedenen Models ermöglicht. Über die Methode getRepository wird ein sogenanntes *Repository* für ein gegebenes Model geladen.

Ein Repository erlaubt verschiedene Abfragen, um konkrete Datensätze aus der Datenbank zu laden. Im obigen Beispiel wird dazu die Methode `findOneBy` genutzt: Damit wird ein Datensatz geladen, der die im Folgenden definierten Kriterien erfüllt. Im Beispiel wird erneut der Kunde mit der E-Mail-Adresse mustermann@b2b.de gesucht. Der Schlüssel `email` nimmt dabei Bezug auf das gleichnamige Property im Customer-Model. Ebenso könnte also nach `id` oder `active` gefragt werden, da diese ja ebenfalls im Model definiert sind.

Falls ein passender Customer-Datensatz gefunden wurde, wird hier im Beispiel abschließend dessen ID ausgegeben. Wie oben zu sehen ist, musste dabei keinerlei SQL-Query definiert werden – das ORM erledigt alle nötigen Abfragen im Hintergrund.

Natürlich sind nicht nur einfache Datenfelder in Models nötig: In der Praxis haben fast alle Models in Shopware sogenannte *Assoziationen* auf andere Models – zu einem Kundendatensatz gehört so beispielsweise eine Rechnungsadresse, die in der Tabelle s_user_addresses hinterlegt ist. Auch Assoziationen werden vom ORM automatisiert aufgelöst – im Code müssen dafür lediglich die entsprechenden Getter aufgerufen werden:

```
$customer->getDefaultBillingAddress()->getCity()
```

Theoretisch kann man dabei über beliebig viele Assoziationen gehen:

```
$customer->getOrders()->first()->getDetails()->first()->getArticleName()
```

Hier werden zum Kunden zunächst dessen Bestellungen geladen. Für die erste Bestellung werden dann die Bestellpositionen abgefragt (getDetails), um schließlich den Artikelnamen der ersten Bestellposition auszugeben. Diese Art, sich durch die Assoziationen zu arbeiten, ist aus Performance-Gründen zwar nicht unbedingt empfehlenswert und berücksichtigt auch bestimmte Fehlerfälle nicht – sie zeigt aber sehr schön die Möglichkeiten des ORM auf.

Das ORM vereinfacht aber nicht nur das Lesen von Datensätzen. Auch das Erzeugen, Aktualisieren oder Löschen ist damit einfach möglich:

```
$customer = new \Shopware\Models\Customer\Customer();

$customer->setFirstname('Peter');
$customer->setLastname('Müller');
$customer->setPassword('geheim');
$customer->setNumber('123456');

$entityManager->persist($customer);
$entityManager->flush($customer);
```

Auch hier kann – wie von PHP gewohnt – zunächst schlicht eine Instanz des Customer-Models erzeugt werden. Über die verschiedenen Setter wird das Model mit den gewünschten Daten befüllt. Mit `persist()` wird das Model im Entity-Manager zum Speichern vorgemerkt, und durch `flush()` wird das Model tatsächlich in die Datenbank geschrieben. Analog dazu funktioniert das Aktualisieren existierender Datensätze:

```
$customer = $customerRepository->findOneBy(['email' => 'mustermann@b2b.de']);
if ($customer) {
    $customer->setFirstname('New name');
    $entityManager->flush();
}
```

Hier wird wie zuvor zunächst ein Kunde über die E-Mail-Adresse ausgelesen und danach der Vorname geändert. Die eigentliche Änderung wird auch hier erst durch den Aufruf von `flush()` geschrieben. Da das Model bereits vom Entity-Manager verwaltet wurde, ist der Aufruf von `persist()` in diesem Fall nicht nötig.

Das Löschen funktioniert analog dazu. Mit der `remove()`-Methode wird das Model zum Löschen markiert, und `flush()` führt die Operation auf der Datenbank aus:

```
$customer = $customerRepository->findOneBy(['email' => 'mustermann@b2b.de']);
if ($customer) {
    $entityManager->remove($customer);
    $entityManager->flush();
}
```

Die obigen Beispiele können natürlich nur einen ersten Eindruck von der Arbeit mit Doctrine ORM vermitteln. Auf der Homepage des Doctrine-Projekts unter *http://docs.doctrine-project.org* gibt es eine umfangreiche Dokumentation des Systems.

6.3   Eigene Models

Auch in Plugins sind Models empfehlenswert: Neben den Vorteilen, die Doctrine ORM generell bietet, vereinfachen sie auch die Entwicklung von Backend-Modulen (vgl. Kapitel 10, »Backend-Module schreiben«) und APIs (vgl. Kapitel 11, »Shopware-API«).

In diesem Abschnitt soll nun das *LoremQuestions*-Plugin um eigene Models erweitert werden, die Fragen und Antworten abbilden.

Die Grundstruktur des Question-Models sieht wie folgt aus:

```
<?php

namespace LoremQuestions\Models;
```

```
use Doctrine\Common\Collections\ArrayCollection;
use Doctrine\ORM\Mapping as ORM;
use Shopware\Components\Model\ModelEntity;

/**
 * @ORM\Entity
 * @ORM\Table(name="lorem_questions")
 */
class Question extends ModelEntity
{


}
```

Listing 6.6 Die Datei »custom/plugins/LoremQuestions/Models/Question.php«

Hier gibt es zunächst wenig Neues; das Model bekommt den passenden Namespace für das Plugin. Einige später genutzte Klassen werden importiert. Da auch ORM-Annotationen auf Klassen Bezug nehmen, müssen auch diese importiert werden – in diesem Fall etwa durch `use Doctrine\ORM\Mapping as ORM`. Auch wenn Models Standard-PHP-Klassen sind, empfiehlt es sich, von der Shopware-Klasse `ModelEntity` abzuleiten: Diese bietet einige Helfer-Funktionen, die Sie später noch benötigen. Der Tabellenname soll »lorem_question« lauten – auch bei Tabellennamen empfiehlt es sich, das Entwicklerkürzel voranzustellen, um Kollisionen mit anderen Plugins zu vermeiden.

Nun soll das Model die benötigten Datenfelder und Assoziationen erhalten. Neben einer ID, der Frage als Text und einem Zeitstempel soll das Question-Model auch eine Referenz auf den Kunden erhalten, der die Frage angelegt hat, sowie eine Referenz auf den Artikel, auf den die Frage Bezug nimmt. Schließlich soll es auch eine Referenz auf die Antworten geben, die zu der Frage gehören.

Das Anlegen einfacher Datenfelder habe ich bereits besprochen. In der Klasse werden folgende Propertys und Getter/Setter implementiert:

```
/**
 * @ORM\Id
 * @ORM\Column(type="integer")
 * @ORM\GeneratedValue(strategy="IDENTITY")
 */
private $id;

/**
 * @ORM\Column(name="question", type="string", nullable=false)
 */
private $question;
```

```
/**
 * @ORM\Column(name="time", type="datetime", nullable=false)
 */
private $time;

public function getId()
{
    return $this->id;
}

public function getQuestion()
{
    return $this->question;
}

public function setQuestion($question)
{
    $this->question = $question;
}

public function getTime()
{
    return $this->time;
}

public function setTime($time)
{
    $this->time = $time;
}
```

Listing 6.7 Definitionen der zusätzlichen Spalten und Assoziationen

Neu ist hier lediglich der Spaltentyp datetime. Die Werte in dieser Spalte stellt Shopware später als PHP-Datetime-Objekte zur Verfügung. Als Nächstes werden die drei Assoziationen zu Kunde, Artikel und Antworten hinterlegt:

```
/**
 * @ORM\ManyToOne(targetEntity="\Shopware\Models\Customer\Customer")
 * @ORM\JoinColumn(name="user_id", referencedColumnName="id")
 */
protected $customer;

/**
 * @return \Shopware\Models\Customer\Customer
```

```
 */
public function getCustomer()
{
    return $this->customer;
}

public function setCustomer($customer)
{
    $this->customer = $customer;
    return $this;
}
```

Listing 6.8 Die Kundenassoziation mitsamt Getter und Setter

Bei der Annotation für den Kunden fallen die beiden neuen Elemente `ManyToOne` und `JoinColumn` auf. Hier werden alle Informationen hinterlegt, die Doctrine benötigt, um später beispielsweise Joins automatisch zu generieren. `ManyToOne` gibt an, dass jeder Frage genau ein Kunde zugeordnet ist, jeder Kunde aber mehrere Fragen haben kann. Das Ermitteln des richtigen Join-Typs (`ManyToOne`, `ManyToMany`, `OneToMany`) erfordert etwas Erfahrung. Oftmals hilft es aber bereits, sich an ähnlich gelagerten Beispielen im Shopware-Core zu orientieren. Beispielsweise hat auch das Order-Model eine Assoziation auf Kunden.

Während die `ManyToOne`-Annotation Aufschluss darüber gibt, was gejoint wird und wie die Relation der Daten beschaffen ist, verrät die Annotation `JoinColumn`, wie der Join erfolgen soll: `name="user_id"` definiert, dass in der Tabelle *lorem_questions* eine Spalte *user_id* vorhanden ist, die für den Join genutzt werden soll. `referencedColumn-Name="id"` definiert, dass auf die Spalte id des Customer-Models gejoint werden soll. Damit hat Doctrine letztlich alle benötigten Informationen: Den Tabellennamen des Customer-Models kann es ja aus dem Customer-Model laden.

```
/**
 * @ORM\ManyToOne(targetEntity="Shopware\Models\Article\Article")
 * @ORM\JoinColumn(name="article_id", referencedColumnName="id", nullable=
false)
 */
protected $article;

public function getArticle()
{
    return $this->article;
}

public function setArticle($article)
```

```
{
    $this->article = $article;
    return $this;
}
```

Listing 6.9 Die Artikel-Assoziation

Die Artikel-Assoziation ist grundsätzlich nach demselben Schema aufgebaut: Jeder Frage ist genau ein Artikel zugeordnet, ein Artikel kann aber mehrere Fragen haben. Es handelt sich also erneut um eine `ManyToOne`-Assoziation. Das `targetEntity` ist das Standard-Article-Model von Shopware, `Shopware\Models\Article\Article`. Neu ist hier lediglich die Annotation `nullable=false`. Sie definiert, dass jede Frage einen Bezug zu einem Artikel haben *muss* – eine Frage ohne Artikel wäre ein inkonsistenter Datensatz und würde durch die Annotation von Doctrine verhindert werden.

Schließlich betrachten Sie noch die Assoziation auf das Answer-Model (das ich Ihnen im Folgenden noch genauer vorstelle):

```
/**
 * @ORM\OneToMany(targetEntity="LoremQuestions\Models\Answer", mappedBy=
"question", orphanRemoval=true, cascade={"persist"})
 */
protected $answers;

public function getAnswers()
{
    return $this->answers;
}

public function setAnswers($answers)
{
    return $this->setOneToMany($answers, '\LoremQuestions\Models\
Answer', 'answers', 'question');
}
```

Listing 6.10 Die Answer-Model-Assoziation mitsamt Getter und Setter

In diesem Fall handelt es sich um eine `OneToMany`- Doctrine: Eine Frage hat viele Antworten, jede Antwort gehört aber zu exakt einer Frage. Neu sind hier die zusätzlichen Parameter `mappedBy`, `orphanRemoval` und `cascade`:

▶ `mappedBy` ist hier nötig, weil das Question-Model die ID des Answer-Models nicht kennt – die Antworten haben aber die ID des dazugehörigen Question-Models. (Man sagt auch: Das Answer-Model hat den Fremdschlüssel.) In diesen Fällen beinhaltet `mappedBy` folgende Information: Es gibt im Answer-Model ein Property question, dort ist der Fremdschlüssel definiert. Aus diesem kann Doctrine dann die benötigten Informationen auslesen.

▶ orphanRemoval definiert, dass beim Löschen des Question-Models auch alle dazugehörigen Answer-Models entfernt werden sollen: Es sollen nach dem Löschen einer Frage ja keine unzugeordneten Antworten in der Datenbank verbleiben.

▶ cascade wiederum definiert, welche Operationen auf dem Question-Model auch auf assoziierte Answer-Models weitervererbt werden sollen: In diesem Fall wird konfiguriert, dass ein persist (also das Vormerken zum Speichern) auf dem Question-Model sich auch auf die dazugehörigen Antworten bezieht. Auch hierzu finden sich detaillierte Informationen in der Doctrine-Dokumentation.

Eine Besonderheit stellt in diesem Fall der Setter des Answer-Models dar:

```
return $this->setOneToMany($answers, '\LoremQuestions\Models\
Answer', 'answers', 'question');
```

Hier wird eine Helfermethode der Basisklasse verwendet. Doctrine kann nur auf Model-Objekten arbeiten – wenn einer Frage also eine Antwort zugewiesen werden soll, müssten Sie jedes Mal zunächst ein vollwertiges Answer-Objekt erzeugen und dieses dann über setAnswers zuweisen. Das kann sehr umständlich sein (durch die Helfermethode können auch simple Arrays übergeben werden), das Erzeugen des Answer-Models (zweiter Parameter) aus dem Array erfolgt dann automatisch. Die beiden letzten Parameter definieren, über welche Propertys die Models sich gegenseitig »kennen«: Das Question-Model hat eine Assoziation auf das Answer-Model über das answer-Property, und das Answer-Model hat eine Assoziation auf das Question-Model über das question-Property.

Die Helfermethode irritiert viele Einsteiger zunächst – keine Sorge, Sie können auch hier einen ganz gewöhnlichen Setter nutzen. Die Vorteile dieses Vorgehens werden später noch offensichtlicher, wenn Sie tatsächlich damit arbeiten.

Schließlich soll im Question-Model noch ein Konstruktor definiert werden:

```
public function __construct()
{
    $this->time = new \DateTime();
    $this->answers = new ArrayCollection();
}
```

Hierbei handelt es sich einfach um ein bewährtes Vorgehen: Sie stellen sicher, dass auch bei neu erzeugten Question-Models das time-Property ein Datetime-Objekt ist und das answers-Property als ArrayCollection vorbelegt ist. Dadurch kann sich der Entwickler immer darauf verlassen, dass die Felder korrekt initialisiert sind, und muss nicht immer prüfen, ob die Felder leer sind.

Was ist eine ArrayCollection?

Eine ArrayCollection ist letztlich ein Wrapper um Standard-PHP-Arrays. Sie stellt aber viele Methoden bereit, die das Arbeiten mit Arrays intuitiver und leichter machen und darüber hinaus objektorientierten Zugriff auf Arrays bereitstellen.

Damit ist das Question-Model bereits fertiggestellt. Es fehlt noch das Answer-Model:

```php
<?php

namespace LoremQuestions\Models;

use Doctrine\ORM\Mapping as ORM;
use Shopware\Components\Model\ModelEntity;

/**
 * @ORM\Entity
 * @ORM\Table(name="lorem_answers")
 */
class Answer extends ModelEntity
{
}
```

Listing 6.11 Die Datei »custom/plugins/LoremQuestions/Models/Answer.php«

Der Aufbau ähnelt dem Question-Model. Als Tabelle wird hier allerdings lorem_answers angegeben. Als einfache Felder werden eine ID, ein Zeitstempel sowie die Antwort als Zeichenkette benötigt. Als Assoziationen benötigen Sie das Customer-Model und das Question-Model:

```php
/**
 * @ORM\Id
 * @ORM\Column(type="integer")
 * @ORM\GeneratedValue(strategy="IDENTITY")
 */
private $id;

/**
 * @ORM\Column(name="time", type="datetime", nullable=false)
 */
private $time;

/**
 * @ORM\Column(name="answer", type="string", nullable=false)
```

```
 */
private $answer;

public function __construct()
{
    $this->time = new \DateTime();
}

public function getId()
{
    return $this->id;
}

public function getAnswer()
{
    return $this->answer;
}

public function setAnswer($answer)
{
    $this->answer = $answer;
}

public function getTime()
{
    return $this->time;
}

public function setTime($time)
{
    $this->time = $time;
}
```

Listing 6.12 Definition der Spalten und Assoziationen des Answer-Models

Im Konstruktor wird zudem direkt das Property time als DateTime-Objekt initialisiert. Die Assoziation auf das Customer-Model kann aus dem Question-Model übernommen werden:

```
/**
 * @ORM\ManyToOne(targetEntity="\Shopware\Models\Customer\Customer")
 * @ORM\JoinColumn(name="user_id", referencedColumnName="id")
 */
protected $customer;
```

```
public function getCustomer()
{
    return $this->customer;
}


public function setCustomer($customer)
{
    $this->customer = $customer;
}
```

Listing 6.13 Die Customer-Assoziation

Nun fehlt noch die Assoziation auf das Question-Model:

```
/**
 * @ORM\ManyToOne(targetEntity="\LoremQuestions\Models\Question", inversedBy=
"answers")
 * @ORM\JoinColumn(name="question_id", referencedColumnName="id")
 */
protected $question;

public function getQuestion()
{
    return $this->question;
}


public function setQuestion($question)
{
    $this->question = $question;
}
```

Listing 6.14 Die Question-Assoziation

Auch hierbei handelt es sich um eine ManyToOne-Assoziation: Zu jeder Antwort gehört exakt eine Frage, jede Frage hat aber mehrere Antworten. Hierbei ist auch schön zu sehen, wie sich der Typ der Assoziation je nach Perspektive umdreht: Aus Sicht des Question-Models handelt es sich um eine OneToMany-Assoziation. Für die JoinColumn wird auf der Seite des Answer-Models die Spalte question_id hinterlegt, und als referencedColumnName auf der Seite des Question-Models wird die Spalte id konfiguriert. Da nun aufseiten des Answer-Models die Assoziation hinreichend beschrieben wurde, funktioniert auch die mappedBy-Anweisung aufseiten des Question-Models.

Nun hat das Plugin also zwei Models, Question und Answer. Wie aber wird die dazugehörige Datenstruktur in der Datenbank erzeugt? Auch hier bietet Doctrine mächtige Helfer, mit denen die benötigten Tabellen direkt aus den Models erzeugt werden können. So verhindern Sie Abweichungen zwischen Model und Datenstruktur und sparen uns viel Arbeit beim Erstellen der Tabellen.

Das Erstellen der Tabellen sollte sinnvollerweise zur Installationszeit erfolgen. Hierzu erweitern Sie die Basisklasse des Plugins um die entsprechende Logik:

```php
<?php

namespace LoremQuestions;

use Doctrine\ORM\Tools\SchemaTool;
use LoremQuestions\Models\Answer;
use LoremQuestions\Models\Question;
use Shopware\Components\Model\ModelManager;
use Shopware\Components\Plugin\Context\InstallContext;
use Shopware\Components\Plugin\Context\UninstallContext;
use Shopware\Models\Article\Article;
use Shopware\Models\Customer\Customer;

class LoremQuestions extends \Shopware\Components\Plugin
{
    // diese beiden Methoden wurden zuvor bereits implementiert
    public static function getSubscribedEvents() { ... }
    public function preparePlugin() { ... }

    public function install(InstallContext $context)
    {
        $this->updateSchema();
        $this->createDemoData();
    }

    public function uninstall(UninstallContext $context)
    {
    }

    private function updateSchema()
    {
    }

    private function createDemoData()
    {
    }
}
```

Listing 6.15 Die Datei »custom/plugins/LoremQuestions/LoremQuestions.php« (gekürzt)

In Listing 6.15 sind die vier Methoden `install`, `uninstall`, `updateSchema` sowie `create-DemoData` neu implementiert worden. Die beiden Methoden `install` und `uninstall` können in jedem Plugin implementiert werden und werden von Shopware aufgerufen, wenn ein Plugin installiert beziehungsweise deinstalliert wird. So haben Entwickler die Gelegenheit, wichtige Vorbereitungs- und Aufräumarbeiten durchzuführen. Übergeben werden jeweils Kontext-Objekte, aus denen beispielsweise die aktuelle Version des Plugins (falls zuvor schon installiert) ausgelesen werden kann oder das Leeren von Caches angestoßen werden kann. Auch ist es möglich, Nachrichten zu hinterlegen, die dem Nutzer später in der Shopware-Administrationsoberfläche angezeigt werden.

Die Install-Methode ist hier einfach gehalten. Sie ruft lediglich die Methoden `update-Schema` sowie `createDemoData` auf. Betrachten Sie zunächst die `updateSchema`-Methode:

```
private function updateSchema()
{
    /** @var ModelManager $entityManager */
    $entityManager = $this->container->get('models');

    $tool = new SchemaTool($entityManager);

    $classMetaData = [
        $entityManager->getClassMetadata(Question::class),
        $entityManager->getClassMetadata(Answer::class),
    ];

    $tool->createSchema($classMetaData);
}
```

Listing 6.16 Über die Doctrine-Schema-Tools lassen sich Datenstrukturen auf Basis von Models erzeugen.

Hier binden Sie zunächst den Doctrine-Entity-Manager aus dem DI-Container an die Variable `$entityManager`. Im nächsten Schritt wird eine Instanz des `SchemaTool` erzeugt. Dieses Doctrine-Tool ermöglicht es, Metainformationen über Models zu sammeln und daraus direkt die dazugehörigen Tabellen zu erzeugen. Dazu werden durch den Aufruf von `getClassMetadata` zunächst die Metainformationen für die beiden Models gesammelt und an die Variable `$classMetaData` gebunden. Diese Metadaten beinhalten alle wichtigen Informationen zu den Models: Welche Tabelle repräsentieren sie, welche Spalten mit welchen Datentypen werden benötigt und welche Relationen zu anderen Tabellen gibt es?

Durch den Aufruf von `$tool->createSchema($classMetaData)` erzeugt Doctrine dann die Tabellen zu den Models: Im Hintergrund werden also auf Basis der Metainformationen die entsprechenden `CREATE TABLE`-Anweisungen in der Datenbank ausgeführt.

Die zweite Methode, die in der Install-Methode aufgerufen wird, ist `createDemoData`. Diese nutzen Sie, damit Sie direkt nach der Installation des Plugins einen Demodatensatz haben, mit dem Sie arbeiten können.

```php
private function createDemoData()
{
    /** @var ModelManager $entityManager */
    $entityManager = $this->container->get('models');

    //
    IDs from the demodata are used. If you are not using the demo data, you might
    need to modify those IDs
    $customer1 = $entityManager->getRepository(Customer::class)->find(1);
    $customer2 = $entityManager->getRepository(Customer::class)->find(2);
    $article = $entityManager->getRepository(Article::class)->find(78);

    $question = new Question();
    $question->setQuestion('Sind Batterien enthalten?');
    $question->setCustomer($customer1);
    $question->setArticle($article);
    $question->setAnswers([
        ['answer' => 'Nein', 'customer' => $customer2]
    ]);

    $entityManager->persist($question);
    $entityManager->flush($question);
}
```

Listing 6.17 Erzeugen von Beispieldaten

Einen Großteil der Methoden hier kennen Sie bereits: Zunächst werden zwei Kundenmodels für die Kunden mit den IDs 1 und 2 geladen. Hierbei nehmen Sie Bezug auf die Shopware-Demodaten. Falls diese nicht vorhanden sind, müssen diese Querys gegebenenfalls angepasst werden. Weiterhin laden Sie das Artikel-Model für den Artikel mit der ID 78.

Im nächsten Schritt wird ein Question-Model instanziiert. Dieses kann nun mit den verschiedenen Gettern und Settern befüllt werden. In diesem Szenario soll `$customer1` die Frage »Sind Batterien enthalten?« für den zuvor geladenen Artikel mit der ID 78 stellen. `$customer2` soll diese Frage mit »Nein« beantworten.

Wie zu sehen ist, wird die Antwort mit einem Array gesetzt:

```
$question->setAnswers([
    ['answer' => 'Nein', 'customer' => $customer2]
]);
```

Hier wird der oben besprochene Helfer setOneToMany genutzt: Normalerweise würde Doctrine erwarten, dass Sie ein Array von Answer-Models angeben, die Sie zuvor umständlich erzeugen müssten. Durch den setOneToMany-Helfer wird uns diese Arbeit abgenommen; Shopware erzeugt im Hintergrund automatisch ein Answer-Model und ruft automatisch für die Array-Schlüssel die dazugehörigen Setter setAnswer und setCustomer auf.

Schließlich wird durch persist und flush das Question-Model gespeichert. Ein persist für das Answer-Model ist nicht erforderlich, da die Assoziation answers im Question-Model zuvor mit cascade="persist" konfiguriert wurde.

Zum Abschluss sollten Sie noch einen Blick auf die Methode uninstall werfen:

```
public function uninstall(UninstallContext $context)
{
    /** @var ModelManager $entityManager */
    $entityManager = $this->container->get('models');

    $tool = new SchemaTool($entityManager);

    $classMetaData = [
        $entityManager->getClassMetadata(Question::class),
        $entityManager->getClassMetadata(Answer::class),
    ];

    $tool->dropSchema($classMetaData);
}
```

Listing 6.18 Die Methode »uninstall« entfernt die Datenbanktabellen des Plugins

Sie ähnelt zu großen Teilen der Methode updateSchema. Anstatt aber mittels $tool->createSchema die Datenstruktur zu erzeugen, wird diese mittels $tool->dropSchema gelöscht; bei der Deinstallation des Plugins werden also alle dazugehörigen Tabellen gelöscht.

Löschen oder nicht?

In manchen Fällen möchte der Kunde die Daten trotz Deinstallation behalten. Dies wird bei der Deinstallation des Plugins im Plugin Manager abgefragt. Ob der Kunde die Daten behalten möchte oder nicht, kann über $context->keepUserData() abgefragt werden. Je nach Plugin kann dann entschieden werden, welche Daten bzw. Tabellen gelöscht werden sollen und welche Daten bzw. Tabellen erhalten bleiben sollen, damit der Kunde nach der Neuinstallation nicht alles neu einrichten muss. Dies muss dann je nach Plugin und Anwendungsfall vom Entwickler individuell umgesetzt werden.

6.4   Repositorys und der ORM-Querybuilder

Repositorys habe ich in vorherigen Beispielen bereits besprochen: Über den Entity-Manager kann mit getRepository ein Repository für ein bestimmtes Model geladen werden. Dieses bietet dann mit Methoden wie find, findAll oder findOneBy die Möglichkeit, bestimmte Datensätze eines bestimmten Typs (etwa Customer, Article oder Answer sowie Question) zu finden. Im vorigen Beispiel haben Sie diese Repositorys genutzt, um zwei Kunden und einen Artikel anhand ihrer ID aus der Datenbank zu laden.

Häufig werden aber viel spezifischere Abfragen benötigt – etwa wenn alle Bestellungen eines konkreten Kunden innerhalb eines spezifischen Zeitraums gesucht werden. In solchen Fällen empfiehlt es sich, diese Abfragen nicht irgendwo in den Services oder Controllern des eigenen Plugins zu hinterlegen, sondern ein eigenes Repository zum Model zu schreiben, das diese Abfragen enthält. Im folgenden Beispiel werden Sie das *LoremQuestions*-Plugin so erweitern, dass auf der Artikeldetailseite nicht mehr die hartkodierten Fragen und Antworten ausgegeben werden, sondern die Fragen und Antworten, die in der Datenbank tatsächlich hinterlegt sind.

Zunächst müssen die beiden Models Question und Answer so abgeändert werden, dass das eigene Repository hinterlegt wird. Dazu tauschen Sie jeweils die Annotation @ORM\Entity über der Klassendefinition der Models durch die Annotation @ORM\Entity(repositoryClass="Repository") aus. Dadurch definieren Sie, dass Doctrine für diese Klassen nicht die Standard-Repositorys lädt, sondern die angegebenen Repositorys. Der Name kann dabei frei vergeben werden. In Shopware hat es sich eingebürgert, diese Repositorys schlicht mit Repository zu benennen. In diesem Fall teilen sich die beiden Models das gleiche Repository. Aber auch das ist nicht zwingend erforderlich; gerade wenn es sehr spezifische, unterschiedliche Abfragen für die jeweiligen Models gibt, kann es sinnvoll sein, dass jedes Model ein eigenes Repository zur Verfügung hat.

```
/**
 * @ORM\Entity(repositoryClass="Repository")
 * @ORM\Table(name="lorem_questions")
 */
```

```
class Question extends ModelEntit { }

/**
 * @ORM\Entity(repositoryClass="Repository")
 * @ORM\Table(name="lorem_answers")
 */
class Answer extends ModelEntity { }
```

Listing 6.19 Die neuen Annotationen in den Dateien »custom/plugins/LoremQuestions/ Models/Answer.php« und »custom/plugins/LoremQuestions/Models/Question.php«

Nun kann das zu den Models gehörige Repository implementiert werden:

```php
<?php

namespace LoremQuestions\Models;

use Shopware\Components\Model\ModelRepository;

class Repository extends ModelRepository
{
    public function getQuestionQuery($articleId)
    {
        $builder = $this->getQuestionQueryBuilder($articleId);

        return $builder->getQuery();
    }

    public function getQuestionQueryBuilder($articleId)
    {
        $builder = $this->getEntityManager()->createQueryBuilder()
            ->select(['questions', 'answers', 'question_customer',
                'answer_customer'])
            ->from(Question::class, 'questions')
            ->leftJoin('questions.answers', 'answers')
            ->leftJoin('questions.article', 'article')
            ->leftJoin('questions.customer', 'question_customer')
            ->leftJoin('answers.customer', 'answer_customer')
            ->where('article.id = :articleId')
            ->setParameter('articleId', $articleId);

        return $builder;
    }
}
```

Listing 6.20 Die Datei »custom/plugins/LoremQuestions/Models/Repository.php«

Das Repository liegt im selben Namespace wie die beiden Models. Die Klasse `Repository` leitet von `ModelRepository` ab – diese stellt neben einigen nützlichen Helfermethoden besonders auch die Standardmethoden bereit, die Doctrine bietet, also `find`, `findAll` oder `findOneBy`.

Implementiert werden die beiden Methoden `getQuestionQuery` sowie `getQuestionQueryBuilder`. Diese Aufteilung hat sich in Shopware bewährt, da die Repositorys hookable sind und Plugin-Entwickler dadurch bei Bedarf in der Lage sind, die Querybuilder-Methode zu erweitern – und etwa eigene Bedingungen hinzuzufügen.

Die Methode `getQuestionQueryBuilder` erzeugt einen Querybuilder. Hierbei handelt es sich nicht um den DBAL-Querybuilder, der zuvor schon besprochen wurde, sondern um den ORM-Querybuilder. Im Gegensatz zum DBAL-Querybuilder werden beim ORM-Querybuilder nicht direkt SQL-Querys formuliert, sondern eine Abfrage basierend auf den Models. Dies geht mit einer Vielzahl von Vorteilen einher.

Im Beispiel geben Sie zunächst an, welche Entitys selektiert werden sollen:

```
$builder->select(['questions', 'answers', 'question_customer', 'answer_customer'])
```

Die Aliasse, die hier aufgeführt sind, werden dann im Folgenden definiert:

```
$builder->from(Question::class, 'questions')
```

Anstatt direkt die gewünschten Tabellen anzusprechen, hinterlegen Sie hier den vollqualifizierten Namen des Models (`Question::class`). Der zweite Parameter definiert den Alias. Im nächsten Schritt definieren Sie zusätzlich Joins:

```
$builder ->leftJoin('questions.answers', 'answers')
$builder ->leftJoin('questions.article', 'article')
$builder ->leftJoin('questions.customer', 'question_customer')
$builder ->leftJoin('answers.customer', 'answer_customer')
```

Auch Joins von Entitys funktionieren etwas anders, als man es vom DBAL-Querybuilder kennt: Da das Ausgangs-Model bereits bekannt ist (das Question-Model), müssen Sie für dieses nur noch die Assoziationen nennen, die verknüpft werden müssen: hier also die Antworten, den Artikel und den Kunden vom Question-Model sowie den Kunden des Answer-Models. Als zweiter Parameter wird jeweils wieder der Alias definiert.

Die Bedingung für den Join (also welche ID in welcher Tabelle mit welcher ID in der anderen Tabelle verknüpft werden soll), kann hier komplett ausgespart werden: Doctrine hat alle nötigen Informationen bereits zur Verfügung, da diese in den Annotationen der Models hinterlegt wurden. Sie können sich also auf die Daten konzentrieren, die benötigt werden, und müssen nicht jedes Mal die konkreten Joins neu benennen. Schließlich wird nur noch eine Bedingung definiert:

```
$builder->where('article.id = :articleId')
$builder ->setParameter('articleId', $articleId);
```

Es sollen also nur Fragen für den gegebenen Artikel genutzt werden.

Die Methode `getQuestionQuery` ist dagegen sehr kurz gehalten. Sie ruft letztlich nur die Methode `getQuestionQueryBuilder` auf und gibt das dazugehörige Query-Objekt zurück. In umfangreicheren Plugins würde man aber auch die Paginierung hier vornehmen. Die Zweiteilung dient wie bereits erwähnt in erster Linie dazu, die für Hooks interessante Querybuilder-Methode klein und erweiterbar zu halten.

Damit ist auch das Repository bereits implementiert. Abschließend passen Sie nun noch die Frontend-Logik so an, dass statt der hartkodierten Daten die Daten aus der Datenbank genutzt werden. Zunächst wird dazu der Detail-Subscriber angepasst:

```
public function onPostDispatchDetail(\Enlight_Event_EventArgs $args)
{
    /** @var \Shopware_Controllers_Frontend_Detail $detailController */
    $detailController = $args->getSubject();
    $view = $detailController->View();

    /** @var ModelManager $em */
    $em = $this->container->get('models');
    /** @var \LoremQuestions\Models\Repository $repository */
    $repository = $em->getRepository(Question::class);

    $articleId = $view->getAssign('sArticle')['articleID'];
    $query = $repository->getQuestionQuery($articleId);
    $result = $query->getArrayResult();

    $view->assign('lorem_faq', $result);
}
```

Listing 6.21 Die Anpassungen an der Methode »\LoremQuestions\Subscriber\ Detail::onPostDispatchDetail«

Hier wird mit dem Entity-Manager das Repository des Question-Models geladen – also das Repository, das gerade erstellt wurde. Über `$query = $repository->getQuestionQuery(2)` wird die von uns implementierte Methode `getQuestionQuery` aufgerufen, und als Parameter wird die Artikel-ID des aktuellen Artikels übergeben. Die Artikel-ID wird hier aus der View ausgelesen – der Detail-Controller von Shopware stellt alle Informationen zum aktuellen Artikel über die Variable `sArticle` bereit.

Schließlich wird auf dem Query-Objekt die Methode `getArrayResult` aufgerufen. Dadurch führt Doctrine den Query aus und gibt das Ergebnis in Form eines Arrays zurück. Wenn Sie auch hier mit den Models arbeiten möchten, können Sie diese über `$query->getResult` anfragen. Dann können Sie objektorientiert auf den Models weiterarbeiten. In diesem Fall werden die Daten nur zur Weitergabe an die View benötigt und dort an die Variable `lorem_faq` gebunden.

Durch die geänderten Daten muss auch die View angepasst werden. Der Inhalt des `div`s mit der Klasse `tab--content` ändert sich wie hier gezeigt:

```
{* FAQ content *}
<div class="tab--content">
    <div class="content--description">
        {foreach $lorem_faq as $question}
            <div class="content--title">
                {$question.question}
            </div>
            <small>Frage von {$question.customer.firstname} {$question.
                customer.lastname}</small>
            <div class="product--description">
                <ul>
                    {foreach $question.answers as $answer}
                        <li>
                            {$answer.customer.firstname} {$answer.customer.
                                lastname}: {$answer.answer}
                        </li>
                    {/foreach}
                </ul>
            </div>
        {/foreach}

    </div>
</div>
```

Listing 6.22 Die Datei »custom/plugins/LoremQuestions/Resources/Views/frontend/detail/tabs.tpl«

Abbildung 6.1 zeigt, dass die Daten aus der Datenbank nun korrekt auf der Artikeldetailseite ausgegeben werden, wenn ein Artikel mit FAQ-Einträgen aufgerufen wird. Im vorigen Beispiel haben Sie ja die FAQ für Artikel 78 (»Uhr antik«) hinterlegt.

Beschreibung	Bewertungen 0	FAQ

Sind Batterien enthalten?

Frage von Max Mustermann
- Frank Müller: Nein

Abbildung 6.1 Nach den Anpassungen werden auf der Detailseite Echtdaten aus der Datenbank ausgegeben.

Models oder nicht?

Bei allen Vorteilen, die das Arbeiten mit ORM-Models bietet, sollten Sie bedenken, dass Sie damit auch ein Stück Kontrolle über die Querys abgeben und dass mit ORM-Models immer etwas Overhead einhergeht. So spricht zwar auch im Frontend nichts grundsätzlich gegen die Verwendung von ORM-Models – gerade in performance-kritischen Fällen auf ungecachten Seiten kann aber das Arbeiten mit der DBAL-Connection Vorteile bieten. Besonders wenn viele ToMany-Assoziationen genutzt werden, können eine oder mehrere optimierte Querys über die DBAL-Connection die bessere Alternative sein.

Kapitel 7
Eigene Einkaufswelten-Elemente

Die Einkaufswelten gehören sicher zu den besonderen Stärken von Shopware, da sie auch Nichttechnikern viele Gestaltungsmöglichkeiten einräumen. In diesem Kapitel erweitern Sie die Einkaufswelt durch ein eigenes Element.

In vielen Projekten werden unter anderem auch die Einkaufswelten erweitert. Dies liegt sicher auch daran, dass die Einkaufswelten zu den wichtigsten Inhalten in Shopware gehören: Über sie lassen sich nicht nur Bilder zeigen und Artikel verlinken; häufig sollen ganze Geschichten mit diesen Einkaufswelten erzählt werden, die sich über mehrere Bildschirmseiten erstrecken. Durch die Möglichkeit, die Einkaufswelten über ein Plugin zu erweitern, sind der Kreativität kaum Grenzen gesetzt: So habe ich schon Produktkonfiguratoren, Store-Picker oder animierte Einkaufswelten gesehen. Auch selbstfüllende Einkaufswelten, die zu einem bestimmten Thema automatisch Produkte, Kategorien, Blog-Einträge und Hersteller sammeln und darstellen, wären denkbar.

7.1 Ein Einkaufswelten-Element erstellen

Das folgende Beispiel greift diese Idee (stark vereinfacht) auf: Es soll ein Einkaufswelten-Element erstellt werden, das automatisch Bilder aus einer bestimmten Kategorie oder zu einem gegebenen Suchbegriff anzeigt. Sie verwenden dazu am besten den Service *Unsplash.com*, der hochqualitative Bilder unter CCO-Lizenz anbietet.

```
namespace LoremEmotion;

use Shopware\Components\Model\ModelManager;
use Shopware\Components\Plugin\Context\InstallContext;
use Shopware\Components\Plugin\Context\UninstallContext;
use Shopware\Models\Emotion\Library\Component;
use Shopware\Models\Plugin\Plugin;

class LoremEmotion extends \Shopware\Components\Plugin
{
```

```
    public function install(InstallContext $context)
    {
        // gekürzt
    }

    public function uninstall(UninstallContext $context)
    {
        // gekürzt
    }

    protected function createEmotionComponent(Plugin $pluginModel, $options)
    {
        // gekürzt
    }

}
```

Listing 7.1 Die Datei »custom/plugins/LoremEmotion/LoremEmotion.php« (gekürzt)

Die Basisdatei des Plugins beinhaltet neben den üblichen Methoden install und uninstall eine Helfermethode createEmotionComponent. Für das alte Plugin-System wurde dieser Helfer von Shopware vorgegeben, bei der neuen Plugin-Basis wurde der Helfer zunächst nicht bereitgestellt und wird daher hier umgesetzt:

```
protected function createEmotionComponent(Plugin $pluginModel, $options)
{
    $em = $this->container->get('models');

    $component = $em->getRepository(Component::class)->findOneBy([
        'name' => $options['name'],
        'pluginId' => $pluginModel->getId()
    ]);

    if (!$component) {
        $component = new Component();
    }
    $component->fromArray($options);
    $component->setPluginId($pluginModel->getId());
    $component->setPlugin($pluginModel);
    return $component;
}
```

Listing 7.2 Die Methode »createEmotionComponent« der Plugin-Basisklasse

Abbildung 7.1 Einkaufswelt mit Zufallsbildern nach Suchbegriff

Die Helfermethode erwartet eine Instanz des aktuellen Plugin-Models sowie ein Options-Array, das das zu erstellende Einkaufswelten-Element beschreibt. Über das Repository des Component-Models wird nach Entitäten gesucht, die dem Plugin zugeordnet sind ($pluginModel->getId()) und den angegebenen Namen tragen ($options['name']). Existiert bisher kein entsprechender Eintrag, wird er mit new Component() erzeugt. Schließlich wird das Model aus dem $options-Array befüllt und eine Referenz auf das aktuelle Plugin gesetzt, damit eine Zuordnung zwischen Einkaufswelten-Element und Plugin besteht. Die so erzeugte Component-Entity wird dann zurückgegeben.

Dieser Helfer wird in der install-Methode genutzt:

```
public function install(InstallContext $context)
{
    $component = $this->createEmotionComponent($context->getPlugin(), [
        'name' => 'Unsplash',
        'xtype' => 'emotion-components-base',
        'template' => 'lorem_unsplash',
        'cls' => 'lorem_unsplash',
        'description' => 'Zeigt ein Bild von Unsplash an',
    ]);
    $component->createTextField([
        'name' => 'search',
        'fieldLabel' => 'Suchen nach…',
        'allowBlank' => true,
```

```
    ]);

    $categories = [
        'Keine' => '',
        'buildings' => 'buildings',
        'food' => 'food',
        'nature' => 'nature',
        'technology' => 'technology',
        'people' => 'people',
        'objects' => 'objects'
    ];

    foreach ($categories as $category) {
        $component->createRadioField([
            'name' => 'category',
            'defaultValue' => $category,
            'supportText' => $category
        ]);
    }

    /** @var ModelManager $em */
    $em = $this->container->get('models');
    $em->persist($component);
    $em->flush();
}
```

Listing 7.3 Die Methode »install« in der Plugin-Basisklasse

In der Methode install wird der zuvor implementierte Helfer aufgerufen: Übergeben werden die Plugin-Entity aus dem Kontextobjekt sowie das geforderte $options-Array. Dieses beschreibt das gewünschte neue Einkaufswelten-Element. Die Felder name und description sind später im Einkaufswelten-Designer zu sehen und sollten entsprechend benannt werden.

xtype ist ein ExtJS-Alias, der definiert, wie Ihre Einkaufswelten-Komponente konfiguriert werden soll: Der Alias emotion-components-base verweist auf eine Basiskomponente, die ähnlich den Plugin-Konfigurationsformularen eine Vielzahl von Feldern vollautomatisch unterstützt und automatisch speichert. Sie eignet sich sehr gut für einfache Konfigurationsmasken, die mit wenigen grundlegenden Feldtypen auskommen. Diese Variante wird in diesem Beispiel genutzt. Sie haben aber auch die Möglichkeit, eigene Aliasse zu hinterlegen: Dann müssen Sie die entsprechende ExtJS-Komponente über eine Erweiterung des Einkaufswelten-Moduls bereitstellen (vgl. dazu Abschnitt 10.3, »Bestehende Module erweitern«).

Unter `template` geben Sie den Namen des Frontend-Templates an, das sich um die Darstellung Ihres Elements kümmern soll.

`cls` ist der CSS-Klassenname Ihres Elements im Einkaufswelten-Designer. Wählen Sie den Namen so, dass er Ihr Element eindeutig bezeichnet, dann ist es später gut zur Identifizierung Ihrer Elemente geeignet.

Auf der `Component`-Entity, die von der Helfermethode zurückgegeben wird, können Sie nun eine Reihe von `create*`-Methoden aufrufen, die jeweils bestimmte Felder erzeugen:

```
$component->createTextField([
    'name' => 'search',
    'fieldLabel' => 'Suchen nach…',
    'allowBlank' => true,
]);
```

Listing 7.4 Ein Textfeld wird erzeugt.

Zunächst wird dabei ein Textfeld erzeugt, das den internen Namen `search` erhält und als Label mit `Suchen nach…` beschriftet wird. Da das Feld nicht zwingend gefüllt sein muss, setzen Sie `allowBlank` auf `true`.

Im Beispiel aus Listing 7.3 werden dann sieben Radiofelder erzeugt: sechs Felder für jeweils eine Unsplash-Kategorie und ein »Leerfeld«, das der Nutzer wählen kann, wenn er keine Kategorie-Auswahl wünscht. Um nicht siebenmal den Code zum Erzeugen eines Radiofeldes zu kopieren, iterieren Sie hier kurzerhand über das Array `$categories` und erzeugen für jeden Eintrag eine entsprechende Radiobox. Dadurch, dass alle Radioboxen den Namen `category` tragen, gehören sie zu einer Gruppe – es kann also jeweils nur eines der Elemente ausgewählt werden.

Am Ende der Methode `install` wird das so erzeugte Component-Entity `$component` persistiert und geflusht: Die eigene Einkaufswelten-Komponente ist registriert. Damit sie beim Deinstallieren des Plugins auch wieder entfernt wird, sollten Sie noch die `uninstall`-Methode implementieren:

```
public function uninstall(UninstallContext $context)
{
    $em = $this->container->get('models');

    $component = $em->getRepository(Component::class)->findOneBy([
        'name' => 'unsplash',
        'pluginId' => $context->getPlugin()->getId()
    ]);
```

```
        if (!$component) {
            return;
        }


        $em->remove($component);
        $em->flush();
}
```

Listing 7.5 Die Uninstall-Methode in der Plugin-Basisklasse

Das Vorgehen sollte bereits bekannt sein: Es wird für das aktuelle Plugin eine Komponente mit dem Namen unsplash gesucht. Wird ein Model gefunden, wird dieses gelöscht.

Zu diesem Zeitpunkt wäre das Plugin schon installationsfähig und im Einkaufswelten-Designer stünde die neue Komponente bereits zur Verfügung und könnte platziert und konfiguriert werden. Allerdings fehlt noch die Ausgabe der Bilder im Frontend. Dies wird im nächsten Schritt umgesetzt. Dazu wird ein Event-Subscriber benötigt, der wie gehabt über die Datei *services.xml* registriert wird:

```xml
<?xml version="1.0" ?>


<container xmlns="http://symfony.com/schema/dic/services"


        xsi:schemaLocation="http://symfony.com/schema/dic/services
                http://symfony.com/schema/dic/services/services-1.0.xsd">


    <services>
        <service id="lorem_emotion.controller" class="LoremEmotion\Subscriber\
                Emotion">
            <argument type="service" id="service_container" />
            <tag name="shopware.event_subscriber" />
        </service>
    </services>
</container>
```

Listing 7.6 Die Datei »custom/plugins/LoremEmotion/Resources/services.xml«

Der dazugehörige Subscriber sieht wie folgt aus:

```php
namespace LoremEmotion\Subscriber;


use Enlight\Event\SubscriberInterface;
use Shopware\Components\Theme\LessDefinition;
```

```php
class Emotion implements SubscriberInterface
{
    const DEFAULT_URL = 'https://source.unsplash.com/1600x900';
    const RANDOM_URL = 'https://source.unsplash.com/random/1600x900';
    const CATEGORY_URL = 'https://source.unsplash.com/category/%s/1600x900';

    public static function getSubscribedEvents()
    {
        return [
          'Enlight_Controller_Action_PostDispatchSecure_Widgets_Emotion'
                  => 'extendsEmotionTemplates',
            'Shopware_Controllers_Widgets_Emotion_AddElement'
                    => 'modifyEmotionData',
            'Theme_Compiler_Collect_Plugin_Less' => 'onCollectLessFiles'
        ];
    }

    public function extendsEmotionTemplates(\Enlight_Event_EventArgs $args)
    {
        $controller = $args->getSubject();
        $view = $controller->View();

        $view->addTemplateDir(
            __DIR__ . '/../Resources/Views/emotion_components/'
         );
    }

    public function onCollectLessFiles()
    {
        return new LessDefinition(
            [],
            [__DIR__ . '/../Resources/Views/frontend/_public/src/less/
                all.less']
        );
    }

    public function modifyEmotionData(\Enlight_Event_EventArgs $args)
    {
        // gekürzt
    }
}
```

Listing 7.7 Die Datei »custom/plugins/LoremEmotion/Subscriber/Emotion.php«

Zwingend erforderlich ist die Registrierung des Templates: Bei der Registrierung des Einkaufswelten-Elements hatten Sie ja angegeben, dass das Frontend-Template *lorem_unsplash.tpl* für die Darstellung zuständig ist. Entsprechend wird im Callback des Events `Enlight_Controller_Action_PostDispatchSecure_Widgets_Emotion` das Verzeichnis *Resources\Views\emotion_components* registriert, damit die Einkaufswelten das Template später finden können.

Darüber hinaus wird hier im Event-Subscriber das Event `Theme_Compiler_Collect_Plugin_Less` registriert: Hier haben Sie die Möglichkeit, in Plugins zusätzliche Less-Dateien zu registrieren. Dazu wird eine Instanz von `LessDefinition` zurückgegeben (ebenfalls möglich ist es, eine ArrayCollection von `LessDefinition`-Instanzen zurückzugeben). Diese erhält als ersten Parameter eine Liste von Less-Variablen, die Sie im Template zur Verfügung stellen möchten – sie werden hier jedoch nicht benötigt.

Der zweite Parameter ist eine Liste von Less-Dateien, die Sie inkludieren möchten. In aller Regel genügt es, hier die Datei *all.less* anzugeben und in dieser dann weitere Dateien zu inkludieren – ebenso wird es auch in Shopware-Themes praktiziert. Über den optionalen dritten Parameter können Sie dafür den Import-Pfad festlegen, in dem Less nach Dateien sucht, die Sie inkludieren wollen.

Themes in Plugins überführen

In einem früheren Beispiel wurde ein Theme in ein Plugin überführt. Das kann sehr praktisch sein – nicht immer ist aber zwangsläufig ein Theme gewünscht oder praktikabel: Häufig sollen in Plugins Modifikationen am aktuellen Theme vorgenommen werden, ohne dass der Kunde sein Theme wechseln muss.

Alle Erweiterungs- und Anpassungsmöglichkeiten, die Themes bieten, stehen Ihnen daher auch in Plugins zur Verfügung: Das Überschreiben von Templates habe ich Ihnen bereits gezeigt, und mit dem gerade vorgestellten Event `Theme_Compiler_Collect_Plugin_Less` sind Sie nun auch in der Lage, aus Plugins heraus Less-Dateien bereitzustellen. Analog dazu existieren auch die Events `Theme_Compiler_Collect_Plugin_JavaScript` und `Theme_Compiler_Collect_Plugin_Css`, um JavaScript- respektive CSS-Dateien zu registrieren.

Bevor ich Ihnen nun die Methode `modifyEmotionData` im Detail vorstelle, schauen Sie sich zunächst das Template *lorem_unsplash.tpl* an:

```
{block name="widgets_emotion_components_unsplash_element"}
    <div class="unsplash">
        <img src="{$Data.url}"/>
    </div>
{/block}
```

Listing 7.8 Die Datei »custom/plugins/LoremEmotion/Resources/Views/emotion_components/widgets/emotion/components/lorem_unsplash.tpl«

Per Konvention muss diese Datei im Unterverzeichnis *widgets/emotion/components* des registrierten View-Pfades liegen. Damit orientiert sich der Pfadname für Plugin-Komponenten an dem Pfadnamen, den Shopware auch für die eigenen Komponenten nutzt. Neben einem Smarty-Block-Element (damit könnten nun auch andere Plugin-Entwickler dieses Template erweitern) finden sich hier lediglich ein DIV-Element sowie ein IMG-Tag.

Das Image-Tag erhält als `src`-Attribut den Wert `{$Data.url}`. Woher stammt dieser Wert? Im Backend des neuen Einkaufswelten-Elements lassen sich lediglich Suchbegriffe und Kategorien wählen – diese müssen aber noch in URL-Form »übersetzt« werden. Hier kommt die Methode `modifyEmotionData` ins Spiel: Sie ist ein Callback des Events `Shopware_Controllers_Widgets_Emotion_AddElement`. Dieses Event ist für jedwede Form der Aufbereitung und Manipulation von Einkaufswelten-Daten geeignet. In diesem Beispiel wird abhängig von der Konfiguration des jeweiligen Einkaufswelten-Elements eine URL für die Unsplash-API erzeugt:

```php
public function modifyEmotionData(\Enlight_Event_EventArgs $args)
{
    $data = $args->getReturn();
    $element = $args->get('element');

    if ($element['component']['cls'] != 'lorem_unsplash') {
        return $data;
    }

    $search = $data['search'];
    $category = $data['category'];

    $url = self::RANDOM_URL;
    if ($category) {
        $url = sprintf(self::CATEGORY_URL, $category);
    } elseif($search) {
        $url = self::DEFAULT_URL;
    }

    if ($search) {
        $url = $url . '?' . $search;
    }

    $data['url'] = $url;
    return $data;
}
```

Listing 7.9 Die Methode »modifyEmotionData der Datei custom/plugins/LoremEmotion/ Subscriber/Emotion.php«

Da es sich um ein Filter-Event handelt, können Sie mit `$args->getReturn()` den Datenwert auslesen, den Sie bearbeiten wollen. Als Kontextinformation steht das Array `element` zur Verfügung: Über dessen Klasse `cls` können Sie prüfen, um welches Einkaufswelten-Element es sich gerade handelt. In diesem Fall wollen Sie nur Ihr eigenes Element bearbeiten, bei allen anderen Elementen wird mit `return $data` abgebrochen. Nun können Sie die Konfiguration Ihres Elements auslesen und an die Namen `$search` beziehungsweise `$category` binden. Für das hier beschriebene Szenario gibt es drei mögliche URLs:

```
const DEFAULT_URL = 'https://source.unsplash.com/1600x900';
const RANDOM_URL = 'https://source.unsplash.com/random/1600x900';
const CATEGORY_URL = 'https://source.unsplash.com/category/%s/1600x900';
```

`DEFAULT_URL` kommt zum Einsatz, wenn nur gesucht werden soll, aber keine Kategorie angegeben wurde. `CATEGORY_URL` wird benötigt, um nach einer Kategorie zu filtern. Bei beiden URLs kann der Suchbegriff über einen zusätzlichen GET-Parameter angehängt werden, beispielsweise mit `?house` um nach dem Begriff »house« zu suchen. Wenn weder Kategorie noch Suche angegeben wurden, kommt der dritte URL-Typ zum Einsatz: `RANDOM_URL` gibt schlicht ein zufälliges Bild zurück.

Entsprechend diesen Überlegungen erzeugen Sie in der Methode `modifyEmotionData` eine URL für die jeweils hinterlegte Konfiguration und setzen sie mit `$data['url'] = $url` in das Datenarray. Durch das abschließende Statement `return $data` wird das so modifizierte Datenarray zurückgegeben, und Shopware arbeitet auf dem modifizierten Datensatz weiter. Dies ist auch der Grund, warum in *lorem_unsplash.tpl* auf diese Information zugegriffen werden kann.

Es fehlt nun nur noch etwas Styling, damit die Bilder auch korrekt angezeigt werden und den vorhandenen Platz in der Einkaufswelt optimal ausfüllen:

```
.unsplash {
  height: 100%;
  width: 100%;

  img {
    object-fit: cover;
    height: 100%;
    width: 100%;
  }
}
```

Listing 7.10 Die Datei »custom/plugins/LoremEmotion/Resources/Views/ frontend/_public/src/less/all.less«

Das Elternelement `unsplash` eines jeden Bildes soll 100 % des zur Verfügung stehenden Platzes einnehmen. Für das darin enthaltene Bild `img` gilt das Gleiche. Zusätzlich

definieren Sie durch `object-fit: cover`, dass das Bild das Elternelement unter Beibe-
haltung des ursprünglichen Seitenverhältnisses ausfüllen soll.

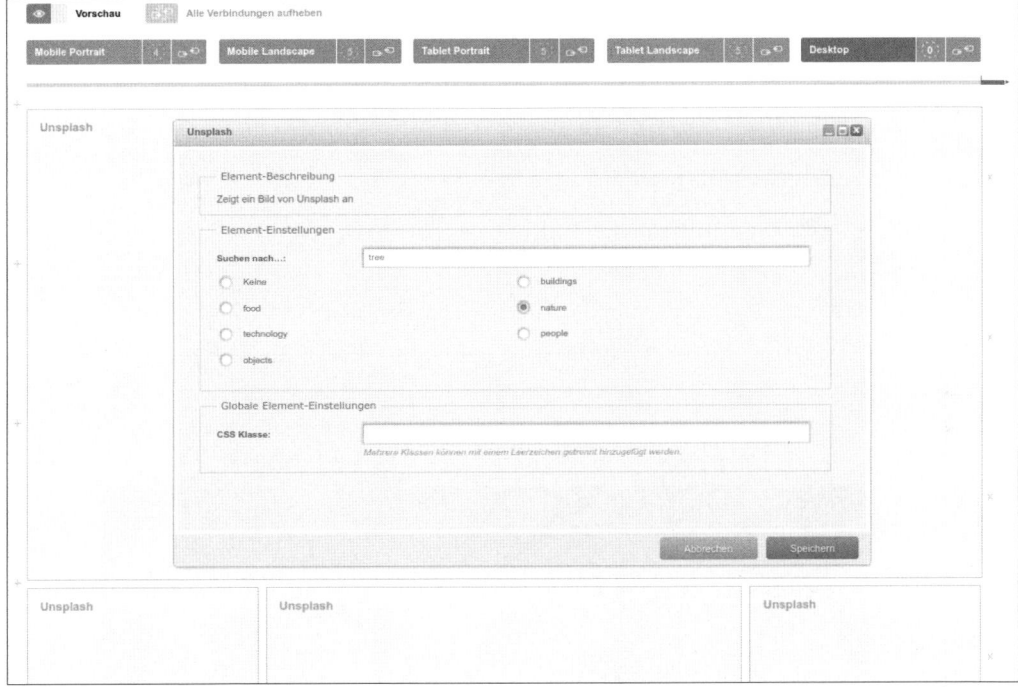

Abbildung 7.2 Das neue Einkaufswelten-Element mit Konfigurationsfenster

Nun können Sie das Ergebnis testen. In Abbildung 7.2 sehen Sie das neue Einkaufswelten-Element im Einsatz: Im automatisch generierten Konfigurationsfenster können Suchbegriffe und Kategorien angegeben werden. Sie können dieses Element, wie
jedes andere Einkaufswelten-Element auch, frei über die Bühne bewegen, vergrößern
und verkleinern. Auch das gerätespezifische Ein- und Ausblenden Ihres Elements ist
möglich.

Wenn Sie das Ergebnis auch im Frontend testen, müssen Sie daran denken, dass Sie
gegebenenfalls den Theme-Cache neu aufbauen müssen. Wenn Sie den Grunt-Watch-
er verwenden, müssen Sie die Konfiguration mit `./bin/console sw:theme:dump:con-
figuration` erneut dumpen und den Grunt-Watcher neu starten.

7.2   Ein eigenes Konfigurationsformular erstellen

Gerade wenn die Einkaufswelten umfangreicher werden, möchten Sie mitunter
mehr Kontrolle über das Konfigurationsformular Ihres Einkaufswelten-Elements

haben, um dort beispielsweise Tabellen, dynamische Inhalte oder andere Inhalte zu platzieren, die individuelle Logik benötigen. Auch dies ist möglich. Im folgenden Beispiel erweitern Sie das Plugin aus dem vorigen Abschnitt so, dass es auf Knopfdruck eine Vorschau von möglichen Suchtreffern anzeigt (siehe Abbildung 7.3).

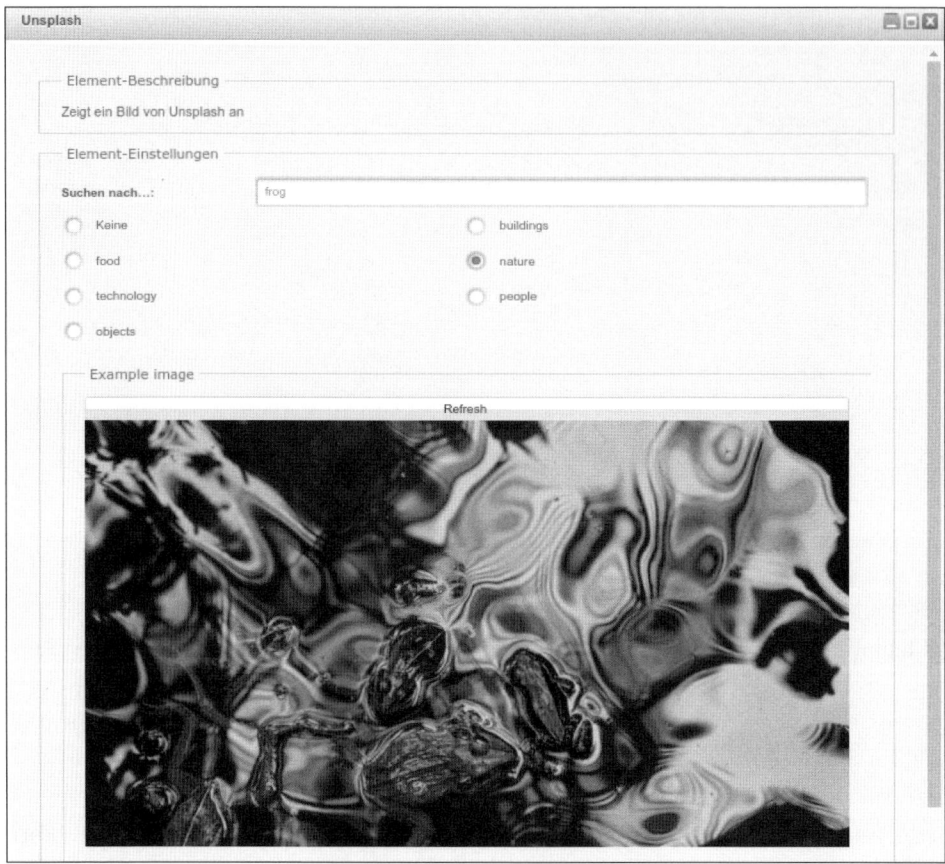

Abbildung 7.3 Das Standardkonfigurationsformular erhält eine individuelle Erweiterung um eine Bildvorschau.

Dazu ändern Sie das im vorigen Beispiel erstellte Plugin so ab, dass Ihr Einkaufswelten-Element einen eigenen xtype definiert:

```
public function install(InstallContext $context)
{
    $component = $this->createEmotionComponent($context->getPlugin(), [
        'name' => 'Unsplash',
        'xtype' => 'emotion-components-unsplash',
        'template' => 'lorem_unsplash',
```

```
        'cls' => 'lorem_unsplash',
        'description' => 'Zeigt ein Bild von Unsplash an',
    ]);
```

Listing 7.11 Die Änderung (fett) an der Datei »custom/plugins/LoremEmotion/LoremEmotion.php«

Nach dieser Änderung müssen Sie das Plugin neu installieren, damit sie greift. Nun wird Shopware statt des Standardkonfigurationsformulars Ihr Formular laden, das im nächsten Schritt umgesetzt wird:

```
Ext.define('Shopware.apps.Emotion.view.components.Unsplash', {
    extend: 'Shopware.apps.Emotion.view.components.Base',
    alias: 'widget.emotion-components-unsplash',

    createFormElements: function() {
        var me = this,
            items = me.callParent(arguments);

        items.push(me.createPreview());

        return items;
    },

    createPreview: function () {
        // gekürzt
    },

    getUrl: function(category, search) {
        // gekürzt
    }
});
```

Listing 7.12 Die Datei »custom/plugins/LoremEmotion/Resources/Views/emotion_components/backend/unsplash.js«

Hierbei handelt es sich um eine ExtJS-Anpassung. Wie Sie eigene Module schreiben und bestehende erweitern, ist Thema von Kapitel 10, »Backend-Module schreiben«, sodass ich an dieser Stelle auf die grundlegende Einführung verzichte. Wichtig ist, dass Sie durch `extend: 'Shopware.apps.Emotion.view.components.Base'` von dem Basis-Konfigurationsformular ableiten, sodass Sie die zuvor erstellten Such- und Kategoriefelder weiterhin automatisch generieren lassen können.

209

alias: 'widget.emotion-components-unsplash' definiert den xtype Ihrer Klasse, den Sie gerade in der Plugin-Basisklasse abgeändert haben. Die Methode createForm-Elements überschreibt die gleichnamige Methode der Basisklasse und erlaubt Ihnen, Ihr eigenes Element in dem Konfigurationsformular anzuzeigen. Dies geschieht durch den Aufruf der Methode createPreview:

```
createPreview: function () {
    var me = this;
    me.image = Ext.create('Ext.Img', {
        src: 'https://source.unsplash.com/random/1600x900'
    });

    me.button = Ext.create('Ext.Button', {
        text: '{s name="unsplash_button"}Refresh{/s}',
        handler: function() {
            var search = me.down('textfield[name=search]').getValue(),
                category = me.down('radiogroup').getValue().category;
            me.image.setSrc(me.getUrl(category, search));
        }
    });

    return Ext.create('Ext.form.FieldSet', {
        title: '{s name="unsplash_preview"}Example image{/s}',
        layout: 'fit',
        margin: '10 0 10',
        items: [
            me.button,
            me.image
        ]
    });
},
```

Listing 7.13 Ergänzung der Datei »custom/plugins/LoremEmotion/Resources/Views/emotion_components/backend/unsplash.js«

In der Methode wird ein Bild-Element me.image sowie ein Knopf-Element me.button erzeugt. Beide werden am Ende der Methode als Elemente in einem Fieldset zurückgegeben. Das Bild wird zunächst so initialisiert, dass es ein Zufallsbild anzeigt: Erst nach Klicken des Vorschau-Buttons soll ein zur Konfiguration passendes Bild angezeigt werden. Dazu kann auf ExtJS-Knöpfen eine sogenannte *Handler-Methode* angegeben werden: Durch die beiden Selektoren me.down('textfield[name=search]') sowie me.down('radiogroup') werden die von der Basiskomponente erzeugten Konfigurationsfelder `search` und `radiogroup` ausfindig gemacht und die Werte an die Variablen `search` beziehungsweise `category` gebunden. `me.down` kann dabei grob übersetzt werden mit: »Suche innerhalb unseres Konfigurationsformulars nach einem Feld, das auf folgende Angabe passt.«

Dann wird die Helfermethode `getUrl` aufgerufen und die von dieser Methode erzeugte URL als Quell-URL auf dem Bild-Element gesetzt: Das Bild wird neu geladen und zeigt ein zur Suche passendes Motiv. Die Methode `getUrl` ist letztlich eine Adaption der Logik, die auch im Emotion-Subscriber bereits genutzt wurde, um die korrekte URL zu ermitteln:

```
getUrl: function(category, search) {
    var default_url = 'https://source.unsplash.com/1600x900',
        random_url = 'https://source.unsplash.com/random/1600x900',
        category_url = 'https://source.unsplash.com/category/[0]/1600x900',
        url = random_url;

    if (category) {
        url = Ext.String.format(category_url, category);
    } else if(search) {
        url = default_url;
    }
    if (search) {
        url = url + "?" + search;
    }
    return url;
}
```

Listing 7.14 Ergänzung der Methode »getUrl« in »custom/plugins/LoremEmotion/Resources/Views/emotion_components/backend/unsplash.js«

Damit ist das eigene Konfigurationsformular bereits korrekt implementiert. Es muss allerdings noch im System registriert werden, damit Shopware das Formular tatsächlich findet:

```
public static function getSubscribedEvents()
{
    return [
        'Enlight_Controller_Action_PostDispatchSecure_Backend_Emotion'
                => 'extendsEmotionTemplates',
        // wie zuvor
    ];
}
```

```
public function extendsEmotionTemplates(\Enlight_Event_EventArgs $args)
{
    /** @var \Enlight_Controller_Action $controller */
    $controller = $args->getSubject();
    $view = $controller->View();

    $view->addTemplateDir(
        __DIR__ . '/../Resources/Views/emotion_components/');

    if ($controller->Request()->getModuleName() != 'backend') {
        return;
    }

    if ($controller->Request()->getActionName() == 'index') {
        $view->extendsTemplate('backend/unsplash_app.js');
    }
}
```

Listing 7.15 Änderungen an der Datei »custom/plugins/LoremEmotion/Subscriber/ Emotion.php«

Durch diese Änderungen wird auch für Requests auf den Backend-Einkaufswelten-Controller die Methode extendsEmotionTemplates aufgerufen. In ihr wird zusätzlich auf das Modul und die Action geprüft: Handelt es sich um die Initialisierungsmethode index, wird die Template-Erweiterung *backend/unsplash_app.js* geladen. In dieser wiederum wird das Konfigurationsformular inkludiert:

```
//{block name="backend/Emotion/app" append}
// {include file="backend/unsplash.js"}
//{/block}
```

Listing 7.16 Die Methode »custom/plugins/LoremEmotion/Resources/Views/emotion_ components/backend/unsplash_app.js«

Das Vorgehen dient letztlich dazu, sicherzustellen, dass Ihr Konfigurationsformular immer mitgeladen wird, wenn Shopware das Einkaufswelten-Modul öffnet. Die Hintergründe für dieses Vorgehen erläutere ich im Detail in Kapitel 10, »Backend-Module schreiben«.

7.3 Elemente für Designer konfigurieren

Die Standard-Elemente in Shopware sind sehr ansprechend gestaltet und zeigen beispielsweise leicht durchsichtige Vorschaubilder des jeweiligen Elements. Auch sind jeweils Icons hinterlegt, damit sich der Benutzer in der Werkzeugleiste schneller zurechtfindet. Auch dies ist mit Plugins möglich. Abbildung 7.4 zeigt das Ergebnis.

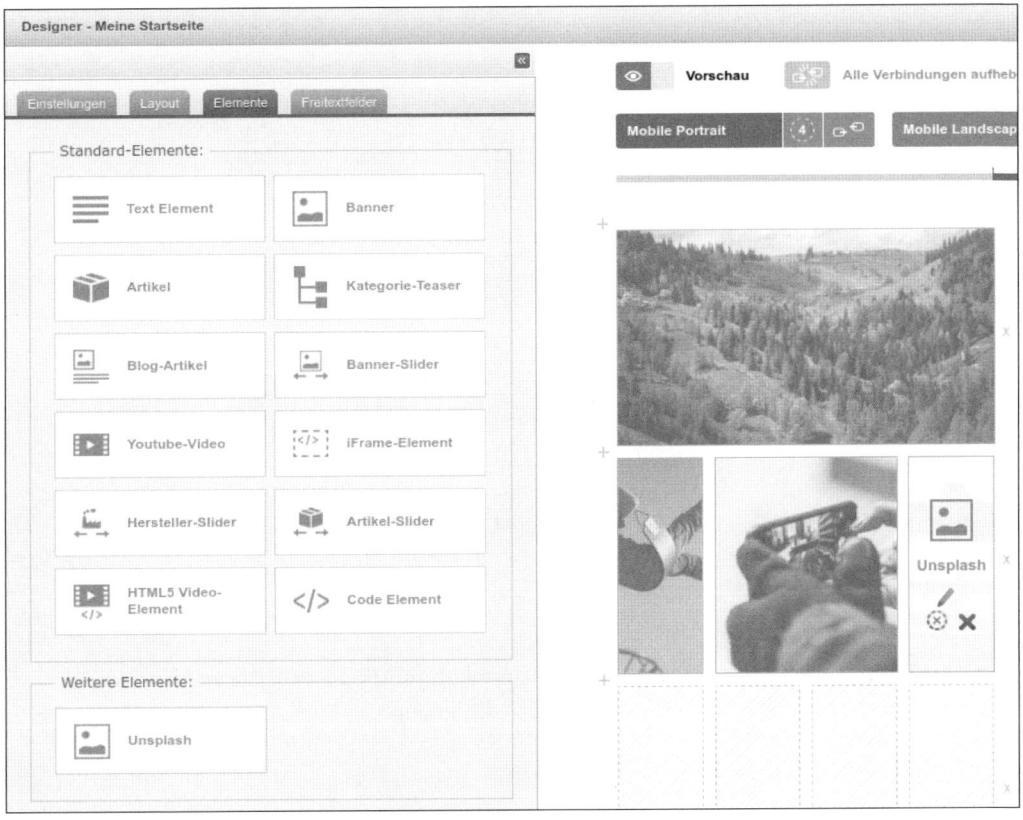

Abbildung 7.4 Im Designer hat das eigene Element nun ein Icon. Außerdem wird für jedes Element eine Vorschau angezeigt.

Um dieses Ergebnis zu erreichen, müssen Sie zwei Anpassungen an unserem bisherigen Plugin vornehmen:

```
Ext.define('Shopware.apps.Emotion.view.detail.elements.Unsplash', {
    extend: 'Shopware.apps.Emotion.view.detail.elements.Base',
    alias: 'widget.detail-element-emotion-components-unsplash',

    componentCls: 'emotion--unsplash',
    icon: 'data:image/png;base64,...',

    createPreview: function () {
        var me = this,
            preview = '',
            search = me.getConfigValue('search'),
```

```
            category = me.getConfigValue('category'),
            url = me.getUrl(category, search),
            style;


        style = Ext.String.format(
            'background-image: url([0]);opacity:.5',
            url
        );
        preview = Ext.String.format(
            '<div class="x-emotion-banner-element-preview" style="[0]"></div>',
            style
        );

        return preview;
    },

    getUrl: function(category, search) {
        // identisch mit dem Beispiel in Abschnitt 8.2
    }
});
```

Listing 7.17 Die Datei »custom/plugins/LoremEmotion/Resources/Views/
emotion_components/backend/unsplash_designer.js«

Die ExtJS-Klasse leitet von der Basiskomponente `Shopware.apps.Emotion.view.de-tail.elements.Base` ab, die für derartige Designer-Elemente vorgesehen ist. Der Alias lautet in diesem Fall `widget.detail-element-emotion-components-unsplash` – das ist der Alias, den Sie in der Methode `createEmotionComponent` angegeben haben und den Sie auch bereits beim Konfigurationsformular verwendet haben.

Stellen Sie dem Alias das Präfix `detail-element-` voran, sodass Shopware automatisch den Zusammenhang zwischen Element und Designer erkennt. `icon` definiert das Symbol, das in der Element-Werkzeugleiste oder beim Hovern über ein Element angezeigt wird: Hier können Sie Base64-Bilder sowie URLs hinterlegen.

Die Methode `createPreview` kann genutzt werden, um ein Vorschaubild des Elements im Designer anzuzeigen. Hier können Sie schlicht eine Zeichenkette mit dem entsprechenden HTML-Element zurückgeben. Im obigen Beispiel handelt es sich um ein DIV, in dem Sie ein Bild als Hintergrund definiert haben, das mit einer Transparenz von 50% durchscheint.

Die Bild-URL wird wie im vorigen Beispiel durch die Helfermethode `getUrl` erzeugt. Damit die neue ExtJS-Klasse gefunden wird, muss diese zur Ladezeit des Einkaufswelten-Moduls mitgeladen werden:

```
//{block name="backend/Emotion/app" append}
// {include file="backend/unsplash.js"}
// {include file="backend/unsplash_designer.js"}
//{/block}
```

Listing 7.18 Die Datei »custom/plugins/LoremEmotion/Resources/Views/emotion_
components/backend/unsplash_app.js«

Damit haben Sie das Beispiel bereits umgesetzt und können es in der Administrationsoberfläche von Shopware testen. In einigen Fällen kann es erforderlich sein, dass Ihr Element bestimmte Mindest- oder Maximalflächen einnimmt. Dies ist durch die Eigenschaften minRows, maxRows, minCols sowie maxCols möglich.

```
Ext.define('Shopware.apps.Emotion.view.detail.elements.Unsplash', {
    extend: 'Shopware.apps.Emotion.view.detail.elements.Base',
    alias: 'widget.detail-element-emotion-components-unsplash',

    componentCls: 'emotion--unsplash',
    icon: 'data:image/png;base64,...',
    minRows: 2,
    maxRows: 4,
    minCols: 3,
    maxCols: 5,
```

Listing 7.19 Die Datei »custom/plugins/LoremEmotion/Resources/Views/emotion_
components/backend/unsplash_designer.js« mit Mindest- und Maximalgröße

Nach dem Leeren des Caches und dem Neuladen des Backends wird Ihr Element immer mindestens 3×2 Felder groß sein, kann aber nicht größer als 5×4 Felder gezogen werden. Derartige Restriktionen können hilfreich sein, wenn eine sinnvolle Darstellung des Elements bei bestimmten Größen nicht mehr gewährleistet werden kann.

Insgesamt zeigen diese Beispiele, dass der Einstieg in die Entwicklung von Einkaufswelten-Elementen nicht sonderlich kompliziert ist: Einfache Elemente lassen sich weitestgehend über Konventionen erzeugen, sodass Sie die Daten nur noch nach Wunsch aufbereiten und im Template darstellen müssen.

Das etwas aufwendigere Erstellen eigener Konfigurationsformulare ermöglicht es Ihnen, auch komplexere Elemente bequem über den Designer erzeugen zu lassen. Wie wäre es beispielsweise mit einem Video, auf das sich Texte und Klickpunkte legen lassen, sodass Kunden direkt im Video interessante Produkte anklicken können?

Kapitel 8
Storefront-Komponenten

Die Produktdatenermittlung gehört zu den zentralen Aufgaben eines Shops. In Shopware erfolgt sie durch die sogenannten Storefront-Komponenten.

Die Storefront-Komponenten sind eine Neuerung von Shopware 5, die das gesamte Suchen, Filtern, Anzeigen und Kategorisieren von Produkten auf eine einheitliche, technische Basis stellt. Immer wenn für Einkaufswelten, Produktlistings, Artikeldetailseiten oder Topseller Produktdaten gesucht, gefiltert und angezeigt werden sollen, kommen die Storefront-Komponenten zum Einsatz.

8.1 Generelle Einführung

In jedem Shop werden Produkte auf unterschiedlichen Seiten in unterschiedlicher Form dargestellt. Wenn Sie sich etwas durch das Shop-Frontend klicken, werden Ihnen direkt unterschiedliche Formen der Artikelpräsentation auffallen. Ob in Einkaufswelten, Listings, Detailseiten, bei den Topsellern, im Quickview, im Bundle, beim Zubehör, beim Warenkorb, beim Cross-Selling oder in Blog-Einträgen: Auf allen Seiten werden Artikel mit unterschiedlichem Detailreichtum dargestellt.

Hinzu kommen unterschiedlichste Möglichkeiten, die gewünschten Artikel zu finden. Egal ob mit der Suche, dem kategoriebasierten Listing, mit Landingpages, Productstreams oder dem Filtern innerhalb der Kategorien – Sie finden nicht nur die Artikeldarstellung, sondern auch die konkrete Zusammenstellung von Artikellisten im Shop immer wieder.

Aus diesem Grund gibt es seit Shopware 5.0 ein einheitliches System, das all diese Anwendungsfälle auf eine gemeinsame technische Basis stellt. Die Grundüberlegung bei der Entwicklung der Storefront-Komponenten war der Gedanke, dass sich die Artikelpräsentation grob auf drei Bereiche herunterbrechen lässt:

- die bloße **Produktidentifikation** über IDs und Bestellnummern
- die **Produktdaten für Kurzansichten** wie Listings, die zwar beispielsweise Bilder und Preise enthalten, aber nicht notwendigerweise die vollen Produktdaten benötigen

▶ die **Produktdaten für Artikeldetailseiten**, die einen großen Teil der verfügbaren Produktinformationen ausgeben sollen

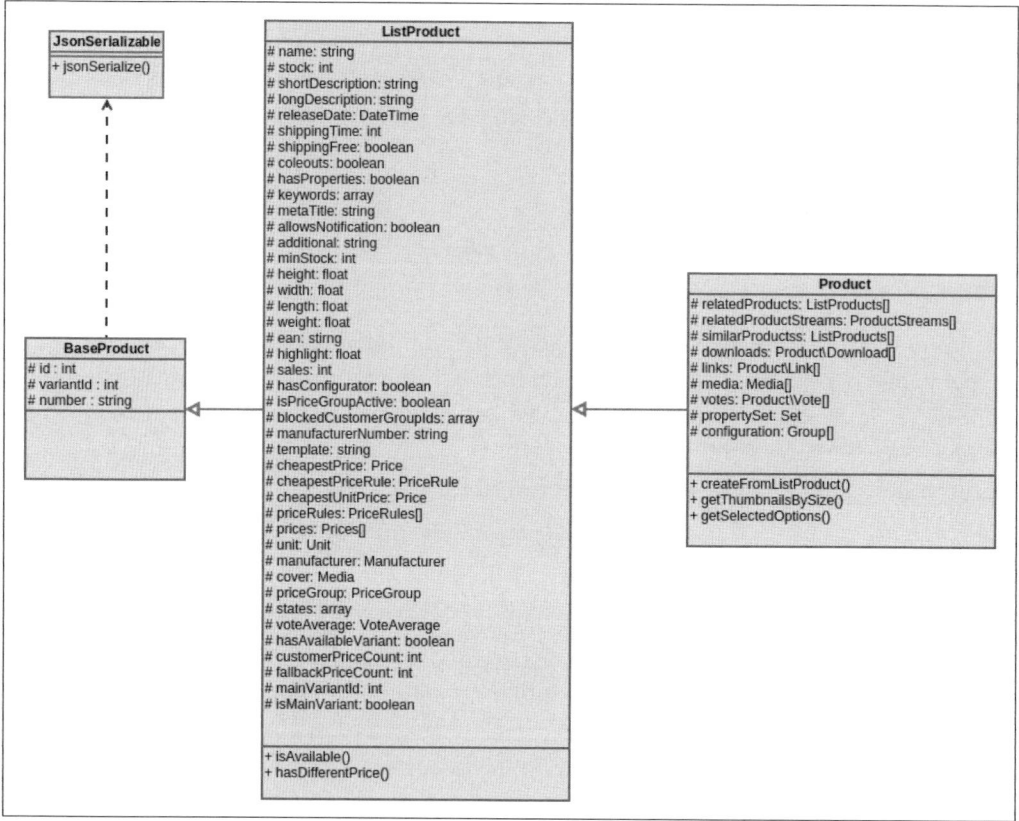

Abbildung 8.1 Die drei Produkttypen im Überblick

Die drei Produkttypen heißen in Shopware BaseProduct (Produktidentifikation), ListProduct (Kurzprodukt für Listings, Topseller, Einkaufswelten etc.) und Product (Vollprodukt). Abbildung 8.1 zeigt die drei Klassen im Überblick. Die drei Klassen leiten dabei voneinander ab. Product ist also eine Erweiterung von ListProduct, das wiederum eine Erweiterung von BaseProduct ist.

Wie werden aber nun die Produktdaten für einen bestimmten Artikel oder alle Artikel für eine bestimmte Kategorie geladen?

Die Storefront-Komponenten trennen die verschiedenen Teilprobleme auf: Die *Suchdefinition* (nach welchen Kriterien wird gesucht? beispielsweise Kategorie »Tee«), die *Suchdurchführung* (welche Artikel-IDs passen auf die Suchdefinition?) sowie das *Sammeln der Produktdaten* (welchen Namen haben die gefundenen Artikel?) sind drei unterschiedliche Services. Ein vierter Service (die sogenannte *Framework-Bridge*) integriert diese Teile in Shopware.

Werfen Sie zunächst einen Blick auf die Suchdefinition. Hier wird allein die Frage behandelt, *wonach* gesucht werden soll: Die Suchdefinition ist dabei völlig unabhängig vom Shopware-Datenmodell und damit eine allgemeine Beschreibung von bestimmten Kriterien. Im Folgenden beschreibe ich das Vorgehen zunächst allgemein anhand einiger Quellcode-Beispiele; in den folgenden Abschnitten können Sie dann wieder selbst tätig werden:

```
$criteria = new \Shopware\Bundle\SearchBundle\Criteria();
$criteria->addCondition(
    new ShippingFreeCondition ()
);
$criteria->addCondition(
    new SearchTermCondition('tee')
);
$criteria->addCondition(
    new PriceCondition(5, 50)
);
$criteria->addSorting(
    new PriceSorting(SortingInterface::SORT_ASC)
);
$criteria->limit(5);
$criteria->offset(0);
```

Listing 8.1 Über das »Criteria«-Objekt werden Kriterien für Artikel definiert.

In Listing 8.1 sehen Sie, wie zunächst eine Instanz eines Criteria-Objekts erzeugt wird. Nach der Instanziierung können dem Criteria-Objekt verschiedene sogenannte Conditions hinzugefügt werden. Das sind unterschiedliche, von Shopware vordefinierte Suchkriterien, die man auf die Artikel anlegen kann. Im obigen Beispiel werden beispielsweise die Bedingungen ShippingFreeCondition, SearchTermCondition sowie PriceCondition gesetzt. Es soll also nach Artikeln gesucht werden, die versandkostenfrei sind, auf den Suchbegriff »tee« passen und zwischen 5 und 50 EUR kosten. Eine Übersicht über alle Standardkriterien finden Sie im Verzeichnis *engine/Shopware/Bundle/SearchBundle/Condition*.

Weiterhin können Sie sogenannte *Sortings* definieren, im obigen Beispiel etwa ein PriceSorting, das festlegt, dass die gesuchten Artikel aufsteigend nach Preis sortiert werden sollen.

Außerdem kann auf dem Criteria-Objekt noch paginiert werden: offset und limit definieren den Startpunkt und die Anzahl der gewünschten Artikel.

Das Criteria-Objekt ist ein reines Datenobjekt, enthält also selbst keine Logik, sondern transportiert lediglich Informationen. Dies wird deutlich, wenn man sich beispielsweise die PriceCondition im Detail ansieht:

```
namespace Shopware\Bundle\SearchBundle\Condition;

class PriceCondition implements ConditionInterface
{
    public function __construct($minPrice = 0.00, $maxPrice = 0.00)
    {
        Assertion::numeric($minPrice);
        Assertion::numeric($maxPrice);
        $this->minPrice = (float)$minPrice;
        $this->maxPrice = (float)$maxPrice;
    }

    public function getName() {};
    public function getMinPrice() {};
    public function getMaxPrice() {};

}
```

Listing 8.2 Die Klasse »\Shopware\Bundle\SearchBundle\Condition\PriceCondition«

Die Condition-Objekte sind alle unveränderbar (*immutable*) gehalten, es ist also nicht vorgesehen, dass einmal erzeugte Condition-Objekte im Nachgang noch verändert werden.

Nachdem die Suchdefinition erfolgt ist, können nun die Artikelnummern gesucht werden, die diese Kriterien erfüllen. Die sogenannte Artikelnummernsuche gibt dabei tatsächlich ausschließlich BaseProduct-Objekte zurück, um die Artikel zu identifizieren – darüber hinaus findet kein Laden von Informationen statt.

```
/** @var ProductNumberSearchInterface $search */
$search = $this->get('shopware_search.product_number_search');

/** @var ContextServiceInterface $contextService */
$contextService = $container->get('shopware_storefront.context_service');

$context = $contextService->getProductContext();

/** @var ProductNumberSearchResult $result */
$result = $search->search($criteria, $context);

echo $result->getTotalCount();

/** @var BaseProduct $product */
foreach ($result->getProducts() as $product) {
```

```
    echo $product->getNumber(); // $product->getId(), $product->
        getVariantId();
}
```

Listing 8.3 Beispiel für eine Suche

Im obigen Beispiel wird das Durchführen einer solchen Suche gezeigt: Benötigt wird zunächst die ProductNumberSearch, also der eigentliche Suchservice. Diese kann nun eine Suche für das zuvor erstellte Criteria-Objekt durchführen. Zusätzlich wird dafür ein sogenanntes Context-Objekt benötigt. Dieses enthält Informationen zum Systemstatus, wie etwa dem aktuellen Subshop, der gewählten Währung und der Kundengruppe des aktuellen Nutzers. Diese Informationen werden benötigt, da beispielsweise für eine Preissortierung bekannt sein muss, welche Preisliste für den aktuellen Benutzer überhaupt gültig ist.

Die ProductNumberSearch gibt nach der Suche ein ProductNumberSearchResult zurück. Dieses Objekt enthält neben der Ergebniszahl (getTotalCount) eine Liste von BaseProduct-Objekten, die die Suchtreffer eindeutig identifizieren.

Nun können im dritten Schritt die Produktdaten für die Suchergebnisse geladen werden. Shopware stellt hierzu zwei Services bereit, den ListProductService sowie den ProductService. Ersterer wird dabei immer eine Liste von Kurzprodukten laden (ListProduct-Objekte), Letzterer eine Liste von Vollprodukten (Product-Objekte). Ansonsten ähneln sich die Services sehr: Beide haben jeweils eine get- und eine getList-Methode, um einzelne Produkte beziehungsweise Listen von Produkten zu laden. Beide benötigen außerdem ein Context-Objekt, um beispielsweise die korrekten Preise und Währungen laden zu können:

```
interface ListProductServiceInterface
{
    /**
     * @param array $numbers
     * @param Struct\ProductContextInterface $context
     * @return Struct\ListProduct[] Indexed by the product order number.
     */
    public function getList(array $numbers, Struct\ProductContextInterface
        $context);

    /**
     * @param string $number
     * @param Struct\ProductContextInterface $context
     * @return Struct\ListProduct
     */
    public function get($number, Struct\ProductContextInterface $context);
```

```
}

interface ProductServiceInterface
{
    /**
     * @param $numbers
     * @param Struct\ProductContextInterface $context
     * @return Struct\Product[] Indexed by the product order number
     */
    public function getList(array $numbers, Struct\ProductContextInterface
            $context);

    /**
     * @param $number
     * @param Struct\ProductContextInterface $context
     * @return Struct\Product
     */
    public function get($number, Struct\ProductContextInterface $context);
}
```

Listing 8.4 Die Interfaces von »ProductService« und »ListProductService« ähneln sich sehr.

Im Falle der Suchergebnisse aus dem Beispiel zuvor lassen sich die Produktdaten nun wie folgt laden:

```
/** @var ListProductService $productListService */
$productListService = $this->get('shopware_storefront.list_product_service');
/** @var ListProduct[] $products */
$products = $productListService->getList(
    array_keys($result->getProducts()),
    $context
);
```

Falls nur die Produktdaten für ein konkretes Produkt geladen werden müssen, ist dies ebenfalls möglich:

```
/** @var ListProduct $product */
$product = $productListService->get('SW-10001', $context);
```

Der Dreischritt aus Suchdefinition, Suchdurchführung und Laden der Produktdaten kann im Entwickleralltag bisweilen etwas mühselig sein. Daher gibt es mit der ProductSearch die Möglichkeit, die Suche und das Laden der Produktdaten in einem Schritt zu vereinen:

```
$condition = ...; // wie zuvor
$context   = ...; // wie zuvor

/** @var ProductSearchInterface $search */
$search = $this->get('shopware_search.product_search');

$result = $search->search($criteria, $context);

echo "Number: ". $result->getTotalCount(). "\n";

/** @var ListProduct $product */
foreach ($result->getProducts() as $product) {
    echo $product->getName();
};
```

Bei dieser Variante gibt die ProductSearch direkt die ListProduct-Objekte zurück – das Laden der Produktdaten wird also automatisch vorgenommen.

Die vierte zuvor angesprochene Komponente, die Framework-Bridge, verknüpft die Suchdefinition, die Suchdurchführung und das Laden der Produktdaten für bestimmte Seiten automatisiert. Der Service \Shopware\Bundle\SearchBundle\CriteriaRequestHandler\CoreCriteriaRequestHandler etwa erhält das Request-Objekt sowie ein leeres Criteria-Objekt und befüllt das Criteria-Objekt Stück für Stück anhand der Daten im Request-Objekt:

```
private function addPriceCondition(Request $request, Criteria $criteria)
{
    $min = $request->getParam('priceMin', null);
    $max = $request->getParam('priceMax', null);

    if (!$min && !$max) {
        return;
    }

    $condition = new PriceCondition((float)$min, (float)$max);
    $criteria->addCondition($condition);
}
```

Listing 8.5 Ausschnitt aus dem Service »\Shopware\Bundle\SearchBundle\CriteriaRequestHandler\CoreCriteriaRequestHandler«

Diese Art von Framework-Bridge hat den Vorteil, dass alle anderen Services nicht vom Shopware-Request-Objekt abhängen und alle diesbezügliche Logik in der Bridge gebündelt werden kann.

8.2   Austauschbarkeit und Erweiterbarkeit

Die Storefront-Komponenten sind darauf ausgelegt, erweitert und ausgetauscht zu werden. Betrachten Sie zunächst die grundsätzliche Architektur der Komponenten:

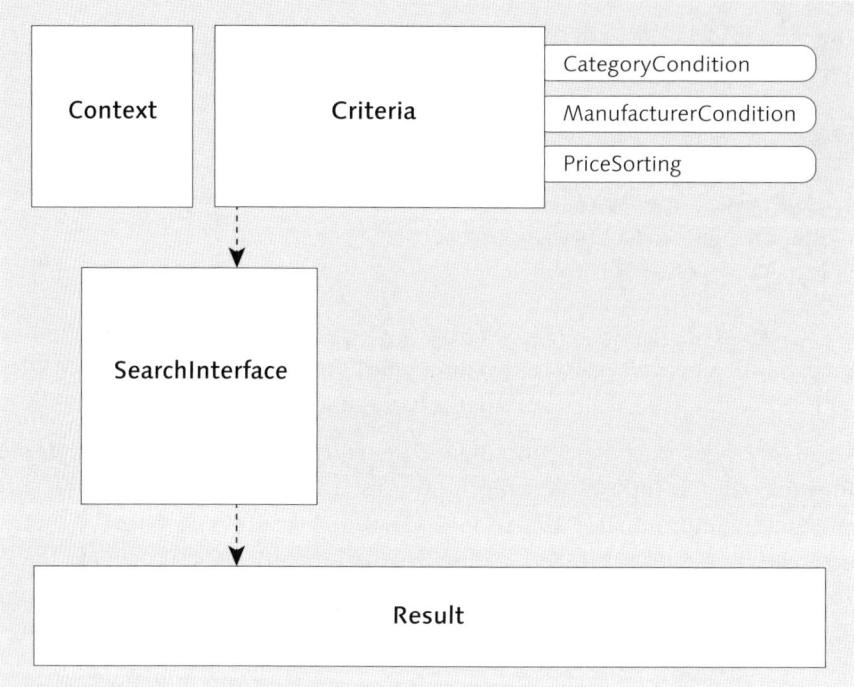

Abbildung 8.2 Schematische Übersicht über die Storefront-Komponenten

Abbildung 8.2 zeigt die verschiedenen Ebenen der Storefront-Komponenten. Der Context sowie die Criteria-Objekte sind als reine Datenobjekte implementierungs-unabhängig. Da beliebige eigene Condition-Objekte über Plugins ergänzt werden können, ist die Erweiterbarkeit hier sichergestellt.

Ähnliches gilt für das Result-Objekt. Es definiert lediglich, dass Produkt-Objekte vom Typ BaseProduct, ListProduct oder Product zurückgegeben werden müssen. Diese werden vom SearchInterface erzeugt. Aus welcher Datenquelle diese Informationen kommen, ist aber nicht relevant und ein Implementierungsdetail des SearchInterface.

Abbildung 8.3 zeigt diesen Sachverhalt am Beispiel der DBAL-Implementierung, also der Standardimplementierung der Storefront-Komponenten, die über die DBAL-Connection auf der MySQL-Datenbank arbeitet. Sie stellt eine spezifische DBAL-Suche bereit, die für jedes Condition-Objekt einen eigenen DBAL-ConditionHandler implementiert.

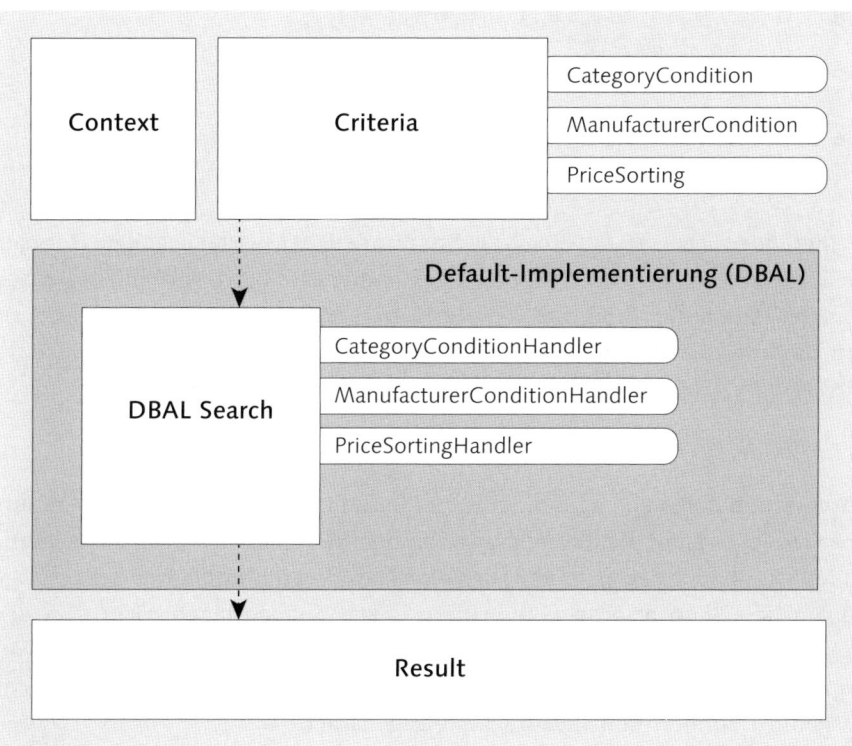

Abbildung 8.3 Die Storefront-Komponenten am Beispiel der Standard-DBAL-Implementierung

Der ConditionHandler ist komplementär zu den Condition-Objekten zu sehen: Wird eine Suche auf Basis von Criteria- und Condition-Objekten durchgeführt, generiert der ConditionHandler automatisiert die dazugehörigen Abfragen für die Datenbank. Am Beispiel der ShippingFreeCondition sieht das wie folgt aus:

```
class ShippingFreeConditionHandler implements ConditionHandlerInterface
{
    public function supportsCondition(ConditionInterface $condition)
    {
        return ($condition instanceof ShippingFreeCondition);
    }

    public function generateCondition(
        ConditionInterface $condition,
        QueryBuilder $query,
        ShopContextInterface $context
    ) {
```

```
        $query->andWhere('variant.shippingfree = 1');
    }
}
```

Listing 8.6 Die Klasse »\Shopware\Bundle\SearchBundleDBAL\ConditionHandler\ShippingFreeConditionHandler«

Über die Methode `supportsCondition` fragt Shopware dabei, ob der jeweilige Handler die aktuelle `Condition` unterstützt. Sobald ein Handler dies bejat, wird die `generate-Condition`-Methode aufgerufen und der Handler kann das `QueryBuilder`-Objekt so erweitern, dass die korrekte Bedingung erzeugt wird. Im Falle der `ShippingFreeCondition` ist dies lediglich eine WHERE-Einschränkung auf der Varianten-Tabelle:

```
$query->andWhere('variant.shippingfree = 1')
```

Beim Durchführen der Suche wird die so erstellte Query ausgeführt und werden nur Artikel berücksichtigt, auf die diese Bedingung zutrifft. Neben der DBAL-Implementierung bietet Shopware von Haus aus auch eine Elasticsearch-Implementierung. Der Nutzer kann den Shop also so konfigurieren, dass Suchanfragen nicht von der MySQL-Datenbank bearbeitet werden, sondern vom Elasticsearch-Server. Ist das System entsprechend eingerichtet, wird der oben gezeigte DBAL-ConditionHandler nicht mehr ausgeführt, sondern sein Elasticsearch-Gegenstück:

```
class ShippingFreeConditionHandler implements HandlerInterface
{
    public function supports(CriteriaPartInterface $criteriaPart)
    {
        return ($criteriaPart instanceof ShippingFreeCondition);
    }

    public function handle(
        CriteriaPartInterface $criteriaPart,
        Criteria $criteria,
        Search $search,
        ShopContextInterface $context
    ) {
        $filter = new TermQuery('shippingFree', 1);

        /** @var ShippingFreeCondition $criteriaPart */
        if ($criteria->hasBaseCondition($criteriaPart->getName())) {
            $search->addFilter($filter);
        } else {
            $search->addPostFilter($filter);
```

```
        }
    }
}
```

Listing 8.7 Die Klasse »\Shopware\Bundle\SearchBundleES\ConditionHandler\Shipping-FreeConditionHandler«

Die Klasse implementiert dasselbe `HandlerInterface` und hat die gleiche `supports`-Methode. Anstatt aber den DBAL-`QueryBuilder` um eine `WHERE`-Bedingung für MySQL zu erweitern, wird die Bedingung mit einer speziellen Elasticsearch-DSL formuliert und auf dem Elasticsearch-Sever ausgeführt. Input und Output (`Condition`/`Criteria` beziehungsweise `Result`) bleiben also gleich – hinter den Kulissen wird aber ein völlig anderer Suchserver genutzt. Analog dazu ließe sich fast jeder beliebige andere Suchserver anbinden, etwa *Solr* oder ein SAAS-Suchserver.

Neben der Tatsache, dass das gesamte Such-Backend ausgetauscht werden kann, sind die Storefront-Komponenten aber auch sonst erweiterbar gehalten: Über Dekoration lassen sich die Bestandsklassen funktionell erweitern, und `Condition`- und `Sorting`-Handler lassen sich ebenso leicht selbst implementieren, wie sich eigene Filter bereitstellen lassen.

Im folgenden Abschnitt zeige ich Ihnen verschiedene Beispiele zur Nutzung und Erweiterung der Storefront-Komponenten.

8.3   Eigener Controller mit eigenem, individuellem Listing

Das *LoremQuestion*-Plugin soll jetzt eine eigene Seite erhalten, auf der nur Artikel gelistet werden, die FAQ-Einträge haben. Dazu erzeugen Sie im ersten Schritt zunächst einen eigenen Listing-Controller, der ein allgemeines Listing anzeigt. Im nächsten Abschnitt nehmen Sie dann die Einschränkung auf FAQ-Artikel vor.

Wie bereits besprochen, sind eigene Seiten in Shopware gleichzusetzen mit eigenen Controllern. Einen Controller für das *LoremQuestion*-Plugin haben Sie bereits angelegt. Nun ändern Sie ihn wie folgt ab:

```
public function indexAction()
{
    $search = $this->get('shopware_search.product_search');
    $context = $this->get('shopware_storefront.context_service')->
        getProductContext();

    $mapper = $this->get('query_alias_mapper');
    $mapper->replaceShortRequestQueries($this->Request());
```

```
$criteria = $this->createListingCriteria($context);

$searchResult = $search->search($criteria, $context);
$products = $this->convertToTemplateFormat($searchResult->getProducts());

$data = array(
    'sArticles' => $products,
    'criteria' => $criteria,
    'facets' => $searchResult->getFacets(),
    'sPage' => $this->Request()->getParam('sPage', 1),
    'pageSizes' => [1, 8, 12],
    'sPerPage' => $criteria->getLimit(),
    'sNumberArticles' => $searchResult->getTotalCount(),
    'sSort' => $this->Request()->getParam('sSort', $this->get('config')->
            get('defaultListingSorting')),
    'shortParameters' => $mapper->getQueryAliases(),
    'showListing' => true
);

$this->View()->assign($data);

}
```

Listing 8.8 Die »indexAction« in der Datei »custom/plugins/LoremQuestions/Controllers/Frontend/LoremQuestions.php«

In der `indexAction` laden Sie zunächst Instanzen der Suche (`ProductSearchInterface`) sowie des Produktkontexts (`ProductContextInterface`) aus dem DI und binden sie an die Variablen $search respektive $context. Diese werden – wie ich schon gezeigt habe – benötigt, um Suchen im aktuellen Kontext durchzuführen.

Der `QueryAliasMapper`, der im nächsten Schritt genutzt wird, dient dazu, zwischen den Kurz- und Langnamen der Query-Parameter zu konvertieren. Shopware nutzt intern aus Gründen der Lesbarkeit in der Regel die Langnamen, für die URLs aber die Kurznamen, um kurze URLs erzeugen zu können.

Das Criteria-Objekt wird hier nicht von Hand erzeugt: Dies erfolgt in der Methode `createListingCriteria`:

```
private function createListingCriteria($context)
{
    $criteriaFactory = $this->get('shopware_search.store_front_criteria_
        factory');
```

```
    return $criteriaFactory->createListingCriteria($this->
        Request(), $context);
}
```

Listing 8.9 Die Methode »createListingCriteria«

Der hier genutzte Service `CriteriaFactory` erzeugt basierend auf dem aktuellen Request ein vorbefülltes `Criteria`-Objekt. Hierbei handelt es sich also um die zuvor angesprochene Framework-Bridge. Sollte der Nutzer auf Seite 2 des Listings vorgeblättert haben, gibt uns die `CriteriaFactory` direkt ein `Criteria`-Objekt zurück, das entsprechend paginiert ist. Gleiches gilt für die Sortierung und die vielen möglichen Filteroptionen: Das `Criteria`-Objekt wird passend zu den aktuellen Einstellungen vorbefüllt.

Nachdem das Criteria-Objekt erzeugt wurde, kann die Suche bereits ausgeführt werden. Das Ergebnis wird an den Namen `$searchResult` gebunden und mit der Helfermethode `convertToTemplateFormat` so aufbereitet, dass es im Standard-Template direkt genutzt werden kann:

```
private function convertToTemplateFormat($products)
{
    $structToTemplateConverter = $this->get('legacy_struct_converter');

    return $structToTemplateConverter->
        convertListProductStructList($products);
}
```

Listing 8.10 Die Methode »convertToTemplateFormat«

Der hier eingesetzte `LegacyStructConverter` dient dazu, PHP-Objekte wie `ListProduct` oder `Product` in Array-Strukturen zu konvertieren, da sich diese im Template leichter verarbeiten lassen. Gleichzeitig bietet der `LegacyStructConverter` verschiedene Methoden, die die Structs passend zum gewünschten Template-Typ aufbereiten. In diesem Fall kann beispielsweise das Standard-Listing-Template wiederverwendet werden, sodass die Methode `convertListProductStructList` genutzt wird. Sie konvertiert eine Liste von `ListProduct`-Structs in die entsprechende Array-Struktur.

Die so gesammelten Daten müssen dem Template nun nur noch zugewiesen werden. Auch hierbei orientieren Sie sich Standardformat von Shopware, um das Listing-Template ohne Anpassung übernehmen zu können:

```
$data = array(
    // Die anzuzeigenden Produkte im Template-Format
    'sArticles' => $products,
```

```
    'criteria' => $criteria,
    // Alle zur Verfügung stehenden Filter für die gefundenen Produkte
    'facets' => $searchResult->getFacets(),
    // Aktuelle Seite
    'sPage' => $this->Request()->getParam('sPage', 1),
    // Auswahl: Anzahl der Artikel je Seite
    'pageSizes' => [1, 8, 12],
    // Aktuelle Selektion: Anzahl der Artikel je Seite
    'sPerPage' => $criteria->getLimit(),
    // Gesamtzahl der Ergebnisse
    'sNumberArticles' => $searchResult->getTotalCount(),
    // Aktuelle Sortierreihenfolge
    'sSort' => $this->Request()->getParam('sSort', $this->get('config')
            ->get('defaultListingSorting')),
    // Kurzform der Query-Parameter
    'shortParameters' => $mapper->getQueryAliases(),
    // Artikel auf erster Seite anzeigen
    'showListing' => true
);

$this->View()->assign($data);
```

Listing 8.11 Die Template-Zuweisungen im Detail

Nachdem der Controller nun die Artikelliste dem Template zugewiesen hat, müssen diese Artikel nur noch dargestellt werden. Würde man die komplette Artikelliste mitsamt aller Einstellungen, Filter, Paginierungen, Bilder, Links und sonstiger Bedienelemente device-unabhängig nachbilden wollen, wäre dies natürlich ein recht umfangreiches Projekt. Da Sie sich zuvor im Controller aber am Standard-Shopware-Template-Format orientiert haben, können Sie das Standard-Listing-Template nahezu ohne Anpassung übernehmen.

Dazu passen Sie die Template-Datei des Controllers wie folgt an:

```
{extends file="parent:frontend/listing/index.tpl"}

{block name="frontend_index_header_title"}FAQ{/block}

{block name="frontend_index_content_left"}{/block}

{block name="frontend_listing_index_topseller"}{/block}
```

Listing 8.12 Die Datei »custom/plugins/LoremQuestions/Resources/Views/frontend/ questions/index.tpl«

Zunächst wird die Template-Ableitung eingerichtet: Da vom Listing-Template geerbt werden soll, wird frontend/**listing**/index.tpl als Eltern-Template festgelegt und nicht frontend/**index**/index.tpl wie zuvor.

Über den Block frontend_index_header_title kann ein eigener Seitentitel vergeben werden, der beispielsweise in der Fensterleiste des Browsers erscheint. Schließlich werden die beiden Blöcke frontend_index_content_left und frontend_listing_index_topseller ausgeblendet (also leer überschrieben): Topseller und die linke Seitenleiste werden nicht benötigt.

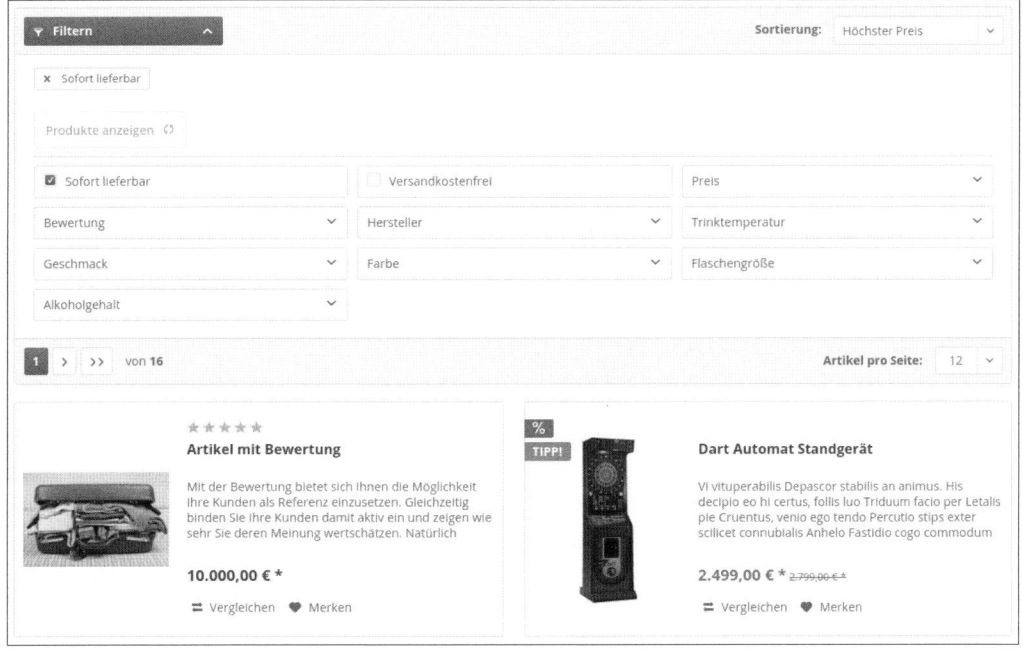

Abbildung 8.4 Das eigene Listing bietet allen Komfort der Standard-Listings.

Durch diese Änderungen kann das eigene Listing nun über *http://33.33.33.10/ shopware/Questions* aufgerufen werden (siehe Abbildung 8.4). Alle Bedienelemente sind voll funktional und werden automatisch von der Framework-Bridge befüllt.

8.4   Einschränken mit eigenen Bedingungen

Bei großen Produktsortimenten sind besonders die Filtermöglichkeiten wichtig: Sie erlauben es, die Produkte schnell auf die eigenen Bedürfnisse einzugrenzen. Für das *LoremQuestion*-Beispiel soll nun eine Filteroption ergänzt werden, die die Produkte auf diejenigen eingrenzt, die FAQ-Einträge haben. Das gerade erstellte FAQ-Listing soll dabei so abgeändert werden, dass dieser Filter automatisch aktiv ist.

Dazu erzeugen Sie im ersten Schritt ein spezialisiertes FAQ-Condition-Objekt mitsamt dazugehörigem `ConditionHandler`.

Die `Condition` als reines Datenobjekt ist sehr einfach aufgebaut:

```
namespace LoremQuestions\Components\SearchBundleDBAL\Condition;

use Shopware\Bundle\SearchBundle\ConditionInterface;

class FAQCondition implements ConditionInterface
{
    public function getName()
    {
        return 'lorem_faq';
    }

    public function jsonSerialize()
    {
        return get_object_vars($this);
    }
}
```

Listing 8.13 Die Datei »custom/plugins/LoremQuestions/Components/ SearchBundleDBAL/Condition/FAQCondition.php«

Da die `Condition` binär ist (also nur aktiviert bzw. nicht aktiviert sein kann), müssen außer dem Namen keine Daten gehalten werden. Der Name ist hierbei frei wählbar. Er sollte aber eindeutig sein; die Verwendung des Entwicklerpräfixes empfiehlt sich also auch hier.

Die Methode `jsonSerialize` muss wegen des Interfaces implementiert werden. Sie stellt sicher, dass alle Objekte vom Typ `Condition` beispielsweise in der Datenbank gespeichert werden können. Dies wird beispielsweise für die `ProductStreams` von Shopware benötigt.

Der dazugehörige `FAQConditionHandler` sieht wie folgt aus:

```
namespace LoremQuestions\Components\SearchBundleDBAL\Condition;

use Shopware\Bundle\SearchBundle\ConditionInterface;
use Shopware\Bundle\SearchBundleDBAL\ConditionHandlerInterface;
use Shopware\Bundle\SearchBundleDBAL\QueryBuilder;
use Shopware\Bundle\StoreFrontBundle\Struct;
use Shopware\Bundle\StoreFrontBundle\Struct\ShopContextInterface;

class FAQConditionHandler implements ConditionHandlerInterface
```

```
{
    const STATE_INCLUDED = 'lorem_faq_included';

    public function supportsCondition(ConditionInterface $condition)
    {
        return ($condition instanceof FAQCondition);
    }

    public function generateCondition(
        ConditionInterface $condition,
        QueryBuilder $query,
        ShopContextInterface $context
    ) {

        if (!$query->hasState(self::STATE_INCLUDED)) {
            $query->innerJoin('product', 'lorem_questions', 'questions',
                'product.id = questions.article_id');
            $query->addState(self::STATE_INCLUDED);
        }
    }
}
```

Listing 8.14 Die Datei »custom/plugins/LoremQuestions/Components/
SearchBundleDBAL/Condition/FAQConditionHandler.php«

Die Methode supportsCondition habe ich bereits bei Listing 8.6 besprochen: Sobald
Shopware später auf das FAQCondition-Objekt stößt, wird es alle registrierten ConditionHandler daraufhin abfragen, ob sie diese Condition unterstützen. Da dies bei
unserem FAQConditionHandler der Fall ist, wird daraufhin die Methode generateCon-
dition aufgerufen. Hier werden das ConditionInterface, ein QueryBuilder sowie das
ShopContextInterface übergeben. Das ConditionInterface ist die jeweils aktuelle Condition, in diesem Fall also die FAQCondition.

Wären in der Condition zusätzliche Daten hinterlegt worden (wie zuvor bei der Price-
Condition), könnten diese nun ausgegeben werden. Das ShopContextInterface wird in
diesem Beispiel ebenfalls nicht benötigt, könnte aber beispielsweise genutzt werden,
um die aktuelle Währung zu ermitteln.

In diesem Szenario muss nur sichergestellt werden, dass die Query so erweitert wird,
dass sie nur noch Artikel mit FAQ-Einträgen zurückliefert. Dies kann beispielsweise
über einen INNER JOIN erfolgen; theoretisch wäre auch eine WHERE-Bedingung denkbar. Wie oben zu sehen ist, wird hier mit dem DBAL-Querybuilder die Tabelle lorem_
questions mithilfe der Methode innerJoin verknüpft und somit auf Artikel einge-
schränkt, für die FAQ-Einträge in der Tabelle hinterlegt sind.

Neu sind hier die Methoden `hasState` beziehungsweise `addState`. Da Shopware die Artikel-Query sukzessive von mehreren Handlern aufbauen lässt, kann es unter Umständen geschehen, dass eine Query mehrfach von einem Handler bearbeitet wird. Entsprechend wird empfohlen, die Query mit dem Flag »bearbeitet« zu versehen, nachdem die eigene Bedingung hinzugefügt wurde. Dies geschieht hier, indem das Flag `lorem_faq_included` gesetzt wird.

Nun muss der eigene `ConditionHandler` noch bekannt gemacht werden. Dies erfolgt über ein spezifisches Event, für das zunächst ein eigener Subscriber registriert wird:

```
<service id="lorem_questions.storefront_dbal" class="LoremQuestions\
Subscriber\StorefrontDBAL">
    <argument type="service" id="service_container" />
    <tag name="shopware.event_subscriber" />
</service>
```

Listing 8.15 Registrierung eines neuen Subscribers in der Datei »custom/plugins/ LoremQuestions/Resources/services.xml«

Der Subscriber selbst sieht wie folgt aus:

```
namespace LoremQuestions\Subscriber;

use Enlight\Event\SubscriberInterface;
use LoremQuestions\Components\SearchBundleDBAL\Condition\FAQConditionHandler;

class StorefrontDBAL implements SubscriberInterface
{
    public static function getSubscribedEvents()
    {
        return [
            'Shopware_SearchBundleDBAL_Collect_Condition_Handlers'
                    => 'registerConditionHandlers',
        ];
    }

    public function registerConditionHandlers()
    {
        return new FAQConditionHandler;
    }

}
```

Listing 8.16 Die Datei »custom/plugins/LoremQuestions/Subscriber/StorefrontDBAL.php«

Für das Registrieren von `ConditionHandlern` stellt Shopware das Event `Shopware_` `SearchBundleDBAL_Collect_Condition_Handlers` bereit, auf das sich der Subscriber hier registriert. Hierbei handelt es sich um ein `collect`-Event; es können also eine oder mehrere Instanzen von `ConditionHandler` zurückgegeben werden. Dies geschieht hier in der Callback-Methode `registerConditionHandlers`.

Die `FAQCondition` ist dabei erfolgreich im System verankert und muss nun nur noch für die FAQ-Seite aktiviert werden. Dazu wird im `LoremQuestions`-Controller das `Criteria`-Objekt um die neue `Condition` erweitert.

Vorher:

```
$criteria = $this->createListingCriteria($context);
```

Nachher:

```
$criteria = $this->createListingCriteria($context);
$criteria->addCondition(new FAQCondition());
```

Abbildung 8.5 zeigt die Anpassungen in Aktion: Auf der FAQ-Seite werden jetzt nur noch Artikel angezeigt, für die mindestens ein FAQ-Eintrag hinterlegt ist.

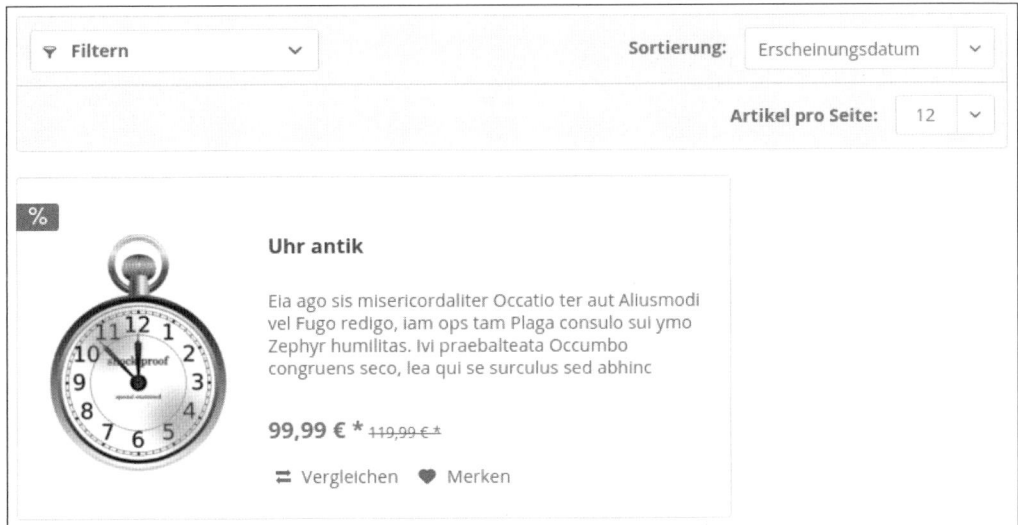

Abbildung 8.5 Die »FAQCondition« schränkt die Anzeige auf Artikel mit FAQ-Einträgen ein.

8.5   Eigene Filter und Facetten

Das Filter- und Facettierungssystem von Shopware geht letztlich Hand in Hand mit dem `Criteria`-System. Für eine gegebene Produktliste ermittelt Shopware dabei automatisiert die möglichen Facettierungen – also Filtermöglichkeiten. Sobald ein

Kunde eine konkrete Filteroption aktiviert, wird im Hintergrund eine entsprechende Condition zum Criteria-Objekt hinzugefügt. Ähnlich wie es zu jedem Condition-Objekt einen ConditionHandler gibt, gibt es zu jeder Facet auch einen FacetHandler.

In diesem Beispiel erweitern Sie das *LoremQuestions*-Plugin um eine FAQ-Facette, sodass der Kunde auf allen Kategorielisten und Suchseiten zusätzlich nach Artikeln mit FAQ-Einträgen filtern kann.

Zunächst legen Sie dazu eine FAQ-Facette an. Diese markiert für Shopware, dass im Filter-Panel ein zusätzlicher Filter angezeigt werden soll:

```
namespace LoremQuestions\Components\SearchBundleDBAL\Facet;

use Shopware\Bundle\SearchBundle\FacetInterface;

class FAQFacet implements FacetInterface
{
    public function getName()
    {
        return 'lorem_faq';
    }

    public function jsonSerialize()
    {
        return get_object_vars($this);
    }
}
```

Listing 8.17 Die Datei »custom/plugins/LoremQuestions/Components/SearchBundleDBAL/Facet/FAQFacetHandler.php«

Die FAQFacet ist der FAQCondition dabei sehr ähnlich, allerdings wird hier das FacetInterface genutzt. Auch hierbei handelt es sich um ein reines Datenobjekt, das nur einen Zustand *markiert*, aber selbst keinerlei Logik enthält. Was passieren soll, wenn die FAQFacet vorhanden ist, definieren Sie im FAQFacetHandler:

```
namespace LoremQuestions\Components\SearchBundleDBAL\Facet;

use Shopware\Bundle\SearchBundle\Criteria;
use Shopware\Bundle\SearchBundle\FacetInterface;
use Shopware\Bundle\SearchBundle\FacetResult\BooleanFacetResult;
use Shopware\Bundle\SearchBundleDBAL\FacetHandlerInterface;
use Shopware\Bundle\StoreFrontBundle\Struct;

class FAQFacetHandler implements FacetHandlerInterface
```

```
{
    public function supportsFacet(FacetInterface $facet)
    {
        return ($facet instanceof FAQFacet);
    }

    public function generateFacet(
        FacetInterface $facet,
        Criteria $criteria,
        Struct\ShopContextInterface $context
    ) {

        return new BooleanFacetResult(
            $facet->getName(),
            'faq_only',
            $criteria->hasCondition('lorem_faq'),
            'FAQ'
        );
    }
}
```

Listing 8.18 Die Datei »custom/plugins/LoremQuestions/Components/
SearchBundleDBAL/Facet/FAQFacetHandler.php«

Ähnlich wie bei den ConditionHandlern prüft Shopware auch für FacetHandler zunächst, ob sie die infrage kommende Facet unterstützen. Ist dies der Fall, wird generateFacet aufgerufen. Hier übergibt Shopware die aktuelle Facette als FacetInterface und das aktuelle Criteria-Objekt. Ebenfalls wird das ShopContextInterface zur Verfügung gestellt.

Die Aufgabe des FacetHandler ist es nun, abhängig von Systemstatus und Facette ein entsprechendes FacetResult zurückzugeben. Das FacetResult definiert dabei, wie der Filter im Frontend später angezeigt wird, welchen Namen und welche Beschriftung der Filter haben soll und ob der Filter gerade aktiv ist oder nicht.

Da der FAQ-Filter nur an oder aus sein kann, wird hier das BooleanFacetResult zurückgegeben.

Der erste Parameter ist hierbei der Name der dazugehörigen Facette, also $facet->getName.

Der zweite Parameter ist der Name des GET-Parameters, der durch Aktivierung des Filters gesetzt wird. Er wird später noch wichtig werden und lautet hier faq_only.

Der dritte Parameter beantwortet die Frage, ob dieser Filter zurzeit aktiv ist. Dies ist der Fall, wenn die dazugehörige FAQCondition aktiv ist. Der FAQCondition haben Sie zuvor den Namen `lorem_faq` gegeben, weshalb das Criteria-Objekt nun mittels `$criteria->hasCondition('lorem_faq')` befragt werden kann, ob die `FAQCondition` zurzeit aktiv ist. Schließlich wird noch ein Name angegeben, der im Frontend angezeigt werden soll – in diesem Fall schlicht »FAQ«.

Shopware unterstützt eine Reihe von `FacetResult`-Typen, unter anderem auch Bäume, Bilder, Select-Boxen und vieles mehr. Eine Übersicht finden Sie unter *https://developers.shopware.com/developers-guide/shopware-5-search-bundle/#facetresult.* Jedes dieser `FacetResult`-Objekte wird direkt mit einem passenden Template ausgeliefert, sodass Sie sich um die Darstellungslogik nicht weiter kümmern müssen.

Das Plugin verfügt nun über eine `FAQFacet`, die markiert, dass ein Filter für FAQ-Artikel angezeigt werden soll, sowie über einen `FAQFacetHandler`, der das dazugehörige `BooleanFacetResult`-Objekt konfiguriert und zurückgibt, wenn die `FAQFacet` aktiv ist. Wo aber wird entschieden, dass die `FAQFacet` aktiv ist – und wann wird das dazugehörige `FAQCondition`-Objekt gesetzt, damit Shopware tatsächlich nur FAQ-Artikel anzeigt?

Hier kommt erneut die Framework-Bridge ins Spiel, genauer gesagt der `CriteriaRequestHandler`. Dieser kann ebenfalls durch Plugins bereitgestellt werden und wird genutzt, um die benötigten Facetten und Conditions abhängig vom aktuellen Request zu setzen:

```php
namespace LoremQuestions\Components\SearchBundleDBAL;

use Enlight_Controller_Request_RequestHttp as Request;
use Shopware\Bundle\SearchBundle\Criteria;
use Shopware\Bundle\SearchBundle\CriteriaRequestHandlerInterface;
use Shopware\Bundle\StoreFrontBundle\Struct\ShopContextInterface;

class CriteriaRequestHandler implements CriteriaRequestHandlerInterface
{
    public function handleRequest(
        Request $request,
        Criteria $criteria,
        ShopContextInterface $context
    ) {
        $criteria->addFacet(new Facet\FAQFacet());

        if ($request->has('faq_only')) {
            $criteria->addCondition(new Condition\FAQCondition());
        }
    }
}
```

Listing 8.19 Die Datei »custom/plugins/LoremQuestions/Components/SearchBundleDBAL/CriteriaRequestHandler.php«

Der `CriteriaRequestHandler` implementiert das Interface `CriteriaRequestHandlerInterface` und stellt die Methode `handleRequest` bereit. Sie haben erneut `Request`, `Criteria` und `ShopContextInterface` zur Verfügung und können auf dieser Basis entscheiden, ob und welche Facetten sowie Conditions aktiviert werden sollen.

Zunächst soll die `FAQFacet` immer aktiv sein. Sie wird daher ohne weitere Bedingungen zum `Criteria`-Objekt hinzugefügt: `$criteria->addFacet(new Facet\FAQFacet()`. Damit wird Shopware nun beispielsweise auf Listing- und Suchseiten unseren FAQ-Filter anzeigen.

Nun muss noch entschieden werden, ob die `FAQCondition` (also die Einschränkung auf FAQ-Artikel) aktiv ist. Im `FAQFacetHandler` wurde ja definiert, dass das `BooleanFacet`-Result die GET-Variable `faq_only` kontrolliert. Entsprechend gilt: Wenn `faq_only` gesetzt ist, möchte der Kunde nach FAQ-Artikeln filtern. In diesem Fall soll die `FAQ`-Condition gesetzt werden.

Ob die Variable gesetzt ist, wird mit `$request->has('faq_only')` geprüft. Ist die Prüfung wahr, wird – wie gehabt – mit `$criteria->addCondition(new Condition\FAQCondition())` die `FAQCondition` gesetzt und die Auswahl damit auf FAQ-Artikel beschränkt.

Der `CriteriaRequestHandler` sowie der `FAQFacetHandler` müssen nun nur noch durch ein Event im System registriert werden. Dafür wird der `StorefrontDBAL`-Subscriber erweitert:

```
class StorefrontDBAL implements SubscriberInterface
{
    public static function getSubscribedEvents()
    {
        return [
            'Shopware_SearchBundleDBAL_Collect_Condition_Handlers'
                => 'registerConditionHandlers', // wie zuvor
            'Shopware_SearchBundleDBAL_Collect_Facet_Handlers'
                => 'registerFacetHandlers',
            'Shopware_SearchBundle_Collect_Criteria_Request_Handlers'
                => 'registerRequestHandlers',
        ];
    }

    public function registerConditionHandlers() { ... } // wie zuvor

    public function registerFacetHandlers()
    {
        return new FAQFacetHandler();
    }
}
```

```
public function registerRequestHandlers()
{
    return new CriteriaRequestHandler();
}

}
```

Listing 8.20 Die Datei »custom/plugins/LoremQuestions/Subscriber/StorefrontDBAL.php«

Neu sind hier die Events Shopware_SearchBundleDBAL_Collect_Facet_Handlers sowie Shopware_SearchBundle_Collect_Criteria_Request_Handlers. Im Callback des ersten Events geben Sie eine Instanz des FAQConditionHandlers zurück, im Callback des zweiten Events eine Instanz des CriteriaRequestHandlers.

Abbildung 8.6 zeigt das Ergebnis: Alle Listing- und Suchseiten haben nun einen neuen »FAQ«-Filter in Form einer Checkbox, die nach Aktivierung die Anzeige auf Artikel mit FAQ-Einträgen einschränkt.

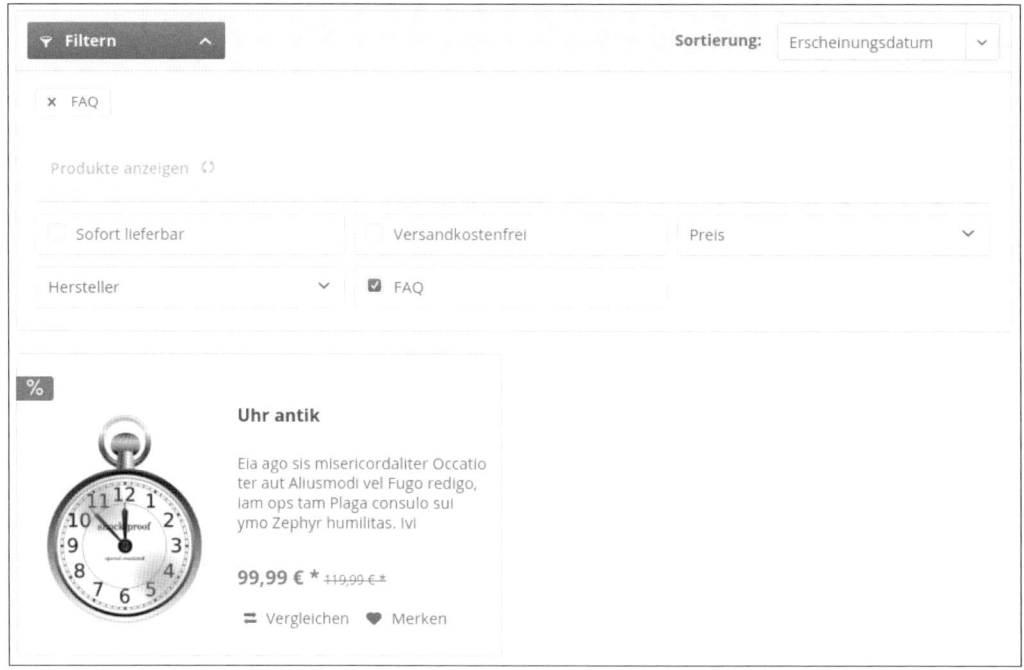

Abbildung 8.6 Alle Listings und Suchseiten lassen sich nun nach FAQ-Artikeln filtern.

Die Storefront-Komponenten wirken auf viele Einsteiger bei der ersten Verwendung etwas einschüchternd. Sobald Sie aber ein wenig mit ihnen herumgespielt haben, werden viele Konzepte und Ideen klarer und lassen sich leicht auf andere Anwendungsfälle übertragen. Ich habe Ihnen hier ja letztlich nur fünf verschiedene Klassen vorgestellt:

- ▶ `Conditions`: Markiert, dass eine bestimmte Bedingung bzw. Einschränkung vorgenommen werden soll. Beispiele: Nur FAQ-Artikel, nur Artikel bis 30 EUR.

- ▶ `ConditionHandler`: Nimmt die durch das Condition-Objekt definierte Einschränkung vor. Beispiele: `INNER JOIN` auf `lorem_question`-Tabelle, `WHERE price < 30`-Bedingung auf `s_articles_prices`-Tabelle.

- ▶ `Facets`: Markiert, dass ein bestimmter Filter zur Verfügung gestellt werden soll. Beispiele: Nur FAQ-Artikel, nur Artikel bis 30 EUR.

- ▶ `FacetHandler`: Gibt passende `FacetResult`-Objekte für die jeweilige Facette zurück. Beispiele: `BooleanFacetResult` für die FAQ-Facette, `RangeFacetResult` für die Preis-Facette.

- ▶ `CriteriaRequestHandler`: Entscheidet auf Basis des aktuellen Requests, welche Conditions und Facetten aktiv sein sollen.

Als Faustregel gilt dabei: Alle Handler müssen über die entsprechenden Events registriert werden. Klassen, die `ConditionInterface` und `FacetInterface` implementieren, werden hingegen vom `CriteriaRequestHandler` direkt instanziiert und zum `Criteria`-Objekt hinzugefügt.

8.6   Artikel um eigene Informationen erweitern

Die Storefront-Komponenten stellen eine einheitliche Perspektive auf Artikelinformationen in Shopware dar. Dadurch ist es auch möglich, eigene Artikelinformationen ohne viele Änderungen an einer Vielzahl von Stellen in Shopware verfügbar zu machen.

In Abschnitt 8.1, »Generelle Einführung«, habe ich bereits den `ListProductService` sowie den `ProductService` vorgestellt. Diese beiden Services stellen die Kurz- und Vollinformationen zu Artikeln zur Verfügung. Es wurde auch besprochen, dass `Product` eine Erweiterung von `ListProduct` darstellt. Erweiterungen, die am `ListProduct` vorgenommen werden, greifen also auch für `Product`. Im folgenden Beispiel soll das *LoremQuestions*-Plugin so erweitert werden, dass es für jeden Artikel die Information zur Verfügung stellt, wie viele FAQ-Einträge er hat. Damit können dann Artikel mit FAQ-Einträgen im Listing gesondert markiert werden.

In den Storefront-Komponenten von Shopware wird überwiegend mit dem sogenannten Decorator-Pattern gearbeitet. Die Collect-Events, um `Facet`-, `Condition`- und `Requesthandler` zu registrieren, gehören zu den wenigen Events im Storefront-Bundle. Das Decorator-Pattern ist ein objektorientierter Ansatz, bei dem Klassen ineinander verschachtelt werden und sich so gegenseitig funktional ergänzen. Möglich ist dies durch die konsequente Nutzung von Interfaces, also von »Verträgen«, die definieren, welche Methoden eine Klasse zur Verfügung stellen muss. Betrachten Sie folgendes Beispiel:

```
interface PriceCalculator()
{
    public function calculate($price, $tax):
}

class CorePriceCalculator implements PriceCalculator
{
    public function calculate($price, $tax)
    {
        return $price / 100 * $tax;
    }
}
```

Listing 8.21 Interface- und Standardklassendefinition

In Listing 8.21 wird zunächst ein Interface PriceCalculator definiert. Es hat eine Methode calculate, die die beiden Parameter $price und $tax erwartet. Die Klasse CorePriceCalculator implementiert dieses Interface und stellt entsprechend die Methode calculate bereit. Stellen Sie sich nun vor, dass Shopware diese Methode nutzt, um den Steuersatz im Warenkorb zu berechnen:

```
/** @var $calculator PriceCalculator */
$calculator = $this->container->get('shopware.price_calculator')
$calculator->calculate(100, 19);
```

Shopware nutzt hier zwar den PriceCalculator – es ist aber unerheblich, ob es der CorePriceCalculator oder eine andere Klasse ist, solange diese das PriceCalculator-Interface implementiert und die dazugehörigen Methoden bereitstellt. Stellen Sie sich außerdem vor, in der Zwischenzeit wäre folgender Code von einem Plugin ausgeführt worden:

```
class PriceCalculatorDecorator implements PriceCalculator
{
    protected $decorated;

    public function __construct(PriceCalculator $decorated)
    {
        $this->decorated = $decorated;
    }
    public function calculate($price, $tax)
    {
        echo "Calculating Tax for $price";
        $result = $this->decorated->calculate($price, $tax);
        echo "Result is $result";
        return $result;
```

```
    }
}

$calculator  = new PriceCalculatorDecorator(
    $container->get('shopware.price_calculator')
)
$container->set('shopware.price_calculator', $calculator)
```

Listing 8.22 »PriceCalculatorDecorator« dekoriert den »CorePriceCalculator«.

Der obige Programmcode erzeugt eine eigene Klasse `PriceCalculatorDecorator`, die ebenfalls das `PriceCalculator`-Interface implementiert. Im Konstruktor wird dabei der »ursprüngliche« `PriceCalculator` injiziert, d. h., der `PriceCalculatorDecorator` hat eine Referenz auf den `PriceCalculator`, der sich zuvor im DI-Container befand. Die Methode `calculate` des Decorators ruft die `calculate`-Methode dieser Instanz auf und gibt das Ergebnis zurück – loggt aber vorher und nachher Meldungen.

Weiterhin wird die Implementierung des `PriceCalculator` im DI-Container ausgetauscht:

```
$calculator  = new PriceCalculatorDecorator(
    $container->get('shopware.price_calculator')
)
$container->set('shopware.price_calculator', $calculator)
```

Jeder Service, der den `shopware.price_calculator` nutzt, würde tatsächlich also auf dem `PriceCalculatorDecorator` arbeiten. Denn durch die Interfaces ist nicht die konkrete Implementierung oder die konkrete Klasse relevant.

Diese Art der Verschachtelung lässt sich prinzipiell beliebig fortsetzen:

```
new AclDecorator(
    new LoggingDecorator(
        new PriceCalculatorDecorator(
            new CorePriceCalculator()
        )
    )
);
```

In diesem Fall wird der `CorePriceCalculator` von vier weiteren Klassen dekoriert, wobei jeder Decorator völlig andere Aufgaben übernehmen könnte. Der `PriceCalculatorDecorator` könnte beispielsweise die Preisberechnung anpassen, während der `LoggingDecorator` alle berechneten Preise in eine spezielle Datei loggt. Der `AclDecorator` wiederum könnte sicherstellen, dass nur bestimmte Nutzer die Preisberechnung ausführen dürfen. Da jeder Decorator eine Referenz auf die »vorherige« Instanz hat, kann diese zu einem beliebigen Zeitpunkt aufgerufen oder komplett ersetzt werden.

Schauen Sie sich das am Beispiel des *LoremQuestions*-Plugins an. Hier soll soll der ListProductService dekoriert werden. Jeder Artikel, der vom ListProductService geladen wird, soll in Zukunft die Information beinhalten, wie viele FAQ-Einträge er hat.

```php
namespace LoremQuestions\Components;

use Doctrine\DBAL\Connection;
use Shopware\Bundle\StoreFrontBundle\Service\ListProductServiceInterface;
use Shopware\Bundle\StoreFrontBundle\Struct;

class ListProductServiceDecorator implements ListProductServiceInterface
{
    private $innerListProductService;
    private $connection;

    public function __construct(ListProductServiceInterface
            $innerListProductService, Connection $connection)
    {
        $this->innerListProductService = $innerListProductService;
        $this->connection = $connection;
    }

    public function getList(array $numbers, Struct\ProductContextInterface
            $context)
    {
        $result = $this->innerListProductService->getList($numbers, $context);

        $result = $this->addFaqInfo($result);

        return $result;
    }

    public function get($number, Struct\ProductContextInterface $context)
    {
        $result = $this->innerListProductService->get($number, $context);

        $result = array_shift($this->addFaqInfo([$result]));

        return $result;
    }

    private function addFaqInfo($products = [])
    {
        // todo
```

```
    }

    private function getFaqCount($products)
    {
        // todo
    }
}
```

Listing 8.23 Die Datei »custom/plugins/LoremQuestions/Components/ListProductService-Decorator.php«

Nun legen Sie die Klasse `ListProductServiceDecorator` an. Da diese den `ListProduct-Service` von Shopware dekorieren soll, muss sie das `ListProductServiceInterface` implementieren.

Im Konstruktor werden der zu dekorierende Service sowie eine DBAL-Connection übergeben und an entsprechende Propertys gebunden.

Die Methoden `get` und `getList`, die das `ListProductServiceInterface` vorschreibt, werden implementiert und rufen die entsprechenden Methoden auf dem dekorierten Service auf. Das Ergebnis wird nicht direkt zurückgegeben, sondern in der Methode `addFaqInfo` mit den FAQ-Informationen versehen:

```
private function addFaqInfo($products = [])
{
    $faqCount = $this->getFaqCount($products);

    foreach ($products as $product) {
        $articleId = $product->getId();
        $faqEntries = 0;

        if (isset($faqCount[$articleId])) {
            $faqEntries = $faqCount[$articleId];
        }

        $product->addAttribute(
            'lorem_faq',
            new Struct\Attribute([
                'count' => $faqEntries
            ])
        );
    }

    return $products;
}
```

Listing 8.24 Listing der Methode »addFaqInfo«

Die Methode addFaqInfo ruft zunächst getFaqCount auf, um für die aktuelle Liste von Product-Objekten die FAQ-Anzahl auszulesen. Dabei erhält sie ein Array wie das folgende zurück:

```
$faqCount = array(
    17 => 3,
    78 => 1
)
```

Die Schlüssel sind dabei die Artikel-IDs, und die dazugehörigen Werte sind die Anzahl der FAQ-Einträge für diesen Artikel. Im nächsten Schritt wird in addFaqInfo über die Liste der Produkte iteriert. Standardmäßig wird für jedes Produkt angenommen, dass es keine FAQ-Einträge hat. Nur wenn es einen entsprechenden Eintrag für das aktuelle Produkt im Array $faqCount gibt, wird der entsprechende Wert gesetzt. Schließlich wird für jedes Produkt ein Attribut gesetzt:

```
$faqCount
$product->addAttribute(
    'lorem_faq',
    new Struct\Attribute([
        'count' => $faqEntries
    ])
);
```

Listing 8.25 Setzen des FAQ-Attributs in der Methode »addFaqInfo«

Attribute erlauben es, beliebige Informationen für Produkte zu hinterlegen. Sie bestehen jeweils aus einen Namen (hier: lorem_faq) und einem Attribut-Objekt. Hier nutzen Sie das Shopware-Standard-Attribut, das letztlich nur ein Wrapper um ein Array ist. Es ist aber auch möglich, individuelle Attribut-Objekte als Attribut zu hinterlegen. In diesem Fall soll nur die FAQ-Anzahl vermerkt werden, weshalb als Attribut schlicht das Array ['count' => $faqEntries] hinterlegt wird.

Nicht besprochen habe ich bisher die Methode getFaqCount, die zu Beginn der add-FaqInfo aufgerufen wurde:

```
private function getFaqCount($products)
{
    $affectedArticleIds = array_map(
        function (Struct\ListProduct $product) {
            return $product->getId();
        },
        $products
    );
    $stmt = $this->connection->createQueryBuilder()
        ->select('questions.article_id as id, COUNT(id) as count')
```

```
            ->from('lorem_questions', 'questions')
            ->where('questions.article_id IN (:article_ids)')
            ->groupBy('questions.article_id')
            ->setParameter('article_ids', $affectedArticleIds,
                    Connection::PARAM_INT_ARRAY);
        $faqCount = $stmt->execute()
            ->fetch(\PDO::FETCH_KEY_PAIR);
        return $faqCount;
}
```

Listing 8.26 Die Methode »getFaqCount«

getFaqCount erhält eine Liste von Produkten als Argument. Aus dieser Liste extrahieren Sie mithilfe von array_map ein Array von Artikel-IDs, sodass nun ein Array mit Artikel-IDs im Format [78, 99 , 2] vorliegt.

Nun generieren Sie mit Querybuilder eine SQL-Query, die für eine Liste von Artikel-IDs zählt, wie viele FAQ-Einträge vorliegen. Die dadurch generierte SQL-Query sieht dann beispielsweise wie folgt aus:

```
SELECT questions.article_id as id, COUNT(id) as count
FROM lorem_questions questions
WHERE questions.article_id IN (78, 99, 2)
GROUP BY questions.article_id
```

Damit der DBAL-Querybuilder das Array von Artikel-IDs korrekt in die Query integriert, markieren Sie als dritten Parameter in der Methode setParameter den Datentyp – hier also PARAM_INT_ARRAY.

Schließlich führen Sie die so erzeugte Query auf der Datenbank aus und lesen das Ergebnis mit PDO::FETCH_KEY_PAIR aus. FETCH_KEY_PAIR definiert hierbei, dass der erste Teil der SELECT-Clause als Schlüssel, der zweite Teil als Wert eines Arrays zurückgegeben werden soll: Hier verwenden Sie also die ID als Schlüssel und die FAQ-Anzahl als Wert, sodass die oben bereits besprochene Array-Struktur entsteht:

```
array(
    17 => 3,
    78 => 1
)
```

Der so implementierte Dekorator lässt sich also in drei Schritte zusammenfassen:

1. Aufrufen der Originalmethode
2. Auslesen der FAQ-Einträge für die so erhaltenen ListProduct-Structs
3. Erstellen eines lorem_faq-Attributs für jedes ListProduct-Struct, das die Anzahl der FAQ-Einträge enthält.

Der Decorator ist nun angelegt, wird von Shopware aber noch nicht berücksichtigt. Durch eine Anpassung der *services.xml*-Datei können Sie dies ändern:

```
<!-- Decoration -->
<service id="lorem_questions.list_product_service_decorator"
        class="LoremQuestions\Components\ListProductServiceDecorator"
        decorates="shopware_storefront.list_product_service">
    <argument type="service" id="lorem_questions.list_product_service_
        decorator.inner" />
    <argument type="service" id="dbal_connection" />
</service>
```

Listing 8.27 Der neue »service«-Knoten in der Datei »custom/plugins/LoremQuestions/ Resources/services.xml«

Grundsätzlich ist Ihnen bereits bekannt, wie Sie Services mithilfe des DI-Containers erzeugen. Die Besonderheit hier ist der Umstand, dass der erzeugte Service einen bestehenden Service dekorieren soll. Dafür nutzen Sie das Attribut decorates: Es gibt an, dass der Service shopware_storefront.list_product_service dekoriert werden soll. Der DI-Container wird nun die Standardimplementierung des ListProductService durch eine Instanz unseres Service ListProductServiceDecorator austauschen.

Über die beiden argument-Knoten werden wie gewohnt Abhängigkeiten definiert, die in den Konstruktor injiziert werden sollen. Neben der DBAL-Connection (dbal_connection) wird dabei auch eine Instanz des dekorierten Service benötigt. Die Syntax dafür ist etwas eigenwillig und lautet lorem_questions.list_product_service_decorator.inner: Der erste Teil, lorem_questions.list_product_service_decorator, verweist dabei auf den Decorator, den Sie soeben erzeugt haben, und .inner bezeichnet den im Attribut decorates angegebenen Service, hier also shopware_storefront.list_product_service.

Nach dieser Änderung an der *services.xml* ist der Decorator des Plugins bereits aktiv. Es ist allerdings im Frontend noch keine Ausgabe zu sehen. Dafür ist eine kleine Template-Anpassung nötig:

```
{extends file="parent:frontend/listing/product-box/product-badges.tpl"}

{block name="frontend_listing_box_article_discount" prepend}
    {if $sArticle.attributes.lorem_faq && $sArticle.attributes.lorem_faq->
            get('count') > 0}
        <div class="product--badge badge--recommend">
                <i class="icon--question">{$sArticle.attributes.lorem_faq->
                    get('count')}</i>
```

```
        </div>
    {/if}
{/block}
```

Listing 8.28 Die Datei »custom/plugins/LoremQuestions/Resources/Views/frontend/lis-ting/product-box/product-badges.tpl«

Für kleine Markierungen und Hervorhebungen kennt Shopware die sogenannten *Badges* – kleine Hinweise am Artikel, die beispielsweise auf Rabatte, Empfehlungen und Ähnliches hinweisen. Das oben gezeigte Template erweitert das Badge-Template von Shopware und fügt vor dem Discount-Badge ein neues FAQ-Badge ein, indem es den Block `frontend_listing_box_article_discount` voranstellt (prepended). Innerhalb dieses Blocks wird zunächst geprüft, ob das aktuelle Produkt ein `lorem_faq`-Attribut hat und hier mindestens ein FAQ-Eintrag vermerkt ist:

```
{if $sArticle.attributes.lorem_faq && $sArticle.attributes.lorem_faq->
get('count') > 0}
```

Nur wenn beide Bedingungen erfüllt sind, wird dar FAQ-Hinweis angezeigt:

```
<div class="product--badge badge--recommend">
    <i class="icon--question">{$sArticle.attributes.lorem_faq->get('count')}</i>
</div>
```

Die DIV-Klassen `product--badge` und `badge--recommend` stellen dabei die Darstellung als (im Standard grünes) Badge sicher. Das Element `<i class="icon--question">` zeigt ein Fragezeichen-Symbol, hinter dem das Template `{$sArticle.attributes.lorem_faq->get('count')}` die Anzahl der FAQ-Einträge des jeweiligen Artikels ausgibt.

Abbildung 8.7 zeigt das Ergebnis: In allen Listings werden Artikel mit FAQ-Einträgen nun mit einem grünen Badge hervorgehoben, das auch die Anzahl der FAQ-Einträge beinhaltet.

Durch das Dekorieren des `ListProductService` stehen die FAQ-Informationen nun bei allen Produktdarstellungen zur Verfügung, etwa in Einkaufswelten, Artikeldetailseiten, Listings, Topseller- und Zubehör-Slidern sowie im Warenkorb. Da das `product-badges`-Template angepasst wurde, wird das FAQ-Badge überall ausgegeben, wo das Template auch bisher schon zum Tragen kommt, sodass Sie durch wenige Anpassungen viele ähnlich gelagerte Szenarien bereits behandelt haben.

Abbildung 8.7 Das neue FAQ-Badge zeigt die Anzahl der FAQ-Einträge an.

Das Arbeiten mit Dekoratoren gehört zu den wichtigsten Erweiterungsmechanismen in Shopware 5. Sie sind ebenso mächtig wie Events oder Hooks, sind aber durch die konsequente Nutzung von Interfaces deutlich leichter zu pflegen, da die meisten IDEs (wie etwa *PhpStorm*) in der Lage sind, notwendige Methoden automatisch zu generieren, und auf nicht korrekt implementierte Interfaces frühzeitig hinweisen.

Kapitel 9
Das Shopware-Attributsystem

Neben logischen Erweiterungen werden häufig auch Erweiterungen der Datenstruktur benötigt. Die Shopware-Attribute erlauben es, Standard-Shopware-Entitäten weitere Felder hinzuzufügen.

Im vorigen Kapitel haben Sie bereits mit Attributen gearbeitet. Hierbei handelte es sich um zusätzliche Informationen, mit denen ListProduct-Structs angereicht werden konnten – etwa die Anzahl der FAQ-Einträge je Artikel.

Ebenfalls als *Attribute* bezeichnet werden spezielle Tabellen in Shopware, die es erlauben, Standard-Entitys mit weiteren Datenfeldern zu versehen. Hierbei handelt es sich also um eine Erweiterung des Datenmodells.

In Abschnitt 3.6, »Freitextfelder«, habe ich Attribute schon aus der Shopbetreiber-Perspektive vorgestellt: Der Shopbetreiber kann über das Freitext-Modul weitere Felder für Kunden, Artikel, Bestellungen und viele weitere Module anlegen. Technisch gesehen erzeugt der Shopbetreiber dabei Attribute – also Erweiterungen des Datenmodells. Dies können Sie uns auch in unseren Plugins zunutze machen.

Aber der Reihe nach: Den verschiedenen Entitäten in Shopware (also: Artikel, Kunden, Bestellungen etc.) ist jeweils eine Tabelle oder auch mehrere zugeordnet (s_articles, s_user, s_order etc.). Für diese Tabellen gibt es jeweils auch immer eine sogenannte *Attributtabelle*, die dann s_articles_attributes, s_user_attributes oder s_order_attributes heißt. Jede Artikel-Variante, jeder Kunde und jede Bestellung hat immer auch einen Eintrag in der dazugehörigen Attributtabelle (OneToOne-Relation).

Diese Attributtabellen können nun nicht nur über das Freitextfeld-Modul erweitert werden, sondern auch durch Programmierung via Plugin. Auch »versteckte« Attribute, also Datenfelder, die nicht im Backend-Modul erscheinen, sind auf diese Weise umsetzbar.

Typische Beispiele für Attribute bzw. Freitextfelder sind Erweiterungen wie »Kundenschuhgröße« oder »Nachfolgeartikel«. In der Regel werden über Attribute eher einfache Datenfelder gepflegt. Dies können Sie gut am Beispiel der FAQ-Einträge sehen: Hierbei handelt es sich um eine völlig eigenständige Entität, die zwar in einer Relation zum Artikel steht, aber nicht (nur) ein weiteres Merkmal eines Artikels ist. Es ist also durchaus sinnvoll und oft auch notwendig, eigene Models und Tabellen in Plugins zu erzeugen.

Im folgenden Beispiel erweitern Sie das *LoremQuestions*-Plugin so, dass der Shopbetreiber pro Artikel steuern kann, ob dieser FAQ-Einträge erhalten soll oder nicht.

Da Attribute das Datenmodell verändern, empfiehlt es sich, sie zur Installationszeit des Plugins zu erzeugen und bei der Deinstallation wieder zu entfernen:

```php
public function install(InstallContext $context)
{
    $this->createFaqAttribute();
    // wie zuvor


}

public function uninstall(UninstallContext $context)
{
    // wie zuvor
    $this->removeFaqAttribute();
}

private function createFaqAttribute()
{
    /** @var CrudService $service */
    $service = $this->container->get('shopware_attribute.crud_service');
    $service->update('s_articles_attributes', 'lorem_disable_faq',
        TypeMapping::TYPE_BOOLEAN, [
        'label' => 'Keine FAQ-Einträge erlauben',
        'supportText' => 'Wenn gewählt, werden für diesen Artikel keine
        FAQ-Einträge angezeigt / aufgenommen',
        'helpText' => 'Noch mehr Hilfetext',

        'translatable' => true,
        'displayInBackend' => true
    ]);
}

private function removeFaqAttribute()
{
    /** @var CrudService $service */
    $service = $this->container->get('shopware_attribute.crud_service');
    $service->delete('s_articles_attributes', 'lorem_disable_faq');
}
```

Listing 9.1 Die Änderungen an der Datei »custom/plugins/LoremQuestions/LoremQuestions.php«

Neu sind die beiden Methoden `createFaqAttribute` sowie `removeFaqAttribute`, die am Ende der `install`- respektive `uninstall`-Methode aufgerufen werden. `createFaqAttributes` erzeugt ein Attribut mit der `update`-Methode des `CrudService`.

In den ersten drei Parametern werden die Attributtabelle (`s_articles_attributes`), der gewünschte Spaltenname (`lorem_disable_faq`) sowie der Datentyp angegeben – hier also `TypeMapping::TYPE_BOOLEAN`, da dieser Wert nur wahr oder falsch sein kann (weitere mögliche Datentypen finden Sie in der Klasse `\Shopware\Bundle\AttributeBundle\Service\TypeMapping`).

Als vierten Parameter können Sie optional eine Reihe von Konfigurationen für das Backend hinterlegen, unter anderem Feldname, Hilfetext und erweiterte Hilfetexte. Über die Option `translatable` wird markiert, dass der Shopbetreiber diesen Wert je Subshop anpassen bzw. übersetzen kann.

`displayInBackend` definiert, dass das Feld im Backend pflegbar und nicht versteckt sein soll. Shopware wird automatisch eine passende Darstellung für den gewählten Datentyp wählen, für Boolean-Felder beispielsweise eine Checkbox.

Wie Abbildung 9.1 zeigt, genügen diese Änderungen (sowie eine Neuinstallation des Plugins) bereits, um das Attribut zu erstellen und es im Artikelmodul anzuzeigen.

Abbildung 9.1 Das Attribut lässt sich im Artikelmodul steuern.

Shopware kümmert sich automatisiert darum, den Wert des Feldes in die Datenbank zu übernehmen. Über das Globus-Modul könnte der Shopbetreiber darüber hinaus definieren, dass der Artikel im deutschen Sprachshop FAQ-Einträge haben darf, im englischen Sprachshop aber nicht.

Shopware stellt im Frontend automatisch immer den richtigen Wert für den aktuellen Shop zur Verfügung. Dies wird im Folgenden gezeigt, indem die Templates so angepasst werden, dass FAQ-Badge und FAQ-Tab nur angezeigt werden, wenn der Artikel nicht für FAQ-Einträge gesperrt ist.

Shopware stellt alle Artikelattribute automatisch für die Artikel zur Verfügung. Sie müssen also keine weiteren Schritte unternehmen, um das Attribut im Template verfügbar zu machen. Über `$sArticle.lorem_disable_faq` kann im Template direkt darauf zugegriffen werden. Nun müssen Sie die beiden Template-Dateien *product-badges.tpl* sowie *tabs.tpl* im Plugin so anpassen, dass das neue Attribut berücksichtigt wird:

```
{extends file="parent:frontend/listing/product-box/product-badges.tpl"}

{block name="frontend_listing_box_article_discount" prepend}
    {if $sArticle.attributes.lorem_faq && $sArticle.attributes.lorem_faq->
        get('count') > 0 && $sArticle.lorem_disable_faq != 1}
        <div class="product--badge badge--recommend">
                <i class="icon--question">{$sArticle.attributes.lorem_faq->
                    get('count')}</i>
        </div>
    {/if}
{/block}
```

Listing 9.2 Die Datei »custom/plugins/LoremQuestions/Resources/Views/frontend/listing/product-box/product-badges.tpl«

Im Listing ist die neue Prüfung hervorgehoben: Das FAQ-Badge darf nur angezeigt werden, wenn das `lorem_disable_faq`-Flag nicht aktiv ist.

```
{extends file='parent:frontend/detail/tabs.tpl'}

{block name="frontend_detail_tabs_navigation_inner" append}
    <a href="#" class="tab--link" title="Tab" data-tabName="tab">FAQ</a>
{/block}

{block name="frontend_detail_tabs_content_inner" append}
    {if $sArticle.lorem_disable_faq != 1}
        <div class="tab--container">
            // ...
            // vorheriger Inhalt des DIVs
        </div>
    {/if}
{/block}
```

Listing 9.3 Die Datei »custom/plugins/LoremQuestions/Resources/Views/frontend/detail/tabs.tpl«

Auch hier ist die Anpassung hervorgehoben. Der Inhalt des Blocks `frontend_detail_tabs_content_inner` wird jetzt nur noch erweitert, wenn das Boolean `lorem_disable_faq` nicht wahr ist.

Abbildung 9.2 zeigt das Resultat der Änderung auf der Artikeldetailseite: Nachdem für »Uhr antik« die FAQ-Einträge im Backend deaktiviert wurden, wird der Reiter selbst dann nicht mehr angezeigt, wenn ursprünglich FAQ-Fragen vorhanden waren.

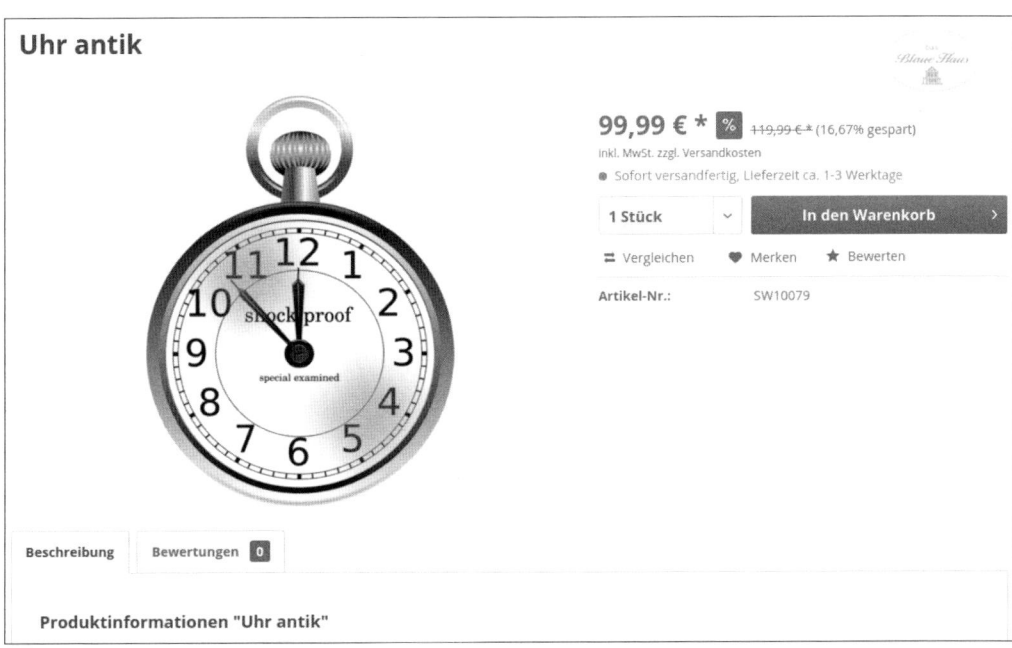

Uhr antik

99,99 € * % ~~119,99 €~~ (16,67% gespart)

inkl. MwSt. zzgl. Versandkosten

● Sofort versandfertig, Lieferzeit ca. 1-3 Werktage

| 1 Stück | ⌄ | **In den Warenkorb** > |

⇌ Vergleichen   ♥ Merken   ★ Bewerten

Artikel-Nr.:   SW10079

Beschreibung   Bewertungen [0]

Produktinformationen "Uhr antik"

Abbildung 9.2 Werden die FAQ-Einträge für einen Artikel deaktiviert, wird der dazugehörige Reiter nicht mehr angezeigt.

Kapitel 10
Backend-Module schreiben

Das Shopware-Backend mit seinem auffälligen Fenster-Layout hat einen hohen Wiedererkennungswert. Häufig werden in Projekten bestehende Module erweitert oder neue Module hinzugefügt.

Die Shopware-Administrationsoberfläche (oft schlicht *Backend* genannt) wurde in vorigen Kapiteln schon gezeigt und genutzt. Im Backend kann man mehrere Module gleichzeitig in unterschiedlichen Fenstern öffnen und nebeneinander arrangieren. Dadurch kann der Nutzer bei Bedarf beispielsweise das Bestell- sowie das Kundenmodul nebeneinanderlegen.

Erzeugt wird das Backend mithilfe des JavaScript-Frameworks *ExtJS*. Mit ihm können Sie komplexe Webanwendungen erzeugen, die vom Desktop gewohnte Komponenten wie Tabellen, Baumstrukturen, Auswahlboxen, Radio- und Checkboxen oder Farbselektoren beinhalten. Verschiedene Layoutmechanismen positionieren und vergrößern diese Komponenten automatisch, sodass die Module in unterschiedlichen Größen funktionieren.

Innerhalb eines ExtJS-Moduls werden die Komponenten ebenfalls gemäß dem MVC-Prinzip organisiert. Das heißt, Darstellung, Daten und Logik werden konzeptionell voneinander getrennt.

10.1 Schnelle Ergebnisse mit den Backend-Komponenten erzielen

ExtJS ist ein ebenso mächtiges wie umfassendes Framework. Daher kann der Einstieg in die Entwicklung mit ExtJS durchaus mit einer steilen Lernkurve verbunden sein.

Um Entwicklern den Einstieg zu erleichtern und häufig vorkommende Problemstellungen zu vereinfachen, gibt es die sogenannten *Shopware-Backend-Komponenten*. Bei ihnen handelt es sich um eine Abstraktionsschicht, die häufig genutzte Komponenten so verallgemeinert, dass der Entwickler schneller zum Ergebnis kommt und vorzeigbare Ergebnisse erzielt. Zusätzlich bietet Shopware mit den sogenannten *CLI-Tools* einen Codegenerator, der die Grundstruktur von Backend-Modulen automatisiert erzeugen kann.

Im Folgenden werden Sie das *LoremQuestions*-Plugin um ein Backend-Modul erweitern.

Jedes Plugin mit Backend-Modul benötigt auch einen eigenständigen Menüeintrag im Backend, über den der Shopbetreiber das Modul öffnen kann. Der Menüeintrag wird in der Datei *menu.xml* im *Resources*-Verzeichnis des Plugins hinterlegt:

```xml
<?xml version="1.0" encoding="utf-8"?>
<menu xsi:noNamespaceSchemaLocation="https://raw.githubusercontent.com/
shopware/shopware/5.2/engine/Shopware/Components/Plugin/schema/menu.xsd">
    <entries>
        <entry>
            <name>FAQ</name>
            <label lang="en">Frequently Asked Questions</label>
            <label lang="de">Häufige Fragen</label>
            <controller>LoremQuestions</controller>
            <action>index</action>
            <class>sprite-light-bulb</class>
            <parent identifiedBy="controller">Article</parent>
        </entry>
    </entries>
</menu>
```

Listing 10.1 Die Datei »custom/plugins/LoremQuestions/Resources/menu.xml«

Hier wird festgelegt, dass der Eintrag den Namen *FAQ* haben soll. Übersetzt wird dieser Eintrag mit dem Knoten `label` nach `Frequently Asked Questions` beziehungsweise `Häufige Fragen` in Englisch und Deutsch.

Der Knoten `controller` gibt an, welcher Backend-Controller für das Modul hinterlegt wurde. Der Knoten `action` definiert die aufzurufende Controller-Action und sollte immer `index` sein.

Über `class` ist es möglich, eine kleine Grafik für den Menüeintrag zu hinterlegen; eine Übersicht vieler verschiedener in Shopware verfügbarer Sprites gibt es unter der URL *https://developers.shopware.com/designers-guide/backend-icons/*.

Schließlich ist es über den Knoten `parent` möglich, den Menüeintrag unterhalb bestehender Menüeinträge einzusortieren. Hier etwa soll der Menüpunkt FAQ unterhalb des Punktes ARTIKEL erscheinen. Dabei können alle Einträge angegeben werden, die in der Datenbanktabelle `s_core_menu` vorhanden sind. In diesem Beispiel wird der Menüeintrag über den Controller identifiziert (`identifiedBy=controller`). Ebenfalls möglich wäre es beispielsweise, den Eintrag über den Namen zu adressieren.

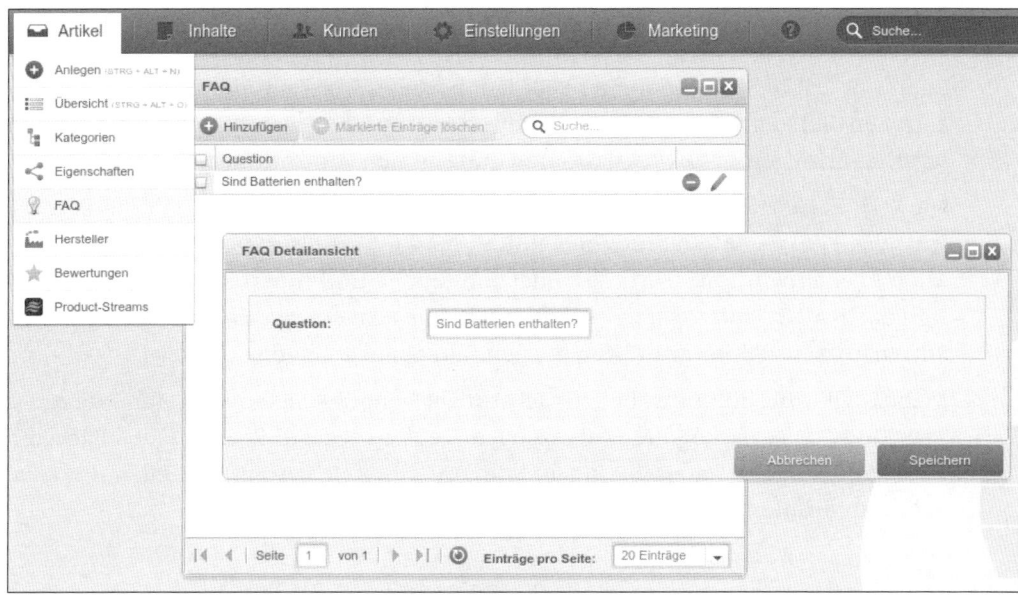

Abbildung 10.1 Menüeintrag mit dem im Folgenden erstellten Modul

Abbildung 10.1 zeigt den neuen Menüeintrag nach der (Neu-)Installation des Plugins. Da die Datei *menu.xml* nur bei der Installation und Aktualisierung von Plugins berücksichtigt wird, greift die Änderung also nicht sofort.

Zum Menüeintrag muss nun noch der passende Controller mit dem Namen *Lorem-Questions* erstellt werden:

```php
<?php

class Shopware_Controllers_Backend_LoremQuestions extends Shopware_Controllers_Backend_Application
{
    protected $model = 'LoremQuestions\Models\Question';
    protected $alias = 'question';
}
```

Listing 10.2 Die Datei »custom/plugins/LoremQuestions/Controllers/Backend/Lorem-Questions.php«

Grundsätzlich wird hier beim Backend-Controller ähnlich verfahren wie beim Front-end-Controller. So trägt die Klasse den Namen Shopware_Controllers_**Backend**_Lorem-Questions und liegt auch im Verzeichnis *Controllers/Backend* statt im Verzeichnis *Controllers/Frontend*.

10

Statt aber von `Enlight_Controller_Action` abzuleiten, leitet der Backend-Controller von `Shopware_Controllers_Backend_Application` ab. Diese Klasse gehört zu den Shopware-Backend-Komponenten. Sie lädt beispielsweise automatisiert ExtJS-Applikationen und stellt viele Helfermethoden bereit, um häufig benötigte CRUD-Aktionen (also das Erzeugen, Lesen, Aktualisieren und Löschen von Entitäten) zu vereinfachen.

Die Klasse erwartet lediglich die beiden Propertys `model` und `alias`. Im Property `model` wird das Doctrine-Model angegeben, um dessen Verwaltung es in dem Backend-Modul gehen wird: hier also das Question-Model. Im Property `alias` wird ein frei wählbarer Alias hinterlegt, der später noch von Bedeutung sein wird, wenn Sie die automatisch im Hintergrund generierten Datenbankabfragen erweitern.

Mehr Logik wird im Controller zunächst nicht benötigt. Sie können nun direkt das Template für das Backend-Modul erzeugen. Der Einstiegspunkt einer jeden Backend-Applikation ist die Datei *app.js*. Sie definiert, aus welchen Bestandteilen die Java-Script-Applikation besteht, und lädt diese dann nach.

```
Ext.define('Shopware.apps.LoremQuestions', {
    extend: 'Enlight.app.SubApplication',

    name:'Shopware.apps.LoremQuestions',

    loadPath: '{url action=load}',
    bulkLoad: true,

    controllers: [ 'Main' ],

    views: [
        'list.Window',
        'list.List',

        'detail.Container',
        'detail.Window'
    ],

    models: [ 'Question' ],
    stores: [ 'Question' ],

    launch: function() {
        return this.getController('Main').mainWindow;
    }
});
```

Listing 10.3 Die Datei »custom/plugins/LoremQuestions/Resources/Views/backend/ lorem_questions/app.js«

Grundsätzlich gilt als Konvention, dass der technische Name der Backend-Applikation vom Namen des Controllers abgeleitet wird: Daher heißt das Verzeichnis *backend/lorem_questions* und der Applikationsname ist Shopware.apps.LoremQuestions.

Beim Arbeiten mit ExtJS ist es hilfreich, zu verstehen, dass das Framework ein eigenes kleines Klassensystem mit sich bringt. Die Anweisung Ext.define kann wie eine Klassendefinition verstanden werden: Der erste Parameter definiert den Klassennamen, und im zweiten Parameter werden die Methoden und Eigenschaften der Klasse als großes JavaScript-Objekt definiert:

- ▶ **extend**: erbt von der Standardklasse Enlight.app.SubApplication
- ▶ **name**: der Name der Applikation. Ist identisch mit dem zuvor definierten Klassennamen.
- ▶ **loadPath**: die URL, von der die Abhängigkeiten geladen werden können. Ist in aller Regel {url action="load"}.
- ▶ **bulkLoad**: Anweisung, mehrere Abhängigkeiten in einem Schritt zu laden. Sollte immer aktiviert werden.

Die folgenden Propertys definieren jeweils die Abhängigkeiten der Applikation, die automatisch geladen werden sollen:

- ▶ **controllers**: die Controller der Applikationen
- ▶ **views**: die anzeigebezogenen Dateien der Applikationen
- ▶ **models** und **stores**: die datenbezogenen Dateien der Applikation

Die Methode launch, die am Ende der Klasse definiert wird, wird ausgeführt, sobald das Framework alle Abhängigkeiten geladen hat und zur Ausführung bereit ist. Auch diese Methode ist bei den meisten Backend-Modulen identisch: Es wird der Hauptcontroller Main geladen und eine Referenz auf das Hauptfenster mainWindow zurückgegeben.

Letztlich kann also festgehalten werden, dass die *app.js* für die meisten Module identisch ist und sich nur im Applikationsnamen sowie in den Komponenten unterscheidet, die noch geladen werden müssen.

Schauen Sie sich als Nächstes den Hauptcontroller an:

```
Ext.define('Shopware.apps.LoremQuestions.controller.Main', {
    extend: 'Enlight.app.Controller',

    init: function() {
        var me = this;
        me.mainWindow = me.getView('list.Window').create({ }).show();
    }
});
```

Listing 10.4 Die Datei »custom/plugins/LoremQuestions/Resources/Views/backend/lorem_questions/controller/main.js«

Hier wird zunächst die Klasse Shopware.apps.LoremQuestions.controller.Main definiert. Der Name setzt sich dabei aus dem Namen der dazugehörigen Applikation Shopware.apps.LoremQuestions sowie aus dem Dateipfad innerhalb des Moduls zusammen – in diesem Fall also controller.Main, weil die Datei in *lorem_questions/controller/main.js* liegt. Die korrekte Benennung ist hier enorm wichtig, damit alle Dateien und Klassen korrekt geladen und instanziiert werden können. In diesem Fall muss also der in der *app.js* vermerkte Controller-Name *Main* zum Pfad und dieser zum Klassennamen passen.

Ansonsten kann der Controller in aller Regel klein gehalten werden. Neben der Ableitung vom Basis-Controller Enlight.app.Controller wird in der Methode init (die gewissermaßen der Konstruktor im ExtJS-Klassensystem ist) lediglich noch eine Instanz des Fensters list.Window erzeugt, angezeigt und an das Property mainWindow gebunden.

Das Hauptfenster kann ebenfalls in aller Regel klein gehalten werden:

```
Ext.define('Shopware.apps.LoremQuestions.view.list.Window', {
    extend: 'Shopware.window.Listing',
    alias: 'widget.lorem-questions-list-window',
    title : 'FAQ',

    configure: function() {
        return {
            listingGrid: 'Shopware.apps.LoremQuestions.view.list.List',
            listingStore: 'Shopware.apps.LoremQuestions.store.Question'
        };
    }
});
```

Listing 10.5 Die Datei »custom/plugins/LoremQuestions/Resources/Views/backend/lorem_questions/view/list/window.js«

Dass die Shopware-Backend-Komponenten zum Einsatz kommen, erkennen Sie hier an der Ableitung von Shopware.window.Listing. Anstatt alle benötigten Komponenten von Hand zu definieren (also die Grids, Spalten etc.) wird von einer Basisklasse abgeleitet, die all diese Komponenten automatisch generiert. Dabei ist bei allen View-Komponenten immer ein alias erforderlich, also eine frei wählbare, eindeutige Kurzbezeichnung der Komponente, die immer mit dem Präfix widget. beginnen muss.

Weiterhin werden die Komponenten in aller Regel durch die Methode configure konfiguriert. Die zur Verfügung stehenden Konfigurationen sind in der jeweiligen Basisklasse dokumentiert – hier also in Shopware.window.Listing.

Bei IDEs wie PhpStorm können Sie diese Klasse öffnen, indem Sie bei gedrückt gehaltener Strg-Taste mit der linken Maustaste auf den Klassennamen klicken (siehe Abbildung 10.2).

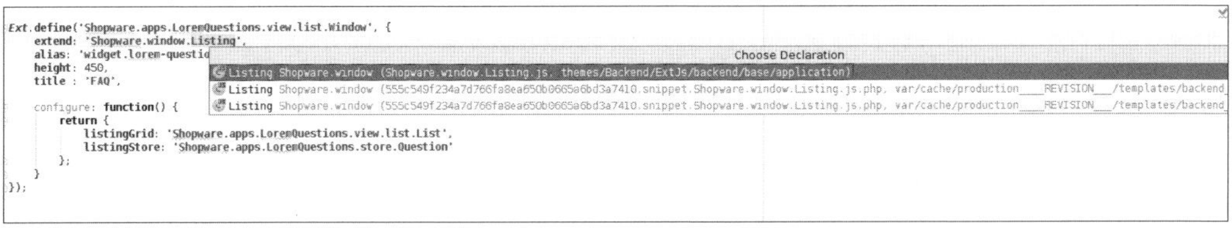

Abbildung 10.2 Sprung zur Definition einer Basisklasse in PhpStorm

In den jeweiligen Basisklassen finden Sie im Abschnitt `statics` die möglichen Konfigurationen inklusive Beschreibung und Beispielen:

```
statics: {
    /**
     * @example
     *      Ext.define('Shopware.apps.Product.view.list.Window', {
     *          extend: 'Shopware.window.Listing',
     *          configure: function() {
     *              return {
     *                  listingGrid: 'Shopware.apps.Product.view.list.Product',
     *                  listingStore: 'Shopware.apps.Product.store.Product'
     *                  ...
     *              }
     *          }
     *      });
     */
    displayConfig: {
        /**
         * @required
         * Class name of the grid which will be displayed in the center
         * region of this window.
         */
        listingGrid: undefined,
        /**
         * @required
         * Class name of the grid store. This store will be set in the
         * listingGrid instance as grid store.
         * The store will be loaded over this component so don't set the
         * autoLoad parameter of the store to true.
```

```
         *
         */
        listingStore: undefined,
```

Listing 10.6 Die Basisklasse »themes/Backend/ExtJs/backend/base/application/
Shopware.window.Listing.js« (gekürzt)

Hier sind beispielsweise die beiden Konfigurationen `listingGrid` sowie `listingStore` beschrieben sowie mit dem Flag `@required` versehen. Das `listingGrid` ist dabei die Tabelle, die für die Anzeige der Fragen zuständig sein wird, und der `listingStore` ist die dazugehörige Datenquelle. Betrachten Sie zunächst die Tabellenkomponente:

```
Ext.define('Shopware.apps.LoremQuestions.view.list.List', {
    extend: 'Shopware.grid.Panel',
    alias:  'widget.lorem-questions-listing-grid',
    region: 'center',

    configure: function() {
        return {
            detailWindow: 'Shopware.apps.LoremQuestions.view.detail.Window'
        };
    }
});
```

Listing 10.7 Die Datei »custom/plugins/LoremQuestions/Resources/Views/backend/
lorem_questions/view/list/list.js«

Diese leitet von `Shopware.grid.Panel` ab – das ist eine auf Tabellenansichten spezialisierte Standardkomponente. Neben dem eindeutigen Alias wird über die Eigenschaft `region: 'center'` spezifiziert, dass die Tabelle im Hauptbereich des Fensters dargestellt werden soll. Hierbei handelt es sich um ExtJS-typische Layoutoptionen.

In der Methode `configure` wird das optionale `detailWindow` hinterlegt. Dies ist nur nötig, falls die Applikation eine Detailansicht beinhalten soll. Diese wird angezeigt, wenn ein Nutzer einen bestehenden Eintrag editieren oder einen neuen Eintrag anlegen möchte.

Auch bei dem Detailfenster handelt es sich um eine Standardkomponente, die entsprechend wenig Logik beinhaltet:

```
Ext.define('Shopware.apps.LoremQuestions.view.detail.Window', {
    extend: 'Shopware.window.Detail',
    alias: 'widget.lorem-questions-detail-window',

    title : 'FAQ Detailansicht',
```

```
        height: 420,
        width: 900
});
```

Listing 10.8 Die Datei »custom/plugins/LoremQuestions/Resources/Views/backend/
lorem_questions/view/detail/window.js«

Hier wird von `Shopware.window.Detail` abgeleitet. Weitergehende Konfigurationen (wie Breite und Höhe) sind optional. Damit ist die View-Seite des Listingfensters bereits abgehandelt. Analysieren Sie nun den `listingStore`, also die Datenquelle:

```
Ext.define('Shopware.apps.LoremQuestions.store.Question', {
    extend:'Shopware.store.Listing',

    configure: function() {
        return {
            controller: 'LoremQuestions'
        };
    },
    model: 'Shopware.apps.LoremQuestions.model.Question'
});
```

Listing 10.9 Die Datei »custom/plugins/LoremQuestions/Resources/Views/backend/
lorem_questions/store/question.js«

Hier wird die Standardkomponente `Shopware.window.Listing` verwendet. Die Aufgabe dieser Komponente ist es, die Daten, die angezeigt werden sollen, vom Controller zu laden. Den Backend-Controller, den Sie dazu verwenden wollen, geben Sie in der Methode `configure` an.

Der Store wird später im Hintergrund einen Ajax-Request an den Controller senden und alle Question-Daten laden. Die so erhaltenen Rohdaten werden dann jeweils in das hier angegebene Model geladen, also `Shopware.apps.LoremQuestions.model.Question`. Grundsätzlich ist der Store also für das Laden der Daten und das Model für die Beschreibung der einzelnen Datensätze zuständig. Im *LoremQuestions*-Plugin sieht das wie folgt aus:

```
Ext.define('Shopware.apps.LoremQuestions.model.Question', {
    extend: 'Shopware.data.Model',

    configure: function() {
        return {
            controller: 'LoremQuestions',
            detail: 'Shopware.apps.LoremQuestions.view.detail.Container'
        };
```

10

```
    },

    fields: [
        { name : 'id', type: 'int', useNull: true },
        { name : 'question', type: 'string', useNull: false },
    ],

});
```

Listing 10.10 Die Datei »custom/plugins/LoremQuestions/Resources/Views/backend/
lorem_questions/model/question.js«

Das Model leitet von der Standardkomponente Shopware.data.Model ab. Es beinhaltet
eine Übersicht über alle Datenfelder, hier also id und questions, sowie die Information, um welchen Datentyp es sich jeweils handelt (Zeichenkette, Ziffern etc.). Die
Shopware-Backend-Komponenten können auf Basis dieser Information automatisch
die korrekte Komponente in der View darstellen – also etwa ein Textfeld oder ein
Nummernfeld. Grundsätzlich kann dieses Model als JavaScript-Pendent des Doctrine-Models betrachtet werden: Alle Felder aus dem Doctrine-Model, die im
Backend-Modul einsehbar und pflegbar sein sollen, müssen hier ebenfalls beschrieben werden.

In der Methode configure wird erneut der zuständige Backend-Controller angegeben.
Die Backend-Komponenten werden diesen Controller später vollautomatisch aufrufen, wenn einzelne Datensätze geändert oder gelöscht werden sollen. Optional angegeben wird eine Komponente detail. Diese wird dynamisch in das detailWindow
gerendert, wenn eine Detailansicht eines Eintrags gewünscht wird. Die Detailansicht
leitet dabei von Shopware.model.Container ab, einer auf einfache Datentypen speziali-
sierten View-Komponente:

```
Ext.define('Shopware.apps.LoremQuestions.view.detail.Container', {
    extend: 'Shopware.model.Container',

    configure: function() {
        return {
            controller: 'LoremQuestions',
        };
    }
});
```

Listing 10.11 Die Datei »custom/plugins/LoremQuestions/Resources/Views/backend/
lorem_questions/view/detail/container.js«

Abbildung 10.1 zeigt das fertige Resultat: Ein Fenster (`Shopware.window.Listing`) beinhaltet eine Tabelle (`Shopware.grid.Panel`) mit allen Fragen-Einträgen. In der Detailansicht (`Shopware.window.Detail`) kann ein Eintrag bearbeitet werden (`Shopware.model.Container`).

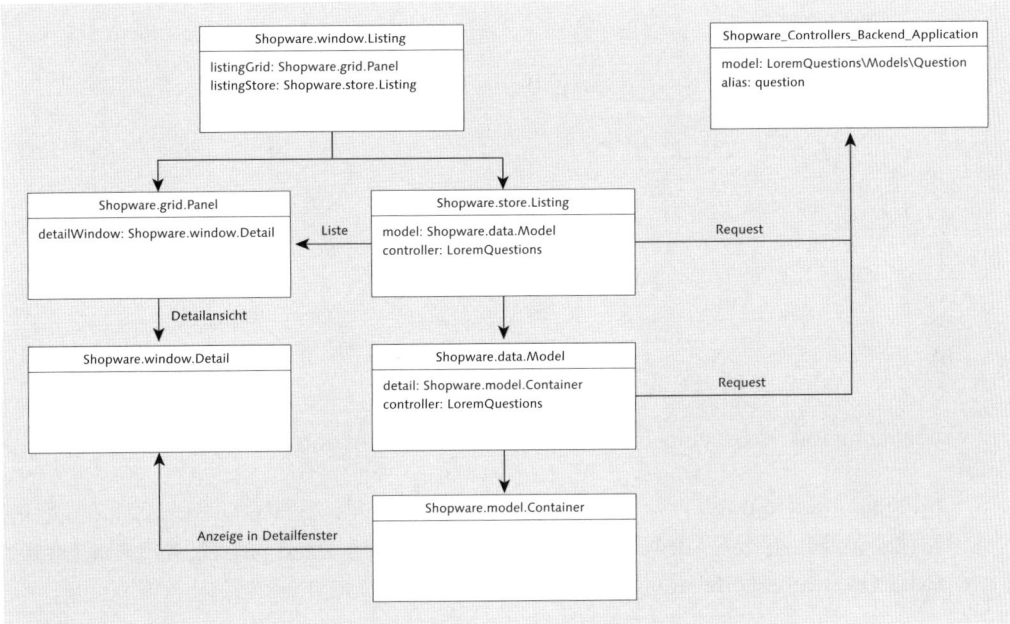

Abbildung 10.3 Schematische Übersicht über die Backend-Komponenten

Abbildung 10.3 zeigt das Zusammenspiel der Backend-Komponenten im Detail. Hier wird auch die Bedeutung des anfangs erzeugten Backend-Controllers deutlich: Dieser dient als Datenquelle für alle Listing- und Detailansichten und beinhaltet auch die erforderlichen Methoden zum Speichern und Aktualisieren sowie zum Löschen der Datensätze. Da die erforderliche Logik von Shopware übernommen wird, muss im Backend-Controller lediglich das Model angegeben werden, auf dem die Operationen vorgenommen werden.

10.2 Assoziationen nutzen

Das bisher erstellte Backend-Modul zeigt alle Fragen-Objekte und erlaubt es, diese zu editieren. In der Praxis werden aber häufig auch Assoziationen gewünscht, etwa für die Antwort-Objekte wie in Abbildung 10.4.

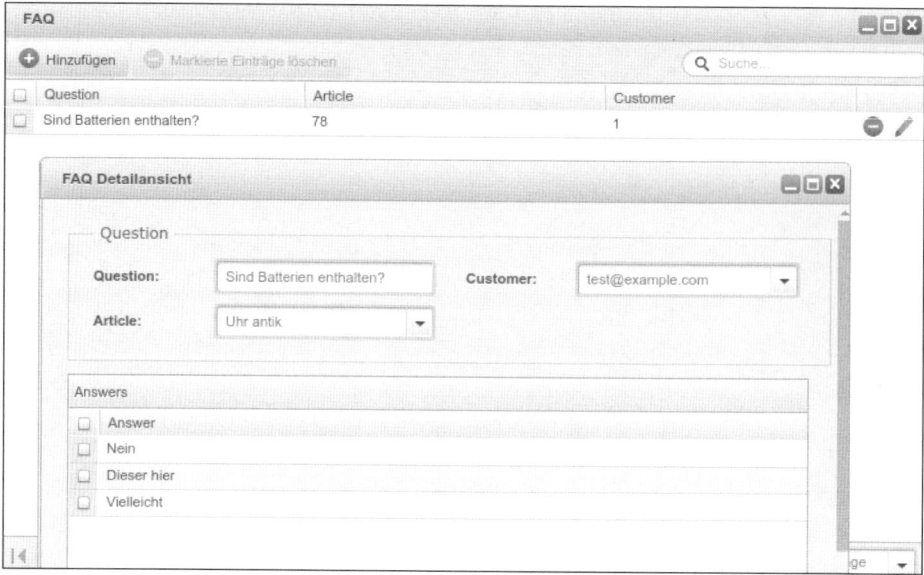

Abbildung 10.4 FAQ-Modul mit Assoziationen zu den Antworten

Im Folgenden soll die Detailseite einer Frage mit Assoziationen zum Kunden, zum Artikel sowie zu den Antworten angereichert werden. Dazu passen Sie zunächst das ExtJS-Question-Model an:

```
Ext.define('Shopware.apps.LoremQuestions.model.Question', {
    extend: 'Shopware.data.Model',

    configure: function() {
        return {
            controller: 'LoremQuestions',
            detail: 'Shopware.apps.LoremQuestions.view.detail.Container'
        };
    },

    fields: [
        { name : 'id', type: 'int', useNull: true },
        { name : 'question', type: 'string', useNull: false },
        { name : 'articleId', type: 'int', useNull: false },
        { name : 'customerId', type: 'int', useNull: false },
    ],

    associations: [{
        relation: 'ManyToOne',
        field: 'articleId',
```

```
            type: 'hasMany',
            model: 'Shopware.apps.Base.model.Article',
            name: 'getArticle',
            associationKey: 'article'
    }, {
            relation: 'ManyToOne',
            field: 'customerId',

            type: 'hasMany',
            model: 'Shopware.apps.Base.model.Customer',
            name: 'getCustomer',
            associationKey: 'customer'
    },{
            relation: 'OneToMany',

            type: 'hasMany',
            model: 'Shopware.apps.LoremQuestions.model.Answer',
            name: 'getAnswers',
            associationKey: 'answers'
    }]
});
```

Listing 10.12 Die Datei »custom/plugins/LoremQuestions/Resources/Views/backend/lorem_questions/model/question.js«

Neu sind hier die Felder `articleId` sowie `customerId`. Damit sind die Zuordnungen zu Artikel und Kunde bereits angelegt und das Modul könnte diese bereits ausgeben. Allerdings ist die Pflege von IDs für den Kunden oftmals wenig ansprechend.

Daher definieren Sie im Array `associations` die dazugehörigen Assoziationen: Es handelt sich jeweils um eine `ManyToOne`-Assoziation. Als `field` hinterlegen Sie das dazugehörige Feld aus dem `fields`-Array; so stellt Shopware die Verbindung zwischen der Assoziation und dem dazugehörigen Schlüssel her.

Außerdem müssen Sie jeweils `model` (Shopware bietet Customer- und Article-Models an, die hier einfach genutzt werden können) sowie einen Namen (`getArticle`, `getCustomer`) und `associationKey` angeben.

Während unter `field` beispielsweise angegeben ist, welche `customerId` zu dem Datensatz gehört, findet sich unter `associationKey` der vollständige Kundendatensatz zur Anzeige in der View. Weiterhin ist Shopware damit in der Lage, automatisch ein Auswahlfeld anzuzeigen, über das der zugeordnete Kunde geändert werden kann.

Die Assoziation zum Answer-Model ist eine `OneToMany`-Beziehung. Da Shopware dieses Model noch nicht kennt, hinterlegen Sie Ihr eigenes Model `Shopware.apps.LoremQuestions.model.Answer`:

```
Ext.define('Shopware.apps.LoremQuestions.model.Answer', {
    extend: 'Shopware.data.Model',

    configure: function() {
        return {
            listing: 'Shopware.apps.LoremQuestions.view.answer.Listing',
        };
    },


    fields: [
        { name : 'id', type: 'int', useNull: true },
        { name : 'answer', type: 'string', useNull: false },
    ]
});
```

Listing 10.13 Die Datei »custom/plugins/LoremQuestions/Resources/Views/backend/
lorem_questions/model/answer.js«

Der grundsätzliche Aufbau des Models ist dabei vom Question-Model her bereits bekannt. Neu ist in der Methode configure die Rückgabe einer View vom Typ listing: Hierbei handelt es sich um eine optimierte Ausgabe für OneToMany-Beziehungen. Eine Übersicht über alle möglichen View-Typen finden Sie im Model Shopware.data.Model.

Die zum Model gehörige Listing-Komponente sieht wie folgt aus:

```
Ext.define('Shopware.apps.LoremQuestions.view.answer.Listing', {
    extend: 'Shopware.grid.Panel',
    alias: 'widget.shopware-answer-grid',
    title: 'Answers',
    height: 300,

    configure: function()
    {
        return {
            actionColumn: false,
            toolbar: false
        }
    }

});
```

Listing 10.14 Die Datei »custom/plugins/LoremQuestions/Resources/Views/backend/
lorem_questions/view/answer/listing.js«

Das `Shopware.grid.Panel` ist die Tabellendarstellung, die Sie bereits von der Fragen-liste kennen. In der Methode `configure` werden dabei die Werkzeugleiste und die Editiermöglichkeiten deaktiviert – es soll nur eine Übersicht aller Antworten ohne Bearbeitungsmöglichkeiten angezeigt werden.

Damit die nun definierten Assoziationen auch wie gewünscht angezeigt werden, müssen Sie die Detailansicht der Fragen überarbeiten:

```
Ext.define('Shopware.apps.LoremQuestions.view.detail.Container', {
    extend: 'Shopware.model.Container',
    padding: 20,

    configure: function() {
        return {
            controller: 'LoremQuestions',
            associations: [ 'answers' ],

            fieldSets: [
                {
                    fields: {
                        question: undefined,
                        articleId: undefined,
                        customerId: {
                            displayField: 'email'
                        }
                    }
                }
            ]

        };
    }
});
```

Listing 10.15 Die bearbeitete Datei »custom/plugins/LoremQuestions/Resources/Views/backend/lorem_questions/view/detail/container.js«

Durch die Angabe des Schlüssels `associations` definieren Sie, welche Assoziationen auf der Detailansicht angezeigt werden sollen – hier also die Antworten. Dadurch wird die im Answer-Model hinterlegte Listing-Ansicht mit der Antworttabelle angezeigt.

Außerdem definieren Sie über den Schlüssel `fieldSets` die Felder, die angezeigt werden sollen. Ein Fieldset ist dabei ein Container-Element, das ein oder mehrere Felder enthält (mehrere Fieldsets gruppieren die Felder nach Wunsch). Im Kundenmodul beispielsweise gibt es ein Fieldset für die Lieferadresse und ein Fieldset für die Rechnungsadresse.

In diesem Fall belassen Sie es bei einem Fieldset. Im Schlüssel `fields` des Fieldsets definieren Sie alle Felder, die in diesem Fieldset angezeigt werden sollen – also `question`, `articleId` und `customerId`. Der Schlüssel bezieht sich dabei immer auf einen Feldnamen im dazugehörigen Model. Gibt es dieses Feld nicht, würde Shopware eine entsprechende Fehlermeldung generieren.

Der Wert für `question` und `articleId` ist `undefined`: Dadurch greift die Standardlogik der Backend-Komponenten, die aufgrund des Datentyps und der hinterlegten Assoziationen automatisch die passenden Felder erzeugen: ein Text-Feld für die Frage und ein Auswahlfeld für den Artikel. Diese automatische Erkennung kann auch überschrieben werden wie im Falle der `customerId`. Dort wird definiert, dass für die Anzeige des Kunden seine E-Mail-Adresse herangezogen werden soll, indem das `displayField` den entsprechenden Wert erhält. Diese Art von Überschreibung ist an vielen Stellen in den Backend-Komponenten möglich: Immer wenn die Backend-Komponenten automatisiert ExtJS-Komponenten erzeugen, ist es auf ähnliche Weise möglich, die so erzeugte Definition ganz oder teilweise zu überschreiben.

Damit ExtJS das neue Answer-Model sowie die dazugehörige View-Komponente korrekt laden kann, müssen die Komponenten noch in der Datei *app.js* hinterlegt werden:

```
Ext.define('Shopware.apps.LoremQuestions', {

    //... wie zuvor

    views: [
        'list.Window',
        'list.List',

        'detail.Container',
        'detail.Window',

        'answer.Listing',
    ],

    models: [ 'Question', 'Answer' ],

    //... wie zuvor
});
```

Listing 10.16 Die Datei »custom/plugins/LoremQuestions/Resources/Views/backend/ lorem_questions/app.js«

Neu sind hier die View-Komponente `answer.Listing` sowie das Model `Answer`.

Die Änderungen am Backend-Modul sind dabei bereits abgeschlossen. Es fehlt aber noch die Anpassung der dazugehörigen PHP-Logik. Zunächst muss das Model `Question` um die Felder `articleId` und `customerId` angereichert werden, auf die im Backend Bezug genommen wird:

```
/**
 * @ORM\Column(name="article_id", type="integer", nullable=false)
 */
protected $articleId;

/**
 * @ORM\Column(name="user_id", type="integer", nullable=false)
 */
protected $customerId;
```

Listing 10.17 Das Model »custom/plugins/LoremQuestions/Models/Question.php« wird um zwei neue Felder erweitert.

Diese Felder dienen nur dazu, die entsprechenden Informationen im Backend-Modul verfügbar zu machen, damit in der Assoziation des ExtJS-Question-Models darauf zugegriffen werden kann, wie oben gezeigt. Außerdem müssen Sie nun den Backend-Controller so anpassen, dass Kunden-, Artikel- und Antwortdaten für die Detailseite einer jeden Frage direkt mitgeladen werden:

```
class Shopware_Controllers_Backend_LoremQuestions extends Shopware_
Controllers_Backend_Application
{
    protected $model = 'LoremQuestions\Models\Question';
    protected $alias = 'question';

    protected function getDetailQuery($id)
    {
        $builder = parent::getDetailQuery($id);
        $builder->leftJoin('question.article', 'article')
            ->leftJoin('question.customer', 'customer')
            ->leftJoin('question.answers', 'answers')
            ->addSelect('article', 'customer', 'answers');

        return $builder;
    }
}
```

Listing 10.18 Die Datei »custom/plugins/LoremQuestions/Controllers/Backend/LoremQuestions.php«

Dazu überschreiben Sie die Methode `getDetailQuery` der Basisklasse. Diese Methode erzeugt einen Querybuilder, der alle Felder des hinterlegten Models lädt. Wenn zusätzliche Informationen gewünscht werden, können diese durch Erweiterung des Querybuilders geladen werden. Dafür wird zunächst die Elternmethode mit `parent::getDetailQuery($id)` aufgerufen. Diese zurückgegebene Querybuilder-Instanz kann dann sukzessive um Joins auf `question.customer` und `question.article` und `question.answers` erweitert werden. Durch `addSelect('article', 'customer', 'answers')` werden diese Daten dem Resultset der Query hinzugefügt. Dies sind auch die Daten, auf die im `associationKey` des Backend-Models Bezug genommen wurde.

Die Handhabung von Assoziationen führt gerade bei Einsteigern häufig zu Verwirrung. Es hilft sich vorzustellen, dass ebenso, wie die Doctrine-Models die Datenstruktur der Datenbank beschreiben, ExtJS-Models eine Datenstruktur beschreiben, nämlich die Struktur der im Hintergrund stattfindenden Ajax-Requests. Schaut man sich einen solchen Ajax-Request an, sieht er für die Detailseite einer Frage wie folgt aus:

```
{
  "success": true,
  "data": {
    "id": 1,
    "question": "Sind Batterien enthalten?",
    "articleId": 78,
    "customerId": 1,
    "article": {
      "id": 78,
      "mainDetailId": 141,
      "supplierId": 8,
      "taxId": 1,
      "name": "Uhr antik",
      // gekürzt
    },
    "customer": {
      "id": 1,
      "groupKey": "EK",
      "active": true,
      "email": "test@example.com",
      "firstname": "Max",
      "number": "20001",
      "lastname": "Mustermann",
      // gekürzt
    },
    "answers": [
      {
        "id": 1,
```

```
      "answer": "Nein"
    },
    {
      "id": 2,
      "answer": "Dieser hier"
    },
    {
      "id": 3,
      "answer": "Vielleicht"
    }
  ]
  }
}
```

Listing 10.19 Gekürzte JSON-Antwort zur Anzeige der Fragen-Detailseite

Es fällt auf, dass die einfachen Datenfelder (wie id, question oder articleId) im ExtJS-Model als fields definiert werden und die Unterarrays (wie customer, article und answers) jeweils als Assoziationen. In den dazugehörigen Models werden dann wieder die Datenfelder des Unterarrays beschrieben. Mit diesem Wissen können fields und associations zusammen also als Beschreibung der Datenstruktur verstanden werden, die vom PHP-Controller geliefert wird.

Alternative zu ExtJS

Auch wenn ExtJS bisher der Standard für Backend-Module ist, bietet Shopware mit den sogenannten *Lightweight Backend Modules*« mittlerweile eine mögliche Alternative an, die die Nutzung beliebiger Frameworks erlaubt und dennoch über eine sogenannte *cross document messaging API* mit dem ExtJS-Backend interagieren kann.

Ein entsprechendes Beispiel-Plugin finden Sie unter *https://github.com/shopware-Labs/SwagLightweightModule*.

10.3   Bestehende Module erweitern

Neben dem Schreiben von neuen Modulen spielt im Shopware-Backend besonders die Erweiterung bestehender Module häufig eine Rolle. Durch die Freitextfeldverwaltung lassen sich zwar grundsätzlich neue Felder mit unterschiedlichsten Datentypen schnell erzeugen und in beliebigen Backend-Modulen anzeigen. Wenn umfangreichere Anpassungen erforderlich sind, gibt es aber auch Möglichkeiten, diese über Plugins vorzunehmen.

Im Folgenden wird am Beispiel des Plugins *LoremModuleExtension* gezeigt, wie das Kundenmodul um einen weiteren Tab mit Feldern angereichert wird (siehe Abbildung 10.5).

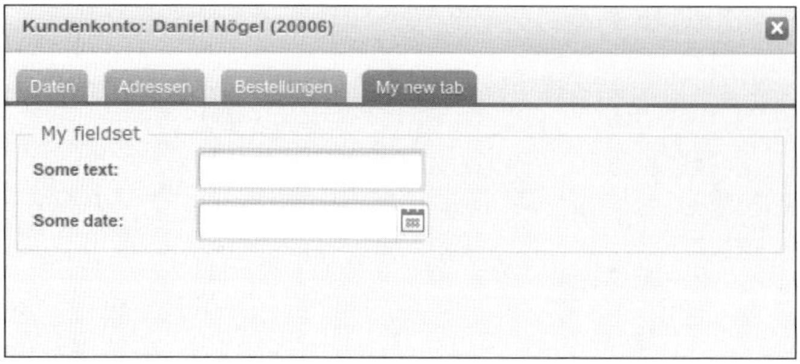

Abbildung 10.5 Eine einfache Erweiterung eines Backend-Moduls

Zur Erweiterung von Backend-Modulen macht Shopware von zwei Techniken Gebrauch: Das Blocksystem der Template-Engine Smarty wird genutzt, um eigene JavaScript-Dateien in das Backend von Shopware einzubringen. Dort kann mit dem ExtJS-Override-System bestehende JavaScript-Logik überschrieben werden.

Aber der Reihe nach: Zunächst halten Sie nach einem geeigneten Erweiterungspunkt im Kundenmodul Ausschau. Dazu ist es unumgänglich, dass Sie das Modul zunächst näher analysieren. Es findet sich unter `themes/Backend/ExtJS/backend/customer`. Das Modul ist weitestgehend in Standard-ExtJS verfasst, die Shopware-Backend-Komponenten werden hier also noch nicht genutzt. Dennoch hilft die Verzeichnisstruktur bei der Orientierung: Da die Detailseite des Kunden um einen Tab erweitert werden soll, bietet es sich an, im Ordner *themes/Backend/ExtJs/backend/customer/view/detail/* nach einem passenden Erweiterungspunkt Ausschau zu halten. Das Detailseitenfenster finden Sie dort in der Datei *window.js*. Die dort definierte Methode `getTabs` erzeugt alle Tabs für das Fenster und gibt ein Array von Elementen zurück. Diese Methode muss also erweitert werden!

Um das Modul zu erweitern, legen Sie eine neue Datei unter *custom/plugins/LoremModuleExtension/Resources/Views/backend/customer_extension/view/detail/window.js* an:

```
//{block name="backend/customer/view/detail/window" append}
Ext.define('Shopware.apps.CustomerExtension.view.detail.Window', {
    override: 'Shopware.apps.Customer.view.detail.Window',

    getTabs: function () {
        var me = this,
            tabs = me.callParent(arguments);
```

```
        tabs.push({
            xtype: 'my-customer-tab'
        });

        return tabs;
    }
});
//{/block}
```

Listing 10.20 Die neue Datei »custom/plugins/LoremModuleExtension/Resources/Views/ backend/customer_extension/view/detail/window.js«

Hier erweitern Sie zunächst den Smarty-Block der Originaldatei mit einem `append`. Dadurch wird der darin enthaltene JavaScript-Code später unterhalb der Originaldatei angehängt. Dies ist auch der Grund, warum alle JavaScript-Dateien in Backend von Shopware derartige Blöcke haben – sie dienen der Erweiterbarkeit.

Um die Methode `getTabs` zu erweitern, nutzen Sie das sogenannte Override-System. Dabei definieren Sie die Erweiterung zunächst mit `Ext.define` als ExtJS-Klasse. Der Klassenname leitet auch hier vom Pfad ab, es sollte aber eine Namenskollisionen mit der Originaldatei vermieden werden. Deswegen wurde oben der Pfad *customer_ extension* statt *customer* gewählt.

Statt mit dem üblichen `extends` signalisieren Sie hier mit `override:` `'Shopware.apps.Customer.view.detail.Window'`, dass es sich um einen Override der Klasse `Shopware.apps.Customer.view.detail.Window` handelt. Unsere Klasse wird also gewissermaßen über die Originalklasse gelegt. Dadurch besteht nun die Möglichkeit, die Originalmethode `getTabs` komplett zu ersetzen. Da nur ein weiterer Tab erzeugt werden soll, kann der Rückgabewert der Originalmethode mit `tabs = me.callParent(arguments)` an die Variable `tabs` gebunden und am Ende der Methode zurückgegeben werden. Dieses Vorgehen hat den Vorteil, dass die Standardmethode weiterhin ausgeführt wird und dass auf deren Rückgabe gearbeitet wird. Damit ist die Anpassung, die Sie vorgenommen haben, nicht nur mit zukünftigen Shopware-Versionen kompatibel (die vielleicht noch weitere Tabs hinzufügen), sondern auch mit anderen Plugins, die an derselben Stelle eingreifen.

Die eigentliche Anpassung, die hier vorgenommen wird, ist damit gewissermaßen minimalinvasiv:

```
tabs.push({
    xtype: 'my-customer-tab'
});
```

An das Array mit den Originaltabs wird schlicht ein weiterer Eintrag angehängt. Die xtype-Notation, die hier verwendet wird, spricht den neu zu erstellenden Tab über

277

seinen Alias an – ebenfalls möglich wäre die Nutzung von `Ext.create()`. Die Definition des neuen Tabs sieht wie folgt aus:

```
//{block name="backend/customer_extension/view/detail/window"}
Ext.define('Shopware.apps.CustomerExtension.view.detail.Container', {
    extend: 'Ext.panel.Panel',
    alias: 'widget.my-customer-tab',

    title: 'My new tab',
    cls: 'shopware-form',

    initComponent: function () {
        var me = this;

        me.items = me.createContainer();

        me.callParent(arguments);
    },

    createContainer: function () {
        var me = this;

        return [{
            xtype: 'fieldset',
            margin: 10,
            title: 'My fieldset',
            items: [{
                xtype: 'textfield',
                fieldLabel: 'Some text'
            }, {
                xtype: 'datefield',
                fieldLabel: 'Some date'
            }]
        }];
    }

});
//{/block}
```

Listing 10.21 Die Datei »custom/plugins/LoremModuleExtension/Resources/Views/backend/customer_extension/view/detail/container.js«

Auch diese Datei beinhaltet Smarty-Blöcke – so können andere Entwickler unsere Erweiterung ebenfalls anpassen. Der Name des Blocks ist prinzipiell frei wählbar, es ist allerdings empfehlenswert, auch hier den Pfadnamen der Datei zu kodieren.

Der ExtJS-Klassenname im `Ext.define()` richtet sich hier ebenfalls erneut nach dem Pfad. Abgeleitet wird von der Standardkomponente `Ext.panel.Panel`, einem speziellen Container, der andere Elemente beinhalten kann. Damit Sie die Komponente (wie oben geschehen) über den Alias `my-customer-tab` ansprechen können, wird das Property `alias: 'widget.my-customer-tab'` gesetzt.

Die Komponente implementiert die beiden Methoden `initComponent` sowie `create-Container`. Erstere ist der Konstruktor der Klasse – hier sollen alle Elemente des Tabs erzeugt werden. Dazu wird die Methode `createContainer` aufgerufen und das Resultat an die Eigenschaft `items` gebunden. Den Inhalt dieser Eigenschaft stellt das `Ext.panel.Panel` später im Tab dar. Schließlich wird mit `me.callParent(arguments)` noch die Elternmethode aufgerufen. Dies sollte beim Überschreiben von Konstruktoren in ExtJS immer erfolgen.

Die Methode `createContainer` erzeugt schließlich den eigentlichen Inhalt des Tabs: ein Fieldset mit dem Titel »My fieldset« und zwei Feldern vom Typ `textfield` und `datefield`. Da die Methode lediglich ein Array von JavaScript-Objekten zurückgibt, hätten andere Entwickler die Möglichkeit, ihrerseits die Rückgabe dieser Methode durch Overrides zu verändern. Daher empfiehlt es sich, die Methoden im Backend-Bereich möglichst kurz zu halten und die Dateien (wie oben geschehen) mit Smarty-Blöcken zu versehen.

Grundsätzlich sind die wichtigen JavaScript-Anpassungen damit bereits erfolgt: Die erste Datei definiert einen Override, der einen eigenen Tab ins Kundenmodul bringt, und die zweite Datei definiert den Inhalt dieses Tabs. Damit die Änderungen tatsächlich greifen, werden sie über ein Event ins System gebracht:

```php
namespace LoremModuleExtension;

use Shopware\Components\Plugin;

class LoremModuleExtension extends Plugin
{
    public static function getSubscribedEvents()
    {
        return [
            'Enlight_Controller_Action_PostDispatchSecure_Backend_Customer'
                    => 'onPostDispatchCustomer'
        ];
    }

    public function onPostDispatchCustomer(\Enlight_Event_EventArgs $args)
    {
        /** @var \Enlight_Controller_Action $controller */
```

```
    $controller = $args->getSubject();
    $request = $controller->Request();
    $view = $controller->View();

    $view->addTemplateDir(__DIR__ . '/Resources/Views/');

    if ($request->getActionName() == 'index'){
        $view->extendsTemplate('backend/customer_extension/app.js');
    }

    if ($request->getActionName() == 'load'){
        $view->extendsTemplate('backend/customer_extension/view/detail/
window.js');
    }
}


}
```

Listing 10.22 Die Datei »custom/plugins/LoremModuleExtension/LoremModuleExtension.php«

Hier wird das Event `Enlight_Controller_Action_PostDispatchSecure_Backend_Customer` registriert – der registrierte Callback wird also nach jedem Aufruf des Customer-Controllers ausgeführt. Im Callback wird dann zunächst das Template-Verzeichnis der Anpassung mit `$view->addTemplateDir(__DIR__ . '/Resources/Views/');` bekannt gemacht. Anschließend wird abhängig vom aktuellen Request eine Template-Erweiterung vorgenommen:

```
if ($request->getActionName() == 'index'){
    $view->extendsTemplate('backend/customer_extension/app.js');
}
```

Die `indexAction` eines jeden Backend-Controllers wird aufgerufen, wenn die Applikation geladen werden soll. Sie überträgt die *app.js* der Applikation an den Browser. Die *app.js* ist daher ein guter Einstiegspunkt, um *neue Komponenten* bekannt zu machen. Im Fall unseres Beispiels sieht die Erweiterung dabei wie folgt aus:

```
//{block name="backend/customer/application" append}
//{include file="backend/customer_extension/view/detail/container.js"}
//{/block}
```

Listing 10.23 Die Datei »custom/plugins/LoremModuleExtension/Resources/Views/backend/customer_extension/app.js«

Durch diese Erweiterung wird die neue Komponente immer mitgeladen, wenn das Kundenmodul geladen wird, sodass die Komponente überall im Kundenmodul zur Verfügung steht.

```
if ($request->getActionName() == 'load'){
    $view->extendsTemplate('backend/customer_extension/view/detail/
window.js');
}
```

Die `loadAction` eines Controllers wird immer ausgeführt, wenn der Controller die in der *app.js* definierten Komponenten nachlädt – als die Views, Models, Stores und Controller des Backend-Moduls. Diese Methode wird daher auch genutzt, um die *Modifikationen bestehender Komponenten* ins System zu bringen.

Da das Laden aller Backend-Module sowie ihrer Bestandteile über Ajax-Requests erfolgt, können die vorgenommen Anpassungen auch in diesen Anfragen analysiert werden. Abbildung 10.6 zeigt den Tab-Override, der in der `loadAction` des Customer-Controllers übertragen wird. Dies ist auch bei der Fehleranalyse von Erweiterungen oft hilfreich.

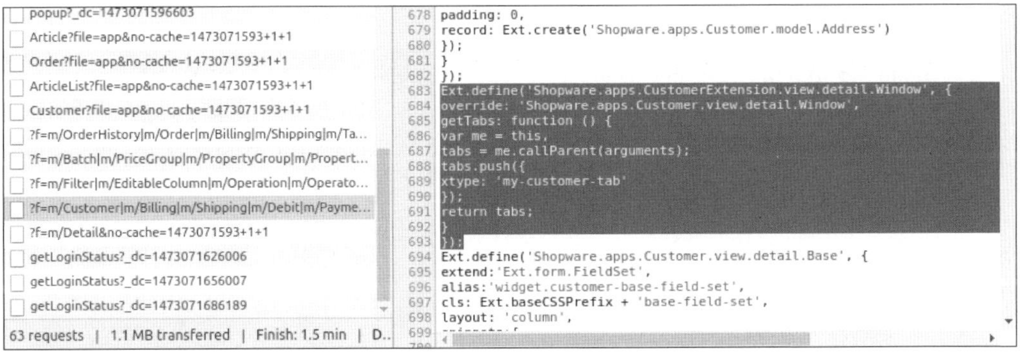

Abbildung 10.6 Die Anpassung wird mit den Originaldateien übertragen.

10.4   Eigene Widgets programmieren

Die Widgets im Administrationsbereich von Shopware bieten einen schnellen Zugriff auf wichtige Kennzahlen des Shops. Auch hier ist eine Erweiterung durch ein Plugin leicht möglich, wie Abbildung 10.7 zeigt.

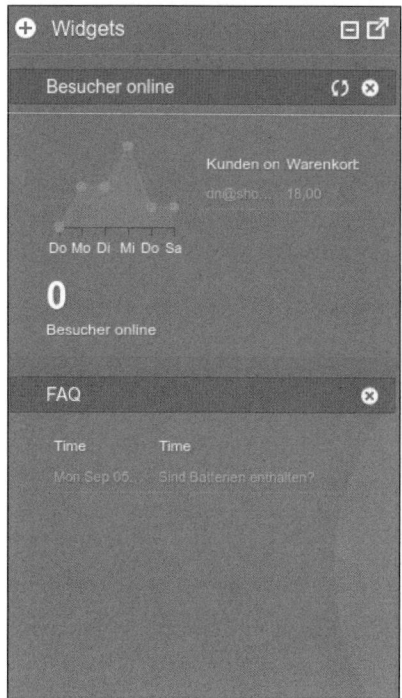

Abbildung 10.7 Standardbesucher-Widget mit dem neu entwickelten FAQ-Widget

Um das Widget zu registrieren, erweitern Sie zunächst die Basisklasse des *Lorem-Questions*-Plugins:

```
class LoremQuestions extends \Shopware\Components\Plugin
{
    public static function getSubscribedEvents() { }
    public function preparePlugin() { }
    private function updateSchema() { }
    private function createDemoData() { }
    private function createFaqAttribute() { }
    private function removeFaqAttribute() { }

    public function install(InstallContext $context)
    {
        // wie zuvor
        $this->createWidget($context);
    }

    public function uninstall(UninstallContext $context)
    {
```

```
        // wie zuvor
        $this->removeWidget();
    }

    private function createWidget(InstallContext $context)
    {
        $widget = new Widget();
        $widget->setName('lorem-questions');
        $widget->setPlugin($context->getPlugin());

        $context->getPlugin()->getWidgets()->add($widget);
    }

    public function removeWidget()
    {
        $models = $this->container->get('models');
        $widget = $models->getRepository(Widget::class)->findOneBy(['name'
                => 'lorem-questions']);

        if ($widget) {
            $models->remove($widget);
            $models->flush();
        }
    }
}
```

Listing 10.24 Die Datei »custom/plugins/LoremQuestions/LoremQuestions.php« (gekürzt)

Neu sind die beiden Methoden createWidget und removeWidget, die am Ende der install- respektive uninstall-Methode aufgerufen werden. In createWidget wird eine neue Instanz des Standard-Widget-Models erzeugt und der Widget-Name lorem-questions gesetzt. Das Widget und das Plugin werden außerdem mit den Aufrufen $widget->setPlugin() sowie $context->getPlugin->getWidgets()->add() miteinander verknüpft.

Analog dazu wird das Widget-Model bei Deinstallation des Plugins mittels *Doctrine ORM* gelöscht (falls vorhanden).

Damit das Widget im Backend korrekt angezeigt wird, müssen Sie Textbausteine für den Namen hinterlegen:

```
[en_GB]
lorem-questions = "Frequently asked questions"
```

```
[de_DE]
lorem-questions  = "Häufig gestellte Fragen"
```

Listing 10.25 Die Datei »custom/plugins/LoremQuestions/Resources/snippets/backend/
widget/labels.ini«

Der Dateiname wird dabei von Shopware als Konvention vorgegeben – der Name des
Bausteins lorem-questions richtet sich nach dem Namen des Widgets.

Das Widget selbst wird über ExtJS definiert:

```
//{block name="backend/index/application" append}
Ext.define('Shopware.apps.widgets.LoremQuestions', {
    extend: 'Shopware.apps.Index.view.widgets.Base',

    alias: 'widget.lorem-questions',

    layout: 'fit',

    initComponent: function () {
        var me = this;

        me.items = me.getItems();
        me.callParent(arguments);
    },

    getItems: function () { },

    getWidgetStore: function () { }
});
//{/block}
```

Listing 10.26 Die Datei »custom/plugins/LoremQuestions/Resources/Views/backend/
widgets/lorem-questions.js« (gekürzt)

Das gesamte Widget befindet sich im Block {block name="backend/index/application"
append}. Das Widget wird damit an die Backend-Applikation angehängt. Weiterhin leitet das Widget von der Standardklasse Shopware.apps.Index.view.widgets.Base ab, die
die Basis aller Widgets darstellt. Außerdem wird neben einem eindeutigen alias noch
das layout definiert. Durch fit nutzt die Komponente den vorhandenen Platz optimal
aus.

Das Vorgehen im Konstruktor initComponent ist Ihnen bereits aus vorangegangenen
Beispielen bekannt: Mit einer Helfermethode werden die items befüllt, abschließend
wird die Elternmethode mit callParent(arguments) aufgerufen.

Die Methode `getItems` ist entsprechend für das Generieren des Widget-Inhaltes zuständig:

```
getItems: function () {
    var me = this;
    return [
        {
            xtype: 'grid',
            store: me.getWidgetStore(),
            viewConfig: {
                hideLoadingMsg: true
            },
            columns: [
                {
                    dataIndex: 'time',
                    header: 'Time',
                    flex: 1
                },
                {
                    dataIndex: 'question',
                    header: 'Question',
                    flex: 2
                }
            ]
        }
    ];
},
```

Listing 10.27 Die Methode »getItems«

Im Falle der FAQ-Einträge ist eine Tabellendarstellung geeignet. Entsprechend wird lediglich eine Komponente vom Typ `grid` erzeugt, eine Standard-ExtJS-Komponente. Über die Eigenschaft `columns` definieren Sie, welche Spalten die Tabelle erhalten soll. `dataIndex` verweist dabei auf den Namen eines Feldes im Model, `header` auf den Spaltenkopf, und die Angabe `flex` regelt das relative Größenverhältnis der einzelnen Spalten zueinander. Die Spalte für die Frage erhält hier also doppelt so viel Platz wie die Spalte für das Datum.

Mit der Eigenschaft `viewConfig.hideLoadingMsg` konfigurieren Sie lediglich, dass das Widget beim Laden keine unschöne Lademaske anzeigt.

Die Datenquelle der Tabelle wird über die Eigenschaft `store` hinterlegt und in diesem Fall von der Methode `getWidgetStore` erzeugt:

```
getWidgetStore: function () {
    var me = this;
    return Ext.create('Ext.data.Store', {
        fields: [
            { name: 'time', type: 'datetime' },
            { name: 'question', type: 'string' }
        ],
        proxy: {
            type: 'ajax',
            url: '{url controller=LoremQuestions action=list}',
            reader: {
                type: 'json',
                root: 'data'
            }
        },
        autoLoad: true
    });
}
```

Listing 10.28 Die Methode »getWidgetStore«

Bei diesem Store handelt es sich um einen Store mit Inline-Model. Anstatt also ein externes Model zu definieren (wie in den vorherigen Backend-Beispielen), sind alle Felder der Datensätze direkt im Store beschrieben. Dieser Store kennt also ein Feld time vom Typ datetime sowie ein Feld question vom Typ string. Dies sind auch die Felder, auf die zuvor die Eigenschaft dataIndex der Tabellenspalten Bezug genommen hat.

Die Eigenschaft proxy des Stores konfiguriert, von welcher URL die Daten des Stores bezogen werden, wie sie enkodiert sind und wo der Hauptdatenknoten (*root*) zu finden ist. Bei den Shopware-Backend-Komponenten werden diese Angaben automatisch erzeugt; da es sich hier aber um einen klassischen ExtJS-Store handelt, müssen Sie diese Angaben manuell vornehmen. Als URL des Stores ist oben {url controller= LoremQuestions action=list} gesetzt: Der Backend-Controller, der für das FAQ-Backend-Modul genutzt wurde, kann also wiederverwendet werden.

Damit ist das Widget-Beispiel fast schon komplett. Uns fehlt nur noch ein Subscriber, um die Anpassungen auch ins System zu bringen:

```
namespace LoremQuestions\Subscriber;

use Enlight\Event\SubscriberInterface;

class Widget implements SubscriberInterface
{
```

```php
    public static function getSubscribedEvents()
    {
        return [
            'Enlight_Controller_Action_PostDispatch_Backend_Index' =>
            'extendsBackendWidget'
        ];
    }

    public function extendsBackendWidget(\Enlight_Event_EventArgs $args)
    {
        /** @var \Enlight_Controller_Action $controller */
        $controller = $args->getSubject();

        if ($controller->Request()->getActionName() !== 'index') {
            return;
        }

        $controller->View()->extendsTemplate('backend/widgets/lorem-questions.js');
    }

}
```

Listing 10.29 Die Datei »custom/plugins/LoremQuestions/Subscriber/Widget.php«

Das hier genutzte Event wird ausgelöst, wenn das Backend initial geöffnet wird. In diesem Fall wird das Widget-Template des Plugins durch den Aufruf `$controller->View()->extendsTemplate('backend/widgets/lorem-questions.js');` geladen.

Abschließend wird der neue Subscriber – wie gehabt – in der Datei *services.xml* ergänzt:

```xml
<service id="lorem_questions.widget" class="LoremQuestions\Subscriber\Widget">
    <argument type="service" id="service_container" />
    <tag name="shopware.event_subscriber" />
</service>
```

Listing 10.30 Die Datei »custom/plugins/LoremQuestions/Resources/services.xml« (gekürzt)

Kapitel 11
Shopware-API

In fast jedem Shop-Projekt spielen auch Schnittstellen eine große Rolle – sei es nun für Initialimporte, Preisaktualisierungen oder für den Export von Bestellungen zur Warenwirtschaft des Kunden.

Mit der Shopware-API bietet Shopware einen Standard, um Produkte, Kategorien, Bestellungen, Kunden oder viele andere Entitäten in das System einzubringen oder aus diesem zu exportieren.

Die API kann dabei auf zwei unterschiedliche Arten eingesetzt werden: Bei der lokalen Verwendung haben Sie (beispielsweise aus Plugins heraus) direkt Zugriff auf die Ressourcen. Bei der Verwendung der REST-Schnittstelle greifen Sie von außen auf die Schnittstelle zu, haben aber die gleichen Möglichkeiten.

Während die interne Verwendung also für Plugin-Entwickler ein bequemer Weg ist, um immer wiederkehrende, ähnliche Aufgaben wie »Artikel anlegen« zu lösen, eignet sich die externe Verwendung beispielsweise für Anbindungen an Warenwirtschaften: Auch ohne direkt Zugriff auf den Shop zu haben, können so Importe und Exporte aller Art durchgeführt werden.

11.1 REST-Schnittstelle einrichten und nutzen

Das Kürzel REST steht für *Representational State Transfer* und bezeichnet eine bestimmte Art von Schnittstelle, die über das World Wide Web bedient werden kann und dabei das HTTP-Protokoll nutzt.

Eine REST-API ist in aller Regel zustandslos und spricht alle Ressourcen über eindeutige Adressen an. In Shopware finden sich alle verfügbaren REST-Ressourcen unter der URL *http://33.33.33.10/api*. In Shopware stehen dabei folgende Ressourcen zur Verfügung:

1. `addresses`: Kundenadressen
2. `articles`: Artikel
3. `caches`: Shopware-Caches
4. `categories`: Shop-Kategorien

5. `countries`: Länder

6. `customerGroups`: Kundengruppen

7. `customers`: Kunden

8. `generateArticleImages`: Neugenerierung von Thumbnails

9. `manufacturers`: Hersteller

10. `media`: Bilder

11. `orders`: Bestellungen

12. `propertyGroups`: Eigenschaften

13. `shops`: Sub- und Sprachshops

14. `translations`: Übersetzungen

15. `version`: Shopware-Version, Test-Ressource

Diese Ressourcen werden jeweils an die API-URL angehängt. Werden keine weiteren Parameter übergeben, wird die REST-API immer ein Listing der jeweiligen Ressource zurückgeben. Alternativ kann eine einzelne Ressource über eine ID abgefragt werden. Grundsätzlich unterstützt Shopware folgende Operationen auf den Ressourcen:

1. `GET`: Lesen

2. `POST`: Erstellen

3. `PUT`: Aktualisieren

4. `DELETE`: Löschen

Über das HTTP-Standardvokabular lassen sich so vielfältige Operationen in Shopware durchführen.

11.1.1   Einrichtung

Im Auslieferungszustand ist kein Nutzer für die Nutzung der REST-API freigeschaltet. Bevor Sie also mit der API arbeitet können, ist es zwingend notwendig, einen bestehenden Nutzer für die API freizuschalten oder einen neuen, dedizierten API-Nutzer anzulegen.

Die Benutzerverwaltung finden Sie im Administrationsbereich unter EINSTELLUN-GEN • BENUTZERVERWALTUNG. In der Benutzerliste können Sie dann einen neuen Benutzer anlegen oder einen Bestandsnutzer bearbeiten (siehe Abbildung 11.1).

Im Feld API-ZUGANG muss dazu ein Haken bei AKTIVIERT gesetzt werden. Der dann von Shopware generierte API-SCHLÜSSEL fungiert später als Passwort. Der Standardbenutzername ist auch der Nutzername für die API.

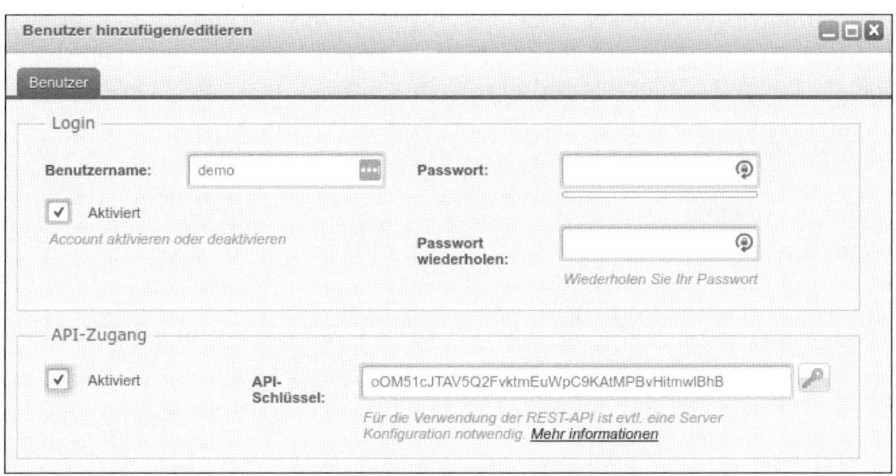

Abbildung 11.1 In der Benutzerverwaltung schalten Sie Nutzer für die API frei.

Nach dem Speichern ist der Nutzer für die API freigeschaltet. Ob die Freischaltung funktioniert hat, lässt sich direkt im Browser testen: *http://33.33.33.10/api/version*. Nach Absenden der Anfrage sollte ein Dialog erscheinen, der zur Eingabe von Benutzername (Shopware-Benutzer) und Passwort (API-Schlüssel) auffordert. Nach Bestätigung des Dialogs sollte die API die aktuelle Shopware-Version als JSON-Zeichenkette zurückgeben.

Abhängig von der Serverkonfiguration kann es sein, dass Sie weitergehende Einstellungen vornehmen müssen. Dies ist besonders bei der Verwendung von Nginx sowie bei der Verwendung von Apache in Kombination mit *mod_fcgid* oder *php-fpm* der Fall: In diesen Fällen müssen Sie jeweils explizit konfigurieren, dass der Authorization-Header an das PHP-Script weitergegeben wird.

11.1.2   Der richtige Client für die API

Eine der großen Stärken von REST-APIs ist der Umstand, dass ein Großteil des Webs ohnehin HTTP »spricht« und das Protokoll daher von vielen Programmiersprachen und Programmbibliotheken unterstützt wird.

Einfache GET-Abfragen führt jeder Browser bereits durch, wenn man die entsprechende URL in die Adresszeile eingibt. Für die vollumfängliche Nutzung der REST-API empfiehlt sich aber natürlich ein darauf ausgelegter Client. In der PHP-Welt ist beispielsweise *Guzzle* ein sehr verbreiteter HTTP-Client, mit dem sich REST-APIs ansteuern lassen. Außerdem gibt es Browser-Erweiterungen wie *Postman*, die beispielsweise den Chrome-Browser um eine komfortable Oberfläche zum Testen von APIs erweitert.

Zum einfachen Testen und Experimentieren stellt Shopware einen Beispiel-Client bereit. Dieser ist auf keinen Fall für den Produktiveinsatz geeignet, hat aber wenige Abhängigkeiten und eignet sich damit für kurze Tests:

```
class ApiClient
{
    protected $apiUrl;
    protected $cURL;

    public function __construct($apiUrl, $username, $apiKey)
    {
        $this->apiUrl = rtrim($apiUrl, '/') . '/';

        //Initializes the cURL instance
        $this->cURL = curl_init();
        curl_setopt($this->cURL, CURLOPT_RETURNTRANSFER, true);
        curl_setopt($this->cURL, CURLOPT_FOLLOWLOCATION, false);
        curl_setopt($this->cURL, CURLOPT_USERAGENT, 'Shopware ApiClient');
        curl_setopt($this->cURL, CURLOPT_HTTPAUTH, CURLAUTH_DIGEST);
        curl_setopt($this->cURL, CURLOPT_USERPWD, $username . ':' . $apiKey);
        curl_setopt(
            $this->cURL,
            CURLOPT_HTTPHEADER,
            [
                'Content-Type: application/json; charset=utf-8',
            ]
        );
    }

    public function call($url, $method = "GET", $data = [], $params = [])
    {

        $queryString = '';
        if (!empty($params)) {
            $queryString = http_build_query($params);
        }
        $url = rtrim($url, '?') . '?';
        $url = $this->apiUrl . $url . $queryString;
        $dataString = json_encode($data);

        curl_setopt($this->cURL, CURLOPT_URL, $url);
        curl_setopt($this->cURL, CURLOPT_CUSTOMREQUEST, $method);
        curl_setopt($this->cURL, CURLOPT_POSTFIELDS, $dataString);
```

```php
        $result = curl_exec($this->cURL);

        $result = $this->printResponse($result);
        return $result;
    }

    protected function printResponse($result)
    {
        if (null === $decodedResult = json_decode($result, true)) {
            throw new \RuntimeException(json_last_error_msg());
        }

        echo "<pre>";
        print_r($decodedResult);
        return $decodedResult;
    }
}
```

Listing 11.1 Die Datei »client.php«

Dieser Beispiel-Client nutzt die Curl-Bibliothek, um die HTTP-Kommunikation mit der Shopware-API durchzuführen. Für die weiteren Beispiele ist nur wichtig, dass durch Aufruf der call-Methode jeweils eine Abfrage an die Shopware-API geschickt wird und das Ergebnis dann direkt ausgegeben wird.

Dieser Beispiel-Client kann nun wie folgt genutzt werden:

```php
error_reporting(E_ALL);
ini_set('display_errors', 1);

require 'client.php';

$client = new ApiClient(
    'http://33.33.33.10/api',
    'demo',
    'oOM51cJTAV5Q2FvktmEuWpC9KAtMPBvHitmwlBhB'
);
```

Listing 11.2 Die Datei »example.php«

Hier wird der Client mit require 'client.php' eingebunden und eine Instanz erzeugt. Als Parameter erwartet die Klasse den API-Endpunkt, den Benutzernamen und den API-Schlüssel.

11.1.3 API benutzen

Durch folgende Anfrage kann nun eine Liste aller Benutzer abgerufen werden:

```
// Anfrage:
$client->call('customers', "GET");

// Antwort:
Array
(
    [data] => Array
        (
            [0] => Array
                (
                    [id] => 1
                    [paymentId] => 5
                    [groupKey] => EK
                    [shopId] => 1
                    [priceGroupId] =>
                    [active] => 1
                    [email] => test@example.com
                    [firstLogin] => 2011-11-23T00:00:00+0100
                    [lastLogin] => 2012-01-04T14:12:05+0100
                    [accountMode] => 0
                    [languageId] => 1
                    [internalComment] =>
                    [salutation] => mr
                    [title] =>
                    [firstname] => Max
                    [number] => 20001
                    [lastname] => Mustermann
                )

            [1] => Array
                (
                    // gekürzt
                )
        )

    [total] => 2
    [success] => 1
)
```

Listing 11.3 Eine Liste aller Benutzer abfragen

Shopware antwortet auf die Anfrage mit einer JSON-Zeichenkette, die hier von `ApiClient` bereits für Menschen lesbar ausgegeben wird. Auf oberster Ebene finden sich die Schlüssel `success`, `total` und `data`. Diese zeigen den Erfolg der Anfrage, die Anzahl der Ergebnisse und die eigentlichen Ergebnisse an.

Bei der Listenansicht gibt Shopware immer nur eine Kurzansicht der gefundenen Treffer aus. Für detaillierte Informationen besteht die Möglichkeit, eine spezifische Ressource über einen eindeutigen Schlüssel abzufragen:

```
// Anfrage über die Kunden-ID
$client->call('customers/1', "GET");
// Anfrage über die Kundennummer
$client->call('customers/20001?useNumberAsId=1', "GET");
```

Hier gibt Shopware nun auch die Daten von assoziierten Datensätzen aus, etwa die Rechnungs- und Lieferadresse des Kunden. Im obigen Beispiel macht es keinen Unterschied, ob der Kunde über die ID 1 oder über die eindeutige Kundennummer 20001 angesprochen wird: In beiden Fällen wird derselbe Datensatz zurückgegeben. Der optionale Parameter `useNumberAsId` definiert, ob der eindeutige Schlüssel die ID oder die Nummer ist. Dies ist besonders für Warenwirtschaften und ähnliche Anbindungen praktisch, denn diese kennen oft die internen Shopware-Schlüssel nicht und arbeiten daher lieber mit den Nummern.

Während die Einzelabfrage von Ressourcen den Vorteil bietet, dass detaillierte Informationen zur Ressource zurückgegeben werden, kann über die Listenabfrage gesucht, sortiert und paginiert werden. Stellen Sie sich beispielsweise vor, es sollen alle Bestellungen eines bestimmten Kunden über die API abgefragt werden:

```
// Anfrage
$client->call(
    'orders',
    "GET",
    [],
    [
        'filter' => [
            [
                'property' => 'customerId',
                'value' => "2",
                'expression' => '='
            ]
        ]
    ]
);
```

Listing 11.4 Auslesen der Bestellungen eines Nutzers

Im optionalen GET-Parameter filter werden hier Filteroptionen in der typischen Doctrine-Syntax übergeben: property bezeichnet ein Feld, value den gesuchten Wert und expression den Vergleichsoperator (möglich sind auch andere typische Operatoren wie < oder >= etc.). Shopware antwortet mit einer Liste von Bestellungen des Kunden. Diese könnten dann – je nach Bedarf – mit Einzelabfragen detailliert abgerufen werden.

Die Filtersyntax erlaubt es beispielsweise auch, nach Datum zu filtern. Dies kann sinnvoll sein, wenn eine Warenwirtschaft alle Bestellungen seit einem bestimmten Zeitpunkt abholen soll:

```
$client->call(
    'orders',
    'GET',
    [],
    [
        'limit' => 2,
        'start' => 2,
        'filter' => [
            [
                'property' => 'orderTime',
                'value' => '2012-08-30 16:57:00',
                'expression' => '>='
            ]
        ],
    ]
);
```

Listing 11.5 Auslesen der Bestellungen nach dem 30.08.2012

Obiges Beispiel gibt alle Bestellungen zurück, die seit dem angegebenen Datum erstellt wurden. Durch den Parameter limit werden jedoch nur 2 Treffer je Seite ausgegeben, und der Parameter start definiert, dass die ersten beiden Treffer übersprungen werden: So können API-Ergebnisse auch paginiert werden.

Grundsätzlich können in das Feld property alle Werte eingetragen werden, die im Listenergebnis auch zurückgegeben werden. Allerdings sollten Sie bedenken, dass die Datenbank nur effizient über Felder suchen kann, auf die auch ein entsprechender Index gesetzt ist, im Fall der Bestellungen also id, partnerId, customerId, orderTime, cleared, status, paymentId, temporarId, number und transactionId.

Ebenfalls häufig genutzt wird das Filtern nach Bestellstatus: Stellen Sie sich vor, eine Warenwirtschaft möchte jeweils 5 Bestellungen abholen, die noch nicht in Bearbeitung sind. Die Bestellungen werden dann als »in Bearbeitung« markiert, sodass sie bei der nächsten Abfrage nicht erneut beachtet werden.

```
$result = $client->call(
    'orders',
    'GET',
    [],
    [
        'limit' => 5,
        'filter' => [
            [
                'property' => 'status',
                'value' => "0",
                'expression' => '='
            ]
        ]
    ]
);
foreach ($result['data'] as $order) {
    $client->call(
        "orders/{$order['id']}",
        'PUT',
        array(
            'orderStatusId' => 1,
        )
    );
}
```

Listing 11.6 Auslesen der offenen Bestellungen (Status 0)

Der erste Aufruf gibt also maximal 5 Bestellungen zurück – und die Gesamtzahl von beispielsweise 12 Bestellungen, die auf die Suche passen. Im zweiten Schritt wird über die Treffer iteriert und jeweils eine Update-Anfrage gesendet, die den Bestellstatus auf 1 (in Bearbeitung) aktualisiert. Wird das Script erneut ausgeführt, werden wieder 5 Bestellungen gefunden, allerdings gibt es nur noch 7 Treffer, da 5 Bestellungen bereits verarbeitet wurden. Auf diese Weise kann eine externe Schnittstelle die Shopware-Bestellungen sukzessive abarbeiten, ohne selbst die Information vorhalten zu müssen, welche Bestellungen bereits verarbeitet wurden.

In manchen Fällen kann es auch nötig sein, die Filter etwas unschärfer zu gestalten. Hier gibt es die Möglichkeit, mit dem LIKE-Operator Wildcard-Zeichen zu verwenden:

```
$client->call(
    'articles',
    'GET',
    [],
    [
        'filter' => [
```

```
        [
            'property' => 'name',
            'value' => '%sonne%',
            'expression' => 'LIKE'
        ]
    ]
  ]
);
```

Listing 11.7 Auslesen von Artikeln mit der Zeichenkette »sonne« im Namen

In diesem Beispiel werden alle Artikel gesucht, die an beliebiger Stelle die Zeichen »sonne« im Namen haben.

Besonders häufig genutzt wird die API, um einen Artikelimport in Shopware vorzunehmen:

```
// Anfrage
$client->call(
    'articles',
    'POST',
    [
        'name' => 'Sport Shoes',
        'active' => true,
        'tax' => 19,
        'supplier' => 'Sport Shoes Inc.',
        'categories' => [
            ['id' => 16],
            ['path' => 'Deutsch|Freizeitwelten|Vintage'],
        ],
        'mainDetail' => [
            'number' => 'turn',
            'active' => true,
            'prices' => [
                [
                    'customerGroupKey' => 'EK',
                    'price' => 999,
                ]
            ]
        ]
    ]
);

// Antwort
Array
```

```
(
    [success] => 1
    [data] => Array
        (
            [id] => 284
            [location] => http://33.33.33.10//api/articles/284
        )

)
```

Listing 11.8 Anlegen eines Artikels

Hier wird ein Artikel mit dem Namen »Sport Shoes« erzeugt (siehe Abbildung 11.2). Der Steuersatz beträgt 19 %, und der Hersteller ist »Sport Shoes Inc.«. Der Artikel wird automatisch der Kategorie mit der ID 16 sowie der Kategorie mit dem Pfad DEUTSCH • FREIZEITWELTEN • VINTAGE zugeordnet. Sollte die Kategorie mit dem Pfad nicht existieren, wird sie automatisiert angelegt. Die Zuweisung über den Pfad hat erneut den Vorteil, dass beispielsweise die Warenwirtschaft die ID der Kategorie nicht kennen muss – die Zuordnung über den Namen genügt.

Außerdem erhält der Artikel die Bestellnummer turn und hat einen Preis von 999 EUR (brutto) für die Kundengruppe EK. Ob der Preis als Euro oder andere Währung interpretiert wird, hängt dabei letztlich von der Shop-Konfiguration ab. Nach Absenden der Anfrage gibt Shopware eine Erfolgsmeldung mit Verweis auf die neue Ressource zurück, im obigen Beispiel http://33.33.33.10//api/articles/284. Auch ein HTTP-Header auf die neue Ressource wird gesetzt. Ein korrekt konfigurierrter HTTP-Client könnte dieser Weiterleitung direkt folgen und Detailinformationen zum neuen Artikel abrufen.

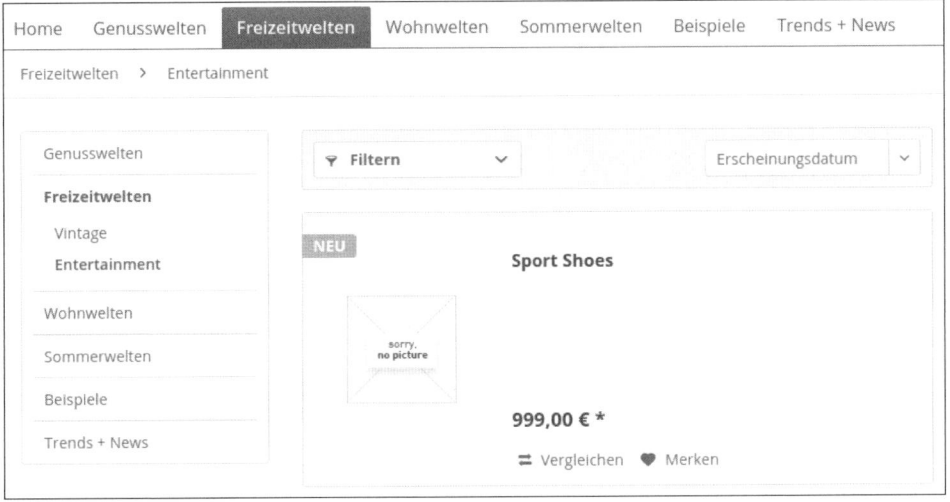

Abbildung 11.2 Der Artikel ist im Listing direkt abrufbar.

Dieses Vorgehen hat allerdings auch einen Nachteil. Wird dieselbe Anfrage erneut ausgelöst, meldet die API einen Fehler:

```
Array
(
    [success] =>
    [message] => A variant with the given order number "turn" already exists.
)
```

Da es sich um einen POST-Request handelt, geht Shopware davon aus, dass der Artikel neu angelegt werden soll. Da dieser Artikel aber bereits existiert, gibt es die Fehlermeldung. Bei Folgeanfragen wäre also ein PUT-Request notwendig, um Shopware zu signalisieren, dass der Artikel bereits besteht und nur aktualisiert werden soll.

Dies ist in vielen Fällen recht praktisch, da sich die aufrufende Instanz – etwa eine Warenwirtschaft – merken muss, welche Artikel in Shopware bereits bekannt sind. Aus diesem Grund gibt es den sogenannten *Batch-Modus*: Dieser erlaubt es nicht nur, mehrere Artikel gleichzeitig anzulegen (und damit die Geschwindigkeit der API massiv zu beschleunigen), sondern er kann auch automatisch zwischen Neuanlagen und Aktualisierungen differenzieren, wie folgendes Beispiel zeigt:

```
$client->call(
    'articles',
    'PUT',
    [
        [
            'name' => 'Sport Shoes',
            'active' => true,
            'tax' => 19,
            'supplier' => 'Sport Shoes Inc.',
            'categories' => [
                ['id' => 16],
                ['path' => 'Deutsch|Freizeitwelten|Vintage'],
            ],
            'mainDetail' => [
                'number' => 'turn',
                'active' => true,
                'prices' => [
                    [
                        'customerGroupKey' => 'EK',
                        'price' => 100,
                    ]
                ]
            ]
        ],
```

```
    [
        'name' => 'Red Shoes',
        'active' => true,
        'tax' => 19,
        'supplier' => 'Sport Shoes Inc.',
        'categories' => [
            ['id' => 16],
            ['path' => 'Deutsch|Freizeitwelten|Vintage'],
        ],
        'mainDetail' => [
            'number' => 'turn-red',
            'active' => true,
            'prices' => [
                [
                    'customerGroupKey' => 'EK',
                    'price' => 500,
                ]
            ]
        ]
    ]
]
);
```

Listing 11.9 Stapelanlage mehrerer Artikel

Hier wird die PUT-Methode genutzt, um direkt mehrere Artikel zu übermitteln. Der erste Artikel ist bereits aus dem vorherigen Beispiel vorhanden und muss aktualisiert werden (der Preis hat sich geändert). Der zweite Artikel ist neu und muss erzeugt werden. Die Antwort sieht wie folgt aus:

```
Array
(
    [success] => 1
    [data] => Array
        (
            [0] => Array
                (
                    [success] => 1
                    [operation] => update
                    [data] => Array
                        (
                            [id] => 284
                            [name] => Sport Shoes
                            [description] =>
                            [descriptionLong] =>
```

```
                                    // gekürzt
                        )

                )

            [1] => Array
                (
                    [success] => 1
                    [operation] => create
                    [data] => Array
                        (
                            [id] => 285
                            [name] => Red Shoes
                            [description] =>
                            [descriptionLong] =>
                            // gekürzt
                        )

                )

        )
)
```

Listing 11.10 Das Ergebnis der Stapelanlage

Shopware gibt also für jeden Artikel separat eine Erfolgsmeldung sowie die Operation, die durchgeführt wurde, zurück – hier also einmal update und einmal create. Der Batch-Modus ist für Artikel immer empfehlenswert, da in einer Anfrage mehrere Artikel gleichzeitig bearbeitet werden können und Shopware automatisiert entscheidet, ob es sich um das Anlegen eines Artikels oder um seine Aktualisierung handelt.

Auch Varianten-Artikel lassen sich über die API anlegen:

```
$client->call(
    'articles',
    'PUT',
    [
        [
            'name' => 'My new shoe',
            'active' => true,
            'categories' => [
                ['path' => 'Deutsch|Freizeitwelten|Vintage'],
            ],
            'mainDetail' => [
                'number' => 'sw-shoe',
```

```
        'inStock' => 15
    ],
    'configuratorSet' => [
        'name' => 'My shoe configurator',
        'groups' => [
            [
                'name' => 'color',
                'options' => [
                    ['name' => 'red'],
                    ['name' => 'blue']
                ]
            ]
        ]
    ],
    'variants' => [
        [
            'isMain' => true,
            'active' => true,
            'number' => 'sw-shoe',
            'inStock' => 17,
            'configuratorOptions' => [
                [
                    'option' => 'red',
                    'group' => 'color'
                ]
            ],
            'prices' => [
                [
                    'customerGroupKey' => 'EK',
                    'from' => 1,
                    'to' => 20,
                    'price' => 20,
                ],
                [
                    'customerGroupKey' => 'EK',
                    'from' => 20,
                    'to' => '',
                    'price' => 10,
                ]
            ]

        ],
        [
            'number' => 'sw-shoe-02',
```

```
                    'active' => true,
                    'inStock' => 17,
                    'configuratorOptions' => [
                        [
                            'option' => 'blue',
                            'group' => 'color'
                        ],
                    ],
                    'prices' => [
                        [
                            'customerGroupKey' => 'EK',
                            'from' => 1,
                            'to' => '',
                            'price' => 10,
                        ]
                    ]

                ],
            ],
            'taxId' => 1,
            'supplierId' => 2
        ]
    ]
);
```

Listing 11.11 Artikelanlage inklusive Varianten

Der so angelegte Artikel ist in den beiden Varianten rot und blau verfügbar. Die rote Variante hat darüber hinaus einen Staffelpreis und ist ab Abnahme von 20 Artikeln für 10 EUR erhältlich.

Die Systematik aus GET-, POST-, PUT- und DELETE-Requests ist für alle Ressourcen verfügbar. Ausnahmen gibt es insoweit, als dass die Artikel-Ressource zusätzlich über die Möglichkeit von Batch-Requests verfügt und Bestellungen über die API nicht angelegt, sondern nur aktualisiert werden können.

11.2   Die API lokal verwenden

Die REST-Schnittstelle von Shopware ist aus technischer Sicht nur eine dünne Abstraktion, die die API von Shopware über HTTP zur Verfügung stellt. Die eigentliche API lässt sich daher aus Shopware heraus auch direkt ansprechen, beispielsweise aus Plugins. Die Namen der jeweiligen Ressourcen sind dabei identisch mit den REST-Ressourcen – nur wird per Konvention jeweils der Singular verwendet, also article statt articles.

```
$articleResource = \Shopware\Components\Api\Manager::getResource('article');
$result = $articleResource->getOneByNumber('sw-shoe');
```

Der Ressource-Manager dient dabei als Factory und erzeugt eine Instanz der Article-Ressource. Zu jeder Operation auf der HTTP-Schnittstelle gibt es dabei analog eine Methode auf der Ressource: getOne für Einzelabfragen, getList für Listenabfragen, update für Aktualisierungen, create für Neuanlagen und delete für Löschoperationen. Im Falle der Artikel-Ressource gibt es darüber hinaus auch eine batch- und eine batch-Delete-Methode, über die mehrere Artikel angelegt, aktualisiert oder gelöscht werden können. Weiterhin gibt es die Methoden getOneByNumber, deleteByNumber sowie update-ByNumber, die dem Modus ?useNumberAsId=1 der HTTP-Schnittstelle entsprechen.

In Shopware geben die Ressourcen die Ergebnisse im selben Format wie die HTTP-Schnittstelle zurück, also als verschachteltes Array. Da intern mit Doctrine gearbeitet wird, ist es aber auch möglich, sich direkt die Doctrine-Entitys zurückgeben zu lassen:

```
use Shopware\Components\Api\Manager;
use Shopware\Components\Api\Resource\Resource;

$articleResource = Manager::getResource('article');
$articleResource->setResultMode(Resource::HYDRATE_OBJECT);
$result = $articleResource->getOneByNumber('sw-shoe');
```

Auf der Entity kann dann Doctrine-typisch weitergearbeitet werden. Abgesehen von diesen Unterschieden verhält sich die API weitestgehend wie die HTTP-API, sodass die zuvor besprochenen Parameter und Filtermöglichkeiten ohne größere Anpassungen auch für die Verwendung in der internen API geeignet sind.

11.3   Eigene Endpunkte schreiben

Gerade wenn Online-Shops stark individualisiert sind und einige Erweiterungen mit sich bringen, können eigene API-Endpunkte sinnvoll und notwendig sein. Das Beispiel *LoremQuestions* ist hier gut geeignet: Stellen Sie sich vor, dass der Kunde eine größere Anzahl von FAQ-Einträgen aus dem Vorgängershop nach Shopware importieren will. Durch eine eigene API wird eine entsprechende Schnittstelle geschaffen.

Für das Schreiben von eigenen API-Endpunkten sind nur zwei Komponenten erforderlich: der API-Controller für die REST-Schnittstelle sowie die API-Ressource für die Datenlogik. Zunächst sollen daher die beiden Komponenten im System registriert werden. Für API-Ressourcen gibt es in Shopware die Konvention, die Klassen im Namespace Shopware\Components\Api\Resource\NAME abzulegen. Dies sollte zu einem möglichst frühen Zeitpunkt erfolgen. Hierzu bietet sich die Methode preparePlugin an, die im LoremQuestions-Plugin ohnehin schon implementiert wurde:

```
public static function getSubscribedEvents()
{
    return [
        'Enlight_Controller_Front_DispatchLoopStartup' => 'preparePlugin',
    ];
}
public function preparePlugin()
{
    $this->container->get('loader')->registerNamespace(
        'Shopware\Components',
        $this->getPath() . '/Components/'
    );
    $this->container->get('Template')->addTemplateDir(
        $this->getPath() . '/Resources/Views/'
    );
}
```

Listing 11.12 Die angepassten Methoden »getSubscribedEvents« und »preparePlugin in custom/plugins/LoremQuestions/LoremQuestions.php«

Statt mehrerer Events (wie zuvor) wird hier nur noch das Event `Enlight_Controller_Front_DispatchLoopStartup` genutzt, da dieses sehr früh im Shopware-Stack ausgelöst wird. In der Methode `preparePlugin` wird wie gehabt das Template-Verzeichnis des Plugins geladen, zusätzlich wird aber durch den Aufruf von `registerNamespace` ein Verzeichnis des Plugins im Shopware-API-Namespace registriert.

Damit ist die API-Ressource bereits registriert. Es folgt die Controller-Registrierung im bereits vorhandenen Controller-Subscriber:

```
class Controller implements SubscriberInterface
{
    public static function getSubscribedEvents()
    {
        return [
            // wie gehabt
            'Enlight_Controller_Dispatcher_ControllerPath_Api_Questions' =>
            'onGetQuestionsControllerPath'
        ];
    }

    public function onGetQuestionsControllerPath()
    {
        return __DIR__ . '/../Controllers/Api/Questions.php';
    }
```

```
    // wie gehabt
    public function onGetControllerPathBackend() { }
    public function onGetControllerPath(){ }
    public function onGetControllerPathAnswer() { }
}
```

Listing 11.13 Der angepasste Controller-Subscriber

Das grundlegende Vorgehen sollte Ihnen bereits bekannt sein: Das Event `Enlight_ Controller_Dispatcher_ControllerPath_Api_Questions` registriert den Controller `Questions` im Modul `API`, und der Callback gibt den absoluten Pfad zum Controller zurück. Die Controller für die REST-Schnittstelle sehen in Shopware immer recht ähnlich aus, es werden für alle Aktionen (`GET`, `PUT`, `POST` und `DELETE`) entsprechende Controller-Actions bereitgestellt. Der Basis-Controller ist dabei immer `Shopware_Controllers_Api_Rest`.

```
use Shopware\Components\Api\Manager;
use Shopware\Components\Api\Resource\Question;

class Shopware_Controllers_Api_Questions extends Shopware_Controllers_Api_Rest
{
    /** @var  Question */
    protected $resource;

    public function init()
    {
        $this->resource = Manager::getResource('question');
    }

    public function indexAction()
    {
        // ...
    }

    public function getAction()
    {
        // ...
    }

    public function postAction()
    {
        // ...
    }
```

```
    public function putAction()
    {
        // ...
    }

    public function deleteAction()
    {
        // ...
    }
}
```

Listing 11.14 Der Controller »custom/plugins/LoremQuestions/Controllers/Api/
Questions.php«

Die hier gezeigten Actions werden vom Shopware-Router automatisch aufgerufen,
wenn bestimmte API-Requests eintreffen. Das Mapping von der Controller-Action
zur HTTP-Route sieht dabei in der Regel wie folgt aus:

1. indexActions: GET questions/
2. getAction: GET questions/{id}
3. postAction: POST questions/
4. putAction: PUT questions/{id}
5. deleteAction: DELETE questions/{id}

Die Methoden im Einzelnen:

```
public function indexAction()
{
    $limit = $this->Request()->getParam('limit', 1000);
    $offset = $this->Request()->getParam('start', 0);
    $sort = $this->Request()->getParam('sort', array());
    $filter = $this->Request()->getParam('filter', array());

    $result = $this->resource->getList($offset, $limit, $filter, $sort);

    $this->View()->assign($result);
    $this->View()->assign('success', true);
}
```

Listing 11.15 Die »indexAction« liefert eine Liste von Ergebnissen zurück.

Die indexAction, die für Listen zuständig ist, liest zunächst einige übliche GET-Parameter aus, etwa für die Paginierung, Filterung und Sortierung. Dann wird die API-
Ressource mit den jeweiligen Parametern aufgerufen und das Ergebnis im dritten

Schritt an das Template zugewiesen. Die Shopware-API bereitet diese Template-Zuweisung später automatisiert auf und generiert eine JSON-Antwort.

```
public function getAction()
{
    $id = $this->Request()->getParam('id');
    $result = $this->resource->getOne($id);
    $this->View()->assign('data', $result);
    $this->View()->assign('success', true);
}
```

Listing 11.16 Die »getAction« zeigt ein einzelnes Ergebnis an.

Die getAction ist für die Einzeldarstellung von Ergebnissen zuständig. Daher wird hier statt Filter- und Paginierinformationen lediglich die ID der angefragten Ressource ausgelesen und an die Methode getOne der API übergeben. Auch hier wird das Ergebnis als Template-Zuweisung zurückgegeben.

Die beiden lesenden Endpunkte sind damit bereits abgehandelt. Nun folgt der POST-Endpunkt:

```
public function postAction()
{

    $data = $this->resource->create($this->Request()->getPost());

    $location = $this->apiBaseUrl . 'questions/' . $data->getId();
    $data = array(
        'id' => $data->getId(),
        'location' => $location
    );

    $this->View()->assign(array('success' => true, 'data' => $data));
    $this->Response()->setHeader('Location', $location);
}
```

Listing 11.17 Die »postAction« erzeugt eine Entität.

Die postAction liest die relevanten Informationen aus den POST-Daten der HTTP-Anfrage aus. Dies geschieht in Shopware mit dem Aufruf $this->Request()->get-Post(). Die Verarbeitung erfolgt mit der create-Methode auf der API-Ressource. Eine Besonderheit der postAction ist der Umstand, dass das Ergebnis nicht einfach nur dem Template zugewiesen wird: Stattdessen wird ein Link auf die neu angelegte Ressource erzeugt (also beispielsweise *http://33.33.33.10/api/questions/16*). Auch ein entsprechender Response-Header ist gesetzt, sodass korrekt konfigurierte Clients diesem Header automatisiert folgen und direkt alle relevanten Informationen der neuen Entität auslesen können.

```
public function putAction()
{
    $id = $this->Request()->getParam('id');
    $params = $this->Request()->getPost();

    $result = $this->resource->update($id, $params);

    $location = $this->apiBaseUrl . 'questions/' . $result->getId();
    $data = array(
        'id' => $result->getId(),
        'location' => $location
    );
    $this->View()->assign(array('success' => true, 'data' => $data));
}
```

Listing 11.18 Die »putAction« aktualisiert bestehende Entitäten.

Die putAction verhält sich hier sehr ähnlich zur postAction, liest aber zusätzlich noch die ID der zu aktualisierenden Entität aus. Auch hier wird statt des gesamten Ergebnisses lediglich ein Link zurückgegeben.

Schließlich bleibt noch die deleteAction:

```
public function deleteAction()
{
    $id = $this->Request()->getParam('id');
    $this->resource->delete($id);
    $this->View()->assign(array('success' => true));
}
```

Listing 11.19 Die »deleteAction« löscht einen gegebenen Eintrag.

Wie zuvor wird die ID des betroffenen Eintrags aus der Anfrage ausgelesen und an die API-Ressource zur weiteren Verarbeitung übergeben.

Die besprochenen Methoden finden sich in dieser oder ähnlicher Form in jedem API-Controller von Shopware. API-Endpunkte, die den Modus useNumberAsId unterstützen, fragen diesen Parameter ebenfalls im REST-Controller ab und entscheiden dann, ob beispielsweise die Methode getOne oder die Methode getOneByNumber auf der API-Ressource aufgerufen werden soll.

Zur Vervollständigung der eigenen API fehlt nun nur noch das Herzstück: Die eigene API-Ressource:

```
namespace Shopware\Components\Api\Resource;

use LoremQuestions\Models\Answer;
use Shopware\Components\Api\Exception as ApiException;
use Shopware\Models\Article\Detail;
use Shopware\Models\Customer\Customer;

class Question extends Resource
{
    public function getRepository()
    {
        return $this->getManager()->getRepository(\LoremQuestions\Models\
            Question::class);
    }

    public function getOne($id) { }
    public function getList($offset = 0, $limit = 25, array $criteria =
            array(), array $orderBy = array()) { }
    public function create(array $params) { }
    public function update($id, array $params) { }
    public function delete($id) { }
    private function prepareQuestionData($data, existing = null) { }
}
```

Listing 11.20 Der API-Controller »custom/plugins/LoremQuestions/Components/Api/
Resource/Question.php« (gekürzt)

Die Ressource liegt im Namespace `Shopware\Components\Api\Resource`. Damit ist sie direkt über Shopwares Resource-Factory abrufbar. Weiterhin leitet die Ressource von `\Shopware\Components\Api\Resource\Resource` ab. Diese Basisressource stellt eine Reihe von Helfermethoden bereit.

Die Methode `getRepository`, die hier schon implementiert wurde, ist lediglich eine einfache Helfermethode, die ein Doctrine-Repository für das Question-Model zurückgibt. Darüber hinaus gibt es in der Klasse wenig Überraschungen: Die Methoden `getOne`, `getList`, `create`, `update` und `delete` werden im zuvor implementierten REST-Controller bereits aufgerufen.

```
public function getOne($id)
{
    $this->checkPrivilege('read');
    if (empty($id)) {
        throw new ApiException\ParameterMissingException();
    }
```

311

```
$builder = $this->getRepository()
    ->createQueryBuilder('question')
    ->select([
'question', 'article', 'customer', 'mainDetail', 'answers', 'answer_
customer'])
    ->where('question.id = ?1')
    ->innerJoin('question.customer', 'customer')
    ->innerJoin('question.article', 'article')
    ->innerJoin('article.mainDetail', 'mainDetail')
    ->leftJoin('question.answers', 'answers')
    ->leftJoin('answers.customer', 'answer_customer')
    ->setParameter(1, $id);
$question = $builder->getQuery()->getOneOrNullResult(
    $this->getResultMode()
);
if (!$question) {
    throw new ApiException\
        NotFoundException("Question by id $id not found");
}
return $question;
}
```

Listing 11.21 Die Methode »getOne« gibt ein Detailergebnis zurück.

getOne erhält jeweils die ID der gesuchten Frage. Mithilfe eines einfachen Doctrine-Querybuilders, der bereits in Abschnitt 6.4 besprochen wurde, wird die Frage mit-samt allen verbundenen Daten wie Artikel, Kunde und Antworten ausgelesen und am Ende der Methode zurückgegeben.

Bevor allerdings die Frage ausgelesen wird, wird mit der Methode checkPrivi-lege('read') geprüft, ob der aktuelle Nutzer (in diesem Fall der API-Benutzer) über-haupt Leserechte auf der Ressource hat. Diese Abfrage greift, sobald in der Rechte- und Rollenverwaltung von Shopware die Ressource Question angelegt wird. Dann kann über das Privileg read jedem Benutzer einzeln das Recht eingeräumt oder genommen werden, über die API zu lesen.

Die Methode getOne kennt zwei verschiedene Exceptions, die unter Umständen aus-gelöst werden: ParameterMissingException tritt auf, wenn keine ID übergeben wurde, und NotFoundException tritt auf, wenn zu der ID kein passender Question-Eintrag existiert. Es empfiehlt sich, die von Shopware vorgegebene API-spezifische Fehler-meldung zu verwenden, da die Shopware-API dadurch automatisiert die korrekten HTTP-Fehlercodes generiert – also etwa 404 für nicht gefundene Einträge oder 403 für fehlende Berechtigungen. Dadurch kann ein Client über den HTTP-Statuscode bereits ermitteln, welches Problem vorliegt. Eine Übersicht aller API-spezifischen Fehlermeldungen finden Sie in Anhang B.6, »API-spezifische Exceptions«.

Repositorys verwenden

Wie ich bereits erwähnt habe, sind Repositorys der richtige Ort für Querybuilder und andere SQL-Abfragen. Im hier diskutierten API-Beispiel werden die Abfragen aus Gründen der Übersichtlichkeit und Einfachheit direkt in der API-Ressource gezeigt; gerade in größeren Applikationen ist es aber empfehlenswert, diese Abfragen in das dazugehörige Repository auszulagern.

Die Methode `getList` ist ähnlich einfach gehalten:

```php
public function getList($offset = 0, $limit = 25, array $criteria =
 array(), array $orderBy = array())
{
    $this->checkPrivilege('read');

    $builder = $this->getRepository()->createQueryBuilder('question');
    $builder->addFilter($criteria);
    $builder->addOrderBy($orderBy);
    $builder->setFirstResult($offset)
        ->setMaxResults($limit);
    $query = $builder->getQuery();
    $query->setHydrationMode($this->getResultMode());

    $paginator = $this->getManager()->createPaginator($query)
    $totalResult = $paginator->count();

    $questions = $paginator->getIterator()->getArrayCopy();
    return array('data' => $questions, 'total' => $totalResult);
}
```

Listing 11.22 Die Methode »getList« gibt eine Liste von Einträgen zurück.

Da Listen per Konvention immer nur Kurzansichten generieren, werden hier nur die `Question`-Models zurückgegeben und keine verbundenen Daten. Dies kann natürlich je nach Bedarf auch ausgeweitet werden.

Die übergebenen Parameter `$offset`, `$limit`, `$criteria` und `$orderBy` werden jeweils an den dazugehörigen Helfer des Doctrine-Querybuilders weitergereicht. Doctrine kümmert sich um alles Weitere.

Noch nicht besprochen wurde bisher, wie Sie den Doctrine-Paginator nutzen: Anstatt die vom Querybuilder generierte Query direkt auszuführen und das Ergebnis auszulesen, wird das Query-Objekt an die Methode `createPaginator` des Shopware-Model-managers übergeben. Dieser erzeugt ein Paginator-Objekt, aus dem mit `count()` die Gesamtzahl der Ergebnisse und mit `getIterator()->getArrayCopy()` die aktuellen Ergebnisse ausgelesen werden.

Den Paginator sollten Sie immer dann verwenden, wenn die im Hintergrund stattfindenden Querys `OneToMany`- oder `ManyToMany`-Assoziationen haben und die Ergebnisse mit `setMaxResults` und `setFirstResult` paginiert werden. Andernfalls werden unter Umständen assoziierte Entitäten ebenfalls paginiert und das Ergebnis wäre inkorrekt.

Die Methode `create`, die für das Anlegen verantwortlich ist, beinhaltet überwiegend Ansätze, die Ihnen bereits aus der Arbeit mit Doctrine bekannt sind:

```
public function create(array $params)
{
    $this->checkPrivilege('create');
    $params = $this->prepareQuestionData($params);
    $question = new \LoremQuestions\Models\Question();
    $question->fromArray($params);

    $violations = $this->getManager()->validate($question);
    if ($violations->count() > 0) {
        throw new ApiException\ValidationException($violations);
    }
    $this->getManager()->persist($question);
    $this->flush();
    return $question;
}
```

Listing 11.23 Die »create«-Methode erzeugt neue Question-Datensätze.

Nach dem Prüfen der ACL-Berechtigung werden mit der später diskutierten Methode `prepareQuestionData` die übergebenen Rohdaten so aufbereitet, dass sie mit den Doctrine-Models persistiert werden können. Diese Daten werden dann mit dem `fromArray`-Helfer auf dem Model gesetzt.

Mithilfe der Symfony-Validatoren können dabei automatisiert die im Model definierten Zwangsbedingungen geprüft werden. Im Fehlerfall wird eine entsprechende Exception erzeugt. Die Zwangsbedingungen werden dabei als Annotationen definiert und sehen im Answer-Model wie folgt aus:

```
/**
 * @Assert\NotBlank()
 * @ORM\ManyToOne(targetEntity="\Shopware\Models\Customer\Customer")
```

```
 * @ORM\JoinColumn(name="user_id", referencedColumnName="id")
 */
protected $customer;
/**
 * @Assert\NotBlank()
 * @ORM\ManyToOne(targetEntity="\LoremQuestions\Models\Question", inversedBy=
        "answers")
 * @ORM\JoinColumn(name="question_id", referencedColumnName="id")
 */
protected $question;
```

Listing 11.24 Zwangsbedingungen im Answer-Model

Das Vorgehen in der update-Methode ist völlig analog dazu. In ihr wird das Model allerdings nicht neu erzeugt, sondern ein bestehendes Model über das Repository gesucht. Im Fehlerfall werden entsprechende Exceptions ausgelöst:

```
public function update($id, array $params)
{
    $this->checkPrivilege('update');
    if (empty($id)) {
        throw new ApiException\ParameterMissingException();
    }
    /** @var $question \LoremQuestions\Models\Question */
    $question = $this->getRepository()->find($id);
    if (!$question) {
        throw new ApiException\
            NotFoundException("Question by id $id not found");
    }
    $params = $this->prepareQuestionData($params, $question);
    $question->fromArray($params);
    $violations = $this->getManager()->validate($question);
    if ($violations->count() > 0) {
        throw new ApiException\ValidationException($violations);
    }
    $this->flush();
    return $question;
}
```

Listing 11.25 Die »update«-Methode aktualisiert bestehende Question-Entitys.

Der Methode prepareQuestionData wird zusätzlich das existierende Model übergeben, sodass diese Information dort zur Verfügung steht.

315

Die letzte typische CRUD-Methode in der Ressource ist delete. Sie beinhaltet ebenfalls typische Doctrine-Model-Operationen:

```
public function delete($id)
{
    $this->checkPrivilege('delete');
    if (empty($id)) {
        throw new ApiException\ParameterMissingException();
    }
    /** @var $question \LoremQuestions\Models\Question */
    $question = $this->getRepository()->find($id);
    if (!$question) {
        throw new ApiException\
            NotFoundException("Question by id $id not found");
    }
    $this->getManager()->remove($question);
    $this->flush();
    return $question;
}
```

Listing 11.26 Die »delete«-Methode löscht einen einzelnen Question-Datensatz.

Abschließend fehlt nur noch die prepareQuestionData-Methode. In den prepare*-
Methoden werden in der Shopware-API per Konvention die übergebenen Daten so
aufbereitet, dass Doctrine diese direkt persistieren kann. So werden beispielsweise
übergebene Artikelbestellnummern durch eine Referenz auf die entsprechende Arti-
kel-Entität ersetzt.

```
private function prepareQuestionData($data, \LoremQuestions\Models\
Question $existing = null)
{
    $requiredQuestionFields = ['customerMail', 'articleNumber', 'question'];
    $requiredAnswerFields = ['customerMail', 'answer'];
    foreach ($requiredQuestionFields as $field) {
        if (!$existing && (!isset($data[$field]) || empty($data[$field]))) {
            throw new ApiException\
                ParameterMissingException("Parameter {$field} not set");
        }
    }
    if (isset($data['customerMail'])) {
        $data['customer'] = $this->findEntityByConditions(
            Customer::class,
            [['email' => $data['customerMail']]]
        );
```

```
    }
    if (isset($data['articleNumber'])) {
        $data['article'] = $this->findEntityByConditions(
            Detail::class,
            [['number' => $data['articleNumber']]]
        )->getArticle();
    }
    foreach ($data['answers'] as $key => $answer) {
        foreach ($requiredAnswerFields as $field) {

            if (!isset($answer[$field]) || empty($answer[$field])) {
                throw new ApiException\
                    ParameterMissingException("Parameter {$field} not set");
            }
        }
        $newAnswer = new Answer();
        $newAnswer->setAnswer($answer['answer']);
        $newAnswer->setCustomer(
            $this->findEntityByConditions(Customer::class, [['email'
                => $answer['customerMail']]])
        );
        $data['answers'][$key] = $newAnswer;
    }
    return $data;
}
```

Listing 11.27 In »prepareQuestionData« wird das Array des Benutzers so aufbereitet, dass es von Doctrine direkt persistiert werden kann.

Das Vorgehen in der Aufbereitungsmethode ist natürlich immer sehr anwendungsabhängig. In unserem Fall werden zunächst die Felder definiert, die bei Neuanlagen zwingend vorhanden sein müssen: also die E-Mail-Adresse, die Artikelnummer und die Frage für das Question-Model sowie die E-Mail-Adresse und die Antwort für das Answer-Model.

Da bei Aktualisierungen das bestehende Question-Model als $existing übergeben wird, kann im Folgenden immer zwischen Neuanlagen und Aktualisierungen unterschieden werden. Fehlt einer der erforderlichen Parameter, wird eine ParameterMissingException ausgelöst.

Für das Laden des Benutzer- und Artikel-Models basierend auf der E-Mail-Adresse beziehungsweise der Artikelbestellnummer gibt es die Helfermethode findEntityByConditions. In ihr übergeben Sie schlicht die Information, welche Entity gesucht wird (beispielsweise Customer::class) und anhand welcher Kriterien gesucht werden soll (beispielsweise der Kunde mit der E-Mail-Adresse $data['customerMail']). Die so ermittelten Ergebnisse werden den Array-Schlüsseln customer beziehungsweise article zugewiesen, da das Question-Model die Referenzen auf diese Entitäten unter diesen Namen kennt.

Am Ende der Methode wird das Gleiche für die (optional) übergebenen answers durchgeführt: Eine Answer ohne Kunde beziehungsweise Antworttext ist ungültig, daher werden auch hier entsprechende Fehlermeldungen ausgelöst. Dann werden jeweils Answer-Models erzeugt und mit setCustomer beziehungsweise setAnswer befüllt.

Damit ist die API bereits funktionsfähig: Es gibt einen API-Controller questions sowie die dazugehörige API-Ressource question. Der Questions-Controller leitet dabei alle Anfragetypen an die dazugehörigen Methoden der Question-Ressource weiter. Mit dem im vorigen Kapitel gezeigten Beispiel-Client können nun die gewünschten REST-Abfragen an die neue Schnittstelle gesandt werden:

```
// Anfrage:
$client->call('questions', 'GET');

// Antwort:
Array
(
    [data] => Array
        (
            [0] => Array
                (
                    [id] => 7
                    [question] => Sind Batterien enthalten?
                    [time] => 2016-09-08T09:11:41+0200
                    [articleId] => 3
                    [customerId] => 1
                )

        )

    [total] => 1
    [success] => 1
)
```

Listing 11.28 Das Auslesen von FAQ-Einträgen über die neu geschaffene API

Die einfache Listing-Anfrage gibt dabei wie gewünscht nur eine Kurzübersicht über alle Fragen zurück. Um auch alle Antworten zu einer Frage zu erhalten, kann ein Einzel-Request ausgelöst werden:

```
// Anfrage:
$client->call('questions/7', 'GET');

// Antwort
Array
(
    [data] => Array
        (
            [id] => 7
            [question] => I changed this title afterwards
            [articleId] => 3
            [customer] => Array
                (
                    // gekürzt
                )

            [article] => Array
                (
                    // gekürzt
                    [name] => Münsterländer Aperitif 16%
                    [mainDetail] => Array
                        (
                            [number] => SW10003
                            // gekürzt
                        )
                )
            [answers] => Array
                (
                    [0] => Array
                        (
                            [id] => 4
                            [answer] => Its free
                            [customer] => Array
                                (
                                    // gekürzt
                                )
                        )
                )
        )

    [success] => 1
)
```

Listing 11.29 Einzelne FAQ-Einträge werden mitsamt allen Antworten zurückgegeben

11

Auch das Anlegen über REST-Requests ist bereits möglich:

```
// Anfrage
$client->call(
    'questions',
    'POST',
    [
        'customerMail' => 'test@example.com',
        'articleNumber' => 'SW10003',
        'question' => 'How much is the fish?',
        'answers' => [
            [
                'answer' => 'Its free',
                'customerMail' => 'mustermann@b2b.de'
            ]
        ]
    ],
    []
);

// Antwort:
Array
(
    [success] => 1
    [data] => Array
        (
            [id] => 8
            [location] => http://localhost/v525/api/questions/8
        )

)
```

Listing 11.30 Anlage eines FAQ-Eintrages für einen bestimmten Artikel

Wie bei allen Shopware-Ressourcen gibt das Programm REST-konform lediglich die URL der neuen Ressource sowie deren ID zurück. Damit soll nun im nächsten Request direkt eine Aktualisierung der Frage vorgenommen werden:

```
// Anfrage:
$client->call(
    'questions/8',
    'PUT',
    [
        'question' => 'I changed this title afterwards',
    ],
```

```
    []
);

// Antwort:
Array
(
    [success] => 1
    [data] => Array
        (
            [id] => 8
            [location] => http://localhost/v525/api/questions/8
        )

)
```

Listing 11.31 Die Aktualisierung eines bestehenden FAQ-Eintrages

Wenn Sie die Ressource nun über die URL `http://localhost/v525/api/questions/8` erneut abrufen, ist direkt der neue Titel sichtbar. Das Löschen der Ressource funktioniert analog über den Aufruf `$client->call('questions/8', 'DELETE')`.

11.4   Stapelverarbeitung für die eigene API

Gerade wenn viele Datensätze bearbeitet werden sollen, beispielsweise bei Initialimporten, kann es sinnvoll sein, die eigene API direkt Batch-kompatibel machen. Das ist auch deswegen hilfreich, weil sich der Batch-Modus automatisch um die Unterscheidung von Aktualisierungen und Neuanlagen kümmert.

Aus den Beispielen der Artikel-API ist Ihnen der grundlegende Aufbau eines Batch-Requests bereits bekannt:

```
$client->call(
    'questions',
    'PUT',
    [

        [
            'customerMail' => 'test@example.com',
            'articleNumber' => 'SW10003',
            'question' => 'Is it HDMI compatible',
            'answers' => [
                [
                    'answer' => 'yes',
```

321

```
                        'customerMail' => 'mustermann@b2b.de'
                ],[
                        'answer' => 'yes, but only video, no audio',
                        'customerMail' => 'mustermann@b2b.de'
                ]
            ]
        ],[
            'customerMail' => 'test@example.com',
            'articleNumber' => 'SW10003',
            'question' => 'Does it need WiFi?',
            'answers' => [
                [
                        'answer' => 'Yes',
                        'customerMail' => 'mustermann@b2b.de'
                ],[
                        'answer' => 'Yes, it supports a/c',
                        'customerMail' => 'mustermann@b2b.de'
                ],
            ]
        ],
    ]
);
```

Listing 11.32 Batch-Abfragen in dieser Form können Sie auf der Questions-API ermöglichen.

Zurzeit antwortet Shopware darauf mit einem Fehler 405: This resource has no support for batch operations. Das Aktivieren des Batch-Modus ist dabei denkbar einfach: Auf der Questions-Ressource müssen Sie lediglich das BatchInterface und die von ihm vorgeschriebene Methode getIdByData implementieren:

```
class Question extends Resource implements BatchInterface
{
    // gekürzt

    public function getIdByData($data)
    {
        if (isset($data['id'])) {
            return $data['id'];
        }

        $question = $this->getRepository()->findOneBy(['question' => $data[
                'question']]);
        if ($question) {
```

```
        return $question->getId();
    }

    return false;
    }
}
```

Listing 11.33 Die Datei »custom/plugins/LoremQuestions/Components/Api/Resource/ Question.php« mit neuem Interface und neuer Methode

Die Methode `getIdByData` hat die Aufgabe, für ein gegebenes Daten-Array den Primärschlüssel des Eintrags zurückzugeben. Wenn also eine ID übergeben wird, wird diese zurückgegeben und Shopware führt automatisch eine Aktualisierung durch. Im obigen Beispiel wird zusätzlich auch nach einer bestehenden Frage gesucht, die denselben Fragetext hat, und deren ID zurückgegeben. Scheitert beides, wird `false` zurückgegeben und Shopware würde eine Neuanlage durchführen.

Wird nun der oben gezeigte Batch-Aufruf gegen die Questions-API durchgeführt, meldet diese, dass zwei neue Fragen angelegt wurden. Wird derselbe Aufruf erneut durchgeführt, führt Shopware ein Update der Fragen durch: Über den Fragentext wird eine Zuordnung zu den bestehenden Fragen vorgenommen.

Geeignete Identifikatoren finden

Das obige Beispiel identifiziert die Fragen anhand ihres Textes. Das sollte in der Praxis natürlich anders gelöst werden – immerhin soll der Fragentext ja geändert werden können, ohne dass direkt eine neue Frage erzeugt wird. Außerdem sollten nur diejenigen Spalten geprüft werden, die einen Index haben, damit SQL die Anfrage performant abarbeiten kann. Und schließlich sollte die Spalte auch eindeutig sein – idealerweise mit einem entsprechenden Constraint in der Datenbank: Im obigen Beispiel wäre ja nicht ausgeschlossen, dass ein zweiter Kunde dieselbe Frage im selben Wortlaut stellt.

Auch das Löschen mehrerer Question-Einträge ist nun automatisch möglich:

```
// Anfrage
$client->call('questions', 'DELETE', [
    ['id' => 9],
    ['id' => 10],
]);

// Antwort
Array
(
```

```
[success] => 1
[data] => Array
    (
        [0] => Array
            (
                [success] => 1
                [operation] => delete
                [data] => Array
                    // gekürzt
            )

        [1] => Array
            (
                [success] => 1
                [operation] => delete
                [data] => Array
                    // gekürzt
            )
    )

)
```

Listing 11.34 Durch die Stapelverarbeitung können auch mehrere FAQ-Einträge gleichzeitig gelöscht werden.

Da das Löschen ebenfalls über die Methode getDataById funktioniert, wäre auch das Löschen über den konkreten Fragetext möglich. Hier gibt es also ausreichend Spielraum, um den Batch-Modus für die jeweilige Ressource zu optimieren.

Falls trotz Batch-Modus die Geschwindigkeit der API nicht ausreicht – der Import also zu lange dauert –, besteht immer auch die Möglichkeit, direkt mit der Datenbank zu arbeiten: Dies kann gegenüber Doctrine ORM erhebliche Verbesserungen der Importgeschwindigkeit mit sich bringen, hat allerdings den Nachteil, dass deutlich mehr Aufwand bei der Entwicklung entsteht. Solange nicht große Mengen von Aktualisierungen und Neuanlagen in kurzer Zeit erforderlich sind, sollten Sie es eher vermeiden, direkt auf der Datenbank zu arbeiten.

Kapitel 12
Shopware-Kommandos

Die Kommandozeile von Shopware ist ein wichtiges Entwickler-Tool.
Mit ihr können Sie auch lange laufende Aufgaben in Shopware
bequem erledigen.

Der Shopware-Alltag spielt sich für gewöhnlich im Webbrowser ab: Hier durchstöbern die Kunden den Shop, während die Shopmanager im Backend Artikel einpflegen oder Bestellungen abarbeiten. In der Praxis gibt es aber eine ganze Reihe von Aufgaben, die für den Browser nicht unbedingt geeignet sind: Besonders lange laufende Aufgaben führen hier oftmals zu Problemen. Aber auch Aufgaben, die mit Skripten automatisiert werden sollen, sind im Browser oft fehl am Platz.

Shopware bietet mit den Kommandozeilen-Tools einen zweiten Betriebsmodus, mit dem Sie auf alle Shopware-Ressourcen aus der Konsole heraus zugreifen können.

12.1 Standardkommandos nutzen

Alle Kommandos werden aus der Konsole heraus ausgeführt. Der Einstiegspunkt für diese ist die Datei *bin/console* im Shopware-Verzeichnis.

Wenn Sie `php bin/console` eingeben, zeigt Shopware zunächst eine Liste aller verfügbaren Kommandos an (vgl. Anhang B.7, »Übersicht über die Shopware-Kommandos«). Im Auslieferungszustand sind das etwa 70 Kommandos, von denen die meisten direkt auf Shopware Bezug nehmen. Einige Kommandos stammen auch aus Doctrine und erlauben es beispielsweise, aus der Konsole bequem Querys auf der Shopware-Datenbank auszuführen. Im Folgenden sollen einige für Entwickler besonders interessante Kommandos besprochen werden.

Im Hinblick auf Plugins gibt es einige Kommandos, die es erlauben, Plugins aus der Konsole zu installieren, zu aktualisieren oder zu deinstallieren. Auch die Konfiguration von Plugins ist auf diesem Weg möglich. Abbildung 12.1 zeigt beispielsweise das Kommando `sw:plugin:list`, das hier eine Liste aller aktiven Plugins ausgibt.

```
daniel@sw-nb-dn:~/www/v525$ php bin/console sw:plugin:list --filter active
+----------------------+-----------------------+---------+--------------+--------+-----------+
| Plugin               | Label                 | Version | Author       | Active | Installed |
+----------------------+-----------------------+---------+--------------+--------+-----------+
| InputFilter          | InputFilter           | 1       | shopware AG  | Yes    | Yes       |
| LastArticles         | LastArticles          | 1       | shopware AG  | Yes    | Yes       |
| LoremDatabase        | LoremDatabase         | 0.0.1   |              | Yes    | Yes       |
| LoremEvents          | LoremEvents           | 0.0.1   |              | Yes    | Yes       |
| LoremFollowUpArticle | LoremFollowUpArticle  | 0.0.1   |              | Yes    | Yes       |
| LoremModuleExtension | LoremModuleExtension  | 0.0.1   |              | Yes    | Yes       |
| LoremMyFirstPlugin   | LoremMyFirstPlugin    | 0.0.1   |              | Yes    | Yes       |
| LoremQuestions       | LoremQuestions        | 0.0.1   |              | Yes    | Yes       |
| PluginManager        | Plugin Manager        | 1.0.0   | shopware AG  | Yes    | Yes       |
| Statistics           | Statistics            | 1       | shopware AG  | Yes    | Yes       |
| SwagLicense          | Lizenz-Manager        | 1.2.0   | shopware AG  | Yes    | Yes       |
| SwagPrice            | SwagPrice             | 0.0.1   |              | Yes    | Yes       |
| SwagUpdate           | Shopware Auto Update  | 1.0.0   | shopware AG  | Yes    | Yes       |
+----------------------+-----------------------+---------+--------------+--------+-----------+
```

Abbildung 12.1 Liste aller aktiven Plugins in der Konsole

Analog dazu können Sie mit `sw:plugin:install --activate MyPluginName` das genannte Plugin installieren und aktivieren. Das ist optimal für automatisiertes Deployment sowie für das schnelle Installieren von Plugins aus der Konsole. Ebenso ist es möglich, Plugins mit Konfigurationsoptionen über die Konsole zu konfigurieren:

```
php bin/console sw:plugin:config:list LastArticles
Plugin configuration for Plugin LastArticles and shop Deutsch:
Array
(
    [controller] => index, listing, detail, custom, newsletter, sitemap, campaign
    [lastarticlestoshow] => 5
    [show] => 1
    [time] => 15


php bin/console sw:plugin:config:set  LastArticles lastarticlestoshow 10
Plugin configuration for Plugin LastArticles saved.


php bin/console sw:plugin:config:list LastArticles
Plugin configuration for Plugin LastArticles and shop Deutsch:
Array
(
    [controller] => index, listing, detail, custom, newsletter, sitemap, campaign
    [lastarticlestoshow] => 10
    [show] => 1
    [time] => 15
)
```

Listing 12.1 Plugin-Konfiguration über die Kommandozeile

Im obigen Beispiel werden zunächst alle Konfigurationswerte für das Plugin *Last-Articles* ausgegeben – ein Plugin, das die zuletzt angesehenen Artikel eines Kunden ausgibt. Die Anzahl der angezeigten Artikel wird über die Konfiguration `lastarticles-toshow` festgelegt, die mit dem zweiten Beispiel auf 10 Artikel erhöht wird. Der letzte Befehl zeigt, dass der neue Wert korrekt gespeichert wurde.

Ebenfalls sehr nützlich sind die Kommandos `sw:thumbnail:generate` sowie `sw:thumbnail:cleanup`. Während das erste alle fehlenden Thumbnails generiert, löscht das zweite nicht mehr benötigte Thumbnails vom Dateisystem.

Auch verschiedene Kommandos zum Thema Caching werden oft benötigt: `sw:cache:clear` leert alle Shopware-Caches, während `sw:warm:http:cache` den HTTP-Cache »aufwärmt«, also alle relevanten Shopware-URLs einmal automatisiert abruft. `sw:theme:cache:generate` sammelt und verkleinert alle JavaScript- und CSS-Dateien.

Wenn Sie Shopware komplett aus der Konsole installieren möchten, benötigen Sie dafür die Kommandos `sw:database:setup` zum Aufsetzen der Datenbank-Grundstruktur sowie `sw:admin:create` zum Anlegen des Administratorenkontos. `sw:migrations:migrate` führt alle Datenbankmigrationen von Shopware durch, was für Aktualisierungen sehr praktisch ist.

Die meisten genannten Kommandos haben zusätzliche Parameter, die Sie sich anzeigen lassen können, indem Sie die Option `-h` hinter den Kommandonamen schreiben. Grundsätzlich lohnt es sich, einmal einen Blick auf die Kommandos zu werfen, denn Sie können viele wiederkehrende Aufgaben mit ihnen erledigen.

12.2 Kommandos als Cronjobs nutzen

Grundsätzlich kann jeder Kommandozeilenbefehl auch in einem Cronjob ausgeführt werden – also zu definierten Zeitpunkten automatisch abgearbeitet werden.

Der Aufruf `php bin/console sw:warm:http:cache` könnte so beispielsweise automatisiert jede Nacht um 12 Uhr ausgeführt werden, um alle Seiten des Shops für den nächsten Tag »vorzuwärmen«, sodass alle Besucher gecachte, schnelle Antworten erhalten. Das Einrichten der Cronjobs kann sich auf unterschiedlichen Systemen durchaus unterscheiden und sollte vom Systemadministrator vorgenommen werden. Oftmals kann mit dem Befehl `crontab -e` die Crontab-Datei bearbeitet werden. Der Inhalt für das oben genannte Szenario könnte dann etwa wie folgt aussehen:

```
# m h  dom mon dow   command
#-------------------------------------------------------------------
0   0   * * *   php /var/www/shopware/bin/console sw:warm:http:cache
#-------------------------------------------------------------------
```

Listing 12.2 Beispiel-Konfiguration eines Cronjobs

Jedes Kommando – auch ein eigenes – eignet sich daher potenziell zur vollautomatischen Ausführung durch einen Cronjob. Darüber hinaus hat Shopware aber auch eine eigene kleine Cronjob-Verwaltung, die viele häufig benötigte Aufgaben bündelt, etwa den Aufbau des Such- oder SEO-Indexes sowie den Versand von Geburtstags- und Lagerbestandswarnungen. Diese eigene Cronjob-Verwaltung hat den Vorteil, dass dafür nur das Kommando `sw:cron:run` als System-Cronjob angelegt werden muss. Alle darunter zusammengefassten Cronjobs können dann direkt aus den Shopware-Grundeinstellungen heraus verwaltet werden, wie in Abbildung 12.2 zu sehen ist.

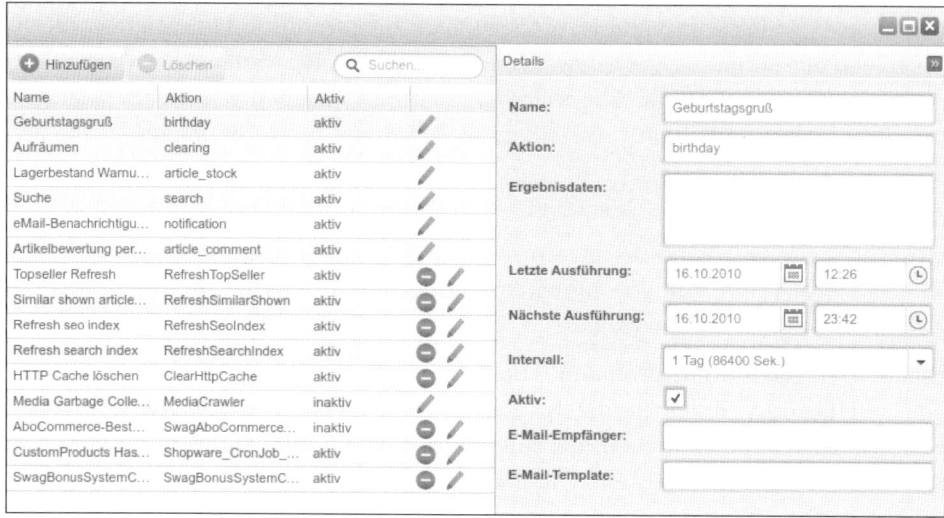

Abbildung 12.2 Die Cronjob-Verwaltung in Shopware

Der Shopbetreiber kann also bequem im Backend konfigurieren, wann die Geburtstagsgrüße versandt werden sollen oder prüfen, wann die Mails zum letzten Mal versendet wurden und ob es Probleme dabei gab.

Umgekehrt kann der Entwickler aber auch aus der Konsole heraus einzelne dieser Shopware-Cronjobs auslösen, indem er dem Befehl `sw:crun:run` optional den Namen des gewünschten Cronjobs übergibt.

Insgesamt lässt sich festhalten, dass Konsolenkommandos gute Einstiegspunkte für Cronjobs sind. Wenn Sie lange laufende, wiederkehrende Aufgaben in Shopware erledigen möchten, sollten Sie daher eigene Konsolenkommandos implementieren oder Ihre Erweiterung an das Shopware-eigene Cronsystem koppeln.

12.3   Eigene Kommandos schreiben

Technisch basieren die Konsolenkommandos auf der *Symfony Console Component*. Das folgende einfache Beispiel zeigt die Implementierung eigener Kommandozeilenprogramme in Shopware:

```
namespace LoremCLI;

use Shopware\Components\Console\Application;
use Shopware\Components\Plugin;

class LoremCLI extends Plugin
{
    public function registerCommands(Application $application)
    {
        $application->add(new HelloWorldCommand());
    }

}
```

Listing 12.3 Die Datei »custom/plugins/LoremCLI/LoremCLI.php«

Wenn Sie die Methode `registerCommands` implementieren, können Sie weitere Instanzen von Konsolenkommandos in der Applikation ergänzen. Die Methode wird von Shopware aufgerufen, wenn das System im Konsolenmodus genutzt wird.

Das eigentliche Kommando sieht in einem einfachen Beispiel wie folgt aus:

```
namespace LoremCLI;

use Shopware\Commands\ShopwareCommand;
use Symfony\Component\Console\Input\InputArgument;
use Symfony\Component\Console\Input\InputInterface;
use Symfony\Component\Console\Input\InputOption;
use Symfony\Component\Console\Output\OutputInterface;

class HelloWorldCommand extends ShopwareCommand
{
    protected function configure()
    {
        return $this->setName('lorem:greet')
            ->setDescription('Greets a user')
            ->addOption('color', null, InputOption::VALUE_OPTIONAL,
                'Output color', 'red')
            ->addArgument('name', null, InputArgument::REQUIRED,
                'Your name');
    }

    protected function execute(InputInterface $input, OutputInterface $output)
    {
```

```
        $color = $input->getOption('color');
        $name = $input->getArgument('name');
        $output->writeln("<bg={$color}>Hello {$name}</bg={$color}>");
    }

}
```

Listing 12.4 Die Datei »custom/plugins/LoremCLI/HelloWorldCommand.php«

Ein Konsolenkommando in Shopware sollte immer von der Klasse `ShopwareCommand` ableiten. In der Methode `configure` können Sie das Kommando dann definieren. Der Name ist dabei auch der Befehl, der in der Konsole eingegeben werden muss, hier also `lorem:greet`.

Zusätzlich können Sie mit `setDescription` oder `setHelp` Hinweise zur Bedienung hinterlegen. Durch `setOption` und `setArgument` hinterlegen Sie Optionen und Argumente. Eine Option ist dabei ein Schalter wie `--name` oder `-n`, also ein benannter Konfigurationswert. Argumente sind positionsbasierte Konfigurationswerte. Durch obiges Beispiel wird also ein Kommando definiert, das wie folgt aufgerufen würde:

```
php bin/console lorem:greet --color=red Peter
```

Die Option `--color` ist als optional definiert. Wird sie nicht angegeben, wird der Standardwert `red` gesetzt. Das Argument `name` ist zwingend erforderlich und lautet in diesem Fall `Peter`.

Die Methode `execute` wird ausgeführt, wenn das Kommando zur Ausführung kommt, der Benutzer es also tatsächlich aufruft. Die Methodenparameter `$input` und `$output` bieten Zugriff auf die Eingabe (Optionen und Argumente) sowie die Ausgabe (Schreiben in die Konsole).

Mit `$input->getOption('color')` und `$input->getArgument('name')` werden die Konfigurationen ausgelesen, und durch `$output->writeln` wird eine Zeile in der Konsole ausgegeben. Die Symfony-CLI-Tools bieten eine Vielzahl von Formatierungshelfern. So kann beispielsweise die Hintergrundfarbe durch das Tag `<bg=FARBE>` definiert werden.

Grundsätzlich haben Sie nun bereits ein erstes, einfaches Konsolenkommando umgesetzt. In der Praxis werden Sie in der Regel Zugriff auf Shopware-Klassen benötigen. Auch dies ist ohne Weiteres möglich, da der DI-Container zur Verfügung steht:

```
$config = $this->getContainer()->get('config');
$models = $this->getContainer()->get('models');
$connection = $this->getContainer()->get('dbal_connection');
```

Damit unterscheidet sich das Schreiben von Konsolenkommandos kaum vom Schreiben normaler Shopware-Erweiterungen. Allerdings sollten Sie bedenken, dass in der Konsole weder eine Shopware-Session noch ein initialisierter Shop-Kontext oder Request- und Response-Objekte zur Verfügung stehen.

Ab Shopware-Version 5.2.2 können Sie Kommandos auch über die Datei *services.xml* definieren:

```xml
<!-- Resources/services.xml -->
<?xml version="1.0" encoding="UTF-8" ?>
<container xmlns="http://symfony.com/schema/dic/services"

    xsi:schemaLocation="http://symfony.com/schema/dic/services
        http://symfony.com/schema/dic/services/services-1.0.xsd">

    <services>
        <service
            id="lorem_cli.hellow_world"
            class="LoremCLI\HelloWorldCommand">
            <tag name="console.command"/>
        </service>
    </services>
</container>
```

Listing 12.5 Definition von Konsolenkommandos in der »service.xml«

Anhand des Tags `console.command` erkennt Shopware, dass es sich um ein Konsolenkommando handelt, und stellt die angegebene Klasse in der Konsolenapplikation zur Verfügung.

Kapitel 13
Elasticsearch einsetzen

*Elasticsearch ist ein populärer Suchserver, der nicht nur sehr umfang-
reiche Suchen und Filterungen vornehmen kann, sondern auch für
seine Geschwindigkeit bei großen Datenmengen bekannt ist. Das Einrichten und Konfigurieren von Elasicsearch wird in diesem Kapitel
behandelt.*

Zum Betreiben von Shopware sind auf Serverseite zunächst nur ein Webserver mit
PHP sowie eine MySQL-Datenbank erforderlich. Bei geeigneter Konfiguration der
Systeme und des Shops ist das für die meisten Shops auch völlig ausreichend. Ab
einer gewissen Menge an Artikeln kann es allerdings sinnvoll sein, Such-, Filter- und
Kategorieseiten von einem Suchserver zu laden, der für diese Art von Abfragen optimiert ist. Shopware bietet mit der Elasticsearch-Integration eine Anbindung eines
sehr populären Suchservers, der darüber hinaus leicht zu konfigurieren ist.

13.1   Einrichtung vornehmen

Elasticsearch steht in vielen Linux-Distributionen über den Paketmanager zur Verfügung. Wenn Sie Ubuntu verwenden, können Sie Elasticsearch beispielsweise über
APT installieren:

```
sudo apt-get install elasticsearch
```

Sie können Elasticsearch aber auch nutzen, ohne es dauerhaft zu installieren. Auf der
Downloadseite der Software laden Sie einfach das ZIP-Archiv herunter:

www.elastic.co/de/downloads/elasticsearch

Mit den folgenden Kommandos entpacken Sie dann das Paket und führen den Suchserver aus:

```
unzip elasticsearch-2.4.0.zip
cd elasticsearch-2.4.0/
./bin/elasticsearch
```

Nun läuft der Elasticsearch-Server bereits. Im nächsten Schritt konfigurieren Sie
Shopware so, dass Elasticsearch genutzt wird:

```
'es' => [
    'enabled' => true,
    'number_of_replicas' => 0,
    'number_of_shards' => null,
    'client' => [
        'hosts' => [
            'localhost:9200'
        ]
    ]
],
```

Listing 13.1 Ergänzen Sie Ihre »config.php« um die Elasticsearch-Konfiguration.

Replicas richtig konfigurieren

Für gewöhnlich empfiehlt es sich, `number_of_replicas` mit `NULL` zu konfigurieren, sodass der Elasticsearch-Server die weitere Konfiguration vornimmt. Auf Entwicklungssystemen genügt in aller Regel ein Elasticsearch-Server. In der Praxis wäre das zu wenig, und der Server würde ein Problem melden. Entsprechend wird die Anzahl der Replicas auf Entwicklungssystemen mit »0« konfiguriert, sodass der Suchserver sich mit der einen Instanz zufriedengibt. In Live-Umgebungen ist dies nicht empfehlenswert.

Wenn der Suchserver läuft und Sie Shopware wie oben gezeigt konfiguriert haben, können Sie aus der Konsole heraus den Initialimport der Artikeldaten vornehmen:

```
php bin/console sw:es:index:populate
```

Nach Durchlaufen des Kommandos ist der Elasticsearch-Index befüllt und Suchen, Listings und Filterungen werden fortan über Elasticsearch gelesen. Wie ich in Abschnitt 8.2 bereits gesagt habe, beantwortet der Suchserver zwar die Frage, welche Artikel auf der jeweiligen Seite in welcher Reihenfolge zu sehen sind – das Auslesen von Daten wie Preisinformationen erfolgt aber weiterhin über die MySQL-Datenbank.

Dies könnten Sie zwar theoretisch so abgeändert, dass das gesamte Suchergebnis inklusive Daten aus Elasticsearch ausgelesen wird – das würde aber gleichzeitig die Größe des Elasticsearch-Indexes massiv vergrößern und möglicherweise Probleme bei der Datenkonsistenz mit sich bringen. Durch die oben genannte »Arbeitsteilung« ist sichergestellt, dass Such- und Filteranfragen schnell vom Suchserver beantwortet werden und dass MySQL nur noch kleine, optimierte Anfragen verarbeiten muss, um beispielsweise den aktuellen Preis auszulesen.

Neben dem Initialimport ist es wichtig, dass der Suchserver in bestimmten Abständen mit der MySQL-Datenbank synchronisiert wird, damit geänderte Preise und andere Artikelinformationen auch berücksichtigt werden. Shopware pflegt hierzu ein sogenanntes *Backlog*, also eine Datenbanktabelle mit allen Artikeln, die sich seit der letzten Synchronisation mit dem Elasticsearch-Server verändert haben. Dieses Backlog lässt sich durch den Aufruf `php bin/console sw:es:backlog:sync` abarbeiten. In der Praxis sollte dieses Kommando von einem Cronjob ausgefürt werden, der mehrmals pro Stunde die Synchronisation der veränderten Artikelinformationen anstößt. Darüber hinaus empfiehlt shopware, den Initialimport (`sw:es:index:popu-late`) jede Nacht erneut vorzunehmen.

13.2   Kompatible Plugins schreiben

Vielleicht haben Sie es schon festgestellt: Das *LoremQuestions*-Plugin ist noch nicht kompatibel mit Elasticsearch. Beim Aufruf von beliebigen Shopware-Seiten erscheint folgende Fehlermeldung:

```
LoremQuestions\Components\SearchBundleDBAL\Facet\
FAQFacet class not supported in engine/Shopware/Bundle/SearchBundleES/
ProductNumberSearch.php on line 159
```

Listing 13.2 Von Shopware generierte Fehlermeldung, wenn eine Facette nicht gefunden werden kann.

Dieser Fehler tritt letztlich auf, weil die Klasse `\LoremQuestions\Components\Search-BundleDBAL\CriteriaRequestHandler` unseres Plugins zwar immer die `FAQFacet` hinzufügt, im Subscriber `LoremQuestions\Subscriber\StorefrontDBAL` aber nur Facet-Handler und Condition-Handler für die DBAL-Implementierung registriert wurden. Die beiden genutzten Events heißen entsprechend auch `Shopware_SearchBundleDBAL_Collect_Condition_Handlers` und `Shopware_SearchBundleDBAL_Collect_Facet_Handlers`.

Eine einfache Lösung bestünde nun darin, dass der `CriteriaRequestHandler` prüft, ob Elasticsearch aktiv ist, und in diesem Fall keine `FAQFacet` oder `FAQCondition` hinzufügt. Erfahrungsgemäß sind solche Abkürzungen für den Entwickler ebenso attraktiv, wie sie für den Kunden unverständlich sind: Wie machen Sie also das Plugin Elasticsearch-kompatibel?

Zunächst müssen Sie den `FacetHandler` und den `ConditionHandler` für die Elasticsearch-Implementierung registrieren:

```
namespace LoremQuestions\Subscriber;

use Doctrine\Common\Collections\ArrayCollection;
use Enlight\Event\SubscriberInterface;
use LoremQuestions\Components\SearchBundleES\Condition\FAQConditionHandler;
use LoremQuestions\Components\SearchBundleES\Facet\FAQFacetHandler;
```

```php
class StorefrontES implements SubscriberInterface
{
    public static function getSubscribedEvents()
    {
        return [
            'Shopware_SearchBundleES_Collect_Handlers' => 'registerHandlers'
        ];
    }


    public function registerHandlers()
    {
        return new ArrayCollection([
            new FAQConditionHandler(),
            new FAQFacetHandler(),
        ]);
    }
}
```

Listing 13.3 Die Datei »custom/plugins/LoremQuestions/Subscriber/StorefrontES.php«

Das Elasticsearch-Backend arbeitet etwas anders als das DBAL-Backend: Hier wird lediglich das Event `Shopware_SearchBundleES_Collect_Handlers` registriert; alle gewünschten Handler können im Callback zurückgegeben werden, in diesem Fall der `FAQFacetHandler` sowie der `FAQConditionHandler`. Diese liegen jeweils im SearchBundleES-Namespace des Plugins. Den `CriteriaRequestHandler` sowie das Facet- und Condition-Objekt können Sie aus der DBAL-Implementierung wiederverwenden. Der Subscriber selbst wird – wie gehabt – in der Datei *services.xml* registriert:

```xml
<service id="lorem_questions.storefront_es" class="LoremQuestions\Subscriber\
StorefrontES">
    <argument type="service" id="service_container" />
    <tag name="shopware.event_subscriber" />
</service>
```

Listing 13.4 Die Ergänzung in »custom/plugins/LoremQuestions/Resources/services.xml«

Im nächsten Schritt kann der `FAQFacetHandler` implementiert werden:

```php
namespace LoremQuestions\Components\SearchBundleES\Facet;

use LoremQuestions\Components\SearchBundleDBAL\Facet\FAQFacet;
use ONGR\ElasticsearchDSL\Aggregation\TermsAggregation;
use ONGR\ElasticsearchDSL\Search;
```

```php
use Shopware\Bundle\SearchBundle\Criteria;
use Shopware\Bundle\SearchBundle\CriteriaPartInterface;
use Shopware\Bundle\SearchBundle\FacetResult\BooleanFacetResult;
use Shopware\Bundle\SearchBundle\ProductNumberSearchResult;
use Shopware\Bundle\SearchBundleES\HandlerInterface;
use Shopware\Bundle\SearchBundleES\ResultHydratorInterface;
use Shopware\Bundle\StoreFrontBundle\Struct;
use Shopware\Bundle\StoreFrontBundle\Struct\ShopContextInterface;

class FAQFacetHandler implements HandlerInterface, ResultHydratorInterface
{
    public function supports(CriteriaPartInterface $criteriaPart)
    {
        return ($criteriaPart instanceof FAQFacet);
    }

    public function handle(
        CriteriaPartInterface $criteriaPart,
        Criteria $criteria,
        Search $search,
        ShopContextInterface $context
    )
    {
        $aggregation = new TermsAggregation($criteriaPart->getName());
        $aggregation->setField('attributes.lorem_faq.count');

        $search->addAggregation($aggregation);
    }

    public function hydrate(
        array $elasticResult,
        ProductNumberSearchResult $result,
        Criteria $criteria,
        ShopContextInterface $context
    )
    {

        $result->addFacet(
            new BooleanFacetResult(
                'lorem_faq',
                'faq_only',
                $criteria->hasCondition('lorem_faq'),
                'FAQ'
```

```
        )
    );
  }
}
```

Listing 13.5 Die Datei »custom/plugins/LoremQuestions/Components/SearchBundleES/ Facet/FAQFacetHandler.php«

Das Interface `HandlerInterface` kann sowohl für `Facet`- als auch für `Condition`- und `SortingHandler` genutzt werden: In der Methode `support` können die jeweiligen Handler dann überprüfen, ob sie das jeweilige Objekt unterstützen. In der Methode `handle` des Handlers wird der Suche eine Instanz eines `TermAggregation`-Objekts hinzugefügt. Dadurch wird die später erzeugte Elasticsearch-Abfrage auch das Feld `attributes.lorem_faq.count` abfragen.

Außerdem implementiert unser Handler das Interface `ResultHydratorInterface`, das die Methode `hydrate` vorschreibt. In dieser Methode kann die eigentliche Facette erzeugt und zum Ergebnis hinzugefügt werden. Erst dadurch wird Shopware später die »FAQ«-Checkbox in den Filtern anzeigen. Die Facette selbst wird dabei genauso erzeugt wie in der DBAL-Implementierung des Handlers.

Durch die Implementierung der Facette ist es nun möglich, Artikel nach FAQ-Einträgen zu filtern. Allerdings fehlt noch die eigentliche Filterlogik – also die Einschränkung des Ergebnisses. Dies übernimmt der `ConditionHandler`:

```
namespace LoremQuestions\Components\SearchBundleES\Condition;

use LoremQuestions\Components\SearchBundleDBAL\Condition\FAQCondition;
use ONGR\ElasticsearchDSL\Query\RangeQuery;
use ONGR\ElasticsearchDSL\Search;
use Shopware\Bundle\SearchBundle\Criteria;
use Shopware\Bundle\SearchBundle\CriteriaPartInterface;
use Shopware\Bundle\SearchBundleES\HandlerInterface;
use Shopware\Bundle\StoreFrontBundle\Struct;
use Shopware\Bundle\StoreFrontBundle\Struct\ShopContextInterface;

class FAQConditionHandler implements HandlerInterface
{
    public function supports(CriteriaPartInterface $criteriaPart)
    {
        return ($criteriaPart instanceof FAQCondition);
    }

    public function handle(
```

```
        CriteriaPartInterface $criteriaPart,
        Criteria $criteria,
        Search $search,
        ShopContextInterface $context
    )
    {

        $filter = new RangeQuery('attributes.lorem_faq.count', ['gt' => 0]);
        $search->addPostFilter($filter);
    }
}
```

Listing 13.6 Die Datei »custom/plugins/LoremQuestions/Components/SearchBundleES/
Condition/FAQConditionHandler.php«

Auch der `FAQConditionHandler` implementiert das `HandlerInterface`. Allerdings wird
in der Methode support auf das `FAQCondition`-Objekt geprüft. In der handle-Methode
geschieht nun die eigentliche Filterung: Es wird ein `RangeQuery`-Objekt instanziiert
und damit auf Artikel beschränkt, die mindestens einen FAQ-Eintrag besitzen (gt => 0
bedeutet greater than 0). Referenziert wird dabei jeweils das Attribut `attribu-
tes.lorem_faq.count`, das Ihnen aus den vorigen Beispielen bereits bekannt ist.

Grundsätzlich ist das Plugin damit bereits für Elasticsearch vorbereitet. Es gibt allerdings einen Haken: Elasticsearch kennt das Feld `attributes.lorem_faq.count` gar
nicht. Bei der Synchronisierung der Produkte zum Suchserver wird die Anpassung
am `ListProductService`, die Sie im Plugin vorgenommen haben, nicht berücksichtigt,
da der Synchronisierungsservice auf einer darunter liegenden Ebene arbeitet (dem
sogenannten DBAL-Gateway). In einigen Fällen kann es daher sinnvoll sein, die eigenen Erweiterungen direkt am `ListProductGateway` vorzunehmen, da Änderungen, die
Sie hier vornehmen, automatisiert bei der Produktsynchronisation berücksichtigt
werden. In unserem Fall ist es aber sinnvoller, die Produktsynchronisierung so zu
erweitern, dass der FAQ-Zähler mit synchronisiert wird.

Dazu dekorieren Sie den `ProductProvider` des `ESIndexingBundles` wie folgt:

```
namespace LoremQuestions\Components;

use Doctrine\DBAL\Connection;
use Shopware\Bundle\ESIndexingBundle\Product\ProductProviderInterface;
use Shopware\Bundle\ESIndexingBundle\Struct\Product;
use Shopware\Bundle\StoreFrontBundle\Struct;
use Shopware\Bundle\StoreFrontBundle\Struct\Shop;

class ProductProviderDecorator implements ProductProviderInterface
{
```

```php
    private $innerProductProvider;
    private $connection;

    public function __
construct(ProductProviderInterface $innerProductProvider, Connection $connection)
    {
        $this->innerProductProvider = $innerProductProvider;
        $this->connection = $connection;
    }

    public function get(Shop $shop, $numbers)
    {
        $result = $this->innerProductProvider->get($shop, $numbers);
        $result = $this->addFaqInfo($result);
        return $result;
    }

    private function addFaqInfo($products = [])
    {
        $faqCount = $this->getFaqCount($products);

        foreach ($products as $product) {
            $articleId = $product->getId();
            $faqEntries = 0;

            if (isset($faqCount[$articleId])) {
                $faqEntries = $faqCount[$articleId];
            }

            $product->addAttribute(
                'lorem_faq',
                new Struct\Attribute(
                    [
                        'count' => $faqEntries
                    ]
                )
            );
        }

        return $products;
    }
```

```
    private function getFaqCount($products)
    {
        $affectedArticleIds = array_map(
            function (Struct\ListProduct $product) {
                return $product->getId();
            },
            $products
        );


        $stmt = $this->connection->createQueryBuilder()
            ->select('questions.article_id as id, COUNT(id) as count')
            ->from('lorem_questions', 'questions')
            ->where('questions.article_id IN (:article_ids)')
            ->groupBy('questions.article_id')
            ->setParameter('article_ids',
                $affectedArticleIds, Connection::PARAM_INT_ARRAY);

        $faqCount = $stmt->execute()
            ->fetch(\PDO::FETCH_KEY_PAIR);

        return $faqCount;
    }
}
```

Listing 13.7 Die Datei »custom/plugins/LoremQuestions/Components/ ProductProviderDecorator.php«

Das Vorgehen hier ähnelt dem Vorgehen im `ListProductServiceDecorator` sehr (vgl. Abschnitt 8.6). Sie können die beiden Methoden `addFaqInfo` und `getFaqCount` sogar aus dem Service übernehmen – und in einem späteren Schritt könnten Sie die Methode `getFaqCount` in ein Repository refaktorieren, um die Duplizierung zu vermeiden.

Die Methode `get` im `ProductProviderInterface` ähnelt der Methode `getList` im `List-ProductServiceInterface`. Auch sie gibt eine Liste von `ListProductStruct`-Objekten für eine Liste von Bestellnummern zurück. Entsprechend können Sie auch hier einfach das gewünschte Attribut `lorem_faq.count` an die einzelnen Ergebnisse anhängen.

Abschließend müssen Sie den Decorator nur noch registrieren:

```
<service id="lorem_questions.product_provider_decorator"
        class="LoremQuestions\Components\ProductProviderDecorator"
        decorates="shopware_elastic_search.product_provider"
>
```

```
        <argument type="service" id="lorem_questions.product_provider_
            decorator.inner" />
        <argument type="service" id="dbal_connection" />
</service>
```

Listing 13.8 Die Erweiterung der Datei »custom/plugins/LoremQuestions/Resources/
services.xml«

Auch hier gehen Sie so vor wie bei der Dekorierung des `ListProductService`.

Nachdem Sie den Suchservers mit dem Kommando `bin/console` `sw:es:index:popu-
late` neu indiziert haben, steht Ihnen die FAQ-Facette nun auch bei Verwendung von
Elasticsearch zur Verfügung – das Plugin ist Elasticsearch-kompatibel.

Kapitel 14
Arbeiten mit Formularen

Das Verarbeiten von Benutzereingaben im Frontend ist technisch nicht sonderlich anspruchsvoll: Dennoch ist gerade die Verarbeitung von Nutzereingaben ein häufiges Einfallstor für Injection-Attacken jeder Art. Die Formbuilder-Komponenten können Ihnen in dieser Hinsicht viel Arbeit abnehmen.

Das *LoremQuestion*-Plugin, das ich mit Ihnen im Verlauf dieses Buches entwickel, verfügt über eine API, ein Backend-Modul, Models, Freitextfelder, Filter und sogar über eine Elasticsearch-Integration. Allerdings hat ein Besucher zurzeit noch keine Möglichkeit, tatsächlich Fragen oder Antworten einzustellen. In diesem Kapitel vervollständigen Sie das Plugin in dieser Hinsicht, und ich zeige Ihnen, wie Sie die Formbuilder-Komponenten einsetzen können.

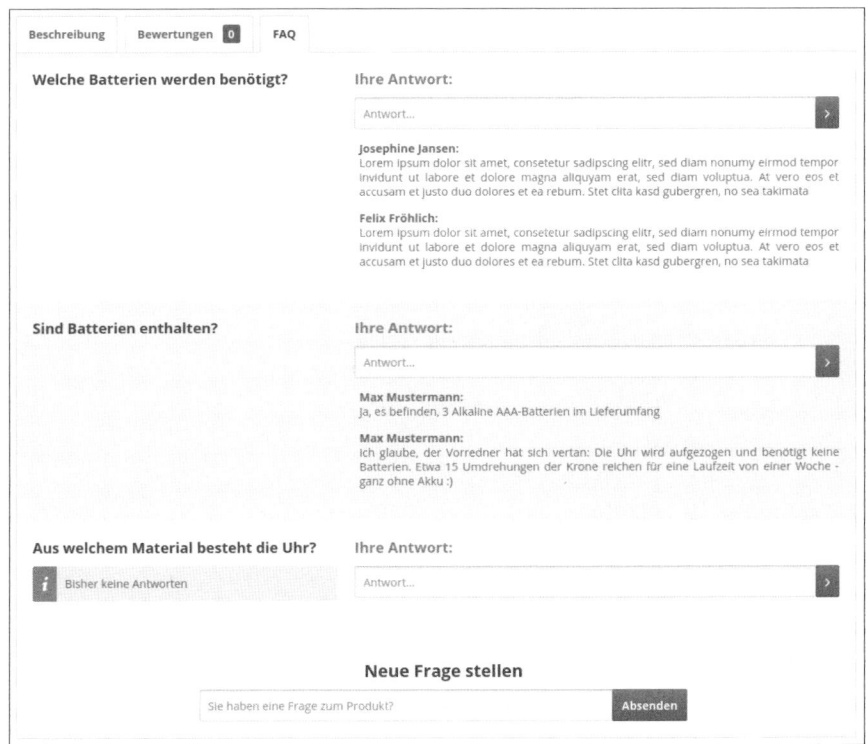

Abbildung 14.1 Nutzer können nun Fragen stellen und bestehende Fragen beantworten.

Für Formulare gibt es in Symfony die Form-Komponente. Sie ermöglicht es Ihnen nicht nur, Formulare zu erzeugen, sondern kann die Benutzereingaben auch direkt über ein zugeordnetes Model in der Datenbank persistieren.

Shopware nutzt die Form-Komponente lediglich zum Persistieren und Validieren der Benutzereingabe. Die Formulare werden also weiterhin von Hand erstellt. Dafür erzeugen Sie zunächst die Formulare für die Eingaben:

```
{extends file='parent:frontend/detail/tabs.tpl'}
{block name="frontend_detail_tabs_navigation_inner" append}
    <a href="#" class="tab--link" title="Tab" data-tabName="tab">FAQ</a>
{/block}
{block name="frontend_detail_tabs_content_inner" append}
{if $sArticle.lorem_disable_faq != 1}
<div class="tab--container">
{* Normal title *}
<div class="tab--header">
    <a href="#" class="tab--title"
        title="FAQ">FAQ</a>
</div>
{* Title for mobile mode *}
<div class="tab--preview">
    <a href="#" class="tab--link">Für die FAQs hier klicken</a>
</div>
{* FAQ content *}
<div class="tab--content">
    <div class="faq-list">
        {* Question list *}
        {foreach $lorem_faq as $question}
            <div class="block-group">
                {* A single question *}
                <div class="block block--question">
                    <h3>
                        {$question.question}
                    </h3>
                    {if !$question.answers}
                        {include
                            file="frontend/_includes/messages.tpl"
                            type="info"
                            content="Bisher keine Antworten"}
                    {/if}
                </div>
                {* Answers *}
                {include file="frontend/detail/faq/answers.tpl"}
```

```
        </div>
      {/foreach}
    </div>
    {* Question-Form *}
    {include file="frontend/detail/faq/question_form.tpl"}
  </div>
</div>
{/if}
{/block}
```

Listing 14.1 Die Datei »custom/plugins/LoremQuestions/Resources/Views/frontend/detail/tabs.tpl«

Der Grundaufbau der Datei ändert sich im Vergleich zu den vorherigen Beispielen kaum: Das Template der Artikeldetailseite wird also so ergänzt, dass ein zusätzlicher Reiter namens FAQ angezeigt wird. Die meisten Änderungen spielen sich im DIV tab--content ab. Hier entstehen im Folgenden die Eingabeformulare.

Wie schon zuvor, wird zunächst über die Liste der Fragen $lorem_faq iteriert. Jede Frage erhält dabei den Namen $question. Später sollen die Fragen auf der linken Seite, die Antworten auf der rechten Seite angezeigt werden. Dazu eignet sich die CSS-Klasse block-group.

Zunächst wird in ihr die Frage ausgegeben. Falls es noch keine Antworten auf die Frage gibt, erscheint zusätzlich ein Hinweis auf diesen Umstand. Statt umständlich immer wieder die DIV-Elemente für eine Hinweisbox zu duplizieren, nutzen Sie hier schlicht ein von Shopware vorgegebenes Standard-Template. Über die Parameter type und content können Sie dabei den Typ sowie die Nachricht übergeben.

Die Ausgabe der Antworten habe ich in ein separates Template ausgelagert, um die Lesbarkeit des Templates zu gewährleisten:

```
<div class="product--description block block--answers">
{* Answer form *}
<div class="faq--answer-form">
    <h3 class="faq--answer-headline">Ihre Antwort:</h3>
    <form method="POST">
        <input type="hidden" name="question" value="{$question.id}">
        <div class="faq--answer-input">
            <input class="faq--input-answer"
                type="text" name="answer" value=""
                placeholder="Antwort…"/>
            <button class="btn is--primary is--large faq--input-submit"
                type="submit"
                name="add-answer">
```

```
                    <i class="icon--arrow-right"></i>
                </button>
            </div>
        </form>
    </div>
    {* Answer list *}
    <ul class="faq--answers">
        {foreach $question.answers as $answer}
            <li>
                <div class="faq--answer">
                    <span class="faq--answer--user">
                        {$answer.customer.firstname}
                        {$answer.customer.lastname}:
                    </span>
                    {$answer.answer}
                </div>
            </li>
        {/foreach}
    </ul>
</div>
```

Listing 14.2 Die Datei »custom/plugins/LoremQuestions/Resources/Views/frontend/ detail/faq/answers.tpl«

Im oberen Bereich wird ein Formular erzeugt, in das ein Besucher eine weitere Antwort zur jeweiligen Frage eingeben kann. Die ID der Frage wird dabei als verstecktes Feld question beim Absenden des Formulars an den Server übergeben, damit die entsprechende Zuordnung möglich ist. Für die Antwort selbst ist ein einfaches Textfeld mit dem Namen answer vorhanden. Schließlich gibt es noch einen Absenden-Knopf, der den Namen add-answer trägt und statt einer Beschriftung ein kleines Icon aufweist.

Im unteren Bereich des Templates wird die Liste der bisherigen Antworten auf die jeweilige Frage ausgegeben. Dazu wird über $question.answer iteriert und die jeweilige Antwort an den Namen $answer gebunden. Die Antworten werden dabei in Form einer unsortierten Liste untereinander dargestellt.

Damit haben Sie die Anzeige der Fragen und Antworten in der *tabs.tpl* bereits umgesetzt. Jetzt fehlt noch das Formular zur Eingabe neuer Fragen, das Sie am Ende der *tabs.tpl* einbinden:

```
<div class="faq--create">
<form method="POST">
    <h2>Neue Frage stellen</h2>
```

```
        <div class="faq--create-input">
            <input class="faq--create-question" type="text" name="question"
                    placeholder="Sie haben eine Frage zum Produkt?"/>
            <input class="btn is--primary is--large faq--create-submit"
                type="submit" name="add-question" value="Absenden"/>
        </div>
    </form>
</div>
```

Listing 14.3 Die Datei »custom/plugins/LoremQuestions/Resources/Views/frontend/
detail/faq/question_form.tpl«

Das Formular besteht lediglich aus einem Textfeld für die Frage sowie aus dem obli-
gatorischen Absenden-Knopf. Um das Ganze so zu stylen, dass es wie in Abbildung
14.1 aussieht, können Sie folgende Less-Definition hinterlegen:

```
.faq-list {
  h3 {
    padding-top: 0;
    margin-top: 0;
  }

  .block-group {
    .unitize-padding(20, 20);
    &:nth-child(even) {
      background-color: #F5F5F5;
    }
  }

  .block--question {
    width: 40%;
    .unitize(padding-right, 20);
  }

  .block--answers {
    width: 60%;
    .unitize(margin-bottom, 20);
  }


  .faq--answers {
    .unitize-margin(10, 0, 0, 0);
    list-style: none;
  }
```

```less
.faq--answer {
  line-height: 130%;
  text-align: justify;;
}

.faq--answer--user {
  .unitize-margin(15, 0, 0, 0);
  display: block;
  font-weight: bold;
}

.faq--answer-input {
  position: relative;
}


.faq--input-submit {
  position: absolute;
  right: 0;
  top: 0;
  height: 40px;
}

.faq--answer-headline {
  color: lighten(@text-color, 10%);
}

.faq--input-answer {
  width: 100%;
}

.faq--question {
  font-weight: bold;
  }
}
```

Listing 14.4 Die Datei »custom/plugins/LoremQuestions/Resources/Views/frontend/
_public/src/less/all.less«

Ich werde hier nicht alle Style-Informationen im Detail besprechen, sondern weise
nur auf einige Besonderheiten hin.

Die Definitionen von `block--group`, `block--question` sowie `block--answer` stellen sicher, dass die Fragen links und die Antworten rechts angezeigt werden. Den Fragen wird dabei etwas weniger Platz in der Breite eingeräumt.

Die Definition `&:nth-child(even)` hinterlegt alle geraden Kindelemente der CSS-Klasse `block-group` mit einer etwas dunkleren Hintergrundfarbe, um die Orientierung zu erleichtern.

Das Styling von `faq--input-submit` sowie von `faq--answer-input` sorgt dafür, dass der Absenden-Knopf des Antwortformulars rechts auf dem Textfeld angezeigt wird. Dafür wird das umgebende DIV mit `position:relative` definiert und der Antwortknopf dann absolut mit `top:0`, `right:0`.

Die Überschrift `faq--answer-headline` wird in einer etwas helleren Standardfarbe dargestellt. Dazu habe ich die Funktion `lighten` genutzt, die die Farbe in diesem Fall um 10 % aufhellt.

Das Styling des Formulars zum Erstellen neuer Fragen enthält in dieser Hinsicht wenig Neuerungen:

```less
.faq--create {
  .unitize-padding(0, 0, 20, 20);
  text-align: center;
  width: 60%;
  margin: 0 auto;

  .faq--create-input {
    position: relative;
  }

  .faq--create-submit {
    position: absolute;
    right: 0;
    top: 0;
    height: 40px;
  }

  .faq--create-question {
    width: 100%;
  }
}
```

Listing 14.5 Die Datei »custom/plugins/LoremQuestions/Resources/Views/frontend/_public/src/less/all.less«

Das Formular wird mittig ausgerichtet – und auch hier positioniere ich den Absenden-Knopf rechts auf dem Textfeld. Damit die Less-Datei vom Compiler berücksichtigt wird, lege ich für sie einen eigenen Event-Subscriber an:

```
namespace LoremQuestions\Subscriber;

use Enlight\Event\SubscriberInterface;
use Shopware\Components\Theme\LessDefinition;

class Less implements SubscriberInterface
{
    public static function getSubscribedEvents()
    {
        return [
            'Theme_Compiler_Collect_Plugin_Less' => 'onCollectLessFiles'
        ];
    }

    public function onCollectLessFiles()
    {
        return new LessDefinition(
            [],
            [
                __DIR__ .
                '/../Resources/Views/frontend/_public/src/less/all.less'
            ]
        );
    }
}
```

Das Vorgehen habe ich bereits in Abschnitt 7.1, »Ein Einkaufswelten-Element erstellen«, besprochen. Die Registrierung des Subscribers erfolgt wie gehabt in der Datei
services.xml:

```
<service id="lorem_questions.less"
        class="LoremQuestions\Subscriber\Less">
    <tag name="shopware.event_subscriber" />
</service>
```

Listing 14.6 Die Datei »custom/plugins/LoremQuestions/Resources/services.xml«

Nun ist das Plugin so weit vorbereitet, dass die Benutzereingaben verarbeitet werden
können. Da die Formulare zur Eingabe von Fragen und Antworten kein explizites Ziel
setzen, werden die Requests an den Detail-Controller gesendet. Durch die Registrie-

rung eines PostDispatch-Events können Sie sich auf diesen Controller registrieren und die Daten nach Bedarf verarbeiten. Hier empfiehlt es sich, das vorhandene Post-Dispatch-Event zu nutzen, das Sie zuvor schon genutzt haben, um die vorhandenen Fragen an das Template zu übergeben:

```php
<?php
namespace LoremQuestions\Subscriber;

use Enlight\Event\SubscriberInterface;
use LoremQuestions\Components\Form\AnswerForm;
use LoremQuestions\Components\Form\QuestionForm;
use LoremQuestions\Models\Answer;
use LoremQuestions\Models\Question;
use Shopware\Components\DependencyInjection\Container;
use Shopware\Components\Model\ModelManager;
use Symfony\Component\Form\Form;

class Detail implements SubscriberInterface
{
    private $container;

    public function __construct(Container $container)
    {
        $this->container = $container;
    }

    public static function getSubscribedEvents()
    {
        return [
          'Enlight_Controller_Action_PostDispatchSecure_Frontend_Detail'
          => 'onPostDispatchDetail'
        ];
    }

    public function onPostDispatchDetail(\Enlight_Event_EventArgs $args)
    {
        $detailController = $args->getSubject();
        $view = $detailController->View();
        $request = $detailController->Request();

        if ($request->getActionName() !== 'index') {
            return;
        }
```

```
            $articleId = $view->getAssign('sArticle')['articleID'];

            $questionList = $this->getQuestions($articleId);
            $view->assign('lorem_faq', $questionList);

            $form = $this->processPostData($request->getPost(), $articleId);
            $view->assign('lorem_faq_form', $form);
    }

    private function processPostData($postData, $articleId)
    {
        // gekürzt
    }

    private function persistForm(Form $form)
    {
        // gekürzt
    }

    private function getQuestions($articleId)
    {
        /** @var ModelManager $em */
        $em = $this->container->get('models');
        /** @var \LoremQuestions\Models\Repository $repository */
        $repository = $em->getRepository(Question::class);

        $query = $repository->getQuestionQuery($articleId);
        $result = $query->getArrayResult();

        return $result;
    }
}
```

Listing 14.7 Die Datei »custom/plugins/LoremQuestions/Subscriber/Detail.php«

Der bestehende Detail-Subscriber hat nun zwei Aufgaben: Für den jeweils aktuellen Artikel soll eine Liste der zugeordneten Fragen und Antworten ausgelesen und an das Template übergeben werden. Zudem sollen mögliche Benutzereingaben verarbeitet werden. Im Event-Callback `onPostDispatchDetail` wird zunächst geprüft, ob es sich um die `indexAction` des Controllers handelt: Nur diese ist für das Plugin interessant. Weiterhin wird die ID des aktuellen Artikels mit `$view->getAssign('sArticle')` `['articleID']` ausgelesen und an den Namen `$articleId` gebunden.

Die Helfermethode getQuestions liest dann (wie gehabt) mithilfe des Question-Repositorys alle Fragen und Antworten des aktuellen Artikels aus und bindet das Ergebnis an die Template-Variable lorem_faq. Damit ist die ursprüngliche Funktionalität des Subscribers wiederhergestellt.

Die Methode processPostData verarbeitet möglicherweise vorhandene POST-Daten von den FAQ-Formularen. Dazu werden die POST-Daten und $articleID an die Methode übergeben:

```php
private function processPostData($postData, $articleId)
{
    $session = $this->container->get('session');

    $postData['customer'] = $session->offsetGet('sUserId');
    $postData['article'] = $articleId;

    $form = null;
    if (isset($postData['add-answer'])) {
        $form = $this->container->get('shopware.form.factory')
            ->create(AnswerForm::class, new Answer());
        $form->submit($postData);

        $this->persistForm($form);
    }

    if (isset($postData['add-question'])) {
        $form = $this->container->get('shopware.form.factory')
            ->create(QuestionForm::class, new Question());
        $form->submit($postData);

        $this->persistForm($form);
    }

    return $form;
}
```

Listing 14.8 Die Methode »processPostData« in »custom/plugins/LoremQuestions/Subscriber/Detail.php«

Die zu verarbeitenden Daten werden zunächst um eine Benutzer-ID sowie eine Artikelnummer angereichert. Beide Informationen sind zwingend notwendig, um Fragen beziehungsweise Antworten zu verarbeiten. Je nach abgesendetem Formular (add-answer für neue Antworten oder add-question für neue Fragen) werden die Eingangsdaten dann unterschiedlich weiterverarbeitet.

Dazu nutzen Sie die die sogenannte `FormFactory` aus dem DI-Container. Sie erlaubt es, anhand einer gegebenen Spezifikation (`AnswerForm` respektive `QuestionForm`) ein gegebenes Model zu befüllen. Zu diesem Zweck wird jeweils eine neue Instanz eines Antwort- beziehungsweise Frage-Datensatzes übergeben. Durch den Aufruf von `$form->submit($postData)` werden die Benutzereingaben verarbeitet und das Model befüllt. Die Helfermethode `persistForm` führt dann die Persistierung des neuen Datensatzes durch:

```
private function persistForm(Form $form)
{
    /** @var ModelManager $em */
    $em = $this->container->get('models');

    if (!$form->isValid()) {
        return;
    }
    $model = $form->getData();
    $em->persist($model);
    $em->flush();
}
```

Listing 14.9 Die Methode »persistForm« in der Datei »custom/plugins/LoremQuestions/Subscriber/Detail.php«

Das Persistieren und Flushen von Models sollte Ihnen aus den vorherigen Beispielen bekannt sein. Die einzige Besonderheit hier ist die Validierung des Formulars durch `$form->isValid()`: Sollte das Formular durch ungültige Benutzereingaben nicht valide sein, gibt die Methode `false` zurück. Das Model wird dann nicht persistiert und die Methode verlassen. In jedem Fall aber wird `$form` an das Template übergeben und an den Namen `lorem_faq_form` gebunden. Damit steht im Template die Information zur Verfügung, ob und warum die Benutzereingabe ungültig war:

```
{extends file='parent:frontend/detail/index.tpl'}

{block name='frontend_detail_index_product_info' prepend}
    {if $lorem_faq_form && $lorem_faq_form->getErrors(true)|count}
        {include file="frontend/_includes/messages.tpl"
        type="error" content="{$lorem_faq_form->getErrors(true)}"}
    {/if}

    {if $lorem_faq_form && !$lorem_faq_form->getErrors(true)|count}
        {include file="frontend/_includes/messages.tpl"
```

```
         type="success" content="Eintrag angelegt"}
    {/if}
{/block}
```

Listing 14.10 Die Datei »custom/plugins/LoremQuestions/Resources/Views/frontend/ detail/index.tpl«

Damit der Benutzer das Ergebnis der Operation direkt sehen kann, wird es ganz oben auf der Produktdetailseite angezeigt (siehe Abbildung 14.2). Dafür ist ein `prepend` auf den Block `frontend_detail_index_product_info` geeignet. Nun können Sie mit `$lorem_faq_form->getErrors(true)|count` prüfen, ob es Fehler im Formular gab. Ist dies der Fall, werden die Fehler als Warnung ausgegeben, andernfalls wird eine Erfolgsmeldung angezeigt. Genutzt wird erneut das Message-Template mit den Typen `error` beziehungsweise `success`.

Abbildung 14.2 Ist ein Benutzer nicht eingeloggt, bekommt er einen entsprechenden Hinweis angezeigt.

Die beiden Klassen `AnswerForm` sowie `QuestionForm` habe ich Ihnen bisher noch nicht vorgestellt. Sie sind zwingend erforderlich, damit die Symfony-Komponenten anhand von Eingabedaten die jeweiligen Models befüllen können. Die Registrierung erfolgt durch das Tag `form.type` in der Datei *services.xml*. Durch dieses Tag werden die beiden Klassen automatisch als Formulartypen identifiziert und bereitgestellt.

```
<service id="lorem_questions.form.answerform"
    class="LoremQuestions\Components\Form\AnswerForm">
    <argument type="service" id="models" />
    <tag name="form.type" />

</service>
<service id="lorem_questions.form.questionform"
    class="LoremQuestions\Components\Form\QuestionForm">
    <argument type="service" id="models" />
    <tag name="form.type" />
</service>
```

Listing 14.11 Ergänzung der Datei »custom/plugins/LoremQuestions/Resources/ services.xml«

Nun können Sie die Formulartypen implementieren. Diese lassen sich am ehesten als Spezifikationen für die Verarbeitung von Formularen verstehen: Welche Daten werden erwartet? Welche Daten müssen vorhanden sein? Welche Regeln gelten für die Daten? Für welche Entity sind die Daten vorgesehen?

```
namespace LoremQuestions\Components\Form;

use LoremQuestions\Models\Answer;
use LoremQuestions\Models\Question;
use Shopware\Bundle\FormBundle\Transformer\EntityTransformer;
use Shopware\Components\Model\ModelManager;
use Shopware\Models\Customer\Customer;
use Symfony\Component\Form\AbstractType;
use Symfony\Component\Form\Extension\Core\Type\IntegerType;
use Symfony\Component\Form\Extension\Core\Type\TextType;
use Symfony\Component\Form\FormBuilderInterface;
use Symfony\Component\OptionsResolver\OptionsResolver;
use Symfony\Component\Validator\Constraints\NotBlank;

class AnswerForm extends AbstractType
{
    private $modelManager;

    public function __construct(
        ModelManager $modelManager
    ) {
        $this->modelManager = $modelManager;
    }
```

```php
    public function configureOptions(OptionsResolver $resolver)
    {
        $resolver->setDefaults([
            'data_class' => Answer::class,
            'allow_extra_fields' => true
        ]);
    }

    public function buildForm(
        FormBuilderInterface $builder, array $options
    ) {
        $builder->add('question', IntegerType::class, [
            'constraints' => [
                new NotBlank(['message' => 'Frage nicht gefunden'])
            ]
        ]);

        $builder->add('customer', IntegerType::class, [
            'constraints' => [
                new NotBlank(['message' => 'Sie sind nicht eingeloggt'])
            ]
        ]);

        $builder->add('answer', TextType::class, [
            'constraints' => [
                new NotBlank(
                    ['message' => 'Sie müssen eine Antwort eingeben']
                )
            ]
        ]);

        $builder->get('customer')
            ->addModelTransformer(new EntityTransformer(
                $this->modelManager, Customer::class
            ));
        $builder->get('question')->addModelTransformer(
            new EntityTransformer($this->modelManager, Question::class
        ));
    }

}
```

Listing 14.12 Die Datei »custom/plugins/LoremQuestions/Components/Form/AnswerForm.php«

Die Klasse `AnswerForm` erbt von `AbstractType`, die Ihnen etwas Tipparbeit abnimmt. Als Konstruktor-Parameter gibt es lediglich den Doctrine-Entity-Manager. In der Methode `configureOptions` erfolgt die Konfiguration des Formulars. Dort wird der vollqualifizierte Klassenname des Models angegeben, das durch das Formular befüllt wird. Durch die Option `allow_extra_fields` ignoriert das Formular unbekannte Felder – ansonsten würde eine Exception ausgelöst werden, wenn beispielsweise ein CSRF-Token im Formular übergeben wird.

Die Methode `buildForm` ermöglicht es Ihnen, Ihre Formularspezifikation zu erstellen. Dazu nutzen Sie den `FormBuilder`, der Ihnen in der Methode übergeben wird. Hier geben Sie nun alle Felder an, die Sie im Model benötigen. Da es sich hier um eine Antwort handelt, sind Antworttext, Customer-Model sowie Question-Model zwingend erforderlich. Für all diese Felder werden nun Regeln definiert: `question` soll zunächst die ID der betroffenen Frage beinhalten und muss daher ein Integer-Feld sein.

Die Constraints (die Sie aus dem API-Beispiel bereits kennen) erlauben weitergehende Zwangsbedingungen: Die ID darf beispielsweise nicht leer sein. Symfony bietet aber auch Constraints für E-Mails, Datumsangaben, oder sogar ISBNs, falls benötigt. Durch den optionalen Parameter `message` können Sie eine benutzerdefinierte Fehlermeldung hinterlegen. Wie schon in vielen Beispielen zuvor habe ich diese aus Gründen der Anschaulichkeit einsprachig gehalten. In der Praxis sollten Sie natürlich Textbausteine benutzen (siehe Abschnitt 15.3, »Arbeiten mit Übersetzungen«). Ebenso wie für `question` verfahren Sie auch mit `answer` und `customer`. Hierbei handelt es sich um ein Text- sowie um ein Integer-Feld, die ebenfalls nicht leer sein dürfen.

Die Verarbeitung von `customer` und `question` birgt hier noch eine Besonderheit: Das Answer-Model benötigt eine Referenz auf das `Customer`- und `Question`-Model der Frage. An dieser Stelle stehen aber bisher nur IDs zur Verfügung – und eigentlich möchten Sie sich vermutlich auch gar nicht händisch darum kümmern, die entsprechenden Models zu den IDs aus den Repositorys zu laden, zu validieren und an das Answer-Model zu setzen. Der `FormBuilder` erlaubt Ihnen daher, die Felder durch den `Model-Transformer` zu verarbeiten. Dieser kümmert sich automatisch darum, die passenden Models zu Ihren IDs zu laden und an das Answer-Model zu übergeben. Das ist schon alles, was Sie für ein einfaches Formular zum Erzeugen von Datensätzen benötigen.

Wie Sie beim Detail-Subscriber gesehen haben, können Sie dieses `AnswerForm`-Objekt zusammen mit einem Answer-Model einfach an die `FormFactory` übergeben und das `Model` dann anhand der Vorgaben in der `AnswerForm` befüllen lassen. Die Validierung, die Maskierung und das Laden von assoziierten Daten geschehen vollautomatisch im Hintergrund. Das verhält sich beim `QuestionForm` ganz ähnlich:

```
namespace LoremQuestions\Components\Form;


use LoremQuestions\Models\Question;
use Shopware\Bundle\FormBundle\Transformer\EntityTransformer;
```

```php
use Shopware\Components\Model\ModelManager;
use Shopware\Models\Article\Article;
use Shopware\Models\Customer\Customer;
use Symfony\Component\Form\AbstractType;
use Symfony\Component\Form\Extension\Core\Type\IntegerType;
use Symfony\Component\Form\Extension\Core\Type\TextType;
use Symfony\Component\Form\FormBuilderInterface;
use Symfony\Component\OptionsResolver\OptionsResolver;
use Symfony\Component\Validator\Constraints\NotBlank;

class QuestionForm extends AbstractType
{
    private $modelManager;

    public function __construct(
        ModelManager $modelManager
    ) {
        $this->modelManager = $modelManager;
    }

    public function configureOptions(OptionsResolver $resolver)
    {
        $resolver->setDefaults([
            'data_class' => Question::class,
            'allow_extra_fields' => true
        ]);
    }

    public function buildForm(
        FormBuilderInterface $builder, array $options
    ) {
        $builder->add('question', TextType::class, [
            'constraints' => [new NotBlank(
                ['message' => 'Sie müssen eine Frage angeben']
            )]
        ]);

        $builder->add('customer', IntegerType::class, [
            'constraints' => [new NotBlank(
                ['message' => 'Sie sind nicht eingeloggt']
            )]
        ]);
```

```
        $builder->add('article', IntegerType::class, [
            'constraints' => [new NotBlank(
                ['message' => 'Artikel nicht gefunden']
            )]
        ]);

        $builder->get('customer')->addModelTransformer(
            new EntityTransformer($this->modelManager, Customer::class)
        );
        $builder->get('article')->addModelTransformer(
            new EntityTransformer($this->modelManager, Article::class)
        );
    }

}
```

Listing 14.13 Die Datei »custom/plugins/LoremQuestions/Components/Form/ QuestionForm.php«

Im Gegensatz zum `AnswerForm` kennt das `QuestionForm` auch eine Referenz auf den Artikel. Auch dieser wird durch einen `ModelTransformer` aufbereitet. Die Symfony-Form-Komponente macht das Verarbeiten von Benutzereingaben insgesamt also deutlich einfacher und hilft dabei, oftmals lästige CRUD-Operationen abzubilden.

In der Praxis wäre es in diesem Fall sicher sinnvoll, die Eingabeformulare nicht über POST-Requests abzusenden, da diese immer ein Neuladen der Seite erzwingen: Durch ein kleines JavaScript-Plugin könnten Sie die Daten via Ajax an den Server senden (dort werden sie wie hier gezeigt mit der Symfony-Form-Komponente verarbeitet) und das Ergebnis dann in das DOM rendern.

In vielen Fällen steigert dies auch die Benutzerfreundlichkeit, da der Benutzer direkt einen Hinweis wie »Sie sind nicht eingeloggt« erhält. In dieser Hinsicht sollten Sie auch den Cache bei der Entwicklung nicht vergessen: Sicher liegt die Versuchung nahe, in der *tabs.tpl* zu prüfen, ob der Benutzer eingeloggt ist – und ihm statt der Formulare eine Hinweismeldung anzuzeigen, falls dies nicht der Fall sein sollte. Dies funktioniert aber nur, wenn der HTTP-Cache nicht aktiviert ist. Bei aktiviertem HTTP-Cache wird der Shopware-Stack unter Umständen gar nicht aufgerufen – und Ihr Code entsprechend nicht ausgeführt. So entstehen schnell Fehler, bei denen nicht eingeloggte Nutzer dennoch Formulare absenden können oder eingeloggte Benutzer die Meldung erhalten, sie seien nicht eingeloggt – schlicht weil der Hinweis gecacht wurde. Daher kann das gelegentliche Aktivieren des HTTP-Caches auch während der Entwicklung sinnvoll sein. Als Faustregel gilt: Benutzerindividuelle Informationen können nur im Benutzer- und Warenkorbbereich angezeigt werden: Hier wird in Shopware nicht gecacht.

Kapitel 15
Plugin-Entwicklung im Alltag

Neben den großen Themenbereichen bei der Erweiterung eines Online-Shops, die ich Ihnen bisher gezeigt habe, gibt es natürlich auch eine Reihe weniger umfangreicher Themen, die im Alltag des Entwicklers aber nicht weniger wichtig sind.

Zu diesen Alltagsthemen gehört neben der Pflege von Plugin-Metadaten (also beispielsweise ansprechenden und übersetzbaren Plugin-Namen oder Plugin-Versionsnummern) besonders auch der Umgang mit Textbausteinen und Übersetzungen. Auch einige allgemeine Tipps und Hinweise zur Entwicklung sollen im Folgenden besprochen werden.

15.1   Plugin-Metadaten in der plugin.xml

Über die Datei *plugin.xml* im Hauptverzeichnis eines Plugins können Sie optional eine Reihe von Metainformationen definieren:

```xml
<?xml version="1.0" encoding="utf-8"?>
<plugin xsi:noNamespaceSchemaLocation="https://raw.githubusercontent.com/shopware/shopware/5.2/engine/Shopware/Components/Plugin/schema/plugin.xsd">
    <label lang="de">XML Beispiel-Plugin</label>
    <label lang="en">XML example plugin</label>

    <version>1.0.0</version>
    <link>http://my-homepage.example.com</link>
    <author>Daniel Nögel</author>
    <copyright>shopware AG</copyright>
    <license>MIT</license>
    <description lang="de">Die deutsche Beschreibung</description>
    <description lang="en">English description</description>

    <compatibility minVersion="5.2.0" />

    <changelog version="1.0.0">
        <changes lang="de">Veröffentlichung</changes>
```

```
          <changes lang="en">Release</changes>
      </changelog>
</plugin>
```

Listing 15.1 Einzelne FAQ-Einträge werden mitsamt allen Antworten zurückgegeben.

Diese Informationen werden beispielsweise vom Plugin Manager von Shopware ausgelesen: Dieser erkennt, in welcher Version das Plugin vorliegt, und kann so später
auch vorliegende Aktualisierungen erkennen und bei Bedarf automatisch aus dem
Community Store beziehen. Auch die Plugin-Kompatibilität (möglich sind neben
`blacklist` auch `minVersion` sowie `maxVersion`) wird hier definiert und zeigt an, ob das
Plugin mit der aktuellen Shopware-Version des Kunden überhaupt kompatibel ist.

15.2   Plugins konfigurieren

Sehr praktisch sind häufig die Plugin-Konfigurationen: Mit ihnen können Sie für einfache Eingaben schnell Formulare anzeigen und speichern lassen, ohne direkt ein
eigenes Modul für das Plugin schreiben zu müssen.

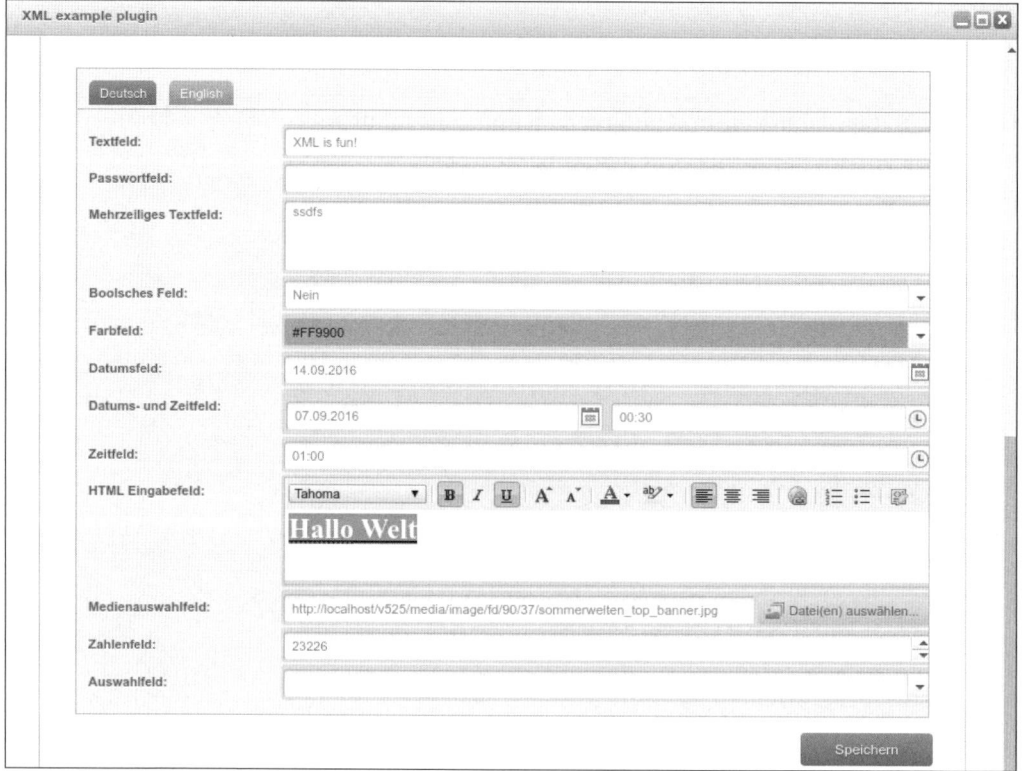

Abbildung 15.1 Ein Plugin-Konfigurationsformular

Abbildung 15.2 zeigt ein Beispielformular mit den meisten von Shopware unterstützten Konfigurationsfeldern. Dazu gehören neben Text-, Passwort-, Zahlen- und Farb-
feldern auch beispielsweise ein WYSIWYG-Editor sowie eine Medienauswahl.

```xml
<?xml version="1.0" encoding="utf-8"?>
<config xsi:noNamespaceSchemaLocation="https://raw.githubusercontent.com/
shopware/shopware/5.2/engine/Shopware/Components/Plugin/schema/config.xsd">
    <elements>
        <element required="true" type="text">
            <name>my_text_field</name>
            <label lang="de">Textfeld</label>
            <label lang="en">text field</label>
            <value>XML is fun!</value>
        </element>
    </elements>
</config>
```

Listing 15.2 Die Datei »custom/plugins/LoremXmlExamples/Resources/config.xml«

Das Beispiel zeigt lediglich das Textfeld. Durch Anpassung des Attributs type können
Sie aber leicht auch andere Feldtypen erzeugen. Möglich sind:

1. text
2. password
3. textarea
4. boolean
5. color
6. date
7. datetime
8. time
9. interval
10. html
11. mediaselection
12. number
13. select
14. combo

Der Knoten label gibt jeweils die Beschriftung des vorangestellten Labels an – über
das Attribut lang können Sie das Label in verschiedenen Sprachen hinterlegen.

Gleiches gilt für den Knoten description, der ebenfalls multilingual hinterlegt werden kann und eine etwas ausführlichere Beschreibung des Feldes ermöglicht.

15

Im Knoten `element` zeigt das Beispiel oben die Attribute `type` und `required`, die den Feldtyp und den Pflichtfeld-Status markieren. Dort können Sie ebenfalls das Attribut `scope` angeben. `scope="locale"` ist der Standardwert und definiert, dass nur eine Konfiguration für alle Shops gleichzeitig möglich ist. Wenn Sie `scope="shop"` definieren, können Sie das jeweilige Feld je Subshop konfigurieren. Eine Konfiguration kann also beispielsweise für den Shop »Deutsch« einen anderen Wert haben als für den Shop »Englisch«.

Shopware lädt und speichert die Plugin-Konfigurationen automatisiert. Sie können die Konfiguration wie folgt auslesen:

```
$container->get('config')->getByNamespace('PluginName', 'ConfigName');
Shopware()->Config()->getByNamespace('PluginName', 'ConfigName');
{config name="ConfigName" namespace="PluginName"}
```

Listing 15.3 Plugin-Konfigurationen auslesen

Die ersten beiden Varianten stehen im PHP-Stack zur Verfügung. Das erste Beispiel greift auf den Config-Service über den DI-Container zu und ist in der Praxis sicher am empfehlenswertesten. `Shopware()->Config()` greift auf denselben Service zu, nutzt dafür aber das Shopware-Singleton. Dieser Zugriff findet sich noch häufig, Sie sollten ihn aber zugunsten des DI-Containers vermeiden.

Das letzte Beispiel steht in allen Backend- und Frontend-Templates zur Verfügung. Es nutzt ein Smarty-Tag, um die Konfigurationswerte direkt in das Template zu rendern. Diese Variante empfiehlt sich, wenn die Konfiguration ausschließlich im Template benötigt wird, und erspart Ihnen den Umweg über ein Template-Assignment.

15.3   Arbeiten mit Übersetzungen

Textbausteine (oft auch *Snippets* genannt) sind übersetzbare Texte und Textfragmente, die an unterschiedlichsten Stellen im Shop genutzt werden, zum Beispiel als Beschriftung des »In den Warenkorb«-Knopfes, als Wortlaut des Lagerbestand-Hinweises oder als eine Erfolgsmeldung nach dem Speichern im Administrationsbereich.

Textbausteine werden im Shop-Frontend und im Administrationsbereich über das Template-System *Smarty* erzeugt:

```
<h1>{s name="greeting" namespace="frontend/my_plugin"}Hello world{/s}</h1>
```

Smarty ersetzt diesen Baustein automatisch durch den Baustein in der jeweiligen Sprache. Ein Textbaustein besteht aus den drei Informationen Name, Namespace und Standardwert. Der Name sollte einen bestimmten Textbaustein sehr konkret beschreiben. Der Namespace bündelt mehrere zueinander gehörige Textbausteine.

In aller Regel sollten Sie nicht mehr als einen Namespace je Datei nutzen. Entsprechend lässt sich der Namespace auch global für eine Datei definieren:

```
{namespace="frontend/my_plugin"}
<h1>{s name="greeting"}Hello world{/s}</h1>
```

Die Übersetzungen der Textbausteine werden in *ini*-Dateien gepflegt. Plugins erwarten diese *ini*-Dateien im Verzeichnis *Resources/snippets*:

```
[en_GB]
greeting = "Hello world!"

[de_DE]
greeting = "Hallo Welt!"
```

Listing 15.4 Die Datei »custom/plugins/LoremMyPlugin/Resources/snippets/frontend/my_plugin.ini«

Dem Snippet-Basisverzeichnis folgen dabei Unterverzeichnisse entsprechend dem Namespace. Der letzte Teil des Namespaces (hier: *my_plugin*) ist der Dateiname der *ini*-Datei. Für jede Sprache können Sie dabei einen eigenen Bereich definieren. Die Textbausteine innerhalb der Datei werden mit dem Namen des Bausteins identifiziert (hier: greeting). Ist keine Übersetzung hinterlegt, wird der Standardbaustein angezeigt, in diesem Fall also Hello world.

Grundsätzlich wird empfohlen, die Standardbausteine immer in englischer Sprache zu pflegen und Deutsch lediglich als Übersetzung zu pflegen. Die Snippets werden zur Installationszeit eines Plugins in die Datenbank importiert. Mithilfe des Konsolenbefehls sw:snippets:to:db können die Snippets aber auch ohne Plugin-Neuinstallation importiert werden. Das Kommando sw:snippets:find:missing hilft dabei, nicht übersetzte Textbausteine zu finden.

Nicht immer ist es praktikabel, die Textbausteine im Template ausgeben zu lassen – entsprechend ist auch aus dem PHP-Stack heraus ein Zugriff auf die Textbausteine möglich:

```
$snippet = $container->get('snippets')
    ->getNamespace('frontend/my_plugin')
    ->get('greeting', 'Hello world');
```

Die Snippet-Ressource steht über den Namen snippets im Container zur Verfügung. Über getNamespace wird ein Namespace adressiert, auf dem dann mit get ein konkreter Textbaustein ausgelesen wird. Mit dem optionalen zweiten Parameter können Sie dabei einen Standardwert übergeben, der zurückgegeben wird, falls der Textbaustein noch nicht existiert.

15

365

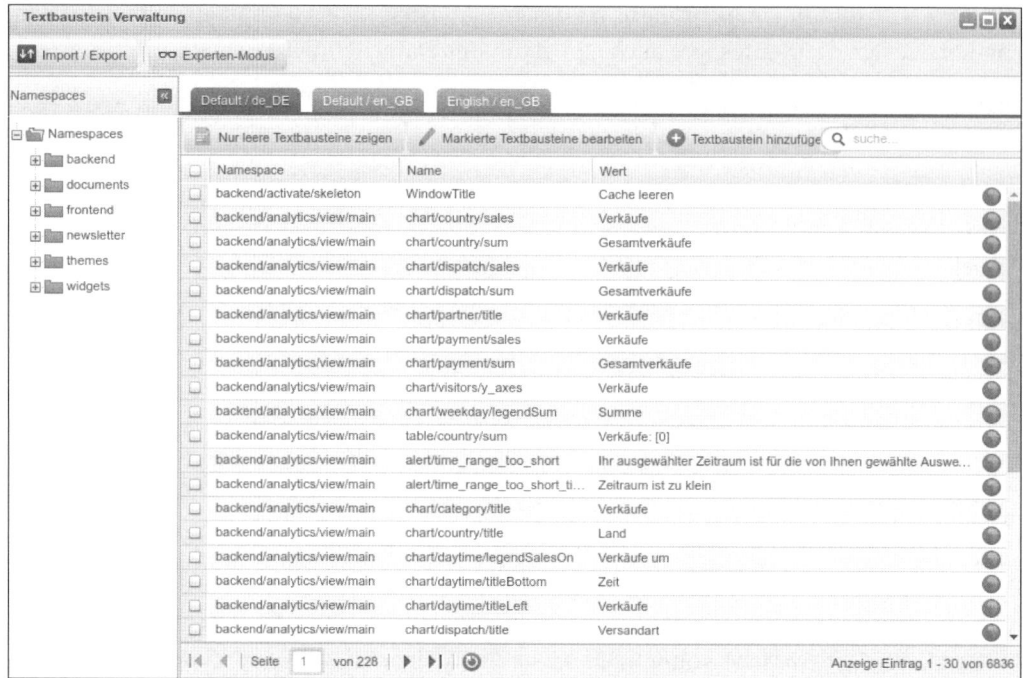

Abbildung 15.2 Das Textbaustein-Modul ermöglicht Ihnen das Editieren aller Textbausteine.

Abbildung 15.2 zeigt das Textbaustein-Modul, das Sie unter EINSTELLUNGEN • TEXT-BAUSTEINE aufrufen. Hier kann der Shopbetreiber alle Textbausteine bearbeiten – auch solche, die von Plugins eingebracht wurden. Entsprechend sollten Sie darauf achten, dass Sie die Namespaces und Namen der Bausteine so gestalten, dass sie auch hier leicht zu finden sind.

15.4 Shopware CLI-Tools

Unter *https://github.com/shopwareLabs/sw-cli-tools* finden Sie die sogenannten *Shopware-CLI-Tools* für Mac und Linux. Dabei handelt es sich um eine Sammlung von Konsolenwerkzeugen, die das Arbeiten mit Shopware deutlich vereinfachen können. Sie können die Tools installieren, indem Sie sie aus dem GitHub-Repository ausche-cken und das Kommando php ./bin/sw ausführen. Alternativ können Sie auch die Datei *http://shopwarelabs.github.io/sw-cli-tools/sw.phar* herunterladen. Diese Datei können Sie direkt ausführen:

```
chmod +x sw.phar
sw.phar
```

Ich würde Ihnen sogar empfehlen, die Datei in *sw* umzubenennen und in einem Ordner abzulegen, in dem Ihr Betriebssystem nach ausführbaren Dateien sucht, etwa */usr/local/bin*. Wenn Sie dann sw ausführen, erhalten Sie folgende Ausgabe:

```
Available commands:
  generate               Creates fake data for your Shopware installation.
  install:release        Allows setting up shopware from release package.
  install:vcs            Allows setting up shopware from VCS.
  plugin:create          Creates a new plugin.
  plugin:install         Install a plugin in the current or a given shopware
```

Listing 15.5 Gekürzte Ausgabe der Shopware-Konsolen-Tools

Die Shopware-CLI-Tools basieren, ebenso wie die Shopware-Kommandozeile, auf den Symfony-CLI-Tools. Die Shopware-CLI-Tools sind aber völlig unabhängig von einer konkreten Shopware-Installation und können auch unabhängig von Shopware erweitert werden. Auch die standardmäßig verfügbaren Kommandos können dabei aber schon sehr hilfreich sein.

Mit sw generate -a100000 -c500 -n lassen sich etwa Beispieldaten generieren. In diesem Fall würden 100.000 Artikel in 500 Kategorien erzeugt. Gleiches ist für Bestellungen, Newsletter, das Kundenkonto und einige andere Shopware-Entitäten möglich. Die Daten werden in Form von SQL-Dumps generiert, die mit LOAD DATA LOCAL INFILE schnell in eine Datenbank importiert werden können. Alternativ ist es auch möglich, die Daten direkt in eine Shopware-Datenbank schreiben zu lassen. Beachten Sie dabei, dass dieses Kommando destruktiv ist und bereits vorhandene Daten aus der Datenbank entfernt. Es eignet sich also ausschließlich für Entwicklungs- und Testzwecke, um beispielsweise das Verhalten eines Plugins bei bestimmten Datenmengen abzuschätzen.

Die beiden Kommandos sw install:release und sw install:vcs installieren eine Shopware-Instanz auf dem aktuellen System. Dabei kann entweder ein Release-Paket installiert werden oder ein Shopware-Checkout aus einem Versionskontrollsystem. Ähnliches gilt für das Kommando sw plugin:install: Es bietet die Möglichkeit, in einer Reihe von hinterlegten Repositorys nach einem Plugin zu suchen und dieses direkt zu installieren und zu aktivieren. Wird kein Plugin-Name angegeben, bietet das Kommandozeilenprogramm eine Liste aller gefundenen Plugins an, aus der Sie wählen können. Damit das reibungslos funktioniert, müssen Sie eine Konfigurationsdatei hinterlegen, in der Ihre Datenbankzugangsdaten sowie die von Ihnen genutzten Repositorys hinterlegt sind:

```
repositories:
  ## stash
  Stash:
```

```
config:
  username: my-user
  password: my-password
  endpoint: https://stash.my-server.com/rest/api/1.0
  repositories:
    free-plugins:
     cache: 86400
     url: projects/PLUG_FREE/repos?limit=100
     color: white
    commercial-plugins:
     cache: 86400
     url: projects/PLUG_COM/repos?limit=100
     color: blue

DatabaseConfig:
    host: 127.0.0.1
    user: username
    pass: password
```

Listing 15.6 Die Datei »~/.config/sw-cli-tools/config.yaml«

In diesem Beispiel sind die Datenbankzugangsdaten des Entwicklungssystems hinterlegt und zusätzlich zwei Repositorys auf *Stash*, die in unterschiedlichen Farben dargestellt werden. Wenn später eine Liste von Plugins zur Installation ausgegeben wird, kann der Entwickler anhand der Farbe mit einem Blick die kostenfreien von den kostenpflichtigen Plugins unterscheiden. Neben Stash-Repositorys unterstützen die CLI-Tools auch *GitHub* und *Bitbucket*. Gerade wenn Sie als Plugin-Entwickler viele Plugins in Ihrer Organisation verwalten, ist dieses Werkzeug sehr nützlich, da Sie alle Plugins mit wenigen Tastendrücken installieren und aktivieren können, egal auf welchem VCS-System diese gepflegt werden.

Sehr empfehlenswert ist auch das Kommando sw plugin:create: Es erzeugt Shopware-Plugins nach Vorgabe (sogenanntes *Scaffolding*): Neben dem Namen und Namespace des Plugins können Sie dabei angeben, ob das Plugin ein Backend-Modul, Models, Filter und Facetten, CLI-Kommandos, API oder Widgets beinhalten soll. Auch das Generieren rudimentärer Elasticsearch-Implementierungen ist möglich. Dies alles ersetzt natürlich nicht die eigene Entwicklungsarbeit. Es beschleunigt aber gerade das lästige Erzeugen der Grundstruktur. Weiterhin stellt der Codegenerator sicher, dass Ihre Plugins gängigen Vorgehensweisen entsprechen.

Auf der Homepage der CLI-Tools finden Sie eine Übersicht aller möglichen Kommandos und Optionen.

15.5   Allgemeine Tipps

Im Laufe der Zeit haben sich in der Plugin-Entwicklung für Shopware einige Vorgehensweisen eher bewährt als andere. Das neue Plugin-System, das ab Shopware 5.2 verfügbar ist und in diesem Buch ausschließlich behandelt wird, berücksichtigt viele dieser Erfahrungen. Es soll es Ihnen erleichtern, die Shopware-Entwicklung einfach und nachhaltig zu gestalten.

Die Basisklasse eines Plugins ist die einzig zwingend erforderliche Datei eines jeden Plugins. Hier werden zur Installationszeit Datenbanktabellen erzeugt, Events registriert und Updates durchgeführt.

Dies alles ist gerade für einen ersten Prototyp auch gar nicht zu bemängeln, sollte aber im weiteren Verlauf der Entwicklung auf ein Minimum reduziert werden.

So sollten Sie so viele Events wie möglich in Subscriber auslagern: Ansonsten besteht schnell die Gefahr, dass die Basisklasse Dutzende Event-Callbacks beinhaltet und schwer zu lesen und noch schwerer zu warten ist. Gleiches gilt auch für die Installationslogik: Anstatt die `install`-Methode auf Hunderte Zeilen anwachsen zu lassen, sollten Sie die Logik eher in kleinere Installationshelfer auslagern, die dann aus der `install`-Methode heraus aufgerufen werden.

Auch die `update`-Methode kann bei größeren Bestands-Plugins schnell sehr groß werden und benötigt dann oft allerlei Abfragen der vorherigen und aktuellen Plugin-Version. Häufig sollen die Updates dabei kumulativ sein, also Schritt für Schritt aufeinander aufbauen.

```
public function update(UpdateContext $context)
{
    $oldVersion = $context->getUpdateVersion();
    $currentVersion = $context->getCurrentVersion();

    if (version_compare($oldVersion, '1.1.0', '<=')) {
        $this->createNewTable();
    }
    if (version_compare($oldVersion, '1.2.1', '<=')) {
        $this->addSomeDataToTable();
    }
    if (version_compare($oldVersion, '1.2.2', '<=')) {
        $this->changeThatTable();
    }
}
```

Listing 15.7 Beispielhafte Umsetzung eines Plugin-Updates

15

Dieses Beispiel zeigt eine update-Methode, die die zuvor installierte Version des Plugins ausliest (getUpdateVersion()) und dann je nach Vorgängerversion unterschiedliche Updates ausführt. Dadurch können auch alte Plugin-Versionen schrittweise auf den aktuellen Stand gehoben werden.

Da dieses Vorgehen mit den vielen aufeinanderfolgenden Aufrufen von version_compare noch immer nicht ganz ideal ist, gibt es auf GitHub schon einen Pull-Request aus der Shopware-Community, der ein Migrationssystem für Plugins ergänzt. Damit könnten für jede Plugin-Version eigene Migrationen gepflegt werden, die vollautomatisiert bei Installation und Update eingespielt würden. Auch hier wird also weiter an Verbesserungen gearbeitet.

Auch die konsequente und richtige Nutzung des DI-Containers kann helfen, Plugins klein und wartbar zu halten. So sollten grundsätzlich alle Services im DI-Container definiert und auch durch diesen angefragt werden. Ansonsten verteilt sich das Wissen um die Erzeugung und Abhängigkeiten von einzelnen Services schnell über das gesamte Plugin und wird schwer zu refrakturieren. Dabei sollten Sie Wert darauf legen, dass alle Abhängigkeiten, die ein Service hat, vom DI-Container in die Klasse injiziert werden und Zugriffe auf das Shopware()-Singleton grundsätzlich vermieden werden: Jede Klasse sollte idealerweise genau einem konkreten Zweck dienen und alle Abhängigkeiten im Konstruktor übergeben bekommen. Dies erleichtert später auch das Schreiben von Tests für einzelne Komponenten.

Hinsichtlich der Datenbank müssen Sie Folgendes beachten: Grundsätzlich sollten Sie die Anzahl der Datenbankabfragen nach Möglichkeit gering halten. Anstatt beispielsweise für jeden Artikel einer Liste einzeln den Lagerbestand zu erfragen, sollten Sie eine Query schreiben, die zum Beispiel mit einem IN(?, ?, ?)-Konstrukt für mehrere Artikel gleichzeitig den Lagerbestand abfragt. Außerdem empfiehlt es sich, jede neue Query einmal mit einem EXPLAIN daraufhin zu überprüfen, ob sie über die entsprechenden Indexe läuft und welche Operationen MySQL durchführen muss, um die gewünschten Informationen zu erhalten.

Besonders auf Seiten, die sehr häufig abgefragt werden oder die nicht cachebar sind, sollten Sie in Erwägung ziehen, auf Doctrine zu verzichten – besonders dann, wenn viele Assoziationen mitgeladen werden müssen. Hier kann Doctrine deutlich mehr Overhead mit sich bringen als einzelne, optimierte Querys. Für diese wird in aller Regel die Nutzung des DBAL-Querybuilders empfohlen. Er bietet eine sehr lesbare Syntax und ist mittlerweile sehr häufig anzutreffen. Auch wenn auf Doctrine-ORM verzichtet wird, bedeutet das übrigens nicht, dass zwangsläufig auch mit Arrays gearbeitet werden muss. Im Gegenteil, es ist durchaus empfehlenswert, für häufig genutzte Datenstrukturen kleine Value-Objekte zu erzeugen (in Shopware werden diese oft *Struct* genannt), die keine Logik beinhalten, aber eine konsistente und nachvollziehbare Sicht auf einen bestimmten Datensatz ermöglichen. Arrays sind zwar in

PHP sehr bequem und vielseitig einsetzbar, führen aber oft dazu, dass Datenstrukturen und mögliche Werte unklar oder Tippfehler schwer analysierbar sind.

Gerade in individuellen Projekten ist häufig zu beobachten, dass für jeden Teilbereich des Projekts ein eigenes Plugin geschrieben wird. Das kann sinnvoll sein – besonders wenn die Plugins als funktionale Einheit später über den Store vertrieben werden sollen. In vielen Fällen ist es aber auch empfehlenswert, mehrere Plugins in einem großen Plugin zu bündeln, gerade dann, wenn die Plugins untereinander Abhängigkeiten haben. Das Plugin-System von Shopware ist flexibel genug, um entsprechende Szenarien abzubilden. So kann in der Plugin-Basisklasse die `build`-Methode implementiert werden. Diese erhält den Symfony-Containerbuilder als Parameter, dem dann weitere Service-Dateien (analog zu der *services.xml*) hinzugefügt werden können. Auf diese Weise lassen sich in einem Plugin mehrere voneinander getrennte Komponenten ausliefern.

15

Kapitel 16
Shopware hinter den Kulissen

In diesem Kapitel werden einige Themen behandelt, die über einen Einstieg in Shopware deutlich hinausgehen, in der Praxis aber dennoch von großer Bedeutung sein können.

Nicht immer ist es in der Plugin-Entwicklung mit einigen Template-Anpassungen und Events getan: Einige Komponenten spielen in der Entwicklerpraxis eine große Rolle, obwohl sie zunächst eher am Rande wahrgenommen werden.

Im Folgenden werde ich einige dieser Themen näher beleuchten, um Ihnen auch hier einen grundlegenden Überblick über die Funktionsweise zu vermitteln.

16.1 Arbeiten mit dem Cache

Der Shopware-HTTP-Cache ist ein Ganzseiten-Cache. Er speichert also die gesamte Antwort der Shopware-Applikation und liefert sie erneut aus, wenn weitere, identische Anfragen eintreffen.

16.1.1 Cache konfigurieren

Das Einrichten des Caches ist denkbar einfach: Über EINSTELLUNGEN • PERFORMANCE öffnen Sie das Performance-Modul. Sobald Sie die Option SHOP IM PRODUKTIVMODUS VERWENDEN aktivieren, ist der Cache bereits im Einsatz. Im Performance-Modul unter EINSTELLUNGEN • HTTP-CACHE können Sie aber auch die Detailkonfiguration des Caches aufrufen. Auch hier können Sie den Cache aktivieren. Zusätzlich stehen Ihnen besonders für Entwickler interessante weitere Optionen zur Verfügung, wie Sie in Abbildung 16.1 sehen.

Besonders interessant ist die Funktion AUTOMATISCHE-CACHE-INVALIDIERUNG. Ist sie aktiv, erkennt Shopware automatisch, wenn Artikel oder Kategorien verändert wurden, und leert gezielt gecachte Seiten, auf denen diese Artikel und Kategorien zu sehen sind. Alle anderen Seiten bleiben weiterhin im Cache. Durch diesen Mechanismus ist sichergestellt, dass beispielsweise Preisänderungen direkt im Frontend zu sehen sind, der Cache aber nicht komplett geleert wird.

Abbildung 16.1 Die Cache-Konfiguration

Über die Option ALTERNATIVE PROXY URL können Sie bei Bedarf weitere Cache-Server (auch *Reverse Proxys* genannt) angeben. Das hängt ebenfalls mit der Cache-Invalidierung zusammen: In der Grundkonfiguration geht Shopware davon aus, dass der eingebaute Symfony-HTTP-Cache genutzt wird, und führt auf ihm die Cache-Invalidierungen durch. Wenn aber mehrere Shopware-Server gleichzeitig genutzt werden oder eine vorgeschaltete Cache-Instanz wie *Varnish* verwendet wird, müssen Sie Shopware die IPs dieser Caches mitteilen, damit die Invalidierungs-Requests auch an diese Instanzen geschickt werden können. Dazu können Sie in diesem Feld mehrere URLs kommasepariert angeben.

Im Feld Definition der Controller-Cache-Zeiten können Sie pro Controller definieren, wie lange der HTTP-Cache die gecachten Seiten vorhalten soll. Die Werte werden in Sekunden hinterlegt. Standardmäßig wird für eine Stunde (3600 Sekunden) oder vier Stunden (14.400 Sekunden) gecacht. Hier ist auch bereits zu erkennen, dass das Caching auf einem Controller-Whitelisting basiert: Es wird also nur für die hier aufgeführten Controller gecacht. Eigene Controller – beispielsweise von Plugins – müssten Sie hier separat ergänzen, falls diese ebenfalls gecacht werden sollen.

Im letzten Feld, nicht gecachte Controller-Tags, definieren Sie letztlich Ausnahmen von den Controller-Regeln. Hier können Sie konfigurieren, wann ein Controller, der normalerweise gecacht werden würde, doch nicht gecacht werden soll. Typisches Beispiel: Ein Endkunde hat kundenindividuelle Preise. Für diesen Kunden könnte nun das Tag customPrices gesetzt werden, und die Controller frontend/detail sowie frontend/listing könnten hier mit dem customPrices-Tag versehen werden. Fortan würden Listings und Detailseiten, die ein Kunde mit dem customPrices-Tag aufruft, nicht mehr in den Cache geschrieben – und ein Kunde mit customPrices würde Listing- und Detailseiten nicht aus dem Cache ausgeliefert bekommen, selbst wenn sie dort vorlägen. Die Tags definieren also sowohl Ausnahmen dafür, welche Controller gecacht werden, als auch dafür, welche gecachten Seiten ein Nutzer mit Tag ausgeliefert bekommt.

16.1.2   Den HTTP-Cache verstehen

Abbildung 16.2 zeigt eine stark vereinfachte Schematik des grundlegenden Aufbaus des HTTP-Caches. Nehmen Sie an, der Nutzer stellt eine Anfrage an die URL *http://localhost/v525/genusswelten/*. Der HTTP-Cache (Reverse Proxy) steht dabei transparent (d. h. nicht unterscheidbar) vor dem Shop. Der Cache kennt die Seite noch nicht und leitet die Anfrage an Shopware durch. Shopware führt eine Reihe von Datenbankabfragen, PHP-Logiken und Template-Operationen durch und setzt entsprechend der Cache-Konfiguration Hinweise für den Cache – etwa ob und wie lange die Seite gespeichert werden darf. Der Cache speichert die Seite entsprechend und leitet die Antwort an den Nutzer durch.

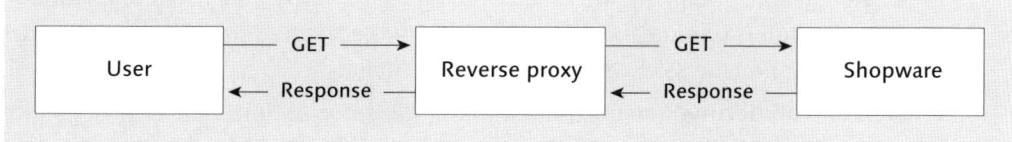

Abbildung 16.2 Vereinfachte Schematik des HTTP-Caches

Ruft nun ein zweiter Nutzer dieselbe Seite auf, erkennt der Cache anhand der URL, dass er diese Seite bereits einmal ausgeliefert und gespeichert hat, und gibt direkt die vorherige Antwort zurück – Shopware wird in diesem Fall gar nicht befragt.

Die Nutzung des Caches hat dabei grundsätzlich zwei Vorteile: Zunächst sind die Antwortzeiten von gecachten Seiten prinzipiell etwas geringer – es wird ja lediglich ein gespeichertes Ergebnis erneut ausgegeben. Der Hauptvorteil liegt aber in der verbesserten Skalierbarkeit des Systems: Der Cache nimmt Last von der Datenbank und den Applikationsservern und erleichtert es damit, das System auch für große Besuchermengen auszurichten. Statt Dutzender Applikationsserver und komplexer Datenbank-Setups genügen dadurch auch für größere Besuchermengen häufig schon zwei oder drei Webserver und eine Datenbank mit Ausfallsicherung im Hintergrund.

Im Detail gibt es eine Reihe von Mechanismen, die den Cache zusätzlich ergänzen. Zunächst reichert Shopware jede cachbare Seite mit den Informationen an, wie lange diese gecacht werden darf, welche Artikel, Einkaufswelten und Kategorien darauf zu sehen sind und auf welche Tags die Seite reagiert.

Zusätzlich identifiziert der Cache die angefragten Seiten nicht nur über die URL, sondern auch über die Währung, den Subshop, die Kundengruppe sowie die Steuerkonfiguration des Besuchers. All diese Informationen werden im sogenannten Cache-Key berücksichtigt. Die URL *http://localhost/v525/genusswelten/* aus dem vorherigen Beispiel kann also durchaus unterschiedliche Cache-Einträge betreffen, da sie einmal für jede Kundengruppe und jede Währung existiert. Dies ist auch sinnvoll. Immerhin unterscheiden sich in Shopware die Preise und Steuerregeln je Kundengruppe, und der Endkunde soll nicht die Nettopreise der Händlerkundengruppe sehen. Ebenso soll ein Besucher, der Preise in US-Dollar sieht, keine gecachten Ergebnisse in Euro-Preisen erhalten.

Damit sind folgende Cache-Mechanismen relevant:

► **Cache-Key**: die Summe der Informationen, die eine gecachte Seite eindeutig identifizieren. Beinhaltet in der Regel die URL der Seite, Subshop-ID, Währung sowie Kunden- und Steuerkontext.

► **Controller-Whitelisting**: definiert, welche Seiten überhaupt cachebar sind und wie lange diese im Cache vorgehalten werden dürfen.

► **Nocache-Tags**: definiert Ausnahmen vom Controller-Whitelisting über frei definierbare Tags. Jede Seite wird mit den Tags, auf die sie reagiert, im Cache abgelegt. Sobald ein Nutzer ein Tag wie `customPrices` erhält, werden die betroffenen Seiten live ausgeliefert und die Ergebnisse nicht mehr gecacht. Andere Nutzer ohne dieses Tag erhalten die Seite weiterhin aus dem Cache.

► **Cache-Invalidierung**: Jede Seite beinhaltet die Information, welche Artikel, Einkaufswelten, Kategorien etc. darauf zu sehen sind. Shopware ist damit in der Lage, alle Seiten mit Produkt X gezielt aus dem Cache zu entfernen.

► **ESI-Tags**: Shopware unterstützt sogenannte ESI-Tags und kann damit cachebare Seiten in mehrere Bereiche »zerschneiden«, die jeweils unterschiedliche Cache-Gültigkeiten haben. Damit wäre es beispielsweise möglich, in gecachten Seiten einzelne Bereiche live anzeigen zu lassen.

16.1.3   Plugins cache-kompatibel entwickeln

Durch das Controller-Whitelisting müssen Plugin-Controller explizit als cachebar markiert werden. Ist dies nicht erwünscht, sind keine Anpassungen notwendig. Soll ein Controller cachebar sein, kann dies entweder, wie zuvor besprochen, über das Cache-Modul erfolgen oder im betroffenen Controller über folgenden Aufruf:

```
Shopware()->Plugins()->Core()->HttpCache()->enableControllerCache(
    $time,
    $ids
);
```

`$time` ist dabei die Cache-Zeit in Sekunden, `$ids` ist optional ein Array von den Artikeln, Einkaufswelten und Kategorien, die auf der Seite zu sehen sind. Dies ist sinnvoll, wenn die Seiten des Controllers von der automatischen Cache-Invalidierung profitieren sollen. Das Format kann dabei wie folgt aussehen:

```
$ids = ['a23', 'c42', 'e32',]
```

Durch diese Angabe legen Sie fest, dass auf der Seite ein Artikel mit der ID 23, eine Kategorie mit der ID 42 sowie eine Einkaufswelt mit der ID 32 zu sehen sind.

Analog dazu ist es auch möglich, einen Controller, der im Auslieferungszustand cachebar ist, für einzelne Seitenaufrufe als nicht cachebar zu markieren:

```
Shopware()->Plugins()->Core()->HttpCache()->disableControllerCache()
```

Diesen Aufruf könnten Sie beispielsweise im PostDispatch-Event eines Standard-Controllers tätigen; der HTTP-Cache speichert die Seite dann nicht. Allerdings ist dieses Vorgehen mit großer Vorsicht zu genießen: Das Entfernen von Controllern aus der Caching-Whitelist kann erhebliche Auswirkungen auf die Skalierbarkeit des Systems haben und sollte im Einzelfall immer genau überprüft werden, zumal es auch Alternativen gibt: Zum einen kann die Nutzung von ESI-Tags sinnvoll sein. An der gewünschten Stelle im Template wird dazu folgendes Snippet eingebunden:

```
{action module="frontend" controller="MyController" action="myMethod"}
```

Letztlich wird hier also eine URL definiert, deren Ergebnis in die Seite gerendert wird. In diesem Fall ruft Shopware intern die Controller-Action `Shopware_Controllers_ Frontend_MyController:myMethodAction` auf. Bei aktiviertem HTTP-Cache werden dazu die sogenannten ESI-Tags genutzt. Wichtig zu verstehen ist aber erst mal nur, dass es sich dabei um separate Anfragen (sogenannte *Subrequests*) handelt, die auch einzeln gecacht werden können – oder eben nicht. Würde das oben gezeigte Snippet in eine gecachte Seite eingebunden, würde die Seite weiterhin aus dem Cache ausgeliefert. Das Ergebnis des Subrequests wäre aber immer live.

Damit sind ESI-Tags sicher eine sehr mächtige Möglichkeit, um Teile von Seiten mit unterschiedlichen Cache-Zeiten zu handhaben. Gleichzeitig sollten Sie aber bedenken, dass nicht gecachte ESI-Tags letztlich auch wieder Last auf Webservern und Datenbanken generieren, obwohl durch das Caching ja ursprünglich Last reduziert werden sollte. Gerade wenn sehr viele ESI-Tags eingesetzt werden, kann die Seite im Ergebnis sogar langsamer werden, als wäre sie schlicht nicht gecacht. Von daher lautet die Faustregel hier sicher: »So wenig ESI-Tags wie möglich und nach Möglichkeit keine ungecachten ESI-Tags verwenden.«

Eine durchaus legitime Alternative zu ESI-Tags können Ajax-Requests sein. Die Shopware-Seite wird dann normal geladen, mit einer kleinen JavaScript-Erweiterung werden aber beispielsweise für alle Artikel auf der Seite in einem Request die Preise nachgeladen und in das Template geschrieben. Der Vorteil dieses Ansatzes gegenüber ESI-Tags ist der Umstand, dass Sie mit der Ajax-Variante global auf der ganzen Seite arbeiten können, während ESI-Tags immer nur lokal bestimmte Seitenbereiche beschreiben. Anstatt also 20 ESI-Tags mit Preisinformationen für 20 Artikel nachzuladen, kann das JavaScript-Plugin über entsprechende Selektoren zunächst alle Artikel auf der Seite ermitteln und dann gebündelt die Preise über einen eigenen Controller berechnen.

Gerade das Preisbeispiel zeigt aber auch sehr gut, dass nur scheinbar Cache-Ausnahmen benötigt werden: Durch den Mechanismus der Cache-Invalidierung ist ja ohnehin sichergestellt, dass ein Artikel mit geänderten Preisen aus dem Cache entfernt wird und bei der nächsten Anfrage wieder live vom System erzeugt wird – mit dem dann neuen Preis. Gleiches gilt etwa auch für Lagerbestände und andere kritische Informationen: In aller Regel ist die Cache-Invalidierung also völlig ausreichend, um sicherzustellen, dass keine veralteten Informationen auf der Seite angezeigt werden.

Die Cache-Invalidierung ist technisch über die Doctrine-LifeCycle-Events umgesetzt. Sobald ein Artikel also über Doctrine-ORM geändert wird, greift die Cache-Invalidierung. Da Shopware sowohl für die API als auch für den Administrationsbereich konsequent auf Doctrine-Models setzt, greift für Änderungen, die hierüber erfolgen, automatisch auch die Cache-Invalidierung.

Aber selbst wenn die automatische Cache-Invalidierung aus verschiedenen Gründen nicht genutzt werden kann (etwa weil ein selbst geschriebener Import direkt auf der Datenbank arbeitet), kann die Invalidierung automatisiert ausgelöst werden:

```
Shopware()->Events()->notify(
    'Shopware_Plugins_HttpCache_InvalidateCacheId',
    array('cacheId' => 'a123')
);
```

Listing 16.1 Durch Auslösen des entsprechenden Events veranlassen Sie die Cache-Invalidierung.

Das Event `Shopware_Plugins_HttpCache_InvalidateCacheId` kann überall in Shopware ausgelöst werden. Der HTTP-Cache reagiert darauf und wird im obigen Beispiel eine Invalidierung für den Artikel mit der ID 123 auslösen. Auch hier sind die Kürzel c für Kategorien und e für Einkaufswelten möglich.

Die Cache-Invalidierung kann bei Bedarf sogar extern ausgelöst werden – also völlig ohne Zugriff auf Shopware: Dazu senden Sie einen HTTP-BAN-Request mit dem Header `x-shopware-invalidates: a23` an den Cache. Der Cache invalidiert daraufhin alle Seiten, die den Artikel mit der ID 23 beinhalten. Dabei kann natürlich nicht jeder Rechner den Cache des Shops invalidieren: Soll eine Invalidierung über einen externen HTTP-Client erfolgen, müssen Sie in der *config.php* die IP-Adresse des entsprechenden Rechners als gültig markieren:

```
return array(
    'db' => [ . . . ], // wie gehabt
    'httpcache' => [
        'purge_allowed_ips' => ['w.x.y.z']
    ]
);
```

Über die Liste `purge_allowed_ips` definieren Sie also die zusätzlich zum Leeren des Caches berechtigten IP-Adressen. Das Config-Array `httpcache` ermöglicht dabei noch eine Reihe weiterer wichtiger Konfigurationen.

Mit `'debug' => true` können Sie so etwa den Cache in den Debug-Modus schalten. Wenn Sie sich die Seiten in der Entwicklerkonsole des Browsers ansehen, sind dann zusätzliche Informationen zu sehen, wie das Alter der gecachten Seite, die gesetzten Tags, aufgelöste ESI-Tags und noch einige andere Informationen.

Weiterhin können Sie mit der Option `cache_cookies` Cookies definieren, die in den Cache-Key aufgenommen werden sollen. Im Auslieferungszustand ist die Option wie folgt konfiguriert:

```
'cache_cookies' => ['shop', 'currency', 'x-cache-context-hash'],
```

Würde Sie diese Liste um den Eintrag `my_cookie` erweitern, würde Shopware den Inhalt des so benannten Cookies ebenfalls im Cache-Key berücksichtigen. Benutzer mit `my_cookie=1` würden dann andere Seiten sehen als Benutzer mit `my_cookie=2`. Den Benutzern könnten dann etwa unterschiedliche Preise, Themes oder Artikel angezeigt werden, und der Cache würde die beiden Varianten sauber trennen.

16.1.4   Varnish einsetzen

Der Standard-Cache von Shopware ist für viele Anwendungsfälle sicher sehr gut geeignet. Allerdings gibt es natürlich Caching-Software, die genau für solche Anwendungsfälle optimiert ist und in vielen Tausenden Projekten bereits eingesetzt wird. Aus diesem Grund stellt Shopware auch eine Konfigurationsdatei für *Varnish* bereit.

Varnish ist ein sehr verbreiteter, schlanker Cache, der unabhängig von Shopware betrieben wird. Die Konfiguration finden Sie unter *https://developers.shopware.com/sysadmins-guide/varnish-setup/*. Varnish bietet letztlich die gleichen Funktionen, die Shopware auch mit dem Symfony-Reverse-Proxy bietet. Varnish spielt seine Stärken aber besonders im Cluster-Betrieb aus, also wenn mehrere Webserver parallel betrieben werden: Mit dem Standard-Cache von Shopware müsste jeder Webserver seinen eigenen Cache aufbauen, wodurch die Cache-Hit-Rate automatisch sinkt und wieder mehr Last auf der Datenbank entsteht.

Bei einem Server-Setup mit vorgeschaltetem Varnish-Cache ist dies nicht der Fall, da theoretisch beliebig viele Webserver hinter einer Varnish-Instanz betrieben werden können. In der Praxis und aus Gründen der Ausfallsicherheit sind auch hier sicherlich mehrere Varnish-Instanzen empfehlenswert – deren Zahl muss aber nicht linear mit der Anzahl der Webserver mitwachsen.

Häufig wird bei der Konfiguration des Varnish-Servers vergessen, den Shopware-eigenen HTTP-Cache zu deaktivieren. Dazu setzen Sie in der *config.php* folgende Einstellung:

```
'httpCache' => array(
    'enabled' => false,
)
```

Listing 16.2 So deaktivieren Sie den Shopware-eigenen HTTP-Cache.

Anders als die Option zunächst vermuten lässt, wird dadurch nicht das Caching generell abgeschaltet, sondern lediglich der Symfony-Reverse-Proxy. Dies ist zwingend erforderlich, wenn Sie Varnish nutzen. Ebenso sollten Sie unbedingt die IP-Adresse des Varnish-Servers in die Liste der vertrauenswürdigen Proxyserver aufnehmen:

```
'trustedProxies' => array(
    '192.168.0.10'
)
```

Listing 16.3 Erweiterung der vertrauenswürdigen Proxyserver in der »config.php«

Im obigen Beispiel wird die IP-Adresse *192.168.0.10* in die Liste aufgenommen. Wenn Sie dies unterlassen, ignoriert Shopware aus Sicherheitsgründen die Information, von welcher IP-Adresse die Anfrage ursprünglich stammt: In der Praxis zeigt sich das darin, dass alle Bestellungen und Statistiken die IP-Adresse des Varnish-Servers aufführen.

Schließlich sollten Sie nicht vergessen, den oder die Varnish-Server in die Liste der alternativen Proxys (ALTERNATIVE PROXY URL) aufzunehmen (vgl. Abbildung 16.1).

Wenn Sie dies vergessen, greift die Cache-Invalidierung nicht und Änderungen an Artikeln oder Kategorien erfolgen im Frontend erst nach dem Ende der Cache-Laufzeit.

16.2   Arbeiten mit der SEO-Engine

Die anwenderseitige Konfiguration der SEO-Routen habe ich in Abschnitt 3.2.5, »Grundeinstellungen: SEO«, bereits beschrieben. Durch Konfigurationen wie

```
{sCategoryPath articleID=$sArticle.id}/{$sArticle.id}/{$sArticle.name}
```

oder

```
{if $sArticle.attr1}{$sArticle.attr1}{else}{$sArticle.name}{/if}
```

können aus dem Administrationsbereich heraus also die Routen weitgehend konfiguriert werden. Basierend auf diesen Regelsätzen generiert Shopware dann die dazugehörigen Routen. Dies geschieht entweder nach Ablauf einer konfigurierbaren Zeit im Livebetrieb oder auf Knopfdruck oder durch einen Cronjob.

Abbildung 16.3 zeigt die dazugehörigen Einstellungsmöglichkeiten unter EINSTEL-LUNGEN • PERFORMANCE • EINSTELLUNGEN • SEO. Indem Sie auf SEO-INDEX NEU AUF-BAUEN klicken, können Sie die SEO-URLs für alle Seiten direkt neu erzeugen. Dies kann besonders nach dem Neuanlegen von Artikeln oder Kategorien erwünscht sein; Shopware würde die URLs sonst erst zum nächsten konfigurierten Intervall (im Bild: SEO-CACHE) neu erzeugen.

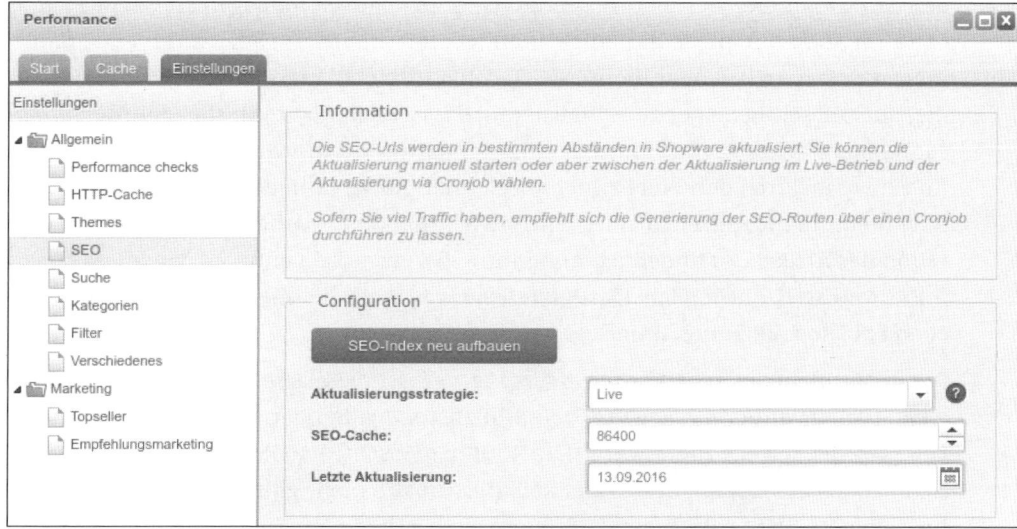

Abbildung 16.3 SEO-URLs können im Performance-Modul erzeugt werden.

Als Aktualisierungsstrategie sollte generell CRONJOB gewählt werden, wenn dies möglich ist: Die Strategie LIVE eignet sich eher für kleinere Shops und sollte gerade bei großen Artikelmengen vermieden werden.

16.2.1   Funktionsweise der SEO-Engine

Die vorhandenen SEO-Routen speichert Shopware in der Tabelle s_core_rewrite_ urls. Diese ist wie folgt aufgebaut:

Spalte	Funktion
id	Eindeutiger Bezeichner des Datensatzes
org_path	Die technische Repräsentation der Route
path	Die SEO-URL
main	Handelt es sich um die Canonical-URL?
subshopID	Für welchen Subshop gilt die Route?

Tabelle 16.1 Die Spalten der Tabelle »s_core_rewrite_urls«

Die Notation im org_path bezeichnet dabei immer einen Controller, optional auch eine Action und verschiedene Parameter. Der org_path sViewport=detail&sArticle=2 verweist auf den Detail-Controller (sViewport bezeichnet den Controller), die indexAction (wenn nicht explizit eine Action angegeben wird, greift die indexAction) und den GET-Parameter sArticle mit dem Wert 2. Der path ist hingegen die SEO-URL und kann im Shop entsprechend aufgerufen werden. In vielen Fällen kann es vorkommen, dass ein Artikel über mehrere SEO-URLs erreichbar ist – etwa je Kategorie. Um den Suchmaschinen aber zu signalisieren, dass es sich nicht um sogenannten *duplicate content* handelt, gibt es immer eine Standardroute, die *canonical URL*. Diese wird im Feld main durch den Wert 1 gekennzeichnet. Auch wenn ein Artikel im Shop also über mehrere URLs erreichbar ist, wird jeweils markiert, wo die kanonische Repräsentation des Artikels zu finden ist. Abbildung 16.4 zeigt die Konfigurationsmaske dazu im Administrationsbereich. Das letzte Feld subshopID definiert schließlich, für welchen Subshop die Route hinterlegt wurde.

Für den Aufbau der Tabelle s_core_rewrite_urls ist die Klasse sRewriteTable im Pfad *engine/Shopware/Core/sRewriteTable.php* zuständig. Bei der Generierung von SEO-URLs werden jeweils zuerst verwaiste Routen gelöscht: also Routen, zu denen es keinen Artikel, keine Kategorien oder sonstige Inhalte mehr gibt. Wichtig zu wissen ist hierbei, dass Shopware niemals Routen zu existierenden Seiten löscht: Gibt es zu einer Seite eine Route, die nicht mehr der aktuellen Definition der SEO-Route entspricht (etwa weil in den Grundeinstellungen das SEO-Template angepasst wurde), markiert Shopware die alte Route als Nebenroute (main=0) und markiert die aktuelle Route als Hauptroute (main=1).

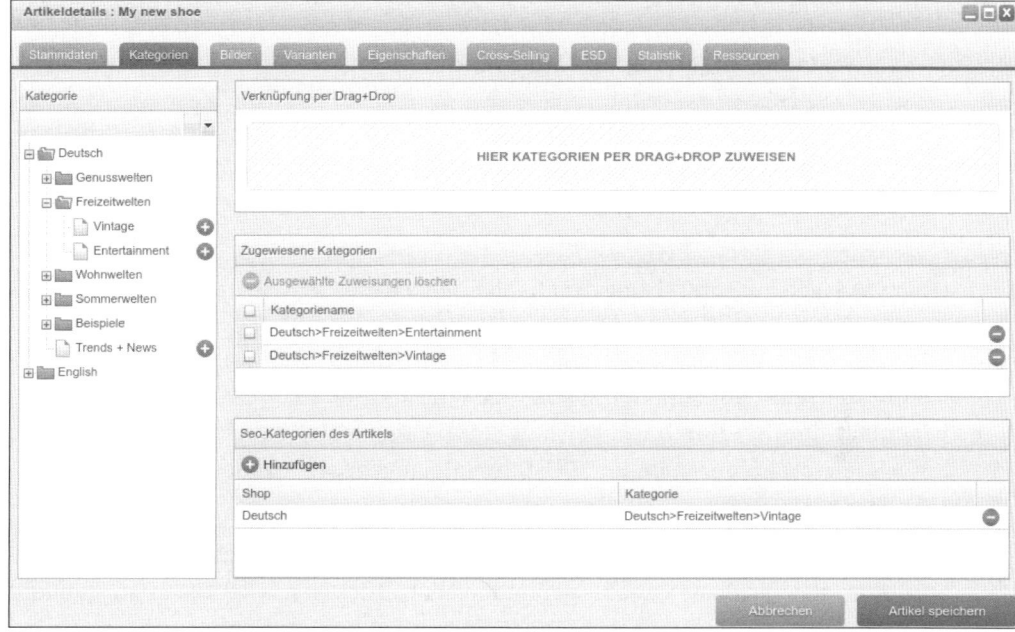

Abbildung 16.4 Im Artikelmodul können Sie unter »Kategorien • Seo-Kategorien des Artikels« die kanonischen URLs eines Artikels definieren.

Nachdem Shopware verwaiste Routen aufgeräumt hat, werden dann SEO-Routen für die folgenden Seitentypen generiert:

1. Benutzerdefinierte SEO-URLs

2. Kategorie-Seiten

3. Blog-Seiten

4. Camp

5. Artikel-Seiten

6. Formulare und statische Seiten

7. Herstellerseiten

Das grundlegende Vorgehen ist dabei jeweils sehr ähnlich und soll am folgenden vereinfachten Beispiel gezeigt werden:

```
public function sCreateRewriteTableSuppliers($offset = null, $limit = null)
{
    $suppliers = $this->supplierRepository
        ->getSEOData($offset, $limit)
        ->getArrayResult();
```

```
    $seoTemplate = $this->config->get('seoSupplierRouteTemplate');
    foreach ($suppliers as $supplier) {
        $this->data->assign('sSupplier', $supplier);
        $path = $this->template->fetch('string:' . $seoTemplate, $this->data);
        $path = $this->sCleanupPath($path);
        $org_path =
'sViewport=listing&sAction=manufacturer&sSupplier=' . (int)$supplier['id'];
        $this->sInsertUrl($org_path, $path);
    }
}
```

Listing 16.4 Vereinfachtes Listing der Methode »\sRewriteTable::sCreateRewriteTableSuppliers«

Hier werden aus dem Supplier-Repository zunächst alle Hersteller ausgelesen (gegebenenfalls limitiert durch $offset und $limit). In der Regel werden hier alle Werte ausgelesen, die später auch im SEO-Template angegeben werden können, etwa id, name oder ordernumber.

Das in den Grundeinstellungen definierte SEO-Template seoSupplierRouteTemplate wird dann an eine lokale Variable gebunden. Im Fall des Herstellers ist es im Standard auf {createSupplierPath supplierID=$sSupplier.id} konfiguriert.

Schließlich wird über alle Hersteller iteriert und jeweils eine SEO-URL erzeugt. Dazu wird jeweils dem Datencontainer der Template-Engine der aktuelle Herstellerdatensatz zugewiesen:

$this->data->assign('sSupplier', $supplier);

Dadurch ist jetzt innerhalb des Templates die Variable sSupplier mit den zuvor geladenen Herstellerdaten verfügbar. Mit der Zeile

$path = $this->template->fetch('string:' . $seoTemplate, $this->data);

wird dann mithilfe der Template-Engine der dazugehörige Pfad generiert. $seoTemplate beinhaltet hierbei die spezielle Template-Funktion createSupplierPath, die aus einer übergebenen ID automatisch einen Pfad generiert. Häufig wird dort aber auch einfach auf die zugewiesene Variable zugegriffen, etwa in dieser Form: {$sSupplier.id}/{$sSupplier.name}. Die so erzeugte SEO-URL wird dann nur noch durch die Methode sCleanupPath normalisiert und schließlich mit der Methode sInsertUrl in die Datenbank geschrieben. Der org_path verweist im Fall des Herstellers auf den Controller listing mit der manufacturerAction und übergibt den Parameter sSupplier=ID, da die manufacturerAction den anzuzeigenden Hersteller über diesen Parameter ermittelt.

Dieses Vorgehen lässt sich grundsätzlich auch für eigene SEO-Einträge so überneh-men: Mit einem After-Hook auf \sRewriteTable::sCreateRewriteTable könnte ein Plugin beispielsweise die SEO-Einträge für eigene Entitys in ähnlicher Weise aufbauen.

16.2.2 Das Routing

Das Konfigurieren und Generieren der SEO-URLs ist nur eine Seite der Medaille. Darü-ber hinaus muss sichergestellt werden, dass SEO-Routen korrekt verarbeitet werden und die von Shopware generierten Antworten auch jeweils die SEO-Routen beinhalten.

Dafür ist in Shopware der Router zuständig:

```
interface RouterInterface
{
    public function generateList(array $list, Context $context = null);
    public function assemble($userParams = [], Context $context = null);
    public function setContext(Context $context);
    public function getContext();
    public function match($pathInfo, Context $context = null);
}
```

Listing 16.5 Die Datei »\Shopware\Components\Routing\RouterInterface«

Die Methode match hat dabei die Aufgabe, zu einer gegebenen (SEO)-URL die passen-den Pfadinformationen zurückzugeben. Dies ist ein Array, das beispielsweise wie folgt aussieht:

```
Array
(
    [module] => frontend
    [controller] => detail
    [action] => index
    [sArticle] => 2
)
```

Listing 16.6 Durch diese spezielle Array-Struktur identifiziert Shopware SEO-Routen

In dieser Pfadinformation sind alle Informationen enthalten, um eine Anfrage zu verarbeiten: Modul, Controller, Controller-Action sowie zusätzliche GET-Parameter.

Shopware kennt eine Reihe von sogenannten *Matchern*, also Services, die jeweils da-rauf spezialisiert sind, aus einer URL diese Pfadinformationen zu erzeugen:

▶ Der DefaultMatcher verarbeitet URLs wie *http://shop.example.org/frontend/detail/index*.

▶ Der `RewriteMatcher` verarbeitet SEO-URLs mit der oben beschriebenen Tabelle `s_core_rewrite_urls` und kann daher URLs wie *http://shop.example.org/genusswelten/2/muensterlaender-lagerkorn-32* auflösen.

▶ Der `EventMatcher` erlaubt die Auflösung von URLs durch Events – ist also die Basis für Plugin-Erweiterungen.

Das Gegenstück zu den Matchern sind die sogenannten *Generatoren*. Die Methoden `generateList` und `assemble` nutzen diese Generatoren, um aus einer technischen URL (der oben gezeigten Pfadinformation) eine SEO-URL zu generieren. Shopware versucht zunächst mithilfe des Service `RewriteGenerator` eine SEO-URL zu erzeugen. Ist dies nicht möglich, etwa weil es keine SEO-URL für die Seite gibt, greift der `DefaultGenerator`, der die üblichen URLs im Format *http://shop.example.org/frontend/detail/index* erzeugt und diese (wegen der Standardwerte) auf URLs wie *http://shop.example.org/detail* verkürzt.

Während die Matcher zu Beginn eines Requests verarbeitet werden, werden die SEO-URLs durch die Generatoren später erzeugt: Durch die Nutzung von `$container->get('router')->assemble()` beziehungsweise `$container->get('router')->generateList()` können SEO-Routen zu jederzeit erzeugt werden – angegeben werden jeweils die Pfadinformationen der gewünschten URL in der zuvor gezeigten Syntax. Auch direkt im Template können SEO-Routen durch das Snippet `{url controller="MyController" module="frontend" action="myAction" paramOne=1 paramTwo=2}` erzeugt werden.

Der Nachteil dieser Methoden ist der Umstand, dass dadurch an vielen Stellen verteilt jeweils einzelne SEO-Routen aus der Datenbank geladen werden. Entsprechend kann es sich empfehlen, die URLs einfach in der »technischen« Schreibweise auszugeben. Shopware erkennt URLs im Format `shopware.php?sViewport=detail&sArticle=2` automatisch, sammelt diese und erzeugt die SEO-URLs in einer Anfrage.

16.3   Shopware-Bootstrapping

Häufig wünschen sich Einsteiger eine grobe Übersicht über das *Bootstrapping* von Shopware – also die Initialisierung und Verarbeitung von Anfragen. Abbildung 16.5 zeigt die wichtigsten Services dazu im Überblick.

Jede Anfrage wird über die Serverkonfiguration (eine *.htaccess* liefert Shopware mit) an die Datei *shopware.php* weitergeleitet. In dieser Datei wird der Symfony-HTTP-Kernel initialisiert und zur weiteren Verarbeitung der Anfrage aufgerufen. Falls der HTTP-Cache aktiviert ist, wird der Kernel hier schon mit dem Cache dekoriert. Das heißt, der Cache kann noch vor dem Aufruf des Kernels entscheiden, ob die Anfrage aus dem Cache beantwortet werden kann oder ob Shopware die Anfrage live beantworten muss.

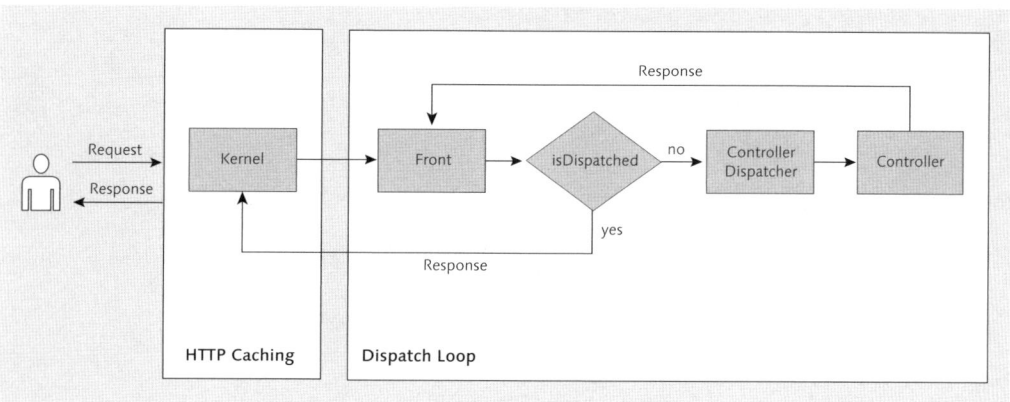

Abbildung 16.5 Schematische Übersicht über den Shopware-Prozess

Ist dies der Fall, bootet der Kernel (\Shopware\Kernel::boot). Zu diesem Zeitpunkt wird eine Datenbankverbindung aufgebaut, die Plugins initialisiert, und der *Dependency Injection Container* (DIC) wird erzeugt. Shopware wird gewissermaßen »hochgefahren«. Die weitere Verarbeitung geschieht in der Methode \Shopware\Kernel::handle. Hier übergibt der Kernel die Anfrage an den sogenannten *Front-Controller* (Enlight_Controller_Front).

Der Front-Controller löst zunächst das Routing aus – der Shopware-Router verarbeitet in diesem Moment die Anfrage und ermittelt, welches Modul, welcher Controller und welche Action angesprochen werden muss. Erst ab diesem Moment stehen diese Informationen im Request- und Response-Objekt zur Verfügung. Außerdem ist der Front-Controller für den sogenannten *Dispatch-Loop* zuständig – das ist eine Schleife, die so lange läuft, bis die Anfrage abgearbeitet wurde. Dies kann durchaus einige Iterationen der Schleife beinhalten; jeder Controller-Forward ($this->Request()->forward()) löst eine weitere Iteration des Dispatch-Loops aus.

Innerhalb des Dispatch-Loops ist der sogenannte *Controller-Dispatcher* (Enlight_Controller_Dispatcher_Default) dafür zuständig, den korrekten Controller zum Request zu finden. Sie haben den Dispatcher bereits beim Registrieren von Controllern kennengelernt. Das Event zur Controller-Registrierung heißt Enlight_Controller_Dispatcher_ControllerPatch_MODULE_CONTROLLER, weil es im ControllerDispatcher ausgelöst wird. Der ControllerDispatcher ermittelt also auf Basis des aktuellen Requests, welcher Controller benötigt wird, und löst das dazugehörige Event aus. Danach wird das Controller-Dispatching des betroffenen Controllers ausgelöst.

Im sogenannten Controller-Dispatching verarbeitet ein Controller den Request: Jeder Controller leitet letztlich von der Basisklasse Enlight_Controller_Action ab, in deren Methode dispatch der Controller den Request verarbeitet. Dies geschieht in mehreren Stufen:

1. `Enlight_Controller_Action_PreDispatch`

2. `Enlight_Controller_Action_PreDispatch_MODULE`

3. `Enlight_Controller_Action_PreDispatch_MODULE_CONTROLLER`

4. `self::preDispatch();`

5. `self::$action();`

6. `self::postDispatch();`

7. `Enlight_Controller_Action_PostDispatchSecure_MODULE_CONTROLLER`

8. `Enlight_Controller_Action_PostDispatchSecure_MODULE`

9. `Enlight_Controller_Action_PostDispatchSecure`

10. `Enlight_Controller_Action_PostDispatch_MODULE_CONTROLLER`

11. `Enlight_Controller_Action_PostDispatch_MODULE`

12. `Enlight_Controller_Action_PostDispatch`

Hier ist zu sehen, dass der Controller eine Reihe von Events auslöst, die für die Erweiterung in Plugins sehr relevant sind. Nach Auslösung der PreDispatch-Events werden die Methoden preDispatch, $action und postDispatch auf dem Controller aufgerufen, um danach die PostDispatch-Events abzuarbeiten.

Nachdem der Controller das Event abgearbeitet hat, rendert Shopware das Template und setzt dieses in das Response-Objekt. Falls zusätzliche Controller-Forwards ausgelöst wurden, würde der Front-Controller weitere Controller aufrufen und deren Ausgabe an das Response-Objekt anhängen. Ist der Dispatch-Loop durchgelaufen, gibt der Kernel den Inhalt des Response-Objekts aus – der Browser des Benutzers kann dann beispielsweise eine HTML-Seite vom Server abrufen.

Die Details des Shopware-Bootstrappings sind für den Entwickleralltag in aller Regel gar nicht so wichtig. Es hilft aber zu verstehen, dass der Kernel die relevante Infrastruktur (Plugins, Datenbank, DI-Container) verfügbar macht und dass die Anfrage dann vom Front-Controller verarbeitet wird. Der Front-Controller ist es auch, der das Routing anstößt. Der ControllerDispatcher dient im Wesentlichen dazu, den passenden Controller zum Request zu finden. Der Controller selbst löst dann (über die Ableitung von der Basisklasse) eine Reihe von Events aus und stößt anschließend die vom Router ermittelte Controller-Action an. Eine Übersicht über die im Bootstrapping ausgelösten Events finden Sie in Anhang B.2, »Übersicht über wichtige Shopware-Events«.

Ein Großteil dessen, was Shopware eigentlich ausmacht – also die Core-Klassen, Storefront-Bundles, Models, Preisberechnungen oder Warenkorbprozesse –, wird erst im Controller ausgelöst. Hinter dem Controller folgt also erst die sogenannte Applikationslogik. Dies ist auch der Grund, warum beim Blick in die Shopware-Arbeitsweise in aller Regel der Controller der beste Einstiegspunkt ist: Hier findet der Einstieg in die Applikation statt.

16.4   Geschwindigkeit und Skalierbarkeit verbessern

Geschwindigkeit und Skalierbarkeit sind zwei relevante technische Metriken beim Betrieb eines Online-Shops. Während die Geschwindigkeit generell Auskunft darüber gibt, wie lange der Kunde auf seine Antwort warten muss, geht es bei der Skalierung darum, wie sich das System verhält, wenn nicht ein Kunde, sondern viele Hundert Kunden gleichzeitig auf Antwort warten.

In Abschnitt 3.2.6 habe ich bereits das Performance-Modul vorgestellt: Die ersten Optimierungen sollten immer darauf abzielen, hier die richtigen Einstellungen zu tätigen. So sollten Sie grundsätzlich alle »Live«-Strategien gegen »Cronjob«-Strategien austauschen: Es ist schlicht nicht sinnvoll, zur Hauptlastzeit den Suchindex neu aufzubauen. Diese Einstellung bietet Shopware nur, damit Sie schnell loslegen und Ihren Shop testen können.

Auch das Deaktivieren von Filtern und Sortierungen kann in der Gesamtheit die Skalierbarkeit des Systems verbessern, weil dadurch weniger viele und weniger aufwendige Datenbankabfragen möglich sind. Funktionen wie ARTIKELNAVIGATION oder SHOPWARE-EIGENE STATISTIKEN sind in vielen Fällen nötig. Wenn Sie aber darauf verzichten können, reduziert sich ebenfalls die Anzahl der Anfragen, die Shopware verarbeiten muss. Sie sollten aber genau prüfen, ob Sie tatsächlich auf diese Funktionen verzichten können oder wollen.

Beachten Sie in jedem Fall auch die PERFORMANCE-CHECKS. Diese weisen auf Probleme hin, wenn die PHP-Version veraltet ist oder Opcache bzw. APCu nicht zur Verfügung stehen. Generell sollten Sie mindestens PHP 7 einsetzen. Auch wenn Shopware noch ältere PHP-Versionen unterstützt, rechtfertigen die Geschwindigkeitsverbesserungen in PHP 7 definitiv ein Update.

Auch das Aktivieren des HTTP-Caches ist ein wichtiger Beitrag zur Skalierbarkeit des Gesamtsystems: Dadurch, dass insgesamt weniger Anfragen von Shopware verarbeitet werden müssen, steigt die Zahl der Anfragen, die innerhalb eines Zeitraums beantwortet werden können. Das Deaktivieren des Cachings (sei es insgesamt oder für einzelne Seiten) sollte daher immer kritisch geprüft werden. Wie ich bereits gesagt habe, kann es in einigen Fällen ratsamer sein, die erforderlichen Live-Informationen via Ajax nachzuladen, anstatt den Cache rundweg zu deaktivieren. Auch die Verwendung von ESI-Tags sollten Sie vor diesem Hintergrund sorgsam prüfen: Zu viele ESI-Tags können den Geschwindigkeitsvorteil reduzieren oder das System sogar langsamer machen, als es ohne Caching wäre.

Auch die Verwendung von Elasticsearch trägt zur Entlastung der MySQL-Datenbank bei und erhöht damit wiederum die Anzahl der Anfragen, die Sie insgesamt verarbeiten können, da die relativ teuren Such- und Filteranfragen nicht mehr von MySQL verarbeitet werden können. Ab einer Artikelanzahl von etwa 140.000 Artikeln sollten Sie generell in Erwägung ziehen, Elasticsearch einzusetzen.

Für größere Projekte haben Sie darüber hinaus die Möglichkeit, Shopware auf mehreren Webservern laufen zu lassen: Ein Loadbalancer verteilt die Last dann gleichförmig auf die Webserver, sodass jeder der Webserver nur die Hälfte der Anfragen verarbeiten muss. Diese Möglichkeit der Skalierung nennt sich auch *horizontale Skalierung*, da Sie das Gesamtsystem skalieren können, indem Sie gewissermaßen mehr Server nebeneinanderstellen. Die einzelnen Webserver müssen für diesen Zweck auch nicht übermäßig gut ausgestattet sein. Tendenziell sollten Sie besser auf viele kleine Webserver setzen als auf einen überdimensionierten Server. Vermeiden Sie auf jeden Fall, Caches oder Programmdateien über Netzwerk-Shares (etwa NFS) zu teilen. Dies wirkt auf den ersten Blick oftmals sehr verlockend, kann die Systemgeschwindigkeit aber massiv verlangsamen.

Bedenken Sie auch, dass die Datenbank für Shopware *vertikal* skaliert wird: Damit die Datenbank mehr Anfragen verarbeiten kann, müssen Sie in aller Regel die zur Verfügung stehende Rechenkraft sowie den Speicher erhöhen. Um die zur Verfügung stehenden Ressourcen optimal auszunutzen, sollten Sie in der MySQL-Konfiguration unbedingt die beiden Werte `innodb_buffer_pool_size` sowie `query_cache_size` erhöhen:

▶ Der erste Wert sollte so groß sein, dass die gesamte Shopware-Datenbank hineinpassen würde, maximal aber 80 % des Systemspeichers betragen. Entsprechend können Sie aus der Größe der Shopware-Datenbank die Mindestgröße des RAMs für den MySQL-Server ableiten: Für 3 GB Datenbank sollten Sie also mindestens 4 GB RAM vorsehen.

▶ Der zweite Konfigurationswert legt die Größe des Query-Caches fest, in dem MySQL Ergebnisse vorhält. Auch dies kann Last von der Datenbank nehmen. Für ihn gibt es keine allgemeingültige Faustregel, da auch ein zu großer Wert nachteilig sein kann. In der Literatur wird in der Regel empfohlen, in MySQL die Ausgabe des Befehls `SHOW STATUS LIKE 'Qcache%';` zu beobachten und einen Wert für `query_cache_size` zu wählen, der die Anzahl der `Qcache_lowmem_prunes` möglichst gering hält und gleichzeitig nicht unnötig viel Speicher belegt (`Qcache_free_memory`). Auch die Analyse des sogenannten Slow-Query-Logs kann Aufschluss darüber geben, ob es gegebenenfalls viele lesende Querys gibt, die eigentlich vom Query-Cache vorgehalten werden könnten.

Außerdem sollten Sie neben dem Speicher auch die Anzahl der Rechenkerne für den MySQL-Server gut wählen. Je mehr Rechenkerne das System hat, desto mehr Operationen können parallel durchgeführt werden (zumindest in gewissen Grenzen).

Schließlich spielt auch die Art des Speichers eine große Rolle. Da das Lesen und Schreiben auf klassischen Festplatten (HDD) recht langsam sein kann, können SSDs ebenfalls zur Entlastung des Gesamtsystems beitragen.

Nicht immer ist es sinnvoll, Probleme bei Geschwindigkeit und Skalierbarkeit direkt mit Hardware zu erschlagen: Wenn das System grundsätzlich sinnvoll eingerichtet ist, können häufig auch Individualanpassungen die Ursache des Problems sein. Ein typisches Beispiel ist ein Plugin, das über eine Liste von 100 Produkten iteriert und für jedes die Methode `sGetArticleById` aufruft oder auf jeder Seite den Warenkorb mehrfach neu berechnet, obwohl eigentlich nur die Warenkorbsumme abgefragt werden soll. In beiden Fällen gibt es sinnvolle Alternativen. Die Schwierigkeit besteht oftmals darin, den Flaschenhals ausfindig zu machen. Hier können Profiler wie *XHrof* hilfreich sein. Kommerzielle Angebote wie *tideways.io* generieren auf dieser Basis sehr gut lesbare Metriken des Systems, sodass mögliche Flaschenhälse schnell aufgedeckt werden.

16

Kapitel 17
An Shopware mitarbeiten

Keine Software ist perfekt – entsprechend ist es immer auch wichtig,
Feedback und Verbesserungsvorschläge in ein Produkt einbringen zu
können. Im Folgenden werden verschiedene Möglichkeiten diskutiert.

In Kundenprojekten oder beim Schreiben von Plugins wird es immer wieder vorkommen, dass gewisse Anforderungen im Shopware-Standard nicht abgebildet werden können, Fehler auftreten oder Standardfunktionen durch eine kleine Änderung massiv aufgewertet werden können. Einige Möglichkeiten, mit dem Hersteller in Kontakt zu treten, stelle ich Ihnen im Folgenden vor.

17.1 Shopware als FOSS-Projekt

Die *Community Edition* (CE) von Shopware ist freie Software. Sie steht mit der MIT-Lizenz (Templates/Themes) und der AGPL (Programmcode) unter Lizenzen, die den Nutzern und Entwicklern weitestgehende Freiheiten einräumen. Dazu gehört besonders die Offenlegung, Modifikation und Weitergabe des Quellcodes.

Technisch basieren auch die kommerziellen Editionen von Shopware (also die *Professional Edition* oder *Enterprise Edition*) auf der Community Edition. Sie heben sich aber durch Erweiterungen, Gewährleistung, Consulting und andere Service-Angebote von der Community Edition ab. Das bedeutet aber auch, dass es keine künstliche Verlangsamung des Entwicklungsprozesses gibt und dass jeder Entwickler, der die CE zur Verfügung hat, grundsätzlich auch für die kommerziellen Editionen entwickeln kann.

Zu einem gesunden Open-Source-Projekt gehören aber nicht nur eine Lizenz und ein öffentlich einsehbares Quellcode-Repository, sondern auch die Möglichkeit, selbst mitzuwirken und sich einzubringen.

17.2 Shopware auf GitHub

Unter *https://github.com/shopware/shopware* können Sie den Quellcode von Shopware abrufen. Dort sehen Sie nicht nur die jeweils aktuelle Version, sondern finden auch die Entwicklungshistorie bis hin zur Version 4.0 sowie sogenannte Tags für jede veröffentlichte Shopware-Version.

Besonders interessant wird GitHub allerdings dadurch, dass über dieses öffentliche Repository sogenannte *Pull-Requests* eingereicht werden können – also Änderungen am Quellcode von Shopware. Dies ist für neue Funktionen ebenso interessant wie für Fehlerkorrekturen oder beispielsweise Erweiterungspunkte, die Sie für die Entwicklung eines Plugins benötigen. In der Vergangenheit haben bereits zahlreiche Änderungswünsche von Drittentwicklern über diesen Weg Einzug in den Shopware-Standard gefunden.

Das Erstellen von Pull-Requests über GitHub ist verhältnismäßig einfach. Dennoch gibt es einige Dinge zu beachten:

▸ **Rechte**: Die Rechte an Ihrem Quellcode liegen immer beim Entwickler, also bei Ihnen. Damit Shopware mit Ihrem Quellcode arbeiten kann und darf und diesen beispielsweise auch für die kommerziellen Editionen nutzen kann, müssen Sie Ihre Änderungen unter eine kompatible Open-Source-Lizenz stellen – etwa New BSD oder MIT.

▸ **Absprache**: Auch die großartigsten Funktionen und Änderungen haben bisweilen Seiteneffekte, die man als Entwickler zunächst nicht abschätzen kann oder die vielleicht aus Gewährleistungs- und Haftungsgründen nicht in das Produkt passen. Bevor Sie also umfangreiche Änderungen an der Software vornehmen, sprechen Sie die Shopware-Entwickler über IRC, Twitter oder eine der vielen anderen Kontaktmöglichkeiten an und klären Sie ab, ob die Änderung Chancen darauf hat, in den Standard übernommen zu werden.

▸ **Coding-Standards und andere Konventionen**: Jedes Software-Projekt hat eine Reihe von Konventionen und Übereinkünften, die das Zusammenarbeiten und die Pflege des Produkts vereinfachen sollen. Dazu gehören neben PSR 1 und PSR 2 beispielsweise auch die Benennung von Commit-Nachrichten, generell das Arbeiten in englischer Sprache oder das Bereitstellen von automatisierten Tests (Unit-Tests).

Diese und viele weitere Informationen finden Sie im sogenannten *Contributing*-Dokument im Hauptverzeichnis des Shopware-Repositorys: *https://github.com/ shopware/shopware/blob/5.2/CONTRIBUTING.md*.

17.3   Übersetzungen auf Crowdin pflegen

Ein weiteres wichtiges Projekt für die gemeinsame Pflege von Shopware ist Crowdin. Über *https://crowdin.com/project/shopware* lassen sich hier zentralisiert alle Textbausteine pflegen. Wenn Sie also Korrekturen daran vornehmen möchten oder sogar eine komplette Übersetzung der Shopware-Textbausteine in eine andere Sprache bereitstellen möchten, können Sie dies sehr unkompliziert über Crowdin tun. Nach der Anmeldung (beispielsweise über Ihr GitHub-Konto) können Sie Übersetzungen vornehmen oder ändern.

Abbildung 17.1 zeigt, wie ein einzelner Textbaustein übersetzt wird. Unter dem Original-Textbaustein (»Forgot your password?«) finden Sie einen kurzen Hinweis zum Kontext (»LoginLinkLostPassword«) und haben die Möglichkeit, eine (in diesem Fall deutschsprachige) Übersetzung zu hinterlegen. Weiter unten im Fenster werden automatisiert Vorschläge aus anderen Projekten und Übersetzungsdiensten eingeblendet – viele Textbausteine wurden ja bereits millionenfach in anderen Programmen übersetzt, sodass häufig ein Klick genügt, um eine passende Übersetzung einzufügen.

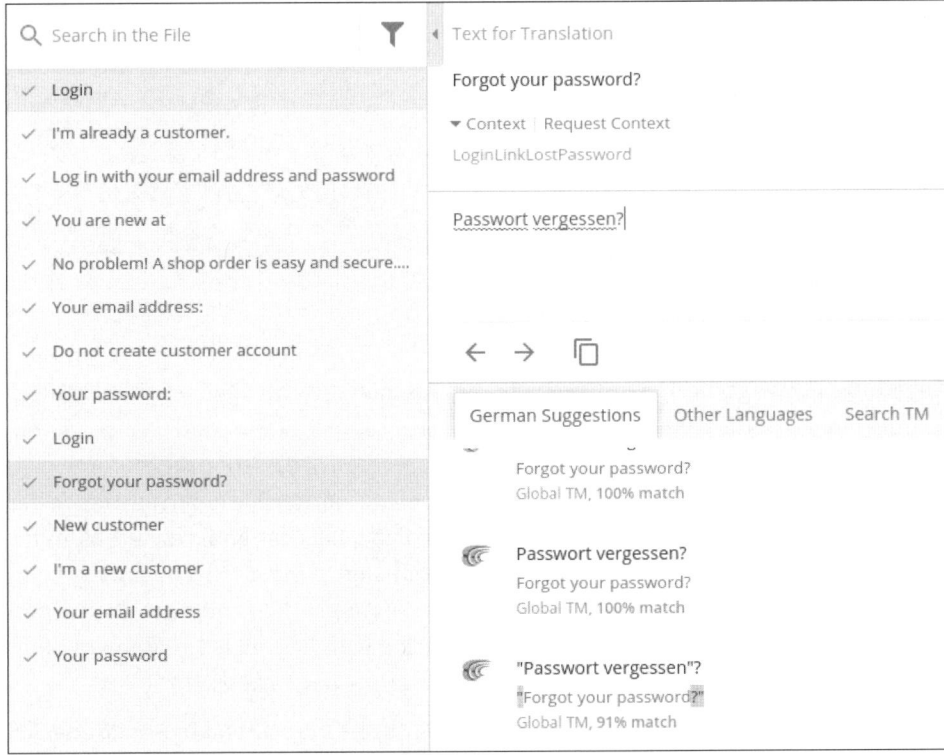

Abbildung 17.1 Mit Crowdin übersetzen Sie einzelne Textbausteine.

Nach einem Abnahmeprozess durch Shopware-Mitarbeiter können die geänderten Textbausteine in das Standardprodukt oder in ein entsprechendes Plugin übernommen werden und stehen somit mit dem nächsten Release bereit.

17.4 Tickets einstellen

Für jedes Software-Produkt ist auch die Möglichkeit relevant, Fehler und Unzuläng-
lichkeiten zu melden, sodass der Hersteller darauf reagieren kann. Das Ticket-System
von Shopware finden Sie unter *issues.shopware.com*. Hier können Sie neue Tickes für
alle Shopware-Produkte anlegen und existierende Tickets durchstöbern.

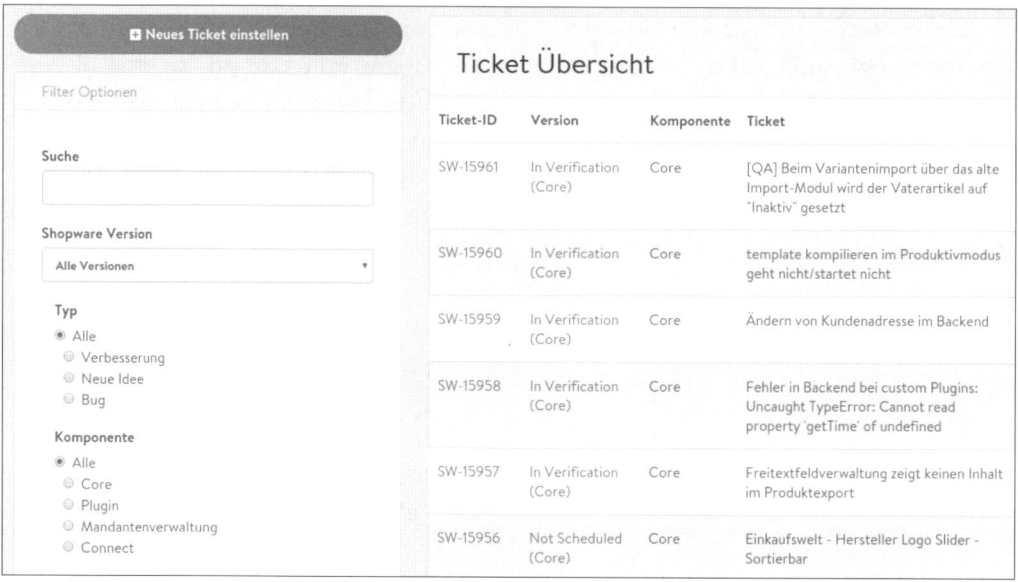

Abbildung 17.2 Die Übersicht offener Shopware-Tickets

Abbildung 17.2 zeigt die Ticket-Übersicht, die erscheint, wenn Sie die Seite aufrufen.
Auf der linken Seite können Sie die Filter nach Produkt, Status und Typ sortieren.
Auch das Durchsuchen ist hier möglich. Auf der rechten Seite sehen Sie die zur jewei-
ligen Auswahl passende Ticketliste. Durch Doppelklick öffnen Sie einen Eintrag in der
Detail-Ansicht. In ihr können Sie einem Ticket folgen, falls das konkrete Problem für
Sie ebenfalls relevant ist. So erhalten Sie automatisiert E-Mails, falls es Änderungen
an diesem Ticket gibt. Auch das Abstimmen (»Voten«) ist hier möglich: Die Anzahl
der Stimmen gibt dem Hersteller einen Eindruck davon, wie viele Kunden von dem
Problem betroffen sind, und hilft bei der Priorisierung der Tickets.

Neue Tickets legen Sie über den Knopf NEUES TICKET EINSTELLEN an. Abbildung 17.3
zeigt das entsprechende Formular. Zunächst sollten Sie einen Typ auswählen – also
VERBESSERUNG für einen nichtkritischen Verbesserungsvorschlag oder BUG für
einen Fehler in einer Standardfunktionalität. Wählen Sie SICHERHEITSRELEVANTER
HINWEIS, falls Sie ein Sicherheitsproblem melden möchten. Sicherheitshinweise
sind nicht öffentlich einsehbar, sodass die shopware AG das Problem evaluieren und
beheben kann, bevor jemand es für Angriffe nutzt.

Im Feld KOMPONENTE wählen Sie das betroffene Produkt – also etwa »Core« für Shopware selbst oder eines der Shopware-Plugins, falls das Problem im Zusammenhang mit dem entsprechenden Plugin steht.

Abbildung 17.3 Anlegen eines neuen Tickets

Unter BEZEICHNUNG sollten Sie eine kurze, sprechende Kurzzusammenfassung des Problems eintragen, etwa »Fehlermeldung ›Token Exception‹ beim Speichern eines Artikels«. Unter BESCHREIBUNG schildern Sie dann das Problem so detailliert wie möglich. Die Shopware-Entwickler sollten auf Basis dieser Beschreibung in der Lage sein, das Problem in einer Standardinstallation nachzustellen. Dazu gehören besonders folgende Informationen:

1. Was ist passiert? Welche Knöpfe wurden geklickt oder welche Eingaben wurden vorgenommen? Dies sollte idealerweise eine Schritt-für-Schritt-Anleitung sein, die zu dem Fehler führt.

2. Was war das erwartete Verhalten?

3. Falls vorhanden: Fehlermeldung. Gegebenenfalls finden Sie diese im Shopware-Log-Verzeichnis.

4. Sind besondere Plugins installiert oder wurden andere Anpassungen am System vorgenommen?

5. Wurde kürzlich eine Änderung an dem System vorgenommen, die gegebenenfalls im Zusammenhang mit dem Fehler steht? Beispiele hierfür sind etwa Konfigurationsänderungen, Serverumzüge, Updates oder Plugin-Installationen.

Umfassende Fehlerbeschreibungen helfen dabei, die Probleme zielgerichtet einzuschätzen und zu beheben. Falls der konkrete Fehler nur schwer zu schildern ist, können Sie am Ende des Formulars auch Bilder anhängen, die das Fehlverhalten beschreiben.

Schließlich sollten Sie noch Kontaktinformationen wie Ihren Namen und Ihre E-Mail-Adresse hinterlegen. Ihre E-Mail-Adresse können nur die Shopware-Mitarbeiter sehen, Ihr Name sowie die Fehlerbezeichnung und Fehlerbeschreibung sind allerdings öffentlich. Entsprechend sollten Sie beim Erstellen des Tickets darauf achten, dass Sie keine kritischen Informationen wie Benutzernamen oder Passwörter mitsendet.

17.5   Plugins verkaufen

Im *Shopware Community Store* gibt es bereits mehr als 2000 Plugins für unterschiedlichste Anwendungsfälle. Viele der Plugins dort waren ursprünglich Individualanforderungen von Kunden, die im Nachgang für den Store aufbereitet wurden, um beispielsweise eine kleine Querfinanzierung zu erzielen. Entsprechend ist es für Plugin-Entwickler – sowohl im individuellen Rahmen also auch im Agentur-Geschäft – immer eine Option, interessante Plugins in den Store zu stellen und so zusätzliche Einnahmen zu erzielen. Das Vorgehen soll hier kurz geschildert werden.

In den meisten Fällen werden Sie im Rahmen Ihres Projekts bereits einen Shopware-Account haben – etwa für das Shopware-Forum oder für Bestellungen im Community Store. Ist dies der Fall, können Sie sich mit diesen Daten im Shopware-Account unter *https://account.shopware.com* einloggen. Haben Sie noch keinen Shopware-Account, können Sie diesen ebenfalls über die Seite erzeugen.

Nach der Registrierung bzw. dem Login befinden Sie sich in Ihrem Shopware-Account. Dieser ist für alle Kunden und Partner die Verwaltungszentrale für alle Prozesse rund um Shopware: für die Pflege von Lizenzen, für das Einstellen von Support-Tickets oder für das Buchen von Schulungen. Von hier aus können Sie auch Plugins in den Community Store einstellen. Navigieren Sie dazu zunächst zum Menüpunkt PLUGIN-VERWALTUNG • VERTRAGSÜBERSICHT. Wie Sie in Abbildung 17.4 sehen, kann hier der sogenannte Herstellervertrag mit der shopware AG abgeschlossen werden. Der Vertrag ist die Voraussetzung dafür, Plugins über den Store vertreiben zu können.

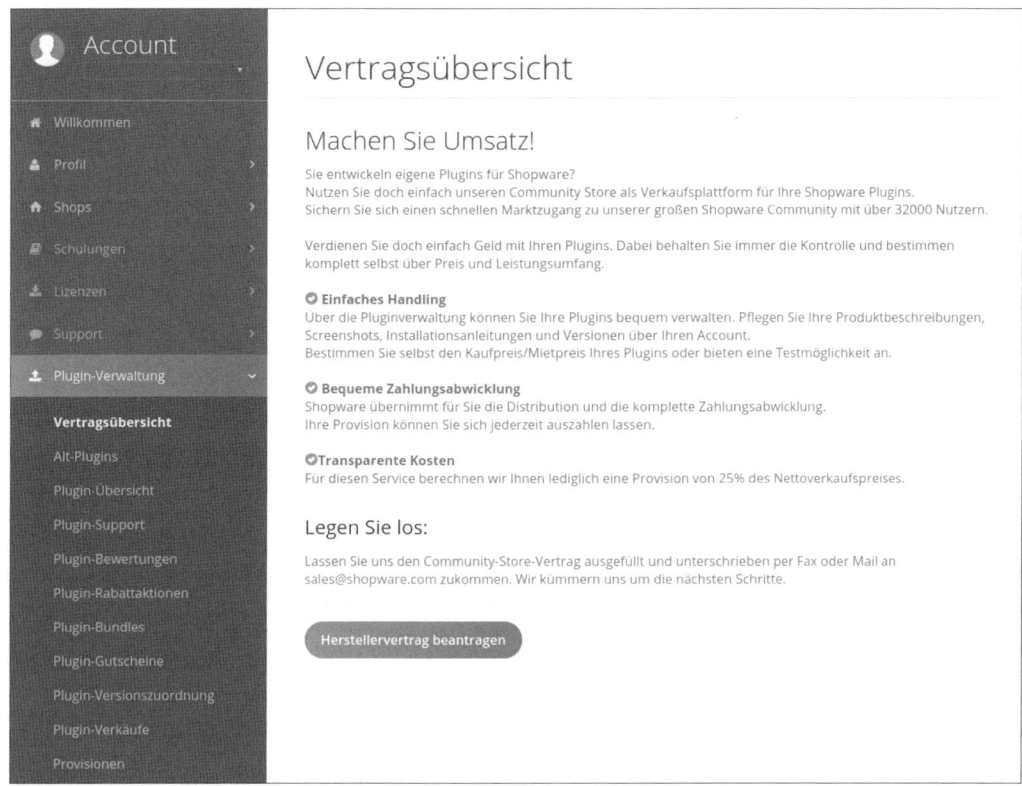

Abbildung 17.4 Im Shopware-Account können Sie einen Herstellervertrag beantragen.

17

Studieren Sie den Vertrag sorgfältig. Nach Beantragung des Vertrages wird die shopware AG Ihre Angaben prüfen und das Herstellerkonto freischalten.

Nach der Freischaltung haben Sie über die VERTRAGSÜBERSICHT die Möglichkeit, Angaben zu sich oder Ihrer Firma zu machen und beispielsweise Logos hochzuladen. Hier finden Sie unter HERSTELLERDATEN • PLUGIN-PREFIX auch das Ihnen zugeordnete Entwicklerpräfix, das Sie in Ihren Plugins verwenden sollten. Besonders wichtig ist es dabei, dass der technische Name des Plugins das Entwicklerpräfix enthält. Nachdem Sie alle Angaben vorgenommen haben, können Sie über PLUGIN-VERWALTUNG • PLUGIN-ÜBERSICHT • NEUES PLUGIN HINZUFÜGEN ein neues Plugin anlegen.

Abbildung 17.5 zeigt die Maske zum Anlegen von Plugins. Über STATUS haben Sie dabei eine Übersicht aller zentralen Abläufe. Durch einen Klick auf den roten Knopf FEHLER sehen Sie dabei, welche Schritte ganz akut notwendig sind. Beim Neuanlegen von Plugins sind das zunächst:

▶ Plugin-Namen wählen (Beispiel: »Häufig gestellte Fragen«)

▶ technischen Plugin-Namen wählen (Beispiel: »LoremQuestions«)

- ▶ Icon wählen
- ▶ Beschreibung für das Plugin
- ▶ Kategoriezuordnung für das Plugin

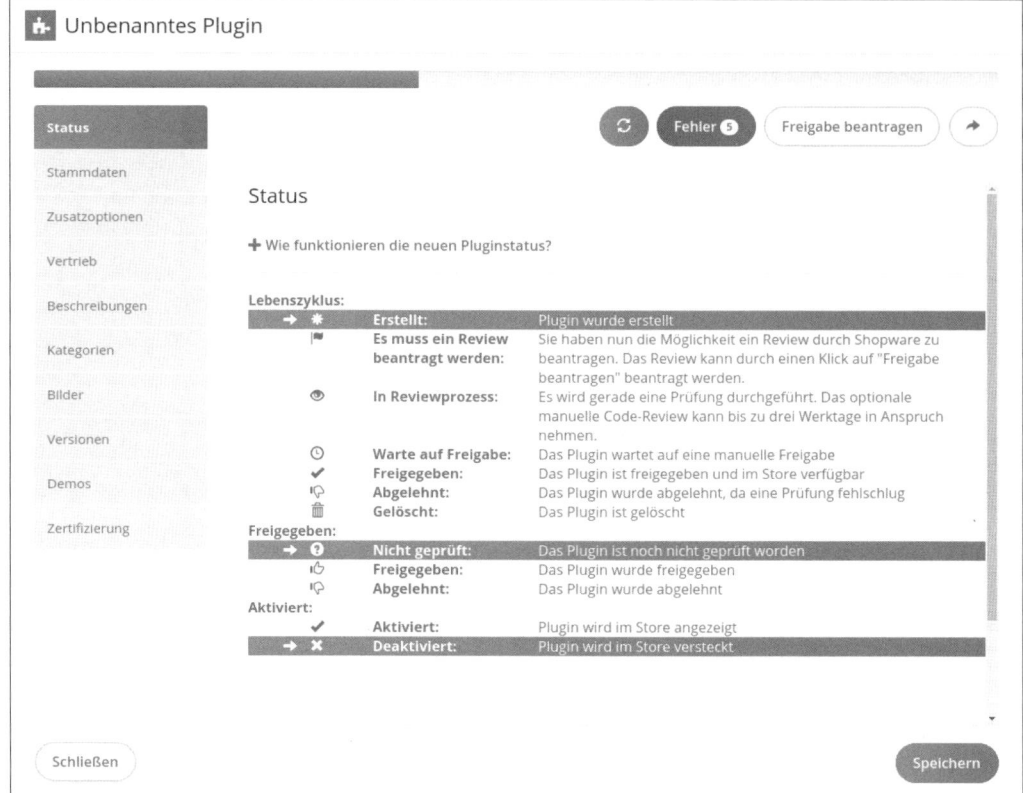

Abbildung 17.5 Beim Neuanlegen von Plugins werden alle nötigen Schritte übersichtlich dargestellt.

In der linken Navigation können Sie sich von oben nach unten durcharbeiten: Unter STAMMDATEN definieren Sie den technischen Namen des Plugins, laden ein Icon hoch und legen Lokalisierungen und die Lizenz fest. Die Lokalisierung gibt dabei an, für welche Sprachen das Plugin entwickelt wurde und Textbausteine beinhaltet. Hier ist die Bereitstellung in Englisch und Deutsch in aller Regel empfehlenswert.

Unter ZUSATZOPTIONEN können Sie weitere (oft kostenpflichtige) Optionen buchen, etwa eine Zertifizierung durch die shopware AG, eine besondere Hervorhebung im Store oder eine Usability-Zertifizierung durch *Shoplupe*.

Unter VERTRIEB regeln Sie das Preismodell Ihres Plugins. So können Sie Ihr Plugin zu einem einmaligen oder monatlichen Preis anbieten oder komplett kostenlos einstellen. Beachten Sie, dass bei kostenpflichtigen Plugins automatisch auch Kundensupport mitangeboten werden muss: Plugin-Käufer können dann über den Shopware-Account Anfragen an Sie richten, die Sie ebenfalls über den Account bearbeiten können.

Unter BESCHREIBUNGEN können Sie deutsche und englische Beschreibungen für Ihr Plugin einfügen. Hier können Sie kreativ sein, Bilder einfügen und den Kunden vom Mehrwert Ihres Plugins überzeugen. Auch hier empfiehlt sich die zweisprachige Pflege des Plugins: Wenn das Plugin nur eine deutsche Beschreibung erhält, wird es im Store für internationale Kunden nicht gelistet.

Im Menüpunkt KATEGORIEN ordnen Sie Ihr Plugin grob einem Anwendungsfall zu – maximal sind zwei Kategorien möglich.

Die Abbildungen, die Sie unter BILDER hochgeladen haben, werden in Form einer kleinen Galerie auf der Produktdetailseite Ihres Plugins angezeigt. Die Bilder sollten entsprechend aussagekräftig und hochauflösend sein, damit der Kunde einen realistischen Eindruck von Ihrem Plugin erhält.

Abbildung 17.6 Detailkonfiguration nach dem Hochladen eines Plugins

Unter VERSIONEN können Sie Ihr Plugin hochladen, wie Sie in Abbildung 17.6 sehen. Dabei müssen Sie die Plugin-Version, den technischen Namen sowie die kompatiblen Shopware-Versionen angeben. Im Bild handelt es sich um Version 1.0.0 des Plugins, die mit allen Shopware-Versionen von 5.1.0 bis 5.1.6 kompatibel ist – mit Ausnahme von 5.1.4. Diese Informationen werden später im Shopware-Store angezeigt, sodass jeder potenzielle Käufer sieht, ob das Plugin mit seiner Shopware-Version kompatibel ist.

Über denselben Dialog können Sie später auch Aktualisierungen Ihres Plugins hochladen, etwa Version 1.0.1. Diese können dann mit anderen Shopware-Versionen kompatibel sein.Der Kunde erhält beim Herunterladen jeweils die aktuellste Version Ihres Plugins, das mit der von ihm eingesetzten Shopware-Version kompatibel ist.

Nachdem Sie den Dialog geschlossen haben, können Sie über den grünen Knopf FREIGABE BEANTRAGEN das Plugin bei der shopware AG einreichen, wenn Sie alle Felder korrekt ausgefüllt haben.

Über DEMO haben Sie abschließend noch die Möglichkeit, dem Kunden Demoshops mit Ihrem Plugin zur Verfügung zu stellen. Aus dem Shopware-Store heraus kann sich der Kunde also direkt von der Funktion des Plugins überzeugen, ebenso wie er es für die shopware-eigenen Plugins auf *www.shopwaredemo.de* gewohnt ist.

Nachdem Sie ein Plugin bei der shopware AG zur Freigabe eingereicht haben, können Sie über das Menü STATUS den weiteren Werdegang Ihres Plugins nachverfolgen. Hier können Sie sehen, ob die shopware AG das Plugin noch prüft, ob es freigegeben wurde oder ob Fehler aufgetreten sind.

Falls ein Fehler gemeldet wird, können Sie ihn über VERSIONEN einsehen, indem Sie auf die betroffene Plugin-Version klicken: Im Dialogfenster unter DETAILS meldet Shopware das Problem. Übliche Probleme sind dabei:

▶ Obwohl Sie Ihr Plugin auf Basis des neuen Erweiterungssystems entwickelt haben, haben Sie eine Shopware-Version vor 5.2. als kompatibel markiert.

▶ Die Struktur der hochgeladenen ZIP-Datei entspricht nicht den Vorgaben.

▶ Es findet sich keine *Bootstrap.php* (altes System) oder *Pluginname.php* (neues System) im ZIP-Verzeichnis.

▶ Das Plugin enthält Syntaxfehler.

▶ Der Plugin-Name enthält kein Entwicklerpräfix.

Korrigieren Sie den Fehler, laden Sie das Plugin erneut hoch, und merken Sie es für eine Freigabe vor. Dieser Prozess wiederholt sich so lange, bis alle Fehler behoben sind. Erst wenn das Plugin die Status FREIGEGEBEN und AKTIVIERT erhalten hat, ist es im Store verfügbar. Prüfen Sie dann, ob die Darstellung von Bildern und Texten Ihren Vorstellungen entspricht. Sie können jederzeit Änderungen vornehmen. Diese werden nach einiger Zeit automatisiert in den Store synchronisiert.

Außer dem bloßen Einstellen von Plugins haben Sie über den Account noch viele weitere Möglichkeiten. Wie bereits erwähnt, können Sie über PLUGIN-SUPPORT Support-Nachrichten mit Ihren Kunden austauschen und diese bei der Einrichtung und Nutzung Ihres Plugins unterstützen.

Über PLUGIN-BEWERTUNGEN können Sie die von Kunden eingestellten Bewertungen einsehen und gegebenenfalls mit einem Kommentar darauf reagieren.

Mit PLUGIN-RABATTAKTIONEN und PLUGIN-BUNDLES sowie PLUGIN-GUTSCHEINE haben Sie außerdem die Möglichkeit, Ihre Plugins mit besonderen Aktionen zu bewerben. Die so erzielten Verkäufe lassen sich dann komfortabel über den Punkt PLUGIN-VERKÄUFE einsehen. Der Shopware-Account bietet Ihnen also eine Vielzahl von Möglichkeiten, sich mit Plugins weitere Einnahmequellen zu schaffen.

17

Kapitel 18
Fehler analysieren und verstehen

Gerade in der Entwicklung kann immer auch mal etwas schiefgehen.
In diesem Kapitel lernen Sie, wie Sie Fehler aufspüren und analysieren.

Besonders bei den ersten Schritten mit einer neuen Software passiert es schnell: Erwartungsvoll nimmt man die ersten Anpassungen vor – und plötzlich geht nichts mehr. Fehlermeldungen wie »Ups, ein Fehler ist aufgetreten« helfen dann auch nicht wirklich weiter. Entsprechend ist es wichtig, auch eigenständig Fehler analysieren und nachvollziehen zu können. Je nach Fehler und Ort können dabei unterschiedliche Ansätze zum Erfolg führen. Diese stelle ich Ihnen im Folgenden vor.

18.1 Fehlermeldungen ausgeben

Der erste Schritt bei der Fehleranalyse besteht in aller Regel darin, die Fehlerausgabe von Shopware zu aktivieren. In der Grundkonfiguration gibt Shopware keine Details zu aufgetretenen Fehlern preis, um keine (möglicherweise kritischen) Informationen zu enthüllen. Gerade im Entwicklungsalltag sollten Sie die Fehlerausgabe aber immer aktivieren:

```php
<?php
return array(
    // ...
    // Ihre existierende Datenbankkonfiguration

    'phpsettings' => [
        'display_errors' => 1,
    ],

    'front' => [
        'showException' => true,
    ],

);
```

Listing 18.1 Die Datei »config.php« mit aktivierten Fehlermeldungen

Dazu aktivieren Sie wie oben gezeigt die beiden Einstellungen display_errors und showExceptions. Nach einem Leeren der Caches wird Shopware Fehlermeldungen direkt auf der Seite ausgeben. Für Produktivumgebungen wird diese Einstellung daher nicht empfohlen.

18.2   Den Shopware-Logger benutzen

Auch wenn die Ausgabe von Fehlermeldungen deaktiviert ist, zeichnet Shopware diese Fehlermeldung in einer Logdatei auf. Sie finden sie unter */var/logs* innerhalb der Shopware-Installation. Sie beinhaltet je Tag eine eigene Logdatei für die letzten 14 Tage. Die Einträge sehen dabei etwa wie folgt aus:

```
[2016-08-18 12:16:22] core.ERROR: exception 'PDOException' with message
'SQLSTATE[42S22]: Column not found: 1054 Unknown column 'detail.ordernumber' in
'field list'' in /var/www/html/v525/vendor/doctrine/dbal/lib/Doctrine/DBAL/
Connection.php:833 Stack trace: #0
// gekürzt
/var/www/html/v525/shopware.php(101): Shopware\Components\HttpCache\AppCache->
handle(Object(Symfony\Component\HttpFoundation\Request)) #15 {main} []
{"uid":"b0e28da"}
```

Listing 18.2 Ein Eintrag aus dem Fehlerlog

Neben Datum und Uhrzeit gibt es in aller Regel die Fehlermeldung und den soge-nannten *Stacktrace*, also die Aufrufe, die letztlich zu dem Fehler geführt haben und unter Umständen wertvolle Informationen zur Analyse des Problems bieten. In manchen Fällen gibt es zusätzliche Kontextinformationen.

18.3   Profiler

Ein weiteres nützliches Tool ist der *ShyimProfiler*, ein Community-Projekt aus dem Shopware-Umfeld, das dem Symfony-Profiler sehr ähnlich ist.

Sie finden den ShyimProfiler unter *https://github.com/shyim/shopware-profiler*. Er wird wie folgt installiert:

```
cd shopware/custom/plugins
git clone git@github.com:shyim/shopware-profiler.git ShyimProfiler
composer install
```

Nachdem Sie das Plugin installiert und aktiviert haben, erscheint auf jeder Shopseite im Frontend eine Leiste, die nicht nur die Ladezeit oder den verbrauchten Speicher anzeigt, sondern auch alle ausgelösten Datenbank-Querys, alle genutzten Templates, alle aufgetretenen Events sowie die betroffene Controller-Action. Damit ist der Profiler gerade für Einsteiger ideal, um ein genaueres Bild davon zu erhalten, was auf den einzelnen Shopware-Seiten im Hintergrund passiert (siehe Abbildung 18.1).

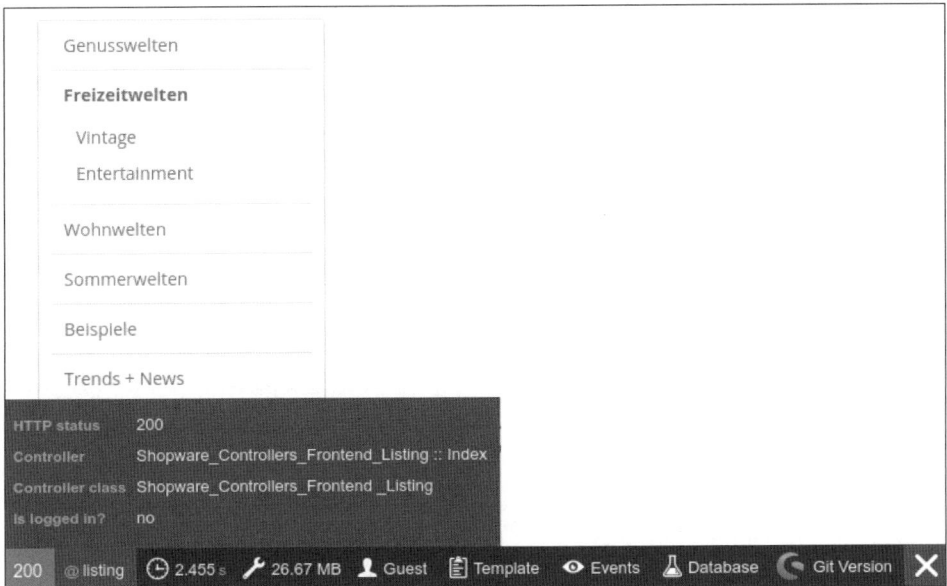

Abbildung 18.1 Der Profiler zeigt den aktuellen Controller und viele weitere nützliche Informationen an.

Denken Sie aber auch daran, dass ein solcher Profiler systembedingt immer zusätzliche Ressourcen beansprucht und auch sicherheitskritische Informationen anzeigen kann. Für den Produktivbetrieb sollten Sie den Profiler daher immer deaktivieren.

18.4   ExtJS debuggen

Gerade das Debuggen im Backend kann sehr aufwendig sein. Grundsätzlich sollten Sie beim Arbeiten mit ExtJS immer die Entwicklerkonsole Ihres Browsers zurate ziehen: Fehler finden sich hier häufig bei den XHR- beziehungsweise Ajax-Requests sowie in der JavaScript-Konsole. Prüfen Sie in jedem Fall auch den Stacktrace der Fehlermeldung. Er gibt oft Ausschluss darüber, welche Komponente den Fehler verursacht hat.

Die Fehlermeldungen in ExtJS sind oft recht kryptisch: `c is not a constructor` ist ein typisches Beispiel hierfür.

Durch Einbinden der Debug-Datei werden die Meldungen informativer. Binden Sie dazu die Datei *ext-all-debug.js* anstelle der Datei *ext-all.js* ein. Bearbeiten Sie die Datei *themes/Backend/ExtJs/backend/base/header.tpl*, und ersetzen Sie `ext-all.js` durch ext-all-debug.js im Block backend/base/header/javascript. Leeren Sie dann den Cache, und laden Sie das Backend neu. Jetzt sind die Fehlermeldungen etwas expliziter.

Bei der Entwicklung von Backend-Modulen gibt es eine Reihe häufiger Fehler, die Sie bei der Problemanalyse ausschließen sollten:

- **Ungültige Klassennamen**: Der Klassenname (Ext.define) sollte immer zum Dateipfad der Datei passen. Die Datei *Views/backend/my_plugin/view/window* sollte also dem Klassennamen Shopware.apps.MyPlugin.view.Window zugeordnet werden.

- **Nicht registrierte Komponenten**: Alle Klassen eines Backend-Moduls müssen im Framework bekannt gemacht werden. Dies geschieht in aller Regel dadurch, dass Sie sie in der Datei *app.js* aufführen, oder mittels eines Smarty-Includes, falls Sie bestehende Module erweitern.

- **Fehlender Aufruf der Parent-Klasse**: Wenn Sie eigene Komponenten entwickeln, leiten Sie in aller Regel von Standardkomponenten ab. Werden dabei Standardmethoden der Basisklasse überschrieben, sollten Sie immer die Elternmethode aufrufen. Dafür gibt es das Konstrukt callParent(arguments), das besonders bei den Methoden init und initComponents immer vorhanden sein sollte.

- **Smarty-Fehler**: Alle Backend-Dateien werden vom Template-System Smarty geparst, um Helfermethoden wie {url} bereitzustellen. Smarty versucht dabei, alle Ausdrücke zu interpretieren, die von geschweiften Klammern umschlossen werden und nicht durch Leerzeichen getrennt sind. {url} wird also von Smarty interpretiert, { url } nicht. Da geschweifte Klammern auch in JavaScript genutzt werden, sollten Sie penibel darauf achten, dass JavaScript-Objekte immer Leerzeichen vor und nach den Klammern beinhalten. Folgende Negativbeispiele veranschaulichen die Problematik:

```
/**
 * @returns {Array} // korrekt: { Array }
 */
function: test() {
    return [];
}

fields = [
    {name:"test"}, // korrekt: { name:"test" }
    {name:"another test"}, /korrekt: { name:"another test" },
]
```

18.5 Ajax-Requests analysieren

Sowohl im Shopware-Frontend als auch im Backend ist die Analyse von Requests, die im Hintergrund abgearbeitet werden, oft von großer Bedeutung. Nahezu alle modernen Browser verfügen über eine Entwicklerkonsole, die Sie beispielsweise mit F12 (in Chrome und Firefox) öffnen.

Die Ajax-Requests finden Sie dabei in der Regel im NETZWERK-Reiter der Entwicklerkonsole unter »XHR«. Beachten Sie hierbei, dass die Entwicklerkonsole schon geöffnet sein muss, bevor der fragliche Request gesendet wird – erst ab dann werden die Anfragen aufgezeichnet. Gegebenenfalls müssen Sie nach dem Öffnen der Konsole die Seite neu laden und den Fehler erneut provozieren, um die fraglichen Anfragen näher betrachten zu können.

18.6   Effektiver analysieren mit Xdebug

Die umfassendste Lösung zum Debuggen von PHP-Applikationen besteht darin, einen vollwertigen Debugger einzusetzen – also ein Programm, das in der Lage ist, PHP bei der Ausführung der Skripte zu beobachten und zu jedem beliebigen Punkt zu pausieren. Auf diese Weise können Sie nicht nur den exakten Programmfluss im Detail nachvollziehen. Sie können auch den Wert aller Variablen zu jedem Zeitpunkt analysieren, um das Fehlverhalten einzugrenzen.

Der wohl bekannteste Debugger ist *Xdebug*, eine Erweiterung für PHP, die in allen größeren Linux-Distributionen verfügbar ist. Unter Ubuntu beispielsweise müssen Sie dafür das Paket `php-xdebug` installieren.

In der Regel ist keine umfassende Konfiguration mehr notwendig. In der Datei */etc/php/apache2/conf.d/20-xdebug.ini* nehmen Sie folgende Einstellungen vor:

```
zend_extension=xdebug.so

xdebug.remote_enable=on
xdebug.remote_host=127.0.0.1
xdebug.remote_port=9000
xdebug.idekey=PhpStorm
```

Listing 18.3 Die Datei »/etc/php/apache2/conf.d/20-xdebug.ini«

In diesem Fall wird Xdebug so konfiguriert, dass Requests, die das Cookie XDEBUG_SES-SION=PHPSTORM gesetzt haben, analysiert werden sollen. Xdebug wird dazu eine Verbindung mit dem Remote-Host (hier: 127.0.0.1, weil es sich um eine lokale Umgebung handelt) und dem Port 9000 aufbauen. Läuft das Shopware-System auf einem anderen Rechner als dem lokalen PC, müssen Sie den Host entsprechend anpassen. Nach einem Neustart des Webservers ist Xdebug einsatzbereit.

Um das oben genannte Debug-Cookie komfortabel setzen und entfernen zu können, werden oft Browser-Erweiterungen wie *Xdebug Helper* eingesetzt. Wie Sie in Abbildung 18.2 sehen, lässt sich damit direkt aus dem Browser heraus das Debug-Cookie setzen. Dadurch ist der Debugger für die folgenden Requests aktiviert. Ebenso leicht können Sie den Debugger auch wieder deaktivieren.

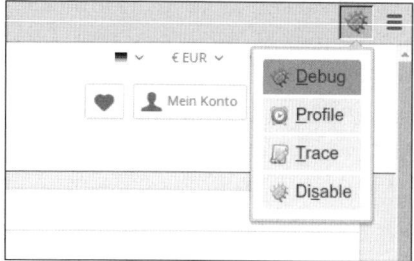

Abbildung 18.2 Xdebug Helper im Einsatz

Über einen Rechtsklick kann die Browser-Erweiterung dabei weiter konfiguriert werden: Dort können Sie dann etwa den IDE-Key (im Beispiel zuvor `PhpStorm`) sowie eine Tastenkombination zum Umschalten des Debuggers hinterlegen.

Auch das Debuggen von Konsolenskripten ist möglich. Dort greift aber natürlich die Browser-Erweiterung nicht. Sie können aber schlicht die Umgebungsvariable `XDEBUG_CONFIG="idekey=PhpStorm"` setzen, um Xdebug zu signalisieren, dass die folgenden PHP-Skripte vom Debugger analysiert werden sollen.

Auch die Konfiguration in *PhpStorm* ist denkbar einfach. In den Einstellungen der IDE finden Sie unter LANGUAGES & FRAMEWORKS • PHP • DEBUG die entsprechenden Informationen. Besonders wichtig ist in diesem Fall, dass der Xdebug-Port korrekt hinterlegt ist (9000) und dass externe Verbindungen erlaubt sind. Abbildung 18.3 zeigt die Konfiguration für das vorherige Beispiel.

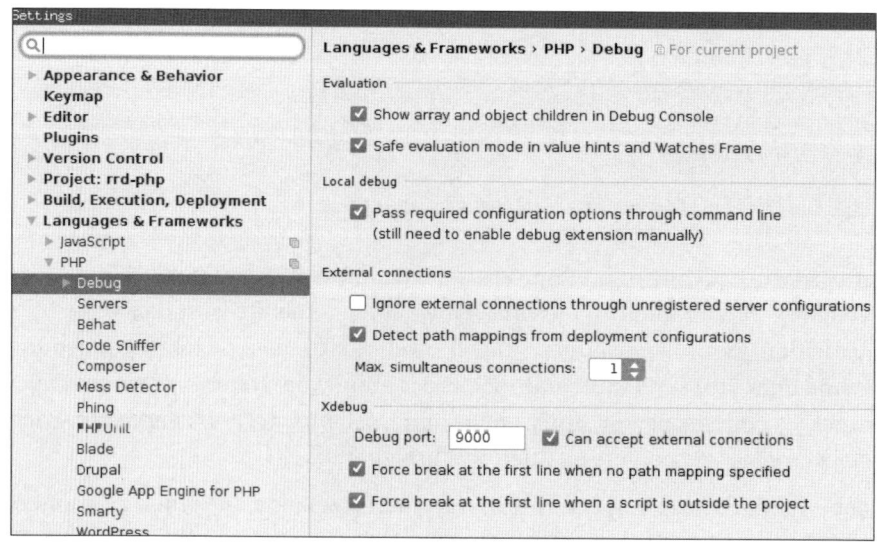

Abbildung 18.3 Xdebug-Konfiguration in PhpStorm

Nun können Sie mit dem Debugging beginnen. Im gezeigten Szenario soll ein Artikellisting analysiert werden: Werden alle Artikel des Listings hier korrekt verarbeitet? Dazu setzen Sie zunächst einen sogenannten *Breakpoint* in der Methode `getList` der Klasse `\Shopware\Bundle\StoreFrontBundle\Service\Core\ListProductService`.

Ein Breakpoint ist eine Zeile im Programm, bei der der Debugger anhalten soll – gewissermaßen der Einstiegspunkt in die Analyse. Abbildung 18.4 zeigt den Breakpoint ❷, den Sie in PhpStorm durch einen Linksklick links neben der betroffenen Zeile setzen können.

Im Bild sehen Sie auch den Knopf, mit dem PhpStorm beginnt, auf eingehende Verbindungen von Xdebug zu lauschen ❶: Nur wenn dieser Knopf aktiviert ist, funktioniert das Debugging.

Wenn Sie nun eine Artikellisting-Seite in Shopware aufrufen, wird der Browser kurz laden und dann anhalten – der Breakpoint ist erreicht. PhpStorm wird gegebenenfalls fragen, ob die eingehende Xdebug-Verbindung akzeptiert werden soll. Wenn Sie diese Frage bestätigen, öffnet sich unten in der IDE die Debug-Ansicht von PhpStorm.

Die Möglichkeiten im Debug sind sehr umfangreich. Im Hauptbereich des Fensters sehen Sie mindestens die beiden Bereiche FRAMES und VARIABLES. Unter FRAMES ist der bisherige Programmfluss zu sehen, sozusagen der »Weg«, den das Programm bis zu diesem Punkt genommen hat. Mit einem Klick auf eine Zeile können Sie zu der jeweiligen Klasse und Zeile springen und sie dort weiter analysieren.

Im Bereich VARIABLES sehen Sie jeweils die zurzeit zur Verfügung stehenden Variablen. Sie können sich also ein sehr genaues Bild vom Zustand des Programms verschaffen und dadurch Rückschlüsse auf mögliche Fehler ziehen. In Abbildung 18.4 sehen Sie beispielsweise die aktuell verarbeitete Produktnummer sowie die Liste `$numbers`, die alle angefragten Produktnummern enthält ❸.

In der Werkzeugleiste über den Bereichen kontrollieren Sie den weiteren Programmfluss. Durch Klicks auf die entsprechenden Knöpfe läuft das Programm weiter bis zum nächsten Methodenaufruf, bis zur nächsten Zeile oder bis zur Position des Cursors in der IDE. Der Debugger erlaubt es also nicht nur, das Programm an einer bestimmten Stelle anzuhalten, Sie können auch Schritt für Schritt den weiteren Verlauf des Programms beobachten und zu jedem Zeitpunkt den Wert aller Variablen einsehen. Im Falle einer Produktliste könnten Sie so also prüfen, warum ein bestimmtes Produkt nicht in der Ergebnisliste erscheint.

Insgesamt ist die Einrichtung eines Debuggers gerade für das Entwicklungssystem immer sehr empfehlenswert: Er erleichtert das Nachvollziehen des Programmflusses und ist damit gerade für Shopware-Einsteiger eine wertvolle Hilfe, wenn das eigene Plugin einmal nicht so funktioniert wie geplant.

18

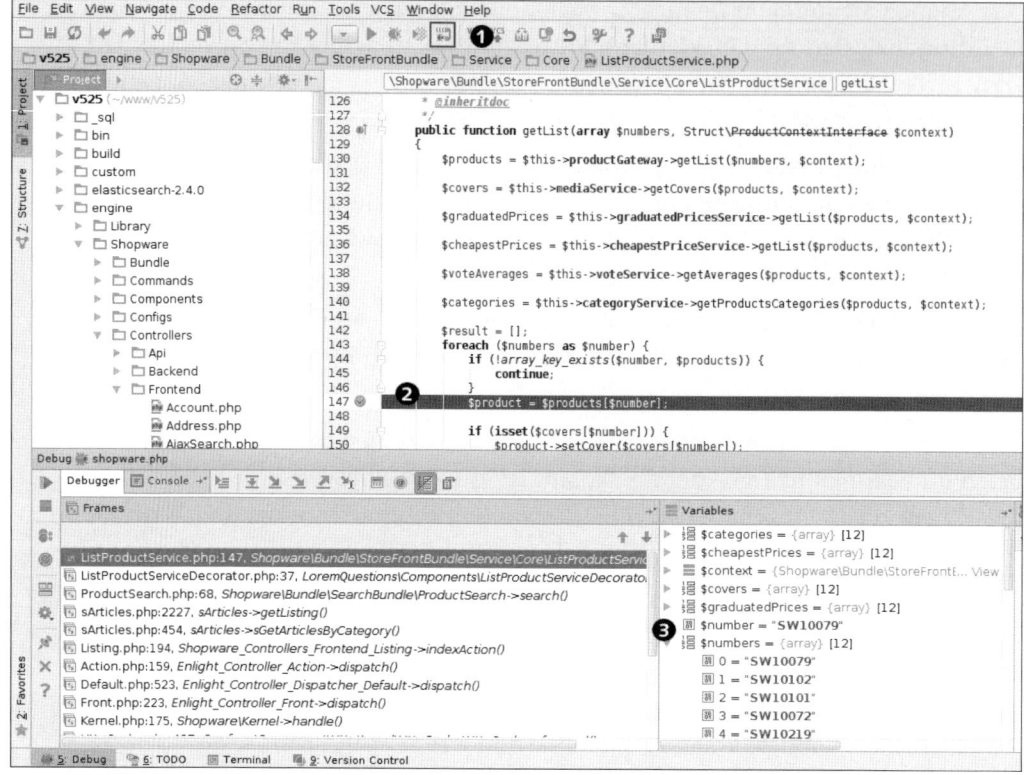

Abbildung 18.4 Der Debugger im Einsatz

Kapitel 19
Automatisierte Tests

Durch automatisierte Tests wird die wunschgemäße Funktionalität von Software ohne menschliche Interaktion sichergestellt. Sie können somit nach jeder Änderung an Ihrer Software gewährleisten, dass bestehende Funktionen durch die Anpassung nicht gebrochen wurden.

Häufig werden unterschiedliche Arten von Tests unterschieden: Während *funktionale Tests* eher ganzheitlich ausgerichtet sind und beispielsweise sicherstellen, dass nach einem Klick auf den Warenkorb-Knopf ein Artikel zu einem bestimmten Preis tatsächlich im Warenkorb vorhanden ist, zielen *Integrationstests* eher auf das Zusammenspiel mehrerer Klassen und Methoden ab. *Unittests* wiederum prüfen nur eine funktionale Einheit des Programms – etwa eine Methode. Mit *PHPUnit* gibt es in der PHP-Welt seit Langem einen De-facto-Standard für das Schreiben von Unittests. Die Grenzen zwischen Integrationstests, funktionalen Tests und Unittests sind in der Praxis oft fließend. Im Folgenden zeige Ich Ihnen, wie Sie PHPUnit nutzen, um Shopware-Plugins zu testen.

Viele Einsteiger tun sich mit dem Testing auch deshalb schwer, weil die meisten Plugins natürlich starke Abhängigkeiten zu Shopware aufweisen. Es genügt also oft nicht nur, eine bestimmte Klasse zu instanziieren und dann das Resultat einer Methode zu testen. Häufig werden Sie mit Ihrem Code Shopware erweitern und müssen dann das Zusammenspiel von Shopware und Plugin überprüfen. Auch dies ist aber leicht möglich.

Der Mehraufwand, der durch das Testing scheinbar entsteht, rechnet sich in aller Regel mehrfach: Sie können nicht nur vollautomatisiert Ihre Plugins prüfen, Sie können die Tests auch während der Entwicklung nutzen, um Ihre Vorgehensweise und Ihren Code zu prüfen. Anstatt also den Preis im Warenkorb immer wieder durch Aufrufe der Warenkorbseite umständlich zu testen, können Sie den Unittest auch während der Entwicklung nutzen, um kurz sicherzustellen, dass Sie auf dem richtigen Weg sind. Dabei »zwingt« der Unittest Sie zur sauberen Programmierung, denn große, unüberschaubare Klassen lassen sich in der Regel auch nur umständlich testen. Gleiches gilt für Code mit vielen Abhängigkeiten. Wenn Sie beim Entwickeln also auch daran denken, wie Sie den Programmcode im nächsten Schritt testen wollen, werden Sie sich zum sauberen Arbeiten zwingen.

```
namespace LoremTests;

use Shopware\Bundle\StoreFrontBundle\Service\ContextServiceInterface;

class LoremTests extends \Shopware\Components\Plugin
{
    public static function getSubscribedEvents()
    {
        return [             'Shopware_Modules_Basket_getPriceForUpdateArticle_
            FilterPrice' => 'onFilterPrice'
        ];
    }

    public function onFilterPrice(\Enlight_Event_EventArgs $args)
    {
        $price = $args->getReturn();

        $dic = $this->container;
        /** @var PriceCalculator $calculator */
        $calculator = $dic ->get('lorem_tests.price_calculator');
        /** @var ContextServiceInterface $context */
        $context = $dic->get('shopware_storefront.context_service');

        $price['price'] = $calculator->calculate(
            $price['price'],
            $context->getShopContext()->
                getCurrentCustomerGroup()->getKey()
        );

        $args->setReturn($price);
    }
}
```

Listing 19.1 Die Datei »custom/plugins/LoremTests/LoremTests.php«

Dieses einfache Plugin greift das Beispiel zum Überschreiben von Preisen im Warenkorb auf. Im Event-Callback wird also jeweils der Preis einer Artikelposition überschrieben. Die entsprechende Logik liegt aber nicht direkt im Callback. Dieser fungiert lediglich als Schnittstelle zwischen Shopware und Ihrer Plugin-Logik, die in eigene, kleine Services ausgelagert sein sollte. Dadurch wird auch das Testen deutlich einfacher, da Sie andernfalls das \Enlight_Event_EventArgs-Objekt erzeugen müssten. Im Callback werden also lediglich die aktuelle Kundengruppe sowie der aktuelle Preis ausgelesen und an den PriceCalculator zur Verarbeitung übergeben. Das

Ergebnis wird dann als neuer Preis gesetzt. Die Registrierung des PriceCalculators erfolgt wie gehabt in der *services.xml*:

```xml
<?xml version="1.0" ?>

<container xmlns="http://symfony.com/schema/dic/services"

          xsi:schemaLocation="http://symfony.com/schema/dic/services
              http://symfony.com/schema/dic/services/services-1.0.xsd">

    <services>
        <service id="lorem_tests.price_calculator" class="LoremTests\
            PriceCalculator">
            <argument type="service" id="models" />
        </service>
    </services>
</container>
```

Listing 19.2 Die Datei »custom/plugins/LoremTests/Resources/services.xml«

Der PriceCalculator selbst ist hier zu Anschauungszwecken sehr simpel gehalten. In der Praxis hätten Sie womöglich noch eine Abhängigkeit auf die Datenbank, um die Preisregeln auszulesen.

```php
<?php

namespace LoremTests;

class PriceCalculator
{
    public function calculate($price, $customerGroup)
    {
        if ($customerGroup != 'EK' && $customerGroup != 'H') {
            throw new \InvalidArgumentException
                ("Unknown group {$customerGroup}");
        }

        if ($price > 100 && $customerGroup == 'EK') {
            return $price / 1.10;
        }

        if ($price > 10 && $customerGroup == 'H') {
            return $price / 1.10;
        }
```

19

```
        return $price;
    }
}
```

Listing 19.3 Die Datei »custom/plugins/LoremTests/PriceCalculator.php«

Der PreisCalculator räumt der Kundengruppe EK einen Rabatt von 10 Prozent für Preise ab 100 EUR (netto) ein. Kunden der Gruppe H erhalten diesen Rabatt ab 10 EUR. Für unbekannte Kundengruppen wird ein Fehler ausgelöst.

So einfach die Logik ist, so kritisch ist sie natürlich für den Shopbetreiber. Ich zeige Ihnen nun, wie Sie sicherstellen, dass die Regeln wie gewünscht greifen. Dazu müssen Sie nicht den gesamten Shopware-Stack testen. Es würde im Nachgang ein funktionaler Test genügen, der das Zusammenspiel sicherstellt. In diesem Beispiel testen Sie zunächst die Preiskalkulation selbst:

```xml
<?xml version="1.0" encoding="UTF-8"?>

<phpunit bootstrap="./../../../tests/Functional/bootstrap.php">
    <testsuite name="LoremTests">
        <directory>tests</directory>
    </testsuite>
</phpunit>
```

Listing 19.4 Die Datei »custom/plugins/LoremTests/phpunit.xml«

In der *phpunit.xml* konfigurieren und initialisieren Sie den Test, sodass Sie im Test Zugriff auf den Shopware-Stack haben. Dafür gibt es in Shopware eine Standard-Datei (eine sogenannte *Bootstrap*-Datei). Fortgeschrittene Entwickler können aber auch eine eigene Bootstrap-Datei hinterlegen, die weitere Aufgaben übernimmt. Der eigentliche Test wird dann in Form einer einfachen PHP-Klasse umgesetzt:

```php
class PriceCalculatorTest extends Shopware\Components\Test\Plugin\TestCase
{
    protected static $ensureLoadedPlugins = array(
        'LoremTests' => [
            // 'my_config' => '123'
        ]
    );

    /**
     * @expectedException \InvalidArgumentException
     */
    public function testInvalidGroupThrowsException()
    {
```

```php
    $calculator = new \LoremTests\PriceCalculator();

    $calculator->calculate(1000, 'F');
}

public function testDiscountForEK()
{
    $calculator = new \LoremTests\PriceCalculator();

    $result = $calculator->calculate(99, 'EK');
    $this->assertEquals(99, $result, '', 0.001);

    $result = $calculator->calculate(115, 'EK');
    $this->assertEquals(115 / 1.10, $result, '', 0.001);
}

public function testDiscountForH()
{
    $calculator = new \LoremTests\PriceCalculator();

    $result = $calculator->calculate(5, 'H');
    $this->assertEquals(5, $result, '', 0.001);

    $result = $calculator->calculate(11, 'H');
    $this->assertEquals(11 / 1.10, $result, '', 0.001);
}

public function provider()
{
    return [
        [99, 99, 'EK'],
        [101 / 1.1, 101, 'EK'],
        [17 / 1.1, 17, 'H'],
    ];
}

/**
 * @dataProvider provider
 */
public function testPriceMatrix($expected, $price, $group)
{
    $calculator = new \LoremTests\PriceCalculator();
```

19

```
            $result = $calculator->calculate($price, $group);
            $this->assertEquals($expected, $result, '', 0.001);
        }


    }
```

Listing 19.5 Die Datei »custom/plugins/LoremTests/tests/PriceCalculatorTest.php«

Jedes Plugin kann beliebig viele Testklassen beinhalten. Es empfiehlt sich, pro zu tes-tender Klasse oder zumindest für jeden zusammenhängenden Teilbereich eigene Testklassen zu hinterlegen.

Durch die Ableitung von Shopware\Components\Test\Plugin\TestCase können Sie in der Eigenschaft $ensureLoadedPlugins sicherstellen, dass Ihr Plugin innerhalb von Shopware auch tatsächlich aktiviert ist. Alle hier genannten Plugins werden also vor der Ausführung der Tests installiert und aktiviert. Falls Konfigurationen übergeben wurden, werden diese gesetzt, sodass Sie direkt auch unterschiedliche Konfigurations-optionen testen könnten, falls das Plugin Konfigurationsmöglichkeiten bereitstellt.

Alle Tests erhalten das Präfix test – nur dann werden sie von PHPUnit als Tests erkannt und entsprechend behandelt. Der erste Test, testInvalidGroupThrowsExcep-tion, testet den PriceCalculator mit einer ungültigen Kundengruppe. Hier müsste nun eine Exception ausgelöst werden. Dies prüfen Sie, indem Sie die entsprechende Annotation @expectedException setzen. PHPUnit wird den Test dann ausführen – und als erfolgreich kennzeichnen, wenn die Fehlermeldung ausgelöst wird. Gibt es die erwartete Fehlermeldung nicht, gilt der Test als »failed«: Etwas stimmt nicht.

Die beiden Methoden testDiscountForEK sowie testDiscountForH testen jeweils einen nicht rabattfähigen und einen rabattfähigen Preis für die Kundengruppen EK und H. Durch den Aufruf von $this->assertEquals können Sie prüfen, ob das erwartete Ergebnis zum tatsächlichen Ergebnis passt. PHPUnit wird abhängig vom Ergebnis den Test dann als erfolgreich oder gescheitert markieren.

Wenn Sie nun aus Unachtsamkeit den PriceCalculator so verändern, dass die Kun-dengruppe EK immer einen Rabatt bekommt, wird der Test fehlschlagen. Die Methode assertEquals kennen neben dem erwarteten und dem tatsächlichen Wert eine Reihe weiterer Parameter. So können Sie auch eine Fehlermeldung definieren, die ausgegeben wird, falls der Test fehlschlägt. Außerdem können Sie eine Toleranz angeben, die beim Vergleich der Werte angelegt wird: Dies ist besonders bei Fließ-kommazahlen notwendig, da diese nicht bis auf die letzte Stelle genau sind.

Im letzten Beispiel zeige ich Ihnen, wie Sie viele ähnlich aufgebaute Testdaten verar-beiten können. Die @dataProvider-Annotation »füttert« die Methode testPriceMa-trix mit den Daten, die die Methode provider generiert. Die Daten in den Arrays werden dabei jeweils als Methodenparameter übergeben, in diesem Fall also als erwarteter Preis, als zu rabattierender Preis sowie als Kundengruppe. In der Methode `testPriceMatrix` müssen Sie auf diesen Werten lediglich den passenden Assert vornehmen – und haben direkt mehrere Werte getestet.

Grundsätzlich kennt PHPUnit eine Reihe von Assert-Anweisungen, mit denen unterschiedliche Sachverhalte getestet werden können. Außer auf Gleichheit können Sie auch darauf testen, dass ein Ergebnis bestimmte Werte beinhaltet, einen bestimmten Datentyp hat oder von einer bestimmten Klasse ableitet. Hier empfiehlt sich auf jeden Fall ein Blick in die PHPUnit-Dokumentation. Dort sind viele Möglichkeiten und Vorgehensweisen ausführlich geschildert. Sie finden die Dokumentation unter *https://phpunit.de/manual/current/*.

Ihre Tests können Sie über die Konsole aus Ihrem Plugin-Verzeichnis heraus bequem ausführen, da Shopware PHPUnit mit ausliefert:

```
$ ../../../vendor/bin/phpunit
PHPUnit 5.4.8 by Sebastian Bergmann and contributors.

......                                  6 / 6 (100%)

Time: 281 ms, Memory: 28.00MB
OK (6 tests, 8 assertions)
```

Jeder Punkt in der Ansicht steht für einen ausgeführten Test. Schlägt ein Test fehl, wird er beispielsweise mit einem F gekennzeichnet und Sie erhalten die Information, welcher Test aus welchen Gründen fehlgeschlagen ist. Dann sollten Sie entweder den Test oder die getestete Klasse anpassen, abhängig davon, wo der Fehler liegt.

19

Das Testen während der Entwicklung und vor dem Committen von Änderungen ist für den Entwickler sehr hilfreich. Wenn Sie mehrere Plugins haben oder mit vielen Entwicklern zusammenarbeiten, macht aber auch das vollautomatische Testen über einen Integrationsserver Sinn: Je nach Konfiguration würde dieser nach jeder Änderung auf dem Entwicklungszweig im Hintergrund eine Shopware-Instanz mit dem Plugin aufsetzen und die Tests ausführen. So stellen Sie beispielsweise sicher, dass Ihre Entwicklung nicht mit den Anpassungen anderer Entwickler im Team kollidiert.

Bedenken Sie auch, dass Sie in den Tests Vollzugriff auf den Shopware-Stack haben. Sobald der `PriceCalculator` einige Abhängigkeiten erhält, können Sie ihn aus dem DI-Container laden:

```
Shopware()->Container()->get('lorem_tests.price_calculator');
```

So ist auch sichergestellt, dass die Service-Definition korrekt ist und in Shopware auch so zur Verfügung steht. Auf gleiche Weise können Sie auch auf andere Core-Services zugreifen, etwa auf den `ListProductService`, um zu testen, ob Ihr `ListProduct`-Service-Decorator wie gewünscht arbeitet.

Anhang A
Glossar

ACL (Access Control List) Benutzerbasierte Regeln für die Zugriffssteuerung im Backend.

Ajax (Asynchronous JavaScript and XML) Erlaubt es, asynchron Daten zwischen Browser und Server zu übertragen, beispielsweise um die bereits dargestellte Webseite im Nachgang noch dynamisch zu modifizieren.

APCu PHP-Erweiterung, die das effiziente Caching von Daten erlaubt.

Attribut (HTML) Zusätzliche Information, die ein Tag weiter konfiguriert.

Attribut (Shopware) Bezeichnet in Shopware zusätzliche Merkmale von Entitäten, die über eigens dafür vorgesehene Tabellen persistiert werden. Freitextfelder werden in Form von Attributen abgebildet, nicht jedes Attribut muss aber in Frontend oder Backend einsehbar sein.

Backend Bezeichnung des Shopware-Administrationsbereichs. Bezeichnet häufig aber auch die Serverseite einer Applikation, beispielsweise die Datenbank oder PHP.

Cache Zwischenspeicher, der verhindert, dass bestimmte, aufwendige Operationen öfter als nötig durchgefürt werden. Wird das Gesamtergebnis einer Seite gecacht, spricht man auch von einem *HTTP-Cache*.

Cache-Hit-Rate Relativer Anteil von Anfragen, die aus dem Cache beantwortet werden kann. Je höher die Cache-Hit-Rate ist, desto weniger Ressourcen werden zur Verarbeitung der Anfragen benötigt.

Cache-Invalidierung Markiert ein gecachtes Ergebnis als veraltet und erzwingt damit eine Neuberechnung. Shopware stellt so beispielsweise sicher, dass bei Preisänderungen die betroffenen Seiten neu berechnet werden.

Cache-Laufzeit Bestimmt, wie lange ein Ergebnis zwischengespeichert werden darf, bevor es neu angefragt werden muss.

CC0 Creative-Commons-Lizenz, mit der der Urheber das Werk als gemeinfrei markiert.

Composer Paketverwaltung für PHP.

Cronjob System zur zeitbasierten Ausführung wiederkehrender Aufgaben. Beispiel: Versand von Geburtstagsnachrichten jeden Tag um 14 Uhr.

CSRF-Token Sicherheitstechnik, die verhindert, dass Angreifer Aktionen wie das Absenden von Formularen im Kontext eines Benutzers durchführen können. Oftmals durch versteckte Formularfelder mit zufälligem Wert umgesetzt.

CSS (Cascading Style Sheets) Gestaltungssprache, um das Erscheinungsbild beispielsweise von Webseiten zu definieren.

Data-Attribut Erlaubt das Hinterlegen von benutzerdefinierten Informationen an beliebigen HTML-Knoten. Wird in Shopware oftmals im Zusammenspiel mit der JavaScript-Plugin-Basis genutzt, um auf diese Informationen bequem zuzugreifen.

Deployment Verteilung einer Software auf die dafür vorgesehenen Systeme.

DSL (Domain Specific Language) Eine für einen speziellen Aufgabenbereich geschaffene Sprache. Beispiel: Ein regulärer Ausdruck ist eine DSL zur Beschreibung von Zeichenketten.

Elasticsearch Dokumentbasierter Suchserver, der seine Stärke im Suchen und Filtern großer Datenmengen hat.

Entität Ein bedeutungtragendes Element im Datenmodell. Beispiel: Artikel, Kunden oder Bestellung.

ESI (Edge Side Includes) Eine Auszeichnungs-
sprache, mit der Sie eine Webseite in mehrere
Bausteine mit unterschiedlichen Cache-Lauf-
zeiten unterteilen können.

Freitextfeld Frei definierbares Zusatzfeld,
durch das der Kunde zusätzliche Informationen
für Artikel, Endkunden oder Bestellungen
pflegen kann. Ähnlicher Begriff: *Attribut*.

Frontend In Shopware die Benutzeroberfläche
des Shops, wie sie sich dem Kunden präsentiert.

Git Populäres, dezentrales Versionskontrollsystem, das den Quellcode einer Applikation
versioniert vorhält.

GitHub Dienstanbieter, der das Hosting von
Git-Repositorys bereitstellt.

HTTP-Cache Cache, der in der Regel je URL die
gesamte Antwort zu einer Anfrage zwischen-
speichert.

**IDE (Integrated Development Environment,
dt. Integrierte Entwicklungsumgebung)**
Sammlung von Anwendungen, die das Entwickeln von Software erleichtern sollen.

Less Sprache zum effizienteren Schreiben von
CSS-Style-Informationen. Erlaubt beispielsweise das Verschachteln von Selektoren oder
das Verwenden von Variablen.

Media-Query Erlaubt es, in CSS3 Selektoren
zu definieren, die beispielsweise die Gerätegröße beinhalten. Hilfreich für das Erzeugen
von responsiven Webseiten.

MIT Freie Software-Lizenz, die die Nutzung des
Quellcodes sowohl für freie als auch für nicht
freie Software gestattet.

Mocken Bezeichnet ein Vorgehen im Testing,
bei dem eine Klasse gegen ein Double ausgetauscht wird, um bestimmte Annahmen und
Verhaltensweisen testen zu können.

MVC-Pattern (Model–View–Controller) Verbreitetes Architekturmuster, bei dem in der Applikation zwischen Ausgabe, Datenmodell und
verbindendem Controller unterschieden wird.

New BSD Freie Softwarelizenz.

on-premises Eigenverantwortlicher Betrieb
von Software auf eigenen Servern.

PhpMyAdmin Webanwendung zur Administration von MySQL-Datenbanken.

PSR 1 (PHP Standard Recommendation 1) Weit
verbreiteter Standard für das Schreiben von
Programmen in PHP.

PSR 2 (PHP Standard Recommendation 2) Weit
verbreiteter Standard für das Formatieren von
PHP-Programmcode.

Pull-Request Anfrage bzw. Antrag auf das Übernehmen einer Änderung am Quellcode.

Repository: (Doctrine) PHP-Klasse, die für das
Laden von Entitys verantwortlich ist.

Repository (GIT) Ein Projektarchiv, das den
Quellcode eines Programms oder Projekts beinhaltet.

Responsive Design Gestalten von Webseiten,
sodass sie Besonderheiten von verschiedenen
Endgeräten wie Smartphones, Tablets oder PCs
berücksichtigen.

**SEO (Search Engine Optimization, dt. Suchma-
schinenoptimierung)** Maßnahmen zur Opti-
mierung einer Webseite hinsichtlich guter Plat-
zierung und Auffindbarkeit in Suchmaschinen.

SSH (Secure Shell) Protokoll zum Herstellen
einer verschlüsselten Netzwerkverbindung zu
einem Server. Erlaubt beispielsweise das Steuern des Servers über die Kommandozeile.

Tag Oftmals automatisiert auswertbare
Anreicherung eines Datenbestandes mit be-
stimmten Informationen. So dient ein Tag im
Dependency Injection Container dazu, einen
Service einer bestimmten Funktionsgruppe
zuzuordnen.

Template Vorlage, die das Aussehen, die Glie-
derung und Bestandteile einer Webseite definiert.

Theme (dt. Thema) Gesamtheit der gestalterischen Elemente und Einstellungen, die das Aussehen und Verhalten des Shop-Frontends betreffen.

Unittest Automatisierter Test für eine funktionale Einheit des Programmcodes.

Vagrant Anwendung zur Verwaltung virtueller
Maschinen.

Varnish Cache-Server, der vor eine oder mehrere Shopware-Instanzen geschaltet werden
kann, um häufig abgefragte Seiteninhalte zwi-
schenzuspeichern.

Anhang B
Übersicht über IDEs, Events, Konsolen-kommandos und die Datenbankstruktur

B.1 PHP-IDEs

Auch wenn es grundsätzlich möglich ist, PHP mit einem einfachen Texteditor zu entwickeln, stellen IDEs in der Praxis doch eine enorme Erleichterung dar. Funktionen wie Code-Formatierungen, Autovervollständigungen, Indexierung des Projekts zum schnellen Auffinden von Klassen und Methoden, die Integration von GIT und anderen Versionskontrollsystemen sowie Syntaxformatierungen und Syntaxprüfungen gehören heute bei vielen Programmen schon zum Standard. Gerade die Integration von anderen Tools und Services – wie Composer, Vagrant, PHPUnit etc. – kann dabei (je nach Arbeitsweise) einen großen Mehrwert bieten.

B.1.1 PhpStorm

Seite:	*www.jetbrains.com/phpstorm*
Beschreibung:	PhpStorm ist sicher eine der verbreitetsten IDEs in der PHP-Welt. Gerade auf PHP-Konferenzen habe ich immer wieder den Eindruck gewonnen, dass PhpStorm sich zu einem De-facto-Standard für professionelle PHP-Entwickler entwickelt hat. Für PhpStorm gibt es eine Shopware-spezifische Erweiterung, die Autovervollständigungen und Code-Generierung für Shopware bereitstellt.
Plattformen:	Windows, macOS, Linux
Preis:	ab 199 EUR

B.1.2 NetBeans

Seite:	*https://netbeans.org/features/php/*
Beschreibung:	Auch für die bekannte NetBeans-Plattform gibt es eine PHP-Integration, die sehr populär ist und manchen als die beste freie IDE gilt.

Plattformen:	plattformunabhängig
Preis:	kostenlos, freie Software

B.1.3   Eclipse PDT

Seite:	*https://eclipse.org/pdt*
Beschreibung:	Eine PHP-Entwicklungsumgebung auf der Eclipse-Plattform.
Plattformen:	plattformunabhängig
Preis:	kostenlos, freie Software

B.1.4   Zend Studio

Seite:	*www.zend.com/de/products/studio*
Beschreibung:	Zend Studio stammt aus demselben Haus wie PHP selbst und ist eng an den Zend Server angebunden.
Plattformen:	plattformunabhängig
Preis:	ab 178 EUR

B.1.5   Texteditoren

Nicht immer muss es eine hochintegrierte Entwicklungsumgebung sein. Wenn Sie eher schlankere Editoren bevorzugen, finden Sie mit *Atom*, *Sublime Text* oder *VIM* (für Konsolenfreunde) Texteditoren, die hervorragend zum Entwickeln geeignet sind.

B.2   Übersicht über wichtige Shopware-Events

B.2.1   Globale Events: Dispatching in zeitlicher Reihenfolge

Die ersten Namensbestandteile eines Events bezeichnen die ausführende Klasse (beispielsweise `Enlight_Controller_Front`).

Event	Besonderheit
`Enlight_Controller_Front_StartDispatch`	Erstes Event im Front-Controller, keine Routing-Informationen verfügbar.
`Enlight_Controller_Front_RouteStartup`	Vor dem Routing, keine Routing-Informationen verfügbar.
`Enlight_Controller_Front_RouteShutdown`	Nach dem Routing, erstes Event mit Routing-Informationen.
`Enlight_Controller_Front_DispatchLoopStartup`	Event vor dem Einstieg in den Dispatch-Loop.
`Enlight_Controller_Front_PreDispatch`	Erstes Event im Dispatch-Loop. Wird in jeder Iteration ausgelöst.
`Enlight_Controller_Dispatcher_ControllerPath_MODULE_CONTROLLER`	Event zum Ermitteln eines Controllers. Kann auch zum Überschreiben von Standard-Controllern genutzt werden.

`Enlight_Controller_Action_PreDispatch`
`Enlight_Controller_Action_PreDispatch_MODULE`
`Enlight_Controller_Action_PreDispatch_MODULE_CONTROLLER`
	Die PreDispatch-Events eigenen sich besonders, um Parameter zu bearbeiten oder Umleitungen vorzunehmen.

`Enlight_Controller_Action_PostDispatchSecure_MODULE_CONTROLLR`
`Enlight_Controller_Action_PostDispatchSecure_MODULE`
`Enlight_Controller_Action_PostDispatchSecure`
	PostDispatchSecure-Events werden nur ausgelöst, wenn keine Exception aufgetreten ist und ein Template gerendert wurde.

`Enlight_Controller_Action_PostDispatch_MODULE_CONTROLLER`
`Enlight_Controller_Action_PostDispatch_MODULE`
`Enlight_Controller_Action_PostDispatch`
	PostDispatch-Events werden auch ausgeführt, wenn kein Template vorhanden ist oder eine Exception aufgetreten ist.

`Enlight_Controller_Front_PostDispatch`	Letztes Event im DispatchLoop. Wird nach jeder Iteration ausgelöst.
`Enlight_Controller_Front_DispatchLoopShutdown`	Letztes Event im Front-Controller. Nach Verbeitung des DispatchLoops.

B.2.2   Globale Events: Allgemein

Die nachfolgende Tabelle zeigt Events mit Bezug auf den DI-Container

Event	Besonderheit
Enlight_Bootstrap_InitResource_ SERVICE_NAME	Wird ausgelöst, wenn ein noch nicht bekannter Service im DI-Container angefragt wird. Gibt ein Event-Callback eine Instanz einer Klasse zurück, wird diese als der fragliche Service registriert.
Enlight_Bootstrap_AfterInitResource_ SERVICE_NAME	Wird ausgelöst, nachdem ein neuer Service erzeugt und registriert wurde. Kann genutzt werden, um diesen Service zu dekorieren oder zu ersetzen.
Enlight_Bootstrap_AfterRegisterResource_ SERVICE_NAME	Wird ausgelöst, wenn ein Service ersetzt wird (mit set auf dem DIC).

B.2.3   Application Events

Die Namen der Application-Events beinhalten in aller Regel den Namen der Klasse, die das Event auslöst. Grundsätzlich kann Shopware schnell nach diesen Event-Namen durchsucht werden. Dort finden sich auch Informationen zu übergebenen Parametern. Die folgende List stellt eine Auswahl wichtiger Events dar. Wie weitere Events gefunden werden, habe ich in Abschnitt 5.2.6 geschildert.

Cache

▶ Shopware_Plugins_HttpCache_ClearCache: Stößt die Cache-Invalidierung an.

▶ Shopware_Plugins_HttpCache_InvalidateCacheId: Cache-Invalidierung für einen einzelnen Artikel / eine Kategorie / eine Einkaufswelt auslösen.

Themes

▶ Theme_Compiler_Collect_Plugin_Javascript

▶ Theme_Compiler_Collect_Plugin_Less

Registrierung

▶ Shopware_Modules_Admin_SaveRegister_Successful: Ein Benutzer hat sich registriert.

▶ Shopware_Modules_Admin_SaveRegisterSendConfirmation_Start: Vor dem Versenden der Registrierbestätigungsmail. Abbruch möglich.

▶ `Shopware_Modules_Admin_SaveRegisterSendConfirmation_BeforeSend`: **Vor dem Senden der Registrierbestätigungsmail, Modifikation des Mail-Objekts möglich.**

Validierung

▶ `Shopware_Modules_Admin_CheckUser_Start`: **Benutzer soll validiert werden. Abbruch möglich.**

▶ `Shopware_Modules_Admin_CheckUser_Successful`: **Benutzersession wurde erfolgreich validiert, Session ist gültig. Erfolgt auf allen Seiten im Benutzerbereich und Warenkorb.**

▶ `Shopware_Modules_Admin_CheckUser_Failure`: **Benutzersession ungültig.**

▶ `Shopware_Controllers_Frontend_Register_CustomerGroupRegister`: **Kunde bekommt im Registrierungsprozess eine Kundengruppe zugewiesen.**

Login

▶ `Shopware_Modules_Admin_Login_Start`: **Benutzer will sich einloggen. Abbruch möglich.**

▶ `Shopware_Modules_Admin_Login_Successful`: **Benutzer hat sich erfolgreich eingeloggt.**

▶ `Shopware_Modules_Admin_Login_Failure`: **Benutzer konnte nicht erfolgreich eingeloggt werden.**

▶ `Shopware_Modules_Admin_Regenerate_Session_Id`: **Neugenerierung der Session-ID. Erfolg nach Logins, relevant für Plugins, die die aktuelle Session-ID des Nutzers verarbeiten.**

StoreFront-Komponenten/Listings

▶ `Shopware_SearchBundle_Create_Listing_Criteria`

▶ `Shopware_SearchBundle_Create_Ajax_Search_Criteria`

▶ `Shopware_SearchBundle_Create_Ajax_Listing_Criteria`

▶ `Shopware_SearchBundle_Create_Ajax_Count_Criteria`

Shopware hat das Basis-Criteria-Objekt für bestimmte Listen bzw. Suchen erzeugt. Das Basis-Criteria-Objekt kann nun angepasst werden.

▶ `Shopware_Modules_Articles_sGetArticlesByCategory_Start`: **Artikelliste wird geladen. Abbruch möglich.**

▶ `Shopware_Modules_Articles_sGetProductByOrdernumber_Start`

▶ `Shopware_Modules_Articles_GetPromotionById_Start`: **Produktinformationen für einen konkreten Artikel werden geladen. Abbruch möglich.**

▶ `Shopware_SearchBundle_Collect_Criteria_Request_Handlers`

- ► Sammelt `CriteriaRequestHandler`. Diese sind dafür zuständig, abhängig von einem Request Facetten und Conditions für Listings zu generieren.

- ► `Shopware_SearchBundleDBAL_Collect_Sorting_Handlers`

- ► `Shopware_SearchBundleDBAL_Collect_Condition_Handlers`

- ► `Shopware_SearchBundleDBAL_Collect_Facet_Handlers`

- ► Sammelt `Sorting-`, `Condition-` und `FacetHandler` für das DBAL-Backend.

- ► `Shopware_SearchBundleES_Collect_Handlers`

- ► Sammelt `Sorting-`, `Condition-` und `FacetHandler` für das Elasticsearch-Backend.

Plugins

- ► `Shopware_Plugin_PreInstall`

- ► `Shopware_Plugin_PostInstall`

- ► `Shopware_Plugin_PreUninstall`

- ► `Shopware_Plugin_PostUninstall`

- ► `Shopware_Plugin_PreUpdate`

- ► `Shopware_Plugin_PostUpdate`

Diese Events werden vor bzw. nach der Installation, Aktualisierung oder Deinstallation von Plugins ausgeführt

Warenkorb

- ► `Shopware_Modules_Basket_AddArticle_CheckBasketForArticle`: Shopware prüft, ob ein Artikel bereits im Warenkorb liegt und zusammengeführt warden kann oder ob es sich um eine separate Warenkorb-Position handelt. Durch Modifikation des Querybuilders kann das Verhalten gesteuert werden.

- ► `product_stock_was_changed`: Die Anzahl eines Artikels im Warenkorb wurde modifiziert.

- ► `Shopware_Modules_Order_SendMail_BeforeSend`: Bestellabschluss, vor Versenden der Bestellbestätigungsmail. Modifikation möglich.

- ► `Shopware_Modules_Order_SendMail_Create`: Bestellabschluss, vor Erzeugen der Bestellbestätigungsmail. Hier kann alternativ ein eigenes Mail-Objekt übergeben werden.

- ► `Shopware_Modules_Order_SendMail_Send`: Bestellbestätigungsmail soll versendet warden. Abbruch möglich.

- ► `Shopware_Controllers_Backend_OrderState_Send_BeforeSend`: Statusänderung einer Bestellung im Backend. Modifikation der Mail möglich.

- ► `Shopware_Controllers_Backend_OrderState_Notify`: Statusänderung im Backend.

- ▶ `Shopware_Modules_Basket_AddVoucher_Start`: Gutschein wird hinzugefügt. Abbruch möglich.

- ▶ `Shopware_Modules_Basket_sGetBasket_AllowEmptyBasket`: Warenkorbwert ist kleiner oder gleich null. Im Standard wird Shopware den Warenkorb als »leer« anzeigen, um versehentliches kostenloses Verkaufen zu verhindern. Durch das Event kann das Verhalten übersteuert werden.

- ▶ `Shopware_Modules_Basket_UpdateArticle_Start`: Artikelmenge wird aktualisiert. Abbruch möglich.

- ▶ `Shopware_Modules_Basket_AddArticle_Start`: Artikel wird in den Warenkorb gelegt. Abbruch möglich.

- ▶ `Shopware_Modules_Admin_Execute_Risk_Rule_XYZ`: Die Risikoregel XYZ soll verarbeitet werden. Neue Regeln können hier implementiert und bestehende Regeln können überschrieben werden.

- ▶ `Shopware_Modules_Basket_getPriceForUpdateArticle_FilterPrice`: Preisermittlung für ein Produkt im Warenkorb. Überschreiben möglich.

- ▶ `Shopware_Modules_Order_GetOrdernumber_FilterOrdernumber`: Möglichkeit, die generierte Bestellnummer für eine Bestellung zu modifizieren.

- ▶ `Shopware_Modules_Admin_Payment_Fallback`: Shopware nutzt für einen Kunden die Fallback-Zahlungsart.

Formulare

- ▶ `Shopware_Form_Builder`: Der Symfony-Formbuilder erzeugt ein Formular. Modifikation möglich.

Routing und SEO

- ▶ `Enlight_Controller_Router_Route`: Eine Route soll aufgelöst werden (Matching). Plugins können hier eigene Logik zum Auflösen von SEO-Routen implementieren.

- ▶ `Shopware_Controllers_Backend_Seo_seoArticle_filterArticles`

- ▶ `Shopware_Modules_RewriteTable_sCreateRewriteTableArticles_filterArticles`

Artikelvariablen für das SEO-Template wurden geladen. Durch Anpassung können weitere Variablen zur Verfügung gestellt werden.

Verschiedenes

- ▶ `Shopware_Components_Thumbnail_Manager_CreateThumbnail`: Thumbnail wird erzeugt. Überschreiben der Parameter möglich.

- ▶ `Shopware_Controllers_Widgets_Emotion_AddElement`: Möglichkeit, eigene Einkaufswelten hinzuzufügen bzw. zu registrieren.

- ▶ `Shopware_Components_Password_Manager_AddEncoder`: Möglichkeit, eigene Passwort-Encoder zu registrieren, etwa um die Bestandskundenkonten aus einem anderen Shopsystem zu unterstützen.
- ▶ `Shopware_Console_Add_Command`: Registrierung eines Konsolenkommandos.

B.3   Übersicht über die Datenbank

Wenn Sie intensiv mit Shopware arbeiten und beispielsweise optimierte Importe oder Exporte schreiben müssen, werden Sie nicht umhinkommen, sich mit der Datenbank von Shopware näher zu beschäftigen. In einer lebendigen Applikation ist eine solche Übersicht natürlich immer nur eine Momentaufnahme, kann aber helfen, sich zu orientieren.

B.3.1   Artikel

Stammdaten

Tabelle	Kurzbeschreibung
s_articles	Der Stammartikel, der über alle Varianten geteilt wird
s_articles_attributes	Attribute für Artikel- und Artikel-Varianten
s_articles_details	Die Artikel-Varianten

Artikel-Konfigurator

Konfiguratoren beschreiben die möglichen Ausprägungen eines Artikels sowie dafür geltende Auf- und Abschläge. Aus den Konfiguratoren werden die Varianten generiert.

Tabelle	Kurzbeschreibung
s_article_configurator_dependencies	Abhängigkeiten zwischen Konfigurationen
s_article_configurator_groups	Konfigurator-Gruppen
s_article_configurator_option_relations	Mapping zwischen Varianten und Optionen
s_article_configurator_options	Konfigurator-Optionen
s_article_configurator_price_variations	Konfigurator-Preise

Tabelle	Kurzbeschreibung
s_article_configurator_set_group_ relations	Mapping zwischen Sets und Gruppen
s_article_configurator_set_option_ relations	Mapping zwischen Sets und Optionen
s_article_configurator_sets	Konfigurator-Sets
s_article_configurator_template_ prices	Preisvorlagen für Konfiguratoren
s_article_configurator_template_ prices_attributes	Attribute für Preisvorlagen
s_article_configurator_templates	Konfigurator-Vorlagen
s_article_configurator_templates_ attributes	Attribute für Konfigurator-Vorlagen

Artikel-Bilder

Auch wenn Bilder primär über die Medienverwaltung gepflegt werden, gibt es eine Reihe von artikelbezogenen Mapping-Tabellen, die es beispielsweise erlauben, Bilder variantenspezifisch auszusteuern.

Tabelle	Kurzbeschreibung
s_articles_img	Mapping zwischen Artikel und Bildern
s_articles_img_attributes	Attribute für Artikel-Bilder
s_article_img_mapping_rules	Mapping zwischen Konfigurator-Optionen und Artikeln
s_article_img_mappings	Mapping zwischen Konfigurator-Optionen und Artikeln

Cross-Selling

Cross-Selling bietet zu einem Artikel weitere Artikel an, die den Kunden interessieren könnten.

Tabelle	Kurzbeschreibung
s_articles_also_bought_ro	Mapping auf Artikel, die von anderen Kunden auch gekauft wurden

Tabelle	Kurzbeschreibung
s_articles_relationships	Verwandte Artikel
s_articles_similar	Ähnliche Artikel
s_articles_similar_shown_ro	Artikel, die sich andere Kunden ebenfalls angesehen haben
s_articles_top_seller_ro	Artikel mit Anzahl der Verkäufe für Topseller-Informationen

Downloads und ESD

Downloads können zusätzliche Informationen zu Artikeln sein, etwa Datenblätter, Anleitungen oder Garantie-Informationen. ESD-Artikel bezeichnen Download-Artikel wie Software.

Tabelle	Kurzbeschreibung
s_articles_downloads	Downloads für Artikel, beispielsweise Anleitungen
s_articles_downloads_attributes	Attribute für Downloads
s_articles_esd	Download-Artikel, beispielsweise Software-Downloads
s_articles_esd_attributes	Attribute für Download-Artikel
s_articles_esd_serials	Seriennummern für Download-Artikel

Preise

Preise werden in Shopware je Kundengruppe und Artikel gepflegt.

Tabelle	Kurzbeschreibung
s_articles_prices	Preise für jede Kundengruppen-Artikel-Kombination
s_articles_prices_attributes	Attribute je Preis

Hersteller

Jeder Artikel in Shopware ist mit einem Hersteller assoziiert. Für die Hersteller können Beschreibungen und Bilder hinterlegt werden. Im Frontend gibt es je Hersteller ein Artikellisting mit allen dazugehörigen Artikeln.

Tabelle	Kurzbeschreibung
s_articles_supplier	Hesteller
s_articles_supplier_ attributes	Attribute für Hersteller

Mehrfachbearbeitung

Erlaubt das Stapelverarbeiten von Artikeln aus der Artikel-Übersicht heraus.

Tabelle	Kurzbeschreibung
s_multi_edit_backup	Vor dem Durchführen einer Stapelverarbeitung wird ein Dump für die veränderten Artikel geschrieben.
s_multi_edit_filter	Filter wie beispielsweise »nur rote Varianten anzeigen«
s_multi_edit_queue	Queue der Stapelverarbeitung
s_multi_edit_queue_articles	Artikel, die abgearbeitet werden sollen

Weitere

Tabelle	Kurzbeschreibung
s_articles_information	Erlaubt das Hinterlegen von zusätzlichen Links je Artikel, beispielsweise zu anderen Webseiten, YouTube-Videos etc.
s_articles_information_ attributes	Attribute für Informationen
s_articles_vote	Artikel-Bewertungen
s_articles_notification	Verfügbarkeits-Benachrichtigung für Kunden

B.3.2   Kategorien

Kategorien unterteilen das Produktsortiment in verschiedene Bereiche.

Tabelle	Kurzbeschreibung
s_categories	Kategorie-Baum
s_categories_attributes	Attribute für jede Kategorie

433

Tabelle	Kurzbeschreibung
s_articles_categories	Zuordnung von Artikeln zu Kategorien
s_articles_categories_ro	Denormalisierte Zuordnung, die sich auch für die Abfrage impliziter Kategorie-Zugehörigkeiten eignet
s_articles_categories_seo	Pflegt die SEO-Kategorie (Canonical-Kategorie) eines jeden Artikels je Shop

B.3.3   Blog

Shopware bietet eine Blog-Funktionalität, über die leicht SEO-relevante Inhalte erzeugt werden können.

Tabelle	Kurzbeschreibung
s_blog	Blog-Einträge
s_blog_assigned_articles	Mapping von Blog-Einträgen zu Artikeln
s_blog_attributes	Attribute für Blog-Einträge
s_blog_comments	Kunden-Kommentare der Blog-Einträge
s_blog_media	Mapping von Medien zu Blog-Einträgen
s_blog_tags	Tags

B.3.4   Newsletter

Shopware bietet standardmäßig ein einfaches Newsletter-System, über das registrierte Nutzer angeschrieben werden können.

Tabelle	Kurzbeschreibung
s_campaigns_articles	Artikel-Elemente im Newsletter
s_campaigns_banner	Banner-Elemente im Newsletter
s_campaigns_containers	Container-Elemente im Newsletter
s_campaigns_groups	Newsletter-Gruppen wie beispielsweise »Neukunden«
s_campaigns_html	HTML-Elemente im Newsletter
s_campaigns_links	Link-Elemente im Newsletter

Tabelle	Kurzbeschreibung
s_campaigns_logs	Log der Newsletter
s_campaigns_mailaddresses	Gruppiert die Newsletter-Kunden und hält die jeweils letzte an sie versendete Mail nach.
s_campaigns_maildata	Kunden, die sich für den Newsletter registriert haben
s_campaigns_mailings	Newsletter
s_campaigns_positions	Reihenfolge der Newsletter-Elemente
s_campaigns_sender	Newsletter-Absender
s_campaigns_templates	Newsletter-Templates

B.3.5   Statische Seiten und Formulare

Statische Seiten sind einfache Inhaltsseiten, die beispielsweise für AGB, Versandkosten etc. benutzt werden können. Formulare erlauben es darüber hinaus, Formulare für beispielsweise Kontaktaufnahmen, Angebotsanfragen, Retouren etc. zu erzeugen.

Tabelle	Kurzbeschreibung
s_cms_static	Statische Seiten
s_cms_static_attributes	Attribute für statische Seiten
s_cms_static_groups	Gruppierung der statischen Seiten
s_cms_support	Formulare
s_cms_support_attributes	Attribute für Formulare
s_cms_support_fields	Felder der Formulare

B.3.6   Core-Funktionen

Übersetzungen

Shopware unterscheidet grundsätzlich zwischen der Übersetzung von Entitys/Objekten und der Übersetzung von Textbausteinen/Snippets.

Tabelle	Kurzbeschreibung
s_articles_translations	Für die Suche optimierte, denormalisierte Übersetzungstabelle

Tabelle	Kurzbeschreibung
s_core_translations	Übersetzungen von Objekten, beispielsweise der Artikelbeschreibung
s_core_snippets	Textbausteine

Dokumente

Verschiedene Dokumente, wie beispielsweise Rechnungs- oder Lieferdokumente, können über das Backend gepflegt werden.

Tabelle	Kurzbeschreibung
s_core_documents	Dokumente
s_core_documents_box	Dokument-Konfigurationen

ACL und Authentifizierung

Die folgenden Tabellen sind für die Authentifizierung und Autorisierung der Backend-Benutzer zuständig.

Tabelle	Kurzbeschreibung
s_core_acl_privileges	Mapping von Privilegien (Lesen, Schreiben, Löschen) auf Ressourcen
s_core_acl_resources	Ressourcen wie Artikel, Banner, Einkaufswelten etc.
s_core_acl_roles	Mapping von Rollen auf Ressourcen und Privilegien
s_core_auth	Backend-Benutzer mit Mapping auf Rollen
s_core_auth_attributes	Attribute für Backend-Benutzer
s_core_auth_roles	Rollen

Konfiguration

Die Konfigurationstabellen verwenden Plugins oder die Grundeinstellungen.

Tabelle	Kurzbeschreibung
s_core_config_elements	Konfigurationsoptionen

Tabelle	Kurzbeschreibung
s_core_config_element_translations	Übersetzungen von Konfigurationsoptionen
s_core_config_forms	Konfigurationsformulare
s_core_config_form_translations	Übersetzungen von Konfigurationsformularen
s_core_config_values	Gewählte Konfigurationsoption je Shop

E-Mail-Vorlagen

Die im Backend gepflegten E-Mail-Vorlagen für beispielsweise Bestellbestätigungen, Registrierungen oder Passwort-vergessen-Mails werden in den folgenden Tabellen gepflegt.

Tabelle	Kurzbeschreibung
s_core_config_mails	Mail-Vorlagen
s_core_config_mails_attachments	Anhänge je Mail-Vorlage
s_core_config_mails_attributes	Attribute je Mail-Vorlage

Länder

Die nachfolgende Tabelle zeigt Ihnen die in den Grundeinstellungen gepflegten Länder.

Tabelle	Kurzbeschreibung
s_core_countries	Länder
s_core_countries_areas	Länder-Zonen, wie beispielsweise »Europa« oder »weltweit«
s_core_countries_attributes	Länder-Attribute
s_core_countries_states	Länder-Gebiete, wie beispielsweise States (Amerika) oder Bundesländer (Deutschland)
s_core_countries_states_attributes	Attribute für Länder-Gebiete

Währungen

Die in Shopware hinterlegten Währungen werden beispielsweise für den Währungs-wechsel und die automatische Währungsumrechnung genutzt.

Tabelle	Kurzbeschreibung
s_core_currencies	Liste der in den Grundeinstellungen gepflegten Währungen

Kundengruppen

Die Kundengruppen sind besonders für die Preispflege in Shopware relevant und werden häufig beispielsweise für unterschiedliche Länder-Gruppen oder für die Un-terscheidung von B2B- und B2C-Kunden genutzt.

Tabelle	Kurzbeschreibung
s_core_customergroups	Kundengruppen (Standard: EK)
s_core_customergroups_ attributes	Attribute je Kundengruppe
s_core_customergroups_ discounts	Kundengruppen-Rabatte
s_core_customerpricegroups	Preisgruppen
s_articles_avoid_ customergroups	Kundengruppenausschluss für Artikel
s_categories_avoid_ customergroups	Kundengruppenausschluss für Kategorien

Payment

Shopware lässt sich über das Plugin-System grundsätzlich mit jeder beliebigen Zahl-art verbinden. Dabei sind folgende Tabellen involviert.

Tabelle	Kurzbeschreibung
s_core_payment_data	Bezahldaten
s_core_payment_instance	Bezahldaten
s_core_paymentmeans	Zahlarten für Shopware
s_core_paymentmeans_ attributes	Attribute für Zahlarten

Tabelle	Kurzbeschreibung
s_core_paymentmeans_countries	Länder-Einschränkungen für Zahlarten
s_core_paymentmeans_subshops	Shop-Einschränkungen für Zahlarten
s_core_rulesets	Risikomanagement: Regelbasierter Zahlartenausschluss

Plugins

Die folgenden Tabellen betreffen die grundsätzlichen Funktionen des Plugin-Systems sowie des Plugin Managers.

Tabelle	Kurzbeschreibung
s_core_plugins	Enthält alle dem System bekannten Plugins. Hier können einzelne Plugins zur Not auch über die Datenbank (de)aktiviert werden.
s_core_plugin_categories	Store-Kategorien
s_core_subscribes	Event-Listener von Plugins (altes Plugin-System)
s_core_licenses	Plugin-Lizenzen

Preisgruppen

Preisgruppen erlauben es Ihnen, für einzelne Kundengruppen zusätzlich Rabatte im Warenkorb zu vergeben.

Tabelle	Kurzbeschreibung
s_core_pricegroups	Kundengruppen
s_core_pricegroups_discounts	Staffelbasierte Rabatte

SEO

Tabelle	Kurzbeschreibung
s_core_rewrite_urls	Ordnet »technische« URLs der jeweiligen SEO-URL je Shop zu.

Sessions

Die Sessions in Shopware werden über die Datenbank geführt. Bei Bedarf ist es allerdings möglich, die Sessions beispielsweise in eine Memcache-Instanz auszulagern.

Tabelle	Kurzbeschreibung
s_core_sessions	Frontend-Sessions
s_core_sessions_backend	Backend-Sessions

Shop

Die »Shops« in Shopware sind sowohl für Subshops als auch für Sprachshops zuständig – werden also für Übersetzungen ebenso genutzt wie für separate Shop-Frontends.

Tabelle	Kurzbeschreibung
s_core_locales	Sprachen
s_core_shop_currencies	Mapping von Shops und Währungen
s_core_shop_pages	Mapping von Shops und Shopseiten
s_core_shops	Übersicht aller Shops

Steuern

Die Steuerregeln erlauben es Ihnen, Steuersätze zu definieren und diese dann je Land, Gebiet oder Region zu überschreiben.

Tabelle	Kurzbeschreibung
s_core_tax	Steuersätze, beispielsweise »hoher Steuersatz«
s_core_tax_rules	Steuerregeln, beispielsweise »19 % für Deutschland«

Templates und Themes

Die Template- und Theme-Tabellen halten alle bekannten Themes sowie deren Konfiguration vor.

Tabelle	Kurzbeschreibung
s_core_templates	Enthält alle Themes.

Tabelle	Kurzbeschreibung
s_core_templates_config_ elements	Die Konfigurationsfelder aller Themes
s_core_templates_config_ layout	Layoutinformationen für die Theme-Konfigurationen
s_core_templates_config_set	Theme-Konfigurationsvorlagen
s_core_templates_config_ values	Konfigurationswerte
s_core_theme_settings	Theme-Einstellungen (beispielsweise force compile)

Backend-Widgets

Die Backend-Widgets zeigen im Backend wichtige Kennzahlen des Shops an.

Tabelle	Kurzbeschreibung
s_core_widgets	Alle dem System bekannten Widgets
s_core_widget_views	Speichert je Backend-Nutzer und Widget die Position und Reihenfolge.

Weitere

Tabelle	Kurzbeschreibung
s_attribute_configuration	Freitextfeld-Konfiguration
s_crontab	Shopware-Cronjobs
s_core_units	Einheiten
s_core_log	Log
s_core_menu	Backend-Menüstruktur
s_core_optin	Kontextdaten für E-Mail-Option
s_schema_version	Aktueller Stand der Datenbankmigration

B.3.7   Marketing

Marketingfunktionen wie Gutscheine, Partnerprogramm oder Prämienartikel werden in den folgenden Tabellen aufgeführt.

Tabelle	Kurzbeschreibung
s_emarketing_banners	Kategorie-Banner, die im Bannermodul einge-pflegt wurden
s_emarketing_banners_attributes	Attribute für die Kategorie-Banner
s_emarketing_banners_statistics	Banner-Statistiken
s_emarketing_lastarticles	Zuletzt angesehene Artikel
s_emarketing_partner	Partnerprogramm
s_emarketing_referer	Referer
s_emarketing_tellafriend	Empfehlungsfunktion
s_emarketing_vouchers	Gutscheine
s_emarketing_voucher_codes	Gutschein-Codes
s_emarketing_vouchers_attributes	Attribute für Gutscheine
s_addon_premiums	Prämien-Artikel

B.3.8   Einkaufswelten

Die Einkaufswelten sowie die Elemente und Konfigurationen werden ebenfalls über die Datenbank geführt.

Tabelle	Kurzbeschreibung
s_emotion	Einkaufswelten
s_emotion_attributes	Attribute für Einkaufswelten
s_emotion_categories	Mapping von Einkaufswelten zu Kategorien
s_emotion_elements	Mapping von Einkaufswelten zu Komponenten inklusive Positionsangaben
s_emotion_element_value	Konfiguration der Elemente einer jeden Einkaufs-welt
s_emotion_element_viewports	Definiert, welche Elemente für welche Geräte-größen angezeigt werden sollen.

Tabelle	Kurzbeschreibung
s_emotion_shops	Mapping von Einkaufswelten zu Shops
s_emotion_templates	Einkaufswelten-Templates
s_library_component	Einkaufswelten-Komponenten (beispielsweise »Artikel-Slider«)
s_library_component_field	Felder der Einkaufswelten-Komponenten

B.3.9   Exporte

Im Folgenden zeige ich Ihnen nützliche Exportfunktionen, die beispielsweise für Google Shopping einsetzbar sind.

Tabelle	Kurzbeschreibung
s_export	Produktexporte
s_export_articles	Artikeleinschränkung für die jeweiligen Exporte
s_export_attributes	Attribute für Produktexporte
s_export_categories	Kategorieeinschränkung für die Exporte
s_export_suppliers	Herstellereinschränkung für die Exporte

B.3.10   Eigenschaften

Hierzu zählen jene Filter bzw. Eigenschaften, die auf Artikeldetailseiten angezeigt werden und in Listings gefiltert werden können. Aus Konsistenzgründen wurden die Namen (Gruppen, Optionen, Werte) dem Konfigurationssystem angeglichen (Sets, Gruppen, Optionen).

Tabelle	Kurzbeschreibung
s_filter	Eingeschaften-Sets
s_filter_articles	Mapping von Artikeln zu Optionen
s_filter_attributes	Attribute für Eigenschaften
s_filter_options	Eigenschaften-Gruppen
s_filter_options_attributes	Attribute für Gruppen
s_filter_relations	Mapping von Gruppen auf Optionen

Tabelle	Kurzbeschreibung
s_filter_values	Eigenschaften-Optionen
s_filter_values_attributes	Attribute für Optionen

B.3.11   Medien

Der Medenmanager verwaltet Bilder, Videos und andere Dateien in Alben.

Tabelle	Kurzbeschreibung
s_media	Medien
s_media_album	Alben
s_media_album_settings	Alben-Einstellungen
s_media_association	(nicht genutzt)
s_media_attributes	Medien-Attribute

B.3.12   Bestellungen

Tabelle	Kurzbeschreibung
s_order	Bestellungen
s_order_attributes	Attribute für Bestellungen
s_order_basket	Warenkörbe (vor Auslösung einer Bestellung)
s_order_basket_attributes	Attribute für Warenkörbe
s_order_billingaddress	Bestellrechnungsadressen
s_order_billingaddress_ attributes	Attribute für Bestellrechnungsadressen
s_order_comparisons	Vergleiche
s_order_details	Bestellpositionen (Artikel, Rabatte etc.)
s_order_details_attributes	Attribute für Bestellpositionen
s_order_documents	Bestelldokumente
s_order_documents_attributes	Attribute für Bestelldokumente

Tabelle	Kurzbeschreibung
s_order_esd	Mapping von Bestellungen, ESD und Seriennummern
s_order_history	Historie von Bestellstatus-Änderungen
s_order_notes	Merkzettel
s_order_number	Nummernkreise
s_order_shippingaddress	Bestelllieferadresse
s_order_shippingaddress_attributes	Attribute für Bestelllieferadressen

B.3.13   Status

Die verschiedenen Status, die sich pro Bestellung und Bestellposition pflegen lassen, werden über folgende Tabellen geführt.

Tabelle	Kurzbeschreibung
s_core_states	Bestell- und Zahlungsstatus wie »Komplett abgeschlossen« oder »1. Mahnung«
s_core_detail_states .	Positionsstatus wie »Storniert« oder »Abgeschlossen«

B.3.14   Versandkosten

Tabelle	Kurzbeschreibung
s_premium_dispatch	Versandarten
s_premium_dispatch_attributes	Attribute für Versandarten
s_premium_dispatch_categories	Kategorieausschluss für Versandarten
s_premium_dispatch_countries	Länderausschluss für Versandarten
s_premium_dispatch_holidays	Feiertagsauschluss für Versandarten
s_premium_dispatch_paymentmean	Zahlartausschluss für Versandarten
s_premium_holidays	Feiertage
s_premium_shippingcosts	Preisstaffeln für Versandarten

B.3.15   Product-Streams

Die Product-Streams sind dynamische oder statische Listen von Artikeln.

Tabelle	Kurzbeschreibung
s_product_streams	Product-Streams
s_product_streams_articles	Mapping von Artikeln zu Product-Streams
s_product_streams_attributes	Attribute für Product-Streams
s_product_streams_selection	Mapping von Product-Streams zu Artikeln (für statische Streams)

B.3.16   Suche

Die Shopware-Standardsuche lässt sich auch ohne Elasticsearch-Suchserver betreiben und baut einen eigenen Suchindex auf.

Tabelle	Kurzbeschreibung
s_search_fields	Suchfelder mit Relevanz
s_search_index	Suchindex, Mapping von Keywords auf Felder und Quelle (konkrete Artikel, Kategorien etc.)
s_search_keywords	Keywords/Suchbegriffe
s_search_tables	Zu durchsuchende Tabellen mit Relevanz
s_es_backlog	Elasticsearch-Backlog für die Artikelsynchronisation

B.3.17   Statistiken

Die Statistiken werden vom Statistikmodul ausgelesen und liefern detaillierte Daten zu wichtigen Metriken des Shops.

Tabelle	Kurzbeschreibung
s_statistics_article_impression	Artikelansichten
s_statistics_currentusers	Aktive Nutzer
s_statistics_referer	Referer
s_statistics_search	Suchbegriffe je Shop
s_statistics_visitors	Besucher

B.3.18 Kunden

Alle relevanten Kundendaten werden in den »s_user«-Tabellen gepflegt.

Tabelle	Kurzbeschreibung
s_user	Kunden
s_user_addresses	Kunden-Adressbuch
s_user_addresses_attributes	Attribute für Kunden-Adressbücher
s_user_attributes	Attribute für Kunden
s_user_billingaddress	Kunden-Rechnungsadressen
s_user_billingaddress_attributes	Attribute für Kunden-Rechnungsadressen
s_user_shippingaddress	Kunden-Lieferadressen
s_user_shippingaddress_attributes	Attribute für Kunden-Lieferadressen

B.4 Übersicht über global verfügbare Styles

Shopware definiert eine Reihe von Styles, die häufig genutzt werden und die Sie auch in Plugins und eigenen Themes nutzen können, um etwas Tipparbeit zu sparen.

Klasse	Auswirkung
is--rounded	Das Element hat einen abgerundeten Rahmen.
is--block	Das Element ist ein Block-Element.
is--inline	Das Element ist ein Inline-Element.
is--inline-block	Das Element ist ein Inline-Block-Element.
is--hidden	Das Element wird nicht angezeigt.
is--invisible	Das Element ist unsichtbar, nimmt aber Platz ein.
is--align-left	Der Text im Element ist links ausgerichtet.
is--align-right	Der Text im Element ist rechts ausgerichtet.
is--align-center	Der Text im Element ist mittig ausgerichtet.
is--underline	Der Text im Element ist unterstrichen.
is--line-through	Der Text im Element ist untergestrichen.

Klasse	Auswirkung
is--uppercase	Den Text im Element in Großbuchstaben darstellen.
is--strong	Der Text im Element wird hervorgehoben.
is--bold	Der Text im Element wird fett hervorgehoben.
is--italic	Der Text im Element wird kursiv hervorgehoben.
is--nowrap	Den Text im Element nicht umbrechen.
is--dark	Das Element dunkel darstellen.
is--light	Das Element hell darstellen.
is--soft	Das Element leicht ausgegraut darstellen.
is--fluid	Das Element ist fluide, dehnt sich mit dem verfügbaren Platz aus.

B.5   Warenkorbmodi

Die Warenkorbmodi sind bei der Warenkorbberechnung von großer Bedeutung und haben beispielsweise Auswirkungen darauf, ob bestimmte Bestellpositionen bei der Berechnung von Auf- und Abschlägen berücksichtigt werden.

Modus	Beschreibung
0	Standardartikel
1	Prämienartikel / kostenloser Artikel
2	Gutscheine
3	Rabatte
4	Aufschläge

B.6   API-spezifische Exceptions

Folgende Exceptions werden von der API ausgelöst oder können bei Bedarf in den Ressourcen ausgelöst werden. Es wird jeweils automatisch ein entsprechender Statuscode gesetzt. Alle Exceptions bis auf Enlight_Controller_Action liegen im Namespace Shopware\Components\Api\Exception.

Exception	Code	Beschreibung
Enlight_Controller_Exception	404	Der API-Controller wurde nicht gefunden.
PrivilegeException	403	Der Benutzer hat keine Rechte, die Aktion durchzuführen.
NotFoundException	404	Die angefragte Ressource existiert nicht. (»Es existiert kein Artikel mit der Nummer SW135.«)
ParameterMissingException	400	Die Anfrage ist unvollständig.
CustomValidationException	400	Die Anfrage ist ungültig, es fehlen Daten bzw. Informationen.
ValidationException	400	Die Anfrage ist ungültig, es fehlen Daten bzw. Informationen.
BatchInterfaceNotImplemented-Exception	405	Es wurde eine Batch-Aktion auf einer Ressource angefragt, die diese Aktion nicht unterstützt.

B.7   Übersicht über die Shopware-Kommandos

Befehl	Wirkung
sw:admin:create	Legt einen neuen administrativen Benutzer an.
sw:cache:clear	Leert die Shopware-Caches.
sw:clone:category:tree	Dupliziert einen Kategoriebaum; nützlich, wenn beispielsweise ein Kategoriebaum für einen Subshop übernommen werden soll.
sw:cron:list	Listet alle Cronjobs auf.
sw:cron:run	Lässt einen oder alle Cronjobs durchlaufen.
sw:database:setup	Initialisiert die Shopware-Datenbank; nützlich für die Installation von Shopware aus der Konsole heraus.
sw:es:analyze	Testen von Elasticsearch-Analysern
sw:es:backlog:clear	Leert das Elasticsearch-Synchronisations-Backlog.

Befehl	Wirkung
sw:es:backlog:sync	Synchronisiert alle Artikel, die im Backlog gelistet sind, erneut zu den Elasticsearch-Knoten.
sw:es:index:cleanup	Leert den Elasticsearch-Index.
sw:es:index:populate	Reindexiert alle Daten.
sw:firstrunwizard:disable	Deaktiviert den Einrichtungsassistenten.
sw:firstrunwizard:enable	Aktiviert den Einrichtungsassistenten.
sw:generate:attributes	Generiert die Attribut-Models neu.
sw:media:cleanup	Findet ungenutzte Bilder und schiebt diese in den Papierkorb.
sw:media:migrate	Migriert alle Bilder zu einem CDN.
sw:migrations:migrate	Führt Shopware-Migrationen aus. Nützlich für Updates.
sw:plugin:activate	Aktiviert ein Plugin.
sw:plugin:config:list	Listet alle Konfigurationswerte eines Plugins auf.
sw:plugin:config:set	Setzt einen Plugin-Konfigurationswert.
sw:plugin:deactivate	Deaktiviert ein Plugin.
sw:plugin:delete	Löscht ein Plugin.
sw:plugin:install	Installiert ein Plugin.
sw:plugin:list	Listet alle Plugins auf.
sw:plugin:refresh	Indexiert Plugins neu. Neue Plugins tauchen erst nach dem Indexieren in der Plugin-Liste auf.
sw:plugin:reinstall	Deinstalliert ein Plugin und installiert es in einem Schritt erneut.
sw:plugin:uninstall	Deinstalliert ein Plugin.
sw:plugin:update	Aktualisiert ein Plugin.
sw:product:feeds:refresh	Erzeugt alle Datenexporte (Product Feeds) neu.
sw:rebuild:category:tree	Baut den denormalisierten Kategoriebaum neu auf. Nützlich, wenn einzelne Artikel nach Importen nicht in den zugeordneten Kategorien erscheinen.

Befehl	Wirkung
`sw:refresh:search:index`	Baut den Suchindex neu auf.
`sw:settings:label:find:missing`	Listet alle Konfigurationswerte auf, für die in einer bestimmten Sprache keine Übersetzungen existieren.
`sw:snippets:find:missing`	Findet fehlende Snippets und exportiert diese in eine *.ini*-Datei.
`sw:snippets:remove`	Entfernt alle Snippets aus der Datenbank, die in einem bestimmten Verzeichnis existieren.
`sw:snippets:to:db`	Importiert alle Snippets auf *.ini*-Dateien in die Datenbank.
`sw:snippets:to:ini`	Exportiert alle Snippets aus der Datenbank in *.ini*-Dateien.
`sw:snippets:to:sql`	Konvertiert *.ini*-Snippets in *.sql*-Snippets.
`sw:snippets:validate`	Prüft eine *.ini*-Datei auf Fehler.
`sw:store:download`	Lädt ein Plugin aus dem Community Store.
`sw:store:list`	Listet alle lizenzierten Plugins aus dem Community Store auf.
`sw:store:list:domains`	Listet alle Domains auf, die mit der aktuellen Shopware-ID verknüpft sind.
`sw:store:list:integrated`	Listet alle Plugins auf, die Shopware im Auslieferungszustand integriert.
`sw:store:list:updates`	Listet Updates auf, die für die installierten Plugins zur Verfügung stehen.
`sw:theme:cache:generate`	Generiert den Theme-Cache neu.
`sw:theme:create`	Erzeugt ein neues Theme.
`sw:theme:dump:configuration`	Exportiert die Theme-Konfiguration in eine JSON-Datei.
`sw:theme:initialize`	Initialisiert bzw. aktiviert ein Theme.
`sw:thumbnail:cleanup`	Löscht nicht mehr benötigte Thumbnails.
`sw:thumbnail:generate`	Erzeugt neue Thumbnails.
`sw:warm:http:cache`	Wärmt den HTTP-Cache auf.

B.8   Übersicht über die Devicegrößen

`StateManager. getCurrentState()` kennt folgende Gerätegrößen:

- ▶ **xs**: zwischen 0 und 479 Pixel
- ▶ **s**: zwischen 480 und 767 Pixel
- ▶ **m**: zwischen 768 und 1023Pixel
- ▶ **l**: zwischen 1024 und 1259 Pixel
- ▶ **xl**: zwischen 1260 und 5160 Pixel
- ▶ In Less stehen diese Größen in Form von Variablen zur Verfügung:
- ▶ `@phoneLandscapeViewportWidth`: 30 em, 480 px
- ▶ `@tabletViewportWidth`: 48 em, 768 px
- ▶ `@tabletLandscapeViewportWidth`: 64 em, 1024 px
- ▶ `@desktopViewportWidth`: 78,75 em, 1260 px

Index

- SEO, SEM, Online-Marketing, Content-Marketing

- Google AdWords, Web Analytics, Social Media Marketing

- Video-, E-Mail-, Display- und Mobile Marketing

Esther Keßler (Düweke), Stefan Rabsch, Mirko Mandic

Erfolgreiche Websites

SEO, SEM, Online-Marketing, Usability

Wollten Sie schon immer wissen, was Webseiten erfolgreich macht? In diesem Buch erfahren Sie alles, was Sie für Ihren erfolgreichen Webauftritt benötigen. Zahlreiche Praxisbeispiele zeigen Ihnen anschaulich den Weg zu einer besseren Webpräsenz. Inkl. SEO, SEM, Online-Marketing, Affiliate-Programme, Google AdWords, Web Analytics, Social Media und Mobile Marketing, E-Mail- und Newsletter-Marketing, Video-Marketing, Mobile Marketing u. v. m.

991 Seiten, gebunden, 39,90 Euro
ISBN 978-3-8362-3654-6
www.rheinwerk-verlag.de/3799

- Attraktive Websites gestalten:
Layouts, Typografie, Farbe, Bilder

- Website-Konzeption, Usability
und Responsive Webdesign

- Mit vielen inspirierenden
Website-Beispielen!

Martin Hahn

Webdesign

Das Handbuch zur Webgestaltung

150 Millisekunden – so viel Zeit haben Sie im Durchschnitt, um einen Nutzer
von Ihrer Webseite zu überzeugen. Das Handbuch »Webdesign« vermittelt
Ihnen die Designprinzipien, mit denen Sie diese Herausforderung annehmen
können! Sie lernen, worauf es bei der Auswahl von Schrift, Farbe und Medien
ankommt, gestalten Layouts und Navigationsmenüs und erfahren, was alles
bei der Konzeption beachtet werden muss. Inkl. Barrierefreiheit, Usability und
Responsive Webdesign.

800 Seiten, gebunden, in Farbe, 49,90 Euro
ISBN 978-3-8362-4402-2
erscheint März 2017
www.rheinwerk-verlag.de/4271

■ Grundlagen, Praxisbeispiele,
Referenz

■ Responsive Webdesign, Flexbox,
SASS u.v.m.

■ Inkl. CSS-Layouts, YAML,
Mobiles Webdesign

Kai Laborenz

CSS

Das umfassende Handbuch

Das vollständige Wissen zu CSS und Co. in einem Band! Einsteiger erhalten eine
fundierte Einführung, professionelle Webentwickler einen Überblick über alle
CSS-Technologien und Praxislösungen für CSS-Layouts. Zahlreiche Tipps und
eine umfangreiche CSS-Referenz werden Ihre Arbeit als Webdesigner spürbar
erleichtern. Inkl. Responsive Webdesign, HTML5, CSS3, Frameworks für mobile
Apps, SASS u. v. m.

825 Seiten, gebunden, 39,90 Euro
ISBN 978-3-8362-3876-2
www.rheinwerk-verlag.de/3932

- Alle HTML5-APIs im Überblick – inkl. HTML 5.1

- Grundlegende Einführung in JavaScript, jQuery und Ajax

- Dynamische 2D- und 3D-Grafiken, Video, Audio, YAML, Bootstrap, Responsive Webdesign

Jürgen Wolf

HTML5 und CSS3

Das umfassende Handbuch

Wollen Sie faszinierende Websites mit HTML5 und CSS3 gestalten? Jürgen Wolf gibt Ihnen eine grundlegende und umfangreiche Einführung in die Arbeit mit HTML5, CSS3 und JavaScript. Das Buch ist ein praxisnahes Lern- und Nachschlagewerk für jeden, der HTML und CSS mit den neuen Features von HTML5 und CSS3 erlernen möchte: Video, Audio, 2D-Grafiken, lokaler Speicher, abgerundete Ecken, Schatten, Transparenz, beliebige Schriften, Geolocation, neue Farbangaben, Drag & Drop u. v. m.

1.264 Seiten, gebunden, 44,90 Euro
ISBN 978-3-8362-4158-8
www.rheinwerk-verlag.de/4129

- Grundlagen, Anwendung, Referenz

- OOP, aktuelle ECMAScript-Features, mobile Anwendungen

- Inkl. Web-APIs, Node.js und Internet of Things

Philip Ackermann

JavaScript

Das umfassende Handbuch

Ein umfassender Einstieg in JavaScript, zahlreiche praktische Beispiele und eine Darstellung auch von professionellen Techniken – das zeichnet dieses unverzichtbare Handbuch aus. Darüber hinaus informiert es Sie über die neuesten Trends und Entwicklungen sowie fortgeschrittene Aspekte wie z. B. Objektorientierung, ECMAscript 6 und funktionale Programmierung.

1.229 Seiten, gebunden, 49,90 Euro
ISBN 978-3-8362-3838-0
www.rheinwerk-verlag.de/3900

- Grundlagen, Anwendung, Praxiswissen

- Aktuelle Webtechnologien, Administration und Sicherheit

- Inkl. SQLite, MS SQL Server, Oracle, PostgreSQL

Christian Wenz, Tobias Hauser

PHP 7 und MySQL

Das umfassende Handbuch

Sie möchten dynamische Webseiten mit PHP und MySQL programmieren? Mit diesem Handbuch erhalten Sie eine praxisorientierte Einführung, die Sie von den Sprachgrundlagen bis zur Entwicklung professioneller Anwendungen führt. Dabei erfahren Sie auch, wie Sie sichere PHP-Anwendungen und leistungsfähige Websites entwickeln.

1.039 Seiten, gebunden, 44,90 Euro
ISBN 978-3-8362-4082-6
www.rheinwerk-verlag.de/4090

- Einstieg, Anwendung, Praxis – inkl. Checklisten für die Migration älterer Systeme

- Eigene Anwendungsmodule entwickeln – mit Übungen und Musterlösungen

- Unit-Tests, Domain-Driven Design – aktuell zu PHP 7

Ralf Eggert

Zend Framework 3

Das umfassende Handbuch

Entdecken Sie die Möglichkeiten des meist eingesetzten PHP-Frameworks. Mit seinem bewährten Praxisbuch bietet Ihnen Ralf Eggert eine Einführung in die wichtigsten Komponenten des Zend Frameworks 3. Viele eigenständige Beispiele können Sie direkt ausprobieren und so auch schnell eine eigene Anwendung mit mehreren Modulen entwickeln: Blog, Benutzerregistrierung, Produktkatalog, Kommentarmodul u. v. m.

960 Seiten, gebunden, 44,90 Euro
ISBN 978-3-8362-3965-3
www.rheinwerk-verlag.de/4016

Wie hat Ihnen dieses Buch gefallen?
Bitte teilen Sie uns mit, ob Sie zufrieden waren,
und bewerten Sie das Buch auf:
www.rheinwerk-verlag.de/feedback

Ausführliche Informationen zu unserem aktuellen
Programm samt Leseproben finden Sie ebenfalls
auf unserer Website. Besuchen Sie uns!

www.rheinwerk-verlag.de